赛达破产法丛书

总主编 李曙光

THE PROTECTION OF EMPLOYEES IN THE EVENT OF
THE INSOLVENCY OF THEIR EMPLOYER:
MODELS, CIRCUMSTANCES & PROCEEDINGS

破产企业职工权益保护

模式、情境与程序

陈夏红 著

法律出版社
LAW PRESS·CHINA
——北京——

图书在版编目(CIP)数据

破产企业职工权益保护:模式、情境与程序 / 陈夏红著. -- 北京:法律出版社,2021
(赛达破产法丛书)
ISBN 978 -7 -5197 -5741 -0

Ⅰ. ①破… Ⅱ. ①陈… Ⅲ. ①企业倒闭－职工－权益保护－研究－中国 Ⅳ. ①D922.504

中国版本图书馆 CIP 数据核字(2021)第 134053 号

赛达破产法丛书

破产企业职工权益保护:模式、情境与程序
POCHAN QIYE ZHIGONG QUANYI BAOHU: MOSHI, QINGJING YU CHENGXU

陈夏红 著

策划编辑 薛 晗 田 浩
责任编辑 薛 晗 田 浩
装帧设计 马 帅

出版发行 法律出版社
编辑统筹 法商出版分社
责任校对 晁明慧
责任印制 胡晓雅
经　　销 新华书店

开本 710 毫米×1000 毫米 1/16
印张 31.25 **字数** 419 千
版本 2021 年 8 月第 1 版
印次 2021 年 8 月第 1 次印刷
印刷 三河市龙大印装有限公司

地址:北京市丰台区莲花池西里 7 号(100073)
网址:www.lawpress.com.cn
投稿邮箱:info@lawpress.com.cn
举报盗版邮箱:jbwq@lawpress.com.cn
销售电话:010 -83938349
客服电话:010 -83938350
咨询电话:010 -63939796

书号:ISBN 978 -7 -5197 -5741 -0
定价:126.00 元
凡购买本社图书,如有印装错误,我社负责退换。电话:010 -83938349

专家委员会

国内（按姓氏音序排序）

季卫东　上海交通大学文科资深教授，日本研究中心主任，中国法与社会研究院院长
李　冰　国务院国资委资本运营与收益管理局局长
李曙光　中国政法大学教授，破产法与企业重组研究中心主任
林文学　最高人民法院民事审判第二庭庭长
刘向民　前中国人民银行条法司司长
刘延岭　金杜律师事务所合伙人
孙念瑞　中国证券监督管理委员会上市公司监管部副主任
王福祥　金杜律师事务所合伙人
王卫国　中国政法大学教授
张劲松　中国银行法学研究会副会长
朱少平　前全国人大财经委法案室主任
郑志斌　大成律师事务所合伙人

国际（按姓氏音序排序）

Edward I. Altman　纽约大学STERN商学院教授
Reinhard Bork　汉堡大学法学院民事诉讼法及一般诉讼法研究所所长
Neil Cooper　前国际破产协会主席
John Lees　前国际破产协会主席，JLA公司董事长
Francois Xavier Lucas　巴黎第一大学教授
Steven L. Schwarcz　杜克大学法学院教授，国际资本市场中心主任
David A. Skeel　宾西法尼亚大学法学院，破产与金融法学教授
James H.M. Sprayregen　前国际破产协会主席，凯易律师事务所合伙人
Felix Steffek　德国马克·普朗克比较法研究院研究员
山本和彦　日本一桥大学法学研究科教授
佐藤铁男　日本中央大学法科大学院教授

Expert Consultative Committee

Domestic Experts

Ji Weidong	Senior Professor of Liberal Arts, Director of Japan Research Centre and Dean of China Institute for Social-Legal Studies of Shanghai Jiao Tong University
Li Bing	Director General of Bureau of Capital Operation and Income Administration, the State-Owned Assets Supervision and Administration Committee of the State Council
Li Shuguang	Professor and Director of the Bankruptcy Law and Restructuring Research Centre of China University of Political Science and Law
Lin Wenxue	Chief Judge of Civil Adjudication Tribunal No. 2, the Supreme People ' s Court
Liu Xiangmin	Former Director General of the Legal Affairs Department of the People ' s Bank of China
Liu Yanling	Partner of King & Wood Mallesons
Sun Nianrui	Deputy Director of Department of Listed Company Supervision, China Securities, Regulatory Commission
Wang Fuxiang	Partner of King & Wood Mallesons
Wang Weiguo	Professor of China University of Political Science and Law, President of China Banking Law Research Institute
Zhang Jinsong	Deputy President of China Banking Law Research Institute
Zhu Shaoping	Former Director of the Department of Legal Affairs of the Financial and Economic Affairs Committee, National People ' s Congress
ZhengZhibin	Partner of Dentons

International Experts

Edward I. Altman	Professor of Stern School of Business, New York University
Reinhard Bork	Professor and Managing Director of Seminar for Civil Procedure Law, Hamburg University
Neil Cooper	Former President of INSOL International
Samuel J. Gerdano	Executive Director of American Bankruptcy Institute
John Lees	Former President of INSOL International, Executive Chairman of JLA Asia Limited
Francois Xavier Lucas	Professor of Universit é de Paris I
Steven L. Schwarcz	Professor of Law & Business and Founding Director of Global Financial Markets Center, Duke University
David A. Skeel	Professor of University of Pennsylvania Law Schoo
James H.M.Sprayregen	Former President of INSOL International, partner of Kirkland & Ellis LLP
Felix Steffek	University Lecturer of Newnham College and Co-Director of the Centre for Corporate and Commercial Law, University of Cambridge
山本和彦	Professor of Graduate School of Law, Hitotsubashi University
佐藤铁男	Professor of Law School, Chuo University

本书系中国政法大学青年教师学术创新团队支持计划（19CXTD07）的阶段性成果。

另，中国政法大学李曙光教授名下的“预研基金”（项目编号：1021/20317017），亦为本书出版提供部分资助。

“赛达破产法丛书”总序

李曙光

2012年10月，国际破产协会（INSOL）年会在荷兰海牙召开。我携弟子张钦昱与会，并在会后与当时在荷兰马斯特里赫特大学留学的另一位学生陈夏红会合，仨人结伴同游伊比利亚半岛。当航班在里斯本波尔特拉机场降落，我们一行在机场大厅寻找出口，不期然间看到了一个与英文exit并列的葡萄牙语单词：Saída。这是我们认识的第一个葡萄牙语词汇，显而易见，它就是出口的意思。这个葡萄牙语单词，拼写和发音都近乎汉语拼音，我们一下就记住了。我一直在为自2008年5月创建的足球队寻找一个合适的正式队名，随着葡萄牙、西班牙的旅程次第展开，我们一路聊着足球，突来灵感，Saída，配上“赛达”的汉语音译，不就是我们需要的足球队队名吗？真是“踏破铁鞋无觅处，得来全不费工夫”。

足球，作为一种最受人们喜爱的游戏，以其符合人性的天真自由的理念与严谨公平的规则成为最好的市场经济模拟。所有的类足球运动游戏与市场经济，实际上都不能缺了“出口”。市场经济的“出口”就是市场退出，就是“破产”。

Saída，“赛达”的内涵是丰富的：

“赛”——可以理解成比赛、竞赛。市场经济是一套理想的经济交易与选择体系，也是一种竞争性游戏。这种游戏的魅力在于它是一种自由的比赛，一群自由的企业，一群自由的组织，一群自由的个人，可以自由选择参与其中的竞赛，也是一种充斥专业活力与创意冒险的竞争。

“赛”，也可以理解赛道或者规则。自由也有天花板，市场经济自由竞争是在规则支撑下的有序竞争、良性竞争。要实现市场经济自由竞争的理想，公平竞争的规则不可缺位，优胜劣汰的淘汰机制则是游戏吸引力的题中应有之义。

市场经济中任何自由的企业与个人，一方面要努力工作，创新冒险，去赢得竞赛；另一方面，也必须接受失利失败的可能。足球比赛与市场经济的压力与残酷性也表现在这方面。而这一点，恰恰是破产，这个文明社会法治框架下主体退出的商业安排，对这种压力与残酷性能提供一个最好的Saída。

"达"——可以解释成到达、抵达。在足球世界中，球员参与比赛的目的就是去赢得比赛，要赢得比赛，必须要有球技与体能作基础，这是参与一项竞争运动的门槛与前提。在市场经济中，任何市场主体参与竞争，也是有行业门槛与合理目标的，为了抵达这个目标，市场主体需要专业能力，需要卧薪尝胆，需要殚精竭虑。恰当的目标，能够激发每一个市场主体的创造力，能够为市场主体提供绵延不绝的驱动力，能够延续市场主体基业长青的生命力。反之，因各种因素，市场竞争失败，则要及时止损，有序破产清算退出，以待来日东山再起。

"达"，也可以理解成通达、练达。球员在球场上要眼观六路，耳听八方，要有大场意识，球能传递出去。不仅要对自己的位置自负其责，而且要有补位意识。一个失球，虽可能是队友犯错引发的，但能补位而未补，则导致整个球队的失败。市场经济更是充满竞争，危机四伏，危中有机，机中藏危。主体视野开阔，具有大局观与系统思维，不能本位主义，更不能团队如散沙。也需要市场主体具有"世事洞明皆学问、人情练达即文章"的圆润。惟其如此，才能在波诡云谲的市场竞争中，立于不败之地。即便遇到挫折，陷入困境，也可即时重整，采取有效的拯救措施，转危为机。

无论如何，Saída，"赛达"与破产法是非常契合的。破产法作为市场经济的基本法，关注和研究的就是市场主体的"出口"问题。破产法的制度与程序设计，无论是破产清算后彻底退出市场，还是重整与和解后重新焕发活力，无非是为陷入困境的市场主体提供各种各样的"出口"，为充满无限可能的市场主体寻找出路。Saída"赛达"，通过公正公平的竞赛而达到，通过自由开放的出口而到达，这不正是破产法的内在精神吗?

中国破产法的实施恰逢中国传统经济结构性调整以及国际贸易大变局时代。如何应对这一经济与国际贸易大变局，面对经济结构调整如潮涌来的大挑战，对世界范围内的破产法理论与中国破产重组前沿问题的研究就显得尤为必要。为进一步整合中国破产法理论界与实务界研究力量，法律出版社法商分社社长薛晗提议将国内同行的优秀作品汇集成中国政法大学破产法与企业重组研究中心出品的精品丛书，我欣然同意，并力主将丛书命名为“赛达破产法丛书”。

我希望在不久的将来，“赛达破产法丛书”能够成为破产界同行阅读优质文献、分享顶级作品的平台之一。由此，感谢并期待各位同行的襄助和支持!

是为序。

序　一

祝贺夏红的博士论文出版。

记得12年前，也就是中国政法大学中欧法学院成立后的第一年，中国政法大学在与欧盟合作共同举办中欧法学院的协议中有一个特别条款，即中欧法学院录取的博士生，在符合条件的前提下，也可以去欧盟的学校拿博士学位。学校定下来让我当年招录的博士生作为第一位项目试点学生，欧盟第一个支持该项目计划的学校是荷兰的马斯特里赫特大学。夏红由此成为中国政法大学与荷兰马斯特里赫特大学的双校博士研究生。

按照协议，夏红除了要完成中国政法大学的博士课程，还须去荷兰马斯特里赫特大学留学数年，直到完成英文的博士论文。

临去马斯特里赫特大学前，夏红来跟我商量博士研究方向与选题问题。考虑到夏红的硕士学位论文写得是破产法制史方面的内容，我希望夏红能跳出历史的范畴，研究一个破产法学的主流问题。同时考虑到夏红要去欧洲的大学深造，选题也得欧洲学术界能够接受。经过讨论，我和夏红共同商定，选择破产法中的职工权益保护问题作为选题方向。

毫无疑问，破产法中的职工权益保护问题，不论是理论上还是实践中，都是破产法中一个极其重要的问题，也是一个被学术界遗忘在角落的问题，近年在这方面有份量的学术论文亦很少。

借为夏红博士论文写序之机会，我简单谈谈对破产企业职工权益保护重要性及下一步改革的看法。企业破产中的职工权益保护问题的重要性体现在以下几方面：

第一，政治正确与社会稳定要求。中国是以工人阶级为领导阶级作为立国根本的国家。我国《宪法》第1条规定，中华人民共和国是工人阶级领导的、以工农联盟为基础的人民民主专政的社会主义国家。企业职工既是国家的主人翁，又是社会主义的建设者，还是市场经济中的劳动者，这多重的身份，决定了其特殊的社会与法律地位，因此，当企业特别是国有企业破产时，职工权益的处置与保护问题就很重要？它涉及我们这个社会主义大国的政治秩序与社会稳定问题。所以，2006 年的《企业破产法》在起草时，职工权益保护问题成为最受重视、争论最为激烈的问题之一也是相关条文较之其他国家破产法规定最多的。

第二，国情决定。我曾经说过，除了深厚的文化历史传统，中国最大的国情，就是我们有世界上最大的国有企业群。直到现在，我们还有十几万家国有企业，它们是中国型市场经济最有份量的主体。由此，我们有当今世界上最大规模的数千万产业工人队伍，当国企破产时，职工处置问题敏感而复杂。当国有企业破产时，国企职工作为工人阶级的一部分，不仅主人翁身份丧失，成为无身份的失业者，而且由于计划经济体制下，国家或政府与国企员工模糊的合同关系，使得职工对企业的贡献没有对价或对价不清晰，基本的社会保障又未建立起来，在企业破产清算时，职工的劳动补偿与安置费用很容易成为一笔糊涂账。

在二十世纪九十年代的政策性破产中，职工合法权益保护问题，成为中央政府几个国企破产政策的头等重要问题。例如，最著名的“59 号文件”，亦即《国务院关于在若干城市试行国有企业破产有关问题的通知》（国发〔1994〕59 号)，其第一部分的标题就是：“实施企业破产必须首先安置好破产企业职工”。在参与这些政策制定的过程中，我曾提出过“历史劳动债权”的概念并嵌入当时的国务院 59 号文件与 97 - 10 号文件中，试图用政府、企业、银行“三家抬”的方式解决国企对企业员工的历史负债与基本生活费问题。但在政策实施时，国企职工极易成为与强势地方政府谈判的弱者，没有讨价还价的余地。

第三，欧美前车之鉴。欧美福利型国家没有国企职工安置问题，但有企业员工的人权与福利标准问题。九十年代中期，我去北欧几个国家考察，瑞典、挪威等国的社会保险费用充盈，根本不存在失业员工安置问题。但在多数欧美国家，大型企业破产，往往伴随着企业高管腐败、员工级差补偿异同及再就业困难问题，当企业破产时，员工极易发生有规模的对政府处置不力的群体抗议与对企业高管责任的集体诉讼现象。所以，企业员工权益保护问题往往成为欧美破产司法实践的热点与痛点问题。我国改革开放40多年以来，我们除了有数量不少的国有企业，市场法人主体主要由规模庞大的民营企业、中小企业、涉外资企业构成，这些企业雇有数亿员工、劳动者。当这些市场法人主体部分退出市场时，其员工合法权益保护问题就是一个普适性问题。面向成熟的国际经验，我们应有我们社会主义市场经济条件下的中国方案。

第四，破产制度技术层面的要求。破产法是最应该有人文关怀的游戏规则，也是企业破产时解决各种人事具体麻烦的规则。不论是国企职工还是民营企业或外资企业职工，当企业破产时，职工合法权益的内涵范围，各地区各行业各企业标准的界定，如何保护等都是要具体考量的。同时，破产企业职工在破产程序中的知情权、参与权、表决权等问题，在受偿顺位、优先权等级及其内涵等方面，各国制度差异极大，如何在制度技术上完善破产企业职工的合法权益保护是个亟须解决的难题。

2006年《企业破产法》在起草之初，立法机构即高度重视对企业职工权益保护问题，这体现在其立法指导思想之中。

2004年6月21日在十届全国人大常务委员会第十次会议上，时任全国人大财经委员会副主任贾志杰作《关于〈中华人民共和国企业破产法（草案)〉的说明》时指出，企业破产法立法的指导思想之一："第五，充分保障职工合法权益。职工是企业破产的直接受害者。一些企业在破产案件中存在严重损害职工利益，影响社会稳定的情况，起草本法要解决这些问题，切实保护职工合法权益。"在这个说明中，他特别强调关于职工权益保护是立法考虑的重要问题，维护和保障破产企业职工的合法权益，是本法的一项重要指导思想。我国已经改革了计划经济时期的职工退休等制度，新的社会保障制度正在逐步建立，在这种情况下企业发生破产，有些职工的生活保障可能产生问题。在破产实践中，也实际存在着严重损害职工合法权益的情况。

贾志杰副主任在起草说明中指出：为充分保障破产企业职工的合法权益，草案吸收中华全国总工会、劳动和社会保障部门等单位的意见，重点规定了以下内容：一是在总则中明确规定人民法院审理破产案件应当依法保障企业职工的合法权益。二是将劳动债权，即企业所欠职工工资和社会保险费用，以及法律、行政法规规定应当支付给职工的补偿金等其他费用作为第一顺序清偿。三是规定在债权申报时，劳动债权无须申报即可生效，由管理人记入债权表并予以公示。四是规定企业的职工和工会可以派代表参加债权人会议。五是规定在债权人委员会中必须有一名劳动债权代表。六是规定在重整计划表决时，劳动债权作为债权分类之一进行表决。以上这些规定，都是为加强破产企业职工的保护，保证企业职工在破产程序中的知情权、参与权和表决权。

2006 年《企业破产法》对破产企业职工权益保护的重视，确实是前所未有的。我粗略梳理了一下，这个重视度体现在以下多款条文中。下面简述一下这些条文的立法背景及立法的重点考量。

第 6 条规定："人民法院审理破产案件，应当依法保障企业职工的合法权益，依法追究破产企业经营管理人员的法律责任。"这是权利宣示性条文，置于第一章总则部分，显示其法理重要地位及司法依据。

第 8 条规定，企业向人民法院提出破产申请，应当提交破产申请书和有关证据。特别是要提交"职工安置预案以及职工工资的支付和社会保险费用的缴纳情况"。这是在第二章中强调企业对职工安置的重要性及其社会责任，也是对 1986 年《企业破产法》规定国企破产前置条件精神的延续。

第 11 条规定，人民法院受理破产申请的，债务人应当自裁定送达之日起十五日内，向人民法院提交"职工工资的支付和社会保险费用的缴纳情况。"此条规定是第 8 条规定精神的延续。

第 36 条规定，债务人的董事、监事和高级管理人员利用职权从企业获取的非正常收入和侵占的企业财产，管理人应当追回。这一条文虽然未提到职工权益，但在立法起草讨论中强调该条主要是针对企业高管侵害企业及职工权益而定的规则。

第48条规定，债权人应当在人民法院确定的债权申报期限内向管理人申报债权。债务人所欠职工的工资和医疗、伤残补助、抚恤费用，所欠的应当划入职工个人账户的基本养老保险、基本医疗保险费用，以及法律、行政法规规定应当支付给职工的补偿金，不必申报，由管理人调查后列出清单并予以公示。职工对清单记载有异议的，可以要求管理人更正；管理人不予更正的，职工可以向人民法院提起诉讼。这是职工具体权益的一个主要界定，立法起草时曾就职工债权要否界定曾有过争议，考虑到职工债权在中国的特殊性、群体性与集合性，最后定稿为不必申报，而由管理人经调查后予以列示，并保证职工享有的异议权。

第67条规定，债权人会议可以决定设立债权人委员会。债权人委员会由债权人会议选任的债权人代表和一名债务人的职工代表或者工会代表组成。此条是体现对职工利益维护的需要，强调债务人企业职工的知情权与重大问题表决权。

第82条规定，下列各类债权的债权人参加讨论重整计划草案的债权人会议，依照下列债权分类，分组对重整计划草案进行表决：（1）对债务人的特定财产享有担保权的债权；（2）债务人所欠职工的工资和医疗、伤残补助、抚恤费用，所欠的应当划入职工个人账户的基本养老保险、基本医疗保险费用，以及法律、行政法规规定应当支付给职工的补偿金；……此条规定了职工债权作为一个特别的债权组参与重整计划的表决。

第113条规定，破产财产在优先清偿破产费用和共益债务后，依照下列顺序清偿：（1）破产人所欠职工的工资和医疗、伤残补助、抚恤费用，所欠的应当划入职工个人账户的基本养老保险、基本医疗保险费用，以及法律、行政法规规定应当支付给职工的补偿金；（2）破产人欠缴的除前项规定以外的社会保险费用和破产人所欠税款；（3）普通破产债权。破产财产不足以清偿同一顺序的清偿要求的，按照比例分配。破产企业的董事、监事和高级管理人员的工资按照该企业职工的平均工资计算。

此条是职工权益保护的最重要条文，列为企业破产清算时破产清偿的第一顺位，并具体界定了职工债权的内涵。最后一款对企业高管工资的限制也是职工权益保护的组成部分。

第132条规定："本法施行后，破产人在本法公布之日前所欠职工的工资和医疗、伤残补助、抚恤费用，所欠的应当划入职工个人账户的基本养老保险、基本医疗保险费用，以及法律、行政法规规定应当支付给职工的补偿金，依照本法第一百一十三条的规定清偿后不足以清偿的部分，以本法第一百零九条规定的特定财产优先于对该特定财产享有担保权的权利人受偿。"此条规定是与二十世纪九十年代中期启动的政策性破产衔接的条文。

第133条规定："在本法施行前国务院规定的期限和范围内的国有企业实施破产的特殊事宜，按照国务院有关规定办理。"此条规定再次强调了对破产国企政策的有效性。

《企业破产法》自2007年6月1日实施以来，在职工合法权益保护方面取得很大成绩，也存在一些突出问题。根据2021年8月18日全国人大常委会执法检查组《关于检查企业破产法实施情况的报告》，这些问题主要体现在三方面：一是一些破产企业存在拖欠甚至恶意拖欠职工工资和社会保险费问题，二是职工和工会代表参加债权人会议以及债权人委员会的保障机制不健全，三是破产企业失业职工的安置与再就业问题。严格说来，企业破产中职工合法权益受到侵损的现象还很严重，远远不仅只有这些问题，如2009年，吉林通化钢铁在破产改制中出现的问题即是一个典型案例。

目前，全国人大常委会已经启动《企业破产法》的修订程序。在修订过程中，我想，以下修改内容是应该加以考虑的：

首先，第113条关于劳动债权的定义应进一步明确。同时，劳动债权与共益债务中的战略投资者退出的清偿顺位问题值得探讨。根据第113条第1款第1项的规定，列入第一清偿顺位的劳动债权指的是，债务人企业所欠职工的工资和医疗、伤残补助、抚恤费用，所欠的应当划入职工个人账户的基本养老保险、基本医疗保险费用，以及法律、行政法规规定应当支付给职工的补偿金。前几项所欠工资和医疗、伤残补助、抚恤费用等含义很明确，但社会保险费用与补偿金则较复杂，主要有以下几类：（1）应当划入职工个人账户的基本养老保险。依据国务院的有关规定，基本养老保险个人账户按照职工工资百分之十一的数额标准建立，职工个人按工资百分之八的标准缴纳的基本养老费全部计入个人账户，其余部分从企业缴费中存入。2001 年以后企业缴费部分不再划入个人账户，全部纳入社会统筹基金。（2）应当划入职工个人账户的基本医疗保险。依据国务院的有关规定，用人单位缴纳的基本医疗保险费率应控制在职工工资总额的百分之六左右，职工个人的缴费率一般为本人工资收入的百分之二。职工个人缴纳的基本医疗保险费，全部计入个人账户。用人单位缴纳的基本医疗保险费的 30% 左右划入职工个人账户。（3）失业保险。（4）工伤保险。（5）生育保险。（6）法律、行政法规规定应当支付给职工的补偿金。目前主要有因解除劳动合同，因克扣、拖欠工资以及因合同终止而应支付的补偿金。

其次，应强化保障破产企业职工的知情权、参与权与表决权。进一步完善职工和工会代表参加债权人会议以及债权人委员会的保障机制，完善企业职工权益在破产清算、重整与和解三个不同程序中的清晰表达，切实维护好破产企业职工的合法权益。

再次，建立破产企业职工债权的预分配机制与欠薪基金，职工债权保护的是职工的生存权，在条件允许情况下，对破产企业职工债权应得到及时先行清偿。而建立破产欠薪基金制度，则在企业破产程序启动时，可预先支付职工债权，不用等到破产财产分配时候清偿。

最后，相关配套法律的修改，要从理念上认识到劳动创造利润，因此劳动应该共享利润。应该尽快修改《公司法》，这是初次分配公平的关键。要加快完善社会保障体系建设，将《企业破产法》的修改与《劳动合同法》《社会保险法》的完善联动配套起来，研究建立及时解决破产企业拖欠职工工资和社会保险费问题的长效机制。同时完善破产企业职工安置和再就业相关法规，发挥好失业保险和社会救助在破产企业职工安置中的作用。推动解决破产企业职工社保关系转移接续、劳动关系处理、再就业培训等困难，切实为职工再就业创造条件，提供有力支撑。

夏红这本新书是在博士论文基础上修改而成。当初夏红这篇论文最早是英文成稿的，转成中文后，我与他本人都不是很满意这篇博士论文。主要原因是这篇论文文献资料非常翔实，显示了作者本人深厚的史学功底，但文献资料堆砌太多后，论文主线反而不清晰，不鲜明了。在全文的结构合理方面，特别是观点论述与问题针对性方面稍嫌不足。今天，经沉淀多年，夏红又下了大功夫修改，确实论文大变样了。这也是国内学术界目前少有的专门研究破产企业职工合法权益保护的一本力作。相信破产理论工作者、实务操作者与社会读者诸君阅读后，定有所思、所悟、所获。

是为序。

李曙光

中国政法大学教授、博士生导师

中国政法大学法与经济学研究院院长

中国政法大学破产法与企业重组研究中心主任

2021 年 8 月 20 日

序　二

听到陈夏红先生将出版其中文博士论文，我十分高兴。这个好消息，成功地把我带回到将近十年前在荷兰跟他那些温暖的回忆中。

2010 年时，我收到夏红想要成为荷兰马斯特里赫特大学博士候选人并由我指导的申请。当时，他是中欧法学院 2009 级博士。在其邮件附带的简历中，有一份法史方面的出版清单，其中不乏一些当时的畅销书；这足以向我展示出他是一个多么优秀的年轻学者。对年方三十的他而言，这些伟大的成就暗示着他有潜在的学术能力。他的硕士学位论文聚焦于过去几个世纪以来中国破产法从古代到现代的进化，我的注意力被其进一步吸引。尽管我不能阅读中文，但基于他提及的信息和我自己的学术兴趣及成果，我认为这是一个十分有趣的主题。我决定接受他的申请，以便跟他一起在这个非常有趣的主题上共同耕耘。

马斯特里赫特大学和中国政法大学之间的谈判，耗费了我们很长的时间。但结果是好的。基于马斯特里赫特大学和中国政法大学之间的协议，他最终成为荷兰马斯特里赫特大学博士候选人，由中方的李曙光教授和荷方的我共同指导。

2011 年 4 月，夏红抵达马斯特里赫特。最开始，在一个语言、传统和文化与其祖国迥然不同的外国，他受到挑战，需要证明自己是一个聪明的博士候选人。他还面临着另一个挑战，就是把处于相当基础水平的语言能力，提高到学术水平。另外，他当时还要为中国政法大学撰写一本需要在 2011 年底完成的书。除此之外，他还需要协助我为学生讲授国际破产法。我和他需要同时完成这些任务。

让我很自豪的是，他在抵达荷兰后，非常努力，而且几乎所有事情都处理得很完美。在经历短时期调整后，看上去他在荷兰文化中非常好地找到自己。他的语言能力，包括学术写作和口语表达，提高非常迅速。他也能够迅速抓住要研究的问题，然后高质量地完成文献综述。他加入了法学院教工足球队，因此很快在马斯特里赫特有了很多朋友。他成为比利时精酿啤酒的专家。另外，作为一个非常专业的摄影师，他的技艺记录了我们学院很多精彩的时刻，他因此也成为学院里一位广受认可的同事。看上去他对他在中国所未曾经历的新事物，非常感兴趣。在一个全然不同的文化中，他没有常见的紧张和害羞，而是非常舒服，也非常享受；这让我对他的学术生涯有了更大的信心。

基于上述信任和信心，他成为我在马斯特里赫特大学一位给力的学术助理。他能够帮我给本科生的“国际破产法”课准备课件，也能够用英文为马斯特里赫特大学研究生讲授“中国破产法的进化”。我们可以一起完成对学生的口试。按照荷兰高等教育体系，他是一个很好的同事；对于拥有这么一位博士，我深感幸运。

关于他英文博士论文的问题、主题和观点，我们曾多次讨论。我完全同意他的看法，即破产企业职工权益保障问题，是一个在中国和欧盟都可以比较的点。基于我的知识和经验，我十分理解劳工保护在欧洲的重要性和意义。我也能够理解工人保护问题在社会主义国家的政治意义。因此，我确定比较中国和欧盟的破产企业职工权益保护问题，是一个充满雄心的尝试。我能够感到夏红把欧盟破产企业职工权益保障经验移植到中国的渴望。这也是为什么我完全同意他博士论文的方向，我也满意他充满洞见的写作进展。

我在2014年完成职业生涯转型，成为全职破产律师；在金融危机时代，我的专长在那里更为急需。在我离开学术界之前，他的论文已取得明显的进展。在当时，他的进展已经处于一个非常高深的水平，这使得其他教授很难指导他。在金融危机期间，马斯特里赫特大学在很长一段时间内都没有聘用破产法领域的教授，而这在该领域恰恰是必要的。对于其他教授来说，因为太耗费时间，而很难完全理解他的进展和专业领域，并在论文最后阶段给予恰当指导。较之于多彩且愉悦的过程，结果是重要的，但有时绝非最重要。我一直很感激能遇到夏红，能和他一起如此热情地工作。整个法学院和我，都将他记在心里。

过去几年来，我非常高兴地和夏红保持着联系，也常常获得他和他家的好消息。我十分欣赏他在工作中的献身精神和强大且富于同情心的个性，我希望我们永远是朋友。我诚意地期待在新冠肺炎疫情之后，能够和他，还有他爱人和两个可爱的女儿，在阿姆斯特丹、北京或者任何其他城市重逢。在这些美好的事情发生之前，我们唯一需要做的事情就是保重、耐心和等待。

再次祝贺夏红的成就；我已经迫不及待地想要看到夏红的新书了。

致以最美好的祝福！

卡琳·卢迪柯斯　博士

2021年8月15日于荷兰阿姆斯特丹

Preface

I am very glad to hear that Mr. Xiahong Chen will publish his PhD thesis in Chinese. This good news had successfully put me back at those warm memories with him almost a decade ago in the Netherlands.

In 2010, I received Xiahong's application to be a PhD candidate of Maastricht University of the Netherlands under my supervision. At that time, he was a PhD student of the China-EU School of Law in 2009. In his email, the attached CV, with a long-list publications in legal history, among it some of them were best-selling books at that time, had already showed what a distinguished young scholar he was. Such great achievements at his age, around 30-year-old, indicates that he has the potential academic-needed ability. My attention was further attracted by the topic of his master thesis, which focuses on the evolution of Chinese bankruptcy law in past centuries from ancient period to modern times. I cannot read Chinese, but I think it is an interesting topic based the information he mentioned and fitted with to my own academic interest and publications. I decided to accept his application to be able to work together with him at this very interesting topic

The negotiation between the Maastricht University and the China University of Political Science and Law cost us very long time. The result is good. Finally he had become a PhD candidate of Maastricht University of the Netherlands under co-supervising by Prof. Shuguang Li in China and me in the Netherlands, based on the agreement between UM and CUPL.

Xiahong arrived in the Maastricht in April 2011. At the very beginning, he was challenged to prove to be a smart PhD candidate in a foreign country where the language, tradition and culture are all different with those things in his motherland. He also took the challenge to improve his language ability from a rather basic level to an academic level. Furthermore, he was working at a book for his domestic university at the end of 2011. Besides that he also assisted me in teaching of the subject of international law. I and he managed to do this all at the same time.

He was working very hard after his arrival and did almost everything very well, which made me very proud. After a short period to adjust, he looks finds himself very well in the Dutch community. His language ability, including academic writing and speaking, improved very quick. His could quickly grasp the research question then finish literature review very well. He joined our faculty staff football team so that he quickly had a lot of friends in Maastricht. He became an expert of Belgium brewed beer. Further, as a very professional photographer, his skill records some great moments of our faculty events and he became a well-recognized colleague in our faculty. He looks very interested in those new things he never experienced in China. In a fully different culture, he appeared to be very comfortable and enjoys it, rather than usually nervous and shy, which give my more confidence about his academic life.

Based on above-mentioned trust and confidence, he became a helpful academic assistant to me in the Maastricht University. He could help me to prepare slides concerning international insolvency law for bachelors students, also he could make lecture in English on the evolution of bankruptcy law in China for master students of Maastricht University. We could finish the oral examination together. I was so lucky to have him as my PhD, a nice colleague under the Dutch advanced-education system.

We had talked the question, topic and issue of his PhD thesis in English for several times. I totally agree with his opinion that the protection of worker's outstanding claims in bankruptcy cases could be a comparable point between China and the EU. I fully understand the importance and significance of labour protection system in the Europe, according to my knowledge and experience. I also could understand the political significance of worker protection in a socialism country. Thus, I am for sure it would be ambitious attempts to compare the protection of employees in the event of the insolvency of their employer between China and the EU. I can feel that Xiahong was eager to implant the European experience concerning the protection of employees rights in the bankruptcy of their employer. That why I totally agree with the direction of his PhD thesis and I was satisfied with his progress in the insightful writing.

He had made a great progress in his thesis before I left the academic world in the 2014 to fully dedicate myself to the career as a bankruptcy lawyer where my expertise was urgently needed in the times of the credit crisis. At that time he was progressed already at a very high specialised level, which made it difficult for the other professors to supervise him. Because at the time of the credit crisis Maastricht university had for a long time no professor specialised in insolvency law, the specialists were needed in the field. His progress and his specialised subject made it too time-consuming for the other professor to be able to fully understand it and to guide him properly in his last phase of the thesis. Comparing with the colourful and enjoyable process, the result is important but sometimes it is always not the most important thing. I have always been very grateful to have met Xiahong and being able to work with him so intensively. The whole faculty and I have enclosed him in our heart.

In past decades, I was glad to keep in touch with Xiahong and always be alerted by him and his family's good news. I deeply appreciated his dedication to his work and his strong and sympatric personality and I hope we will be friends forever. Sincerely, I hope we could meet each other, including his wife and two cute daughters, as early as possible at Amsterdam, Beijing or any other city after the end of epidemic of Covid-19. Before such good things will happen, the only thing we need to do is to be safe, to be patient and to wait.

Congratulations on Xiahong's success again and I could not wait to see Xiahong's new book.

Best wishes!

Dr. Karin Luttikhuis LLM CPA
15 August 2021, Amsterdam of the Netherlands.

C O N T E N T S **目录**

图表目录

导 论

一、选题缘起

当破产法遇上劳动法，会怎样？对这个问题，我一直充满好奇。这本破产法与劳动法的“碰瓷”之作，便是在好奇心的驱使下学术神游的产物。

这本书试图围绕“破产企业职工权益保护”这个主题，展示3种模式、2个情境和2种程序之间的交互关系。这里的“模式”，是指以我国内地为代表的破产优先权模式、以我国香港特别行政区为代表的破产欠薪保障基金模式和以欧盟为代表的混合模式；这里的“情境”，是指非跨境破产情境和跨境破产情境；这里的“程序”，指的是破产清算程序和重整程序。3种模式、2个情境和2种程序之间的比较、交织，构成本书的基本框架和内容。

破产法是一个“万花筒”。当市场主体陷入破产境地，几乎所有的法律关系都要在破产程序中了断，几乎所有久拖不决的难题也都要在破产程序中解决。在正常情况下，破产程序很难看到明显的受益者。无论是债权人、供货商、税收机构、职工、客户还是出资人，基本都伤痕累累。破产法的价值可能也在于此，如果把破产视为最不幸的时刻，那么破产法就要在这种困境中，用慈爱的眼光关注每一个利益相关者，保障集体债权债务清理进程在按照“同等顺位、同等比例”的原则顺畅进行的同时，尽可能提高每一笔债权的清偿率。这是破产法最基本的目标，也是其绵延不绝的动力。相比之下，劳动法则是一个“大观园”。按照雷蒙德·瓦尔特曼的概括，劳动法囊括劳动关系法、集体劳动法和劳动保护法，亦公亦私，可公可私，互有交叉，紧密结合；超越这种内部分野，劳动法体现出劳工群体作为当代社会超级强大的社会力量，如何与政治、经济、社会产生互动，并在每一个时间节点达到某种程度的平衡。[①]

破产企业与职工的关系，是破产法中最难以处理的关系之一。这组关系，不仅涉及劳动合同，而且还涉及其他法律尤其是劳动法规定的诸多强制性条款，比如不公平裁员、最低限度工资、带薪休假、最长工作时间、产假、平等对待及禁止歧视等；这些劳动法领域的强制性条款究竟如何影响破产程序，一定程度上比劳动合同终止、给予职工债权优先顺位更为复杂。[②] 当企业进入破产程序，职工立即成为一个独特的债权人类型。[③]

若企业破产，职工将成为严重的受害者。[④] 企业破产中，最明显的受害者群体之一便是职工，他们不仅失去工作岗位，也损失了部分应得的报酬。[⑤] 企业破产对职工的影响，体现在诸多方面。首先就是收入的降低。有一个基于美国人口调查局 1985～2008 年统计数据的实证研究，通过追踪 1991～2005 年申请破产的 140 家企业涉及的 277，000 位职工，最后发现，在企业破产当年，破产企业职工的年收入跟破产前相比，会下降 10%；在企业破产第 2 年，破产企业职工的年收入跟破产前相比，会下降 14%；在企业破产 7 年内，破产企业职工的年收入失去高达 67% 的比例。[⑥] 而企业破产对职工的影响，除未来收入的下降外，还有工作岗位的丧失、劳动合同的终止、劳动条

① ［德］雷蒙德·瓦尔特曼：《德国劳动法》，沈建峰译，法律出版社 2014 年版，第 4～6 页。

② Jan C. van Apeldoorn, *Human Rights in Insolvency Proceedings*, Kluwer, 2012, p. 444－445.

③ Janis Sarra, *Employee and Pension Claims During Company Insolvency: A Comparative Study of 62 Jurisdictions*, Thomson Canada Limited, 2008, p. 3.

④ Ng Shuk－fong, Betty, An Evaluation of the Extent of Protection of Employee's Legal Entitlements in the Event of Insolvency in Hong Kong, Master degree thesis in Public Administration in University of Hong Kong, June 2000, pp. 71－72.

⑤ Arturo S. Bronstein, "The Protection of Workers' Claims in the Event of the Insolvency of Their Employer: From Civil Law to Social Security", 126 *Int'l Lab. Rev.*, 1987, p. 715.

⑥ John R. Graham, Hyunseob Kim, Si Li & Jiaping Qiu, "Employee Costs of Corporate Bankruptcy", *Working Paper No. 25922 of National Bureau of Econimic Research*, March 2019, see at: https://www.nber.org/papers/w25922, last visited: 5 March 2021.

件的恶化、集体劳动合同的变更或者解除等。① 尤其是企业破产时又拖欠职工薪资，被视为“企业破产中最不愉快的结果”。②

破产法越来越成为利益冲突的集合体，债权人利益、社区利益乃至职工利益，都要给予充分考虑；尤其是职工利益，他们的诉求不仅是从破产程序中获得职工债权清偿，因为对劳动合同及其收入的特别依赖，他们也特别不想看到企业因为破产清算而终结。③ 如何处理破产企业职工权益保护问题，在任何法域都是一个复杂而敏感的问题。

问题的复杂性，一定程度上源于破产法和劳动法本身各自的覆盖范围和关注重点上的巨大差异。联合国国际贸易法委员会在其2004年通过的《贸易法委员会破产法立法指南》中就表达出这种纠结：一方面，贸易法委员会并未在其破产法立法指南中，把职工权益保护问题纳入破产法的立法目标；④ 但另一方面，贸易法委员会也特别指出，在破产法立法过程中必须考虑破产法与其他实体法的关系，以及破产法能否有效地修改这些实体法，其中的实体法之一就是向职工提供某些保护的劳动法。⑤ 站在“破产法帝国主义”的立场上，破产法理应在其制度设计和程序中处理可能涉及的所有问题；但在法理或惯例层面上，可能还是要恪守破产法和劳动法的“楚河汉界”，秉持破产法一贯在原则上尊重其他法律的立场，使劳动法的诸多规定都能在破产法中得到落实。

对于保护破产企业职工权益问题的重要性，国际劳工组织很早就强调过。

---

① Edward Yemin & Arturo S. Bronstein, *The Protection of Workers' Claims in the Event of the Employer's Insolvency*, Labour - Management Relation Series No. 76, International Labour Office, 1991, pp. 9 - 12.

② Arturo S. Bronstein, "The Protection of Workers' Claims in the Event of the Insolvency of Their Employer: From Civil Law to Social Security", 126 *Int'l Lab. Rev.*, 1987, p. 715.

③ International Labour Office, *Protection of Workers' Claims in the Event of the Insolvency of Their Employer*, Report Ⅴ (1), fith item on the agenda, International Labour Conference 78th Session, 1991, pp. 10 - 11.

④ 联合国国际贸易法委员会：《贸易法委员会破产法立法指南》，联合国2006年版，第9~14页。

⑤ 联合国国际贸易法委员会：《贸易法委员会破产法立法指南》，联合国2006年版，第18页。

在1991年召开的第78届国际劳工大会上，国际劳工组织就指出，企业破产对于职工往往有非常严重的影响，举凡岗位安全、雇佣条件、劳动关系和基于之前的劳动关系产生的工资债权，都在影响波及范围之内。① 在这次会议后，国际劳工组织还通过发放调查问卷的方式，全面了解和掌握了国际劳工组织各成员国破产企业职工权益保护的基本模式和主要问题。②

能否妥善解决破产程序中的职工权益保护问题，也成为破产法制定、实施和评判其结果的重要因素。2016年我国最高人民法院评出破产审判十大典型案例，入选的案例之一即发生在甘肃省的中核钛白重整案，最高人民法院给出的入选理由指出，“中核钛白破产重整案通过将托管、重整与重组并行考虑，实现了托管、重整、重组的紧密衔接，做到了同行业并购和业务整合紧密衔接，持续经营与技术改造同步进行。既实现了企业经营的连续性，摆脱了清算退市的命运，实现了较高的清偿率，又实现了1200名职工全员就业，稳定了职工队伍。”显而易见，对于中核钛白破产重整案来说，能够“实现了1200名职工全员就业，稳定了职工队伍”才是其点睛之笔。该案例因入选全国法院破产审判十大典型案例而声名大噪，但通过周放生筹拍的纪录片《绝境求生》体现得更为直观具体。③ 受这部纪录片的“诱惑”，笔者曾有幸先后两度前往戈壁滩腹地中核钛白考察，有机会与该破产企业重整成功后依旧在岗的职工交流。④ 显而易见，破产企业职工权益的保障，对于实现破产法的基本目标有重要意义。

---

① International Labour Office, *Protection of Workers' Claims in the Event of the Insolvency of Their Employer*, Report V (1), fith item on the agenda, International Labour Conference 78th Session, 1991, p. 3.

② 调查问卷见：International Labour Office, *Protection of Workers' Claims in the Event of the Insolvency of Their Employer*, Report V (1), fith item on the agenda, International Labour Conference 78th Session, 1991, pp. 61 – 68；国际劳工组织各成员国反馈，参见：International Labour Office, *Protection of workers' claims in the event of the insolvency of their employer*, Report V (2), fith item on the agenda, International Labour Conference 78th Session, 1991, pp. 3 – 91。

③ 陈夏红：《一部影像中的破产重整史》，载《法制日报》2016年8月15日，第11版。

④ 陈夏红：《地图上找不到的核城？陈夏红“看见”中核钛白》，载微信公众号“破产法快讯”（insolalerts）2019年5月26日，https://mp.weixin.qq.com/s/s_7VriX2aWMd2831smrKQ。

现代企业理论为我们理解破产企业职工权益保护的重要性，提供了重要视角：企业是人力资本和非人力资本的集合，人力资本是企业资本的重要组成部分，企业组织包含着对人力资本的充分利用。[①] 这一理论基础，尽管无法将职工变成类似股东这样的剩余价值索取权人，职工无法通过其劳动合同和参与公司事务避免破产风险，但是为我们确定职工对于破产企业的重要性提供重要依据，尤其是在破产企业重整过程中，职工权益保护与就业保障，可能成为重整程序所要实现的众多目标之一。

当然，就破产法和劳动法的交互关系来说，在不同地方、不同时代，是很有可能会产生各种差别的。破产企业职工权益保护问题，并无中西之分，但破产企业职工权益保护机制深深植根于传统，不同法域的政治、经济、文化背景对于破产企业职工权益相关制度设计影响甚大，甚至也很难找到放之四海而皆准的解决方案。尤其是在破产法和劳动法这两个法律体系中，不仅制度构造具有强烈的时代性，其与社会也处于不断博弈中。比如在美国，讨论破产法和劳动法的互动，可能讨论的领域就包括诸如：破产程序中职工的权益体系（待付薪酬、遣散费、休假津贴、员工受益计划等）；托管人对集体谈判协议的选择性履行甚至解除、涉及就业相关行政性管制程序时自动中止的效力；破产程序中涉及的问题诸如债务人自行经营管理时集体谈判中的财务信息披露、集体解聘的通知；职工个人破产对劳务关系的冲击等。[②] 较之于传统部门法，破产法和劳动法往往都和一个国家或地区的政治、经济、文化传统密不可分，也很难单独靠部门法的技术性改革而一劳永逸地解决问题。

在破产程序中保护职工权益，理由有很多。比如国际劳工组织 1991 年就指出，这么做的理由至少有三种：第一，工资对于职工的存活至关重要，大多数情形下职工及其家庭的日常生活都高度依赖于定期发放的工资；第二，

---

① 贺丹：《破产重整控制权的法律配置》，中国检察出版社 2010 年版，第 157 页。

② Donald C. Dowling, Jr., "The Intersection Between U. S. Bankruptcy and Employment Law", *The Labor Lawyer*, Winter 1994, Vol. 10, No. 1 (Winter 1994), pp. 57 – 72.

职工已经提前向破产企业提供劳务，而后才能获得薪资及其他应得收入，但是职工很难获得债务履行的保证、担保或者其他保障手段；第三，作为“服务”债权人，职工很难像“金融”债权人一样承担太大的风险，企业破产对于职工往往是灭顶之灾。① 因此，在不同层面的话语体系中，在破产程序对职工给予各种优待，似乎越来越成为一个不证自明的问题。

详细论之，研究破产企业职工权益保护模式的转型，至少建立在如下诸多背景下，也会在如下几方面产生意义和价值：

（一）经济全球化与国际劳工运动的倡议和引导

破产企业职工权益保护问题本身的重要性，与工业革命以来工人运动的历史和传统息息相关。当然，在早期的工人运动中，我们极少会看到有文献特别关注破产情形职工权益保护问题，早期工人运动所奋斗的，更多还是劳动条件、最低工时、男女平权等已为现代劳动法所确认的诸多原则。② 而且，现代资本的全球化流动，也为劳资矛盾的全球化奠定基础。③ 企业破产是各种冲突的复杂集合体，在其中当然不无劳资冲突。工业革命改变了社会关系，改变了劳动法，最终也渗透到破产法领域，使破产企业职工权益保护问题，成为破产法必须要面对的问题之一。

按照西尔弗的研究，20 世纪下半叶，随着产品周期成熟，劳工抗争迎来衰退期，而劳工运动也出现去激进化的特征；而几乎与此同时，世界范围内也出现了一个对劳工更为友善的国际环境，而且西尔弗预测，除非国家间的矛盾不断升级并出现世界大战，这一友善环境还会持续下去。④ 西尔弗的观

---

① International Labour Office, *Protection of Workers' Claims in the Event of the Insolvency of Their Employer*, Report Ⅴ (1), fith item on the agenda, International Labour Conference 78th Session, 1991, p. 18.

② ［英］E. P. 汤普森：《英国工人阶级的形成》（上下册），钱乘旦等译，译林出版社 2013 年版。

③ ［美］贝弗利·J. 西尔弗：《劳工的力量：1870 年代以来的工人运动与全球化》，张璐译，社会科学文献出版社 2016 年版，第 38～115 页。

④ ［美］贝弗利·J. 西尔弗：《劳工的力量：1870 年代以来的工人运动与全球化》，张璐译，社会科学文献出版社 2016 年版，第 164 页。

点，对于我们了解为什么世界范围对于破产企业职工权益保护的制度和讨论，也大都出现在20世纪50年代甚至20世纪80年代往后，提供重要参考：法律对破产企业职工权益的对待和保护，本身既是劳工运动外部环境的一部分，也是劳工运动在破产法领域产生影响的标志，对破产企业职工的“善待”取得了多赢的结果，客观上降低了破产程序前后劳资纠纷激化的概率。

国际劳工组织于1949年通过《保护工资公约（第95号）》（Protection of Wages Convention No. 95），并于1952年生效。这成为现代社会研究和关注破产企业职工权益保护的里程碑。国际劳工组织借此寻求“在企业破产时对于劳工的保护”，在《保护工资公约》第11条中将在职员工“视为优先债权人”。[①]《保护工资公约》第11条如下：

1. 在企业破产或司法清算时，受雇劳工应视为优先债权人。此优先债权可以来自依据国家法律法规，破产清算前劳工因劳务所应得的工资，也可以来自依据国家法律法规，劳工工资可达到的法定数额。

2. 构成优先债务的工资被全额偿付后，普通债权人的债务才可以受偿。

3. 由相对优先求偿的工资构成的优先债务及其他优先债务，应由国家法律法规规定。[②]

上述的《保护工资公约》第11条第3款，赋予缔约国国家机构在确定职工债权相对优先性方面一定的自由裁量权。该规定一方面可能能够减少缔约的阻力，但另一方面也可能对公约的影响力起到消极作用。在1991年的研究报告中，国际劳工组织就指出，该规定至少有5点局限：（1）该规定只保护破产程序启动前的职工债权，破产程序启动后如果职工在岗并继续工作，则得不到保护；（2）国家法律对条约内容的自由裁量，可能导致优先权条款根本无法提供充分保护；（3）该规定赋予成员国自主权去确定职工债权相对

---

① Chrispas Nyombi, “Employees' Rights During Insolvency”, *International Journal of Law and Management*, Vol. 55, No. 6, 2013, p. 419.

② 国际劳工组织《保护工资公约》第11条。

于其他优先债权的顺位，却没有规定职工债权在优先债权中的最低顺位下限，导致职工债权有可能在和其他债权竞争时居于不利地位；（4）该条款并未要求尽可能快地清偿职工债权；（5）缺乏对企业无产可破或者破产财产极为有限条件下的协助措施。[①] 而且，还有一种可能：如果企业资产已有破产欠薪保障基金保护，国家机关的这种自由裁量权，很可能会使得雇员失去优先权。[②]

但无论如何，国际劳工组织的前述思路在 20 世纪 80 年代得到强化。1982 年，国际劳工组织出台《雇佣终止公约》（Termination of Employment Convention），加强保护劳工权利的措施，呼吁“劳工代表直接参与企业裁员，尤其是破产引起的裁员”。[③] 随着经济全球化的发展，全球化在促进社会进步、经济开放与思想交流的同时，也加剧了不平衡发展的困境。尤其是 2008 年全球性经济危机的发生，加剧了世界范围的失业潮，新的就业机会短缺状况也在加剧。即便世界已经从全球性经济危机中持续复苏，但劳动力市场的复苏机会持续落后于经济复苏的节奏。基于此，第 98 届国际劳工大会（International Labour Conference）2009 年在日内瓦通过了一项《全球就业协定》（Global Jobs Pact），凝聚共识，倡议各国采取恰当的经济刺激政策，保障就业，加速复苏。该协定中特别提及，“企业破产及失业正在加剧，解决这些问题是综合应对危机方案的一部分”。[④]

随着国际劳工运动及劳动法的发展，对企业破产情形下职工权益保护给予特殊关照，越来越成为世界范围内的潮流和趋势。甚至比如像法国 1985 年的困境企业重整立法改革，以避免破产清算、避免职工失业为目标，特别强

---

① International Labour Office, *Protection of Workers' Claims in the Event of the Insolvency of Their Employer*, Report V (1), fith item on the agenda, International Labour Conference 78th Session, 1991, pp. 54 – 55.

② Chrispas Nyombi, "Employees' Rights during Insolvency", *International Journal of Law and Management*, Vol. 55, No. 6, 2013, p. 419.

③ Chrispas Nyombi, "Employees' Rights during Insolvency", *International Journal of Law and Management*, Vol. 55, No. 6, 2013, p. 419.

④ ［比］罗杰·布兰潘：《欧洲劳动法》（第 1 册），付欣、张蕊楠、高一波、陈洁译，商务印书馆 2016 年版，第 3 ~ 5 页。

调了困境企业重整法“维持就业”的宗旨。[①] 尽管《法国商法典》历经多次修订，但该宗旨迄今为止依旧有效，《法国商法典》第L620－1条规定，“保护程序的目的在于：为企业重组提供方便条件，使其能够继续从事经济活动，维持就业岗位，清理债务”。[②] 韩长印指出：“对工人的权利以及对企业的挽救的强调，如果说过去是大陆法系的传统的话（尤其以长期具有政府主导传统以及司法对债权的实现控制较多的法国法为典型），现在早已突破了大陆法系的空间范围而有在世界范围内扩展的趋势。”[③] 这一判断在20世纪80年代以来的各个破产法立法进程中，得到了极大程度的印证。

世界银行在2015年更新其早在2001年就发布的指南，其中在第C部分论及破产程序涉及的利益相关者问题时，在第C12.4条特别强调，“职工是企业的重要部分，应该认真考虑并平衡职工权益和其他债权人”。[④]

2020年伊始，新冠肺炎疫情肆虐全球，破产法律及政策调整成为各国应对疫情的共同选项。从宏观层面如何妥善保障破产程序中的职工权益，再度成为决策议程中的重要问题。我国政府为应对疫情而提出的“六保”方略中，第一条就是“保居民就业”。2020年5月，最高人民法院发布《关于依法妥善审理涉新冠肺炎疫情民事案件若干问题的指导意见（二）》，也特别强调要把服务保障“六保”作为“六稳”工作着力点，通过破产重整、破产和解和强化善意文明执行的理念，化解企业债务危机，保市场主体。[⑤]

（二）破产企业职工的经济脆弱性

当企业破产，不仅职工失业，影响职工的现金流，而职工背后，还有依

---

① 韩长印：《企业破产立法目标的争论及其评价》，载《中国法学》2004年第5期，第86页；王玉梅：《法国困境企业重整制度的改革及其启示》，载《法商研究》2004年第5期，第125～134页；贺丹：《破产重整控制权的法律配置》，中国检察出版社2010年版，第158页。

② 《法国商法典》（中册），罗结珍译，北京大学出版社2015年版，第657页。

③ 韩长印：《企业破产立法目标的争论及其评价》，载《中国法学》2004年第5期，第86页。

④ World Bank, *Principles for Effective Insolvency and Creditor/Debtor Rights Systems*, World Bank, 2015, see at: http://documents1.worldbank.org/curated/en/557581467990960136/pdf/101069－WP－Box393252B－PUBLIC.pdf, last visited: 31 March 2021.

⑤ 乔文心：《依法妥善审理涉疫情纠纷 精准服务“六稳”“六保”——国新办发布会详解涉疫情民事案件〈指导意见二〉》，载《人民法院报》2020年5月20日，第1版、第4版。

靠工薪收入所支撑的家庭；而社会的兴旺发达与否，又和一个个家庭的经济表现稳定联系在一起。[①] 正如雷蒙德·瓦尔特曼所说，“劳动关系构成劳动者及其家庭经济上的生存基础，生活关系、社会地位、住所等背景”。[②] 从常识角度，破产企业职工权益保护问题的重要性毋庸多言，毕竟职工作为债权人之一，与债务人企业存在更为紧密的关系，无论是其协商谈判能力还是公允对价能力，都与债务人企业外部的债权人有着天壤之别。[③] 尤其显而易见的是，对于破产企业来说，职工面临着信息不对称、投资手段单一等明显短板，他们往往最后才能知道企业陷入财务困境，而能够给自己提供的保护措施又极为有限。[④] 相比较而言，由于破产企业职工的投资配置极为单一，难以应对突发风险，破产企业职工在破产程序面前显得更为脆弱，破产程序带给职工的负面影响将远远大于其对其他债权人的影响。[⑤]

英国破产法学者罗伊·古德（Roy Goode）在阐述给予破产企业职工债权优先性时，雄辩地论证到：“毫无疑问，职工的确应当获得特殊保护。工资与劳务报酬往往是他们唯一收入来源；而失业则会给他们及其家庭带来毁灭性的打击——如果此时其工资债权再无法实现，则会雪上加霜。”[⑥] 韩长印指出，赋予工资债权以优先权性质的公共政策原因包括以下方面：第一，劳动力市场的供需状况以及劳动合同中劳动者的谈判地位；第二，工资拖延的客观可能及相应风险防范手段的先天性欠缺；第三，人力资本分类所决定的

---

① Janis Sarra, *Employee and Pension Claims During Company Insolvency: A Comparative Study of 62 Jurisdictions*, Thomson Canada Limited, 2008, p. 3.

② ［德］雷蒙德·瓦尔特曼：《德国劳动法》，沈建峰译，法律出版社2014年版，第261页。

③ ［美］杰伊·劳伦斯·韦斯特布鲁克、查尔斯·布斯等：《商事破产：全球视野下的比较分析》，王之洲译，中国政法大学出版社2018年版，第149页。

④ Janis Sarra, *Employee and Pension Claims During Company Insolvency: A Comparative Study of 62 Jurisdictions*, Thomson Canada Limited, 2008, p. 4.

⑤ ［美］杰伊·劳伦斯·韦斯特布鲁克、查尔斯·布斯等：《商事破产：全球视野下的比较分析》，王之洲译，中国政法大学出版社2018年版，第150页。

⑥ Roy Goode, *Principles of Corporate Insolvency Law*, 3d ed, 2005, Sweet & Maxwell, p. 198. 转引自［美］杰伊·劳伦斯·韦斯特布鲁克、查尔斯·布斯等：《商事破产：全球视野下的比较分析》，王之洲译，中国政法大学出版社2018年版，第152页。

工作转换概率之低；第四，工作转换的成本代价所决定的职工对企业的“人身依附”现状；第五，“工薪阶层”对工资风险的承受能力等。① 贺丹亦指出，职工权益与其他企业所有者权益相比有特殊之处，尤其是职工无法分散其在企业中的投资风险；相对于其他投资主体，职工的财务状况与企业经营状况息息相关，联系更为紧密，一方面职工技能会在长期工作中具备行业性甚至企业性，另一方面职工要变换工作需要十分高昂的交易成本，这些因素导致企业破产时职工往往处于天然的弱者地位。②

从这个意义上说，关注企业破产时职工权益保护，确保有合理机制能够缓解因为企业破产而给职工带来的各种压力，应该是破产法和劳动法在各自内部的制度构造之外，所应共同追求的目标之一。

（三）破产企业职工权益涉及其宪法性权利和人权

近年来，随着人权保障理念的崛起，站在宪法高度或者人权视角审视传统法律关系，逐渐成为一种新的视角。这种新兴的研究视角，也逐渐渗透债务相关法律尤其是破产法领域。

比如，据破产法领域国际范围内最著名的博客之一 Creditslips 报道，2021 年 3 月，人权观察（Human Rights Watch）就针对约旦的因为债务问题引起民事执行而导致的人身拘禁问题，发布长达 57 页的专题报告《“我们失去一切”：债务拘禁在约旦》（“*We Lost Everything*”：*Debt Imprisonment in Jordan*）。③ 近年来，以美国的债务拘禁为对象，类似的研究数量不少，比如据美国律师克里斯托弗·马赛力（Christopher Maselli）的新书《新债务人监狱：为什么所有的美国人都身处失去自由的危险》，就专门讨论这个问题。④

针对破产法与人权法的交叉研究，最重要的成果莫过于简·范阿佩尔道

① 韩长印：《破产优先权的公共政策基础》，载《中国法学》2002 年第 3 期，第 27 ~30 页。

② 贺丹：《破产重整控制权的法律配置》，中国检察出版社 2010 年版，第 158 页。

③ Jason Kilborn, “Human Rights Watch on Imprisonment for Debt”, published on 21 March 2021 at: https://www.creditslips.org/creditslips/2021/03/human-rights-watch-on-imprisonment-for-debt.html, last visited: 29 March 2021.

④ Christopher Maselli, *The New Debtor's Prison*: *Why All Americans Are in Danger Of Losing Their Freedom*, Skyhorse Publishing, 2019.

恩（Jan C. van Apeldoorn）2009 年在荷兰蒂尔堡大学完成的博士学位论文《破产程序中的人权》。该论文分破产程序中的人权问题及人权相关的若干具体问题两部分展开阐述。对于破产程序中的人权问题，作者分别讨论了与破产程序相关的如下人权问题：（1）私人和家庭生活受尊重权；（2）自由表达与知情权；（3）高效的国家救济权；（4）公平审判权；（5）自由与安全权；（6）迁徙自由权；（7）禁止强迫或强制劳役权；（8）禁止债务拘禁权；（9）保护财产权；（10）公平满足权；（11）禁止歧视权。[①] 对于破产程序中人权相关的若干具体问题，作者着重讨论了如下破产程序中可能涉及的与人权相关的话题：（1）董事责任及剥夺董事资格；（2）破产欺诈与刑法；（3）破产程序中的职工人权；（4）作为“公共机构”的破产代表；（5）跨境破产中的基础性权利等。[②] 按照简·范阿佩尔道恩的分析，破产程序中涉及的职工人权问题，可以细分为如下分支：第一，管理人终止劳动合同的权利和义务；第二，为防止降低职工权益保护而避免破产程序；第三，职工债权的顺位；第四，在破产程序中保护职工权益的特别体系；第五，在破产清算或者重整中企业作为运营价值（going concern）出售时职工权益保护问题等。[③]

对于我们来说，简·范阿佩尔道恩的分析框架和结论并不重要，但从人权视角看待破产企业职工权益保护却十分重要。我国现行《宪法》规定，国家尊重和保障人权。[④] 近年来，国内已有不少学者开始讨论宪法与破产法的交叉关系并取得初步成果。[⑤] 显而易见，从人权视角观察并评价破产企业职

---

① Jan C. van Apeldoorn, *Human Rights in Insolvency Proceedings*, Kluwer, 2012, Chapter. 2 – 12.

② Jan C. van Apeldoorn, *Human Rights in Insolvency Proceedings*, Kluwer, 2012, Chapter. 13 – 17.

③ Jan C. van Apeldoorn, *Human Rights in Insolvency Proceedings*, Kluwer, 2012, pp. 444 – 456.

④ 《宪法》（2018）第 33 条。

⑤ 相关研究如李曙光：《破产法的宪法性及市场经济价值》，载《北京大学学报》（哲学社会科学版）第 2019 年第 1 期，第 149 ~ 157 页；陈夏红：《美国宪法“破产条款”入宪考》，载《中国政法大学学报》2019 年第 5 期，第 116 ~ 139 页；李曙光：《宪法中的“破产观”与破产法的“宪法性”》，载《中国法律评论》2020 年第 6 期，卷首，第 1 ~ 8 页；阎天：《破产法上劳动者形象的变迁及其宪法根源》，载《中国法律评论》2020 年第 6 期，第 2 ~ 13 页；杨晓楠：《美国宪法破产条款下法院管辖权的诠释：一种联邦主义的视角》，载《中国法律评论》2020 年第 6 期，第 14 ~ 24 页；王斐民：《个人破产法的宪法维度》，载《中国法律评论》2020 年第 6 期，第 25 ~ 33 页；丁燕：《破产免责制度的合宪性考察》，载《中国法律评论》2020 年第 6 期，第 34 ~ 44 页。

工权益保护问题，很有可能成为这个领域的方向之一；而除了学术层面的讨论之外，从人权视角考虑破产企业职工权益保护问题，也会自然而然地把破产企业职工权益保护问题上升到宪法和人权保护的高度。

（四）与社会保障体系衔接的需要

毋庸讳言，破产企业职工权益保护具有十分强烈的社会保障属性。① 就其本质而言，与职工和退休金领取者相关的报酬发放及领取，即便在企业破产情形下，一般都属于社会性债权（social claims），取决于一个国家在对待脆弱人口时社会性支持和社会结构。② 但是，通常情况下，在企业破产乃至行业洗牌的时刻，劳动法和社会保障法往往无能为力，“只能尽量减少企业失败、行业巨变对职工的不良影响”。③ 提出这个问题的前提，就是我们首先把破产企业职工当作一种需要特别保护的弱势群体。这个前提到底有没有合理性？破产企业职工究竟属不属于“弱势群体”？他们跟通常意义上由社会保障体系在全民保障基础上给予特别关照的弱势群体相比，有没有特殊性？……这个问题与社会保障体系有关，但又不全和社会保障体系相关。

这个问题的答案跟我们对社会保障的理解有密切关系。英国曾发布过一份《英国破产法律与实践报告》（UK Report on Insolvency Law and Practice），其中就指出：“在破产程序中赋予职工欠付工资债权优先受偿顺位的规则，最初只是一项基于社会福祉考量的举措。引入这一规则的原初动力，在于缓解因企业破产给原本相对贫穷与无助的职工群体所带来的经济困难。别忘了，在破产法出台早期，福利国家尚未成形，职工工资水平也很低。”④

按照比利时学者丹尼·皮斯特斯的定义，社会保障就是为面临失去收入

---

① 郑功成：《社会保障学：理念、制度、实践与思辨》，商务印书馆2020年版，第152～163页。

② Janis Sarra, *Employee and Pension Claims During Company Insolvency: A Comparative Study of 62 Jurisdictions*, Thomson Canada Limited, 2008, p. 3.

③ ［德］沃尔夫冈·多伊普勒：《德国劳动法》（第11版），王倩译，上海人民出版社2016年版，第311页。

④ ［美］杰伊·劳伦斯·韦斯特布鲁克、查尔斯·布斯等：《商事破产：全球视野下的比较分析》，王之洲译，中国政法大学出版社2018年版，第152页。

或特别费用开支威胁的人们，所采取的体现社会团结的资金计划。① 这个问题对于50岁以上的职工尤其重要，尤其当这些职工已经接近其劳动能力的末期，其能够通过劳动获得的报酬也十分有限时，健全的社保体系对于破产企业职工权益有着更为重要的影响。②

按照国际劳工组织相关公约的列举，医疗保险、疾病津贴、失业救济金、养老金、工伤补助金、家庭补助金、生育津贴、伤残抚恤金、遗属抚恤金等，分门别类地暗示了这些社会保障体系背后人们面临的社会风险。③ 按说，企业破产也可以属于社会风险的一种，但破产企业职工权益保护，通常并不属于社会保障体系要特别关注的对象；或者说，至少是不那么核心的对象。较之社会保障体系对社会成员的兜底性保护，企业破产职工权益保护似乎是更专门的问题，也是比底线保护更高一层的特殊关照。

那么，具体到破产企业职工权益保护，是不是从社会保障角度给予破产企业职工权益最为严苛的保护，就是最好的做法呢？显然不是。郑功成指出，劳动供给是经济增长的条件之一，社会保障作为劳动力资源的保护机制，对劳动供给必然有重要影响：一方面，社会保障能够解除劳动者的后顾之忧，可以提高劳动力素质，促进劳动力市场的发育和劳动力资源的优化配置，积极为经济增长提供劳动力要素；另一方面，社会保障水平过高，可能会损害劳动者的竞争精神与上进心，而且还可能会导致社会保障责任的代际转移，甚至在劳动者内部造成代际矛盾。④ 考虑到破产程序本身所具有的风险分担机制，让破产企业职工受到最严苛的保护，显然会导致其他破产程序的利害相关方承担本该由职工承担的消极结果，引发新的不平等。也就是说，平衡保护理念对于对接社会保障制度，妥善保护破产企业职工权益，有着重要作用。

---

① ［比］丹尼·皮斯特斯：《社会保障基本原理》，蒋月、王铀镱译，商务印书馆2014年版，第33页。

② Janis Sarra, *Employee and Pension Claims During Company Insolvency: A Comparative Study of 62 Jurisdictions*, Thomson Canada Limited, 2008, p. 4.

③ ［比］丹尼·皮斯特斯：《社会保障基本原理》，蒋月、王铀镱译，商务印书馆2014年版，第33页。

④ 郑功成：《社会保障学：理念、制度、实践与思辨》，商务印书馆2020年版，第177页。

（五）职工问题的历史特殊性与政治重要性

德国学者罗伯特·霍恩曾言，“一个国家的劳动法与其合同法和侵权行为法比总是更深刻地打着本民族历史和社会的烙印”。[①] 就我国而言，中国共产党是工人阶级的先锋队组织，中国共产党领导的长期革命、取得政权乃至领导社会主义经济建设，无不是依靠工人阶级。《中国共产党党章》强调，中国共产党是中国工人阶级的先锋队，中国共产党党员是中国工人阶级的有共产主义觉悟的先锋战士。我国2018年最新修订的《宪法》，也肯定并强调了我国这一政治传统奠定的国体，中华人民共和国是工人阶级领导的、以工农联盟为基础的人民民主专政的社会主义国家。[②] 基于这种历史特殊性和政治重要性，在企业破产领域，加强对职工权益的保护，既是我国《企业破产法》变迁史上历史传统的一部分，也是当下我国破产法改革必须要面对的基本问题，职工权益保护妥善与否，对于破产程序的稳妥进行和社会稳定具有重要意义。[③]

（六）职工在破产程序中的群体性地位与实力

职工忠诚度的培养是现代企业治理的重要内容。这种对职工忠诚度的高度强调，是因为职工对企业的奉献精神，与职工对企业高度认同紧密相关，进而可以提升群体创造力、增进工作满意度并降低职工流动力，从短期、长期各个层面全面促进企业业绩的提升。[④] 而在破产程序中妥善保护职工权益，对于提高职工忠诚度，无疑会带来正面促进。

破产程序是一个多方博弈的平台，需要在债务人破产这一事实面前，分担破产带来的风险和损失，并通过各种法律工具支撑下的博弈，实现尽可能

① 转引自倪斐：《译者序》，参见［德］曼弗雷德·魏斯、马琳·施米特：《德国劳动法与劳资关系》，倪斐译，商务印书馆2012年版，第1页。

② 《宪法》（2018）第1条。

③ 陈夏红：《从核心到边缘：中国破产法进化中的职工问题（1986－2016）》，载《甘肃政法学院学报》2016年第4期，第92～117页。

④ 费雷尔、约翰·弗雷德里克、琳达·费雷尔：《企业伦理学：诚信道德、职业操守与案例》（第10版），李文浩、卢超群等译，中国人民大学出版社2016年版，第17页。

多地享有权益、少承担损失的结果。在这个过程中，职工问题往往体现出两个大相径庭的面向：

一方面，破产程序是需要必要的经济能力、专业技巧才能参与的平台，大多数破产企业职工个体，显然不太可能成为破产法大舞台上的“玩家”。就像学者所指出，“即便没有专门立法明确雇员的上述权利，从事实上来说，数量庞大的雇员群体所具备的经济博弈能力及其对雇主财富的影响，也是不言而喻的”。[①] 而破产企业职工在极度需要参与博弈但实际上又缺乏参与能力的情形下，往往不得不通过博得社会舆论的关注，或者通过其他各类极端方式，引起党政机构的重视，进而迫使决策者基于维稳需要而在破产程序内外给予职工额外的照顾。对于这一点，我国一线破产执业者和办案法官对此苦不堪言，但又无可奈何。

而另一方面，破产企业职工因为人数众多，职工群体在工会等团体影响下，有潜在的实力来影响重整结果，参与重整程序成为保障破产企业职工权益的重要手段。[②] 这一点可以以美国通用重整为例。在美国通用公司的重整中，通用公司有6.2万职工、共计206亿美元的职工债权。这些职工在全美汽车工人联合会的代表下参与了通用重整程序，在以美国破产法第363条出售为主要模式的重整程序中，取得了极为丰硕的成果：为偿付通用退休工人利益而组建的“自愿员工受益人协会”基金，获得17.5%的普通股、65亿美元的A类优先股和购买额外的新通用2.5%的普通股权证；同时，老通用将包括与全美汽车工人联合会集体合同在内的所有的特定合同，都转让给了新通用。[③] 与之类似的是克莱斯勒重整，最终的重整结果里，代表职工债权的“自愿员工受益人协会”基金获得50%的清偿比例，并获得新克莱斯勒的

---

① ［美］杰伊·劳伦斯·韦斯特布鲁克、查尔斯·布斯等：《商事破产：全球视野下的比较分析》，王之洲译，中国政法大学出版社2018年版，第150页。

② ［美］杰伊·劳伦斯·韦斯特布鲁克、查尔斯·布斯等：《商事破产：全球视野下的比较分析》，王之洲译，中国政法大学出版社2018年版，第151页。

③ 贺丹：《通用公司重整模式的破产法分析》，载李曙光、郑志斌主编：《公司重整法律评论》（第2辑），法律出版社2012年版，第27~29页。

控制权，远远高于担保债权人29%的清偿比例。①

上面这种看似相异、实则相通的表象，折射出在破产程序中妥善保护破产企业职工权益的正面价值。公正、公平的破产程序，应该既能够使破产企业职工权益得到一定程度的保障，提高参与便利，保障知情权，并在破产分配中优先保障职工债权的清偿；但同时，也要防止在民粹主义或者维稳思维下，超越法律规定，不顾社会公平，而对于破产企业职工权益提供超优先保护。破产法上的正义，应该让每一个利益相关者都在破产程序中各得其所。

研究破产企业职工权益保护，是在上述背景下展开。但破产企业职工权益保护这个问题的重要性，远非上述几个理由所能尽述。妥善保护破产企业职工权益，已经成为现代破产法的共识，也成为国际社会广为接受的常识。我们很有必要通过比较和研究，寻找破产企业职工权益保护的最优方式。

二、问题意识与标本选择

那么，我们应该如何保护破产企业职工权益？

对于破产程序中的职工权益保护，简单来说，有两种主流模式，简称"二模式说"：一种是在破产程序中给予职工优先受偿权，另一种是在优先受偿权的基础上，允许动用公共财政来承担破产企业职工的待付薪酬和其他基于劳动合同的权益。② 对破产企业职工权益保护难题，现实中的解决方案尽管有各种各样的形式，但归根结底，不外乎两种极为传统的方法：要么在企业破产时，通过优先安排，使职工的请求优先于破产企业的任何债权而受到给付；要么则设立保障基金，确保涉及职工的各种欠薪都能通过保障基金给予一定限度的给付，进而将破产企业的清偿责任转移给社会保障机构。③ 从

---

① 马克·罗伊、大卫·斯基尔：《克莱斯勒破产案评论》，载李曙光、郑志斌主编：《公司重整法律评论》（第1辑），法律出版社2011年版，第270页；贺丹：《通用公司重整模式的破产法分析》，载李曙光、郑志斌主编：《公司重整法律评论》（第2辑），法律出版社2012年版，第31页。

② ［美］杰伊·劳伦斯·韦斯特布鲁克、查尔斯·布斯等：《商事破产：全球视野下的比较分析》，王之洲译，中国政法大学出版社2018年版，第150页。

③ Arturo S. Bronstein, "The Protection of Workers' Claims in the Event of the Insolvency of Their Employer: From Civil Law to Social Security", 126 *Int'l Lab. Rev.*, 1987, p. 716.

第一种模式到第二种模式的飞跃，也被学者阿图罗·布罗斯泰（Arturo S. Bronstein）称为“从民法到社会保障”的进化。①

但是，这两种主流方式并非绝对，更不是排除其他保护破产企业职工权益的模式。② 甚至还有国家在前述两种方式之外，要求债务人企业的高管和董事，为债务人企业拖欠的职工工资及其他福利承担个人赔偿责任。③ 当然，比较研究已经证明，因职工工资和报酬问题对破产企业董事和高管科处赔偿责任，不是一个破产法中常用的工具，在绝大部分地方都未成为主流方式。④

当然，对于破产企业职工权益保护模式，也有“三模式说”：（1）破产优先权模式，提供很少或者不提供保险或者破产欠薪保障基金，比如智利和墨西哥；（2）破产优先权加破产欠薪保障基金模式，亦即混合模式，例如加拿大、法国、爱尔兰、瑞典及英国等；（3）破产欠薪保障基金模式，不提供破产优先权，例如芬兰和德国。⑤

比前述观点更为精细的划分是“四模式说”。2006 年 4 月，亚洲破产法改革论坛（Forum for Asian Insolvency Reform ，FAIR）在北京召开第 5 次会议。在这次会议上，时任美国凯易律师事务所合伙人的戈登·约翰逊（Gordon W. Johnson）律师围绕破产企业职工权益保护问题，做了“破产与社会保护”的报告。在该报告中，约翰逊律师介绍了世界范围内保护破产企业职工权益的 4 种模式：（1）以职工为核心模式（Pro – employee approach），

---

① Arturo S. Bronstein，“The Protection of Workers' Claims in the Event of the Insolvency of Their Employer ：From Civil Law to Social Security”，126 *Int'l Lab. Rev.* ，1987，pp. 715 – 731.

② Edward Yemin & Arturo S. Bronstein，*The Protection of Workers' Claims in the Event of the Employer's Insolvency*，Labour – Management Relation Series No. 76，International Labour Office，1991，p. 14.

③ ［美］杰伊·劳伦斯·韦斯特布鲁克、查尔斯·布斯等：《商事破产：全球视野下的比较分析》，王之洲译，中国政法大学出版社 2018 年版，第 150 页。

④ Janis Sarra，*Employee and Pension Claims During Company Insolvency*：*A Comparative Study of 62 Jurisdictions*，Thomson Canada Limited，2008，pp. 98 – 108.

⑤ Paul M. Secunda，“An Analysis of the Treatment of Employee Pension and Wage Claims in Insolvency and Under Guarantee Schemes in OECD Countries：Comparative Law Lessons for Detroit and the United States”，41 *Fordham Urb. L. J.* 867（2014），p. 874.

这种模式在企业破产时，在破产程序内外对职工下岗和遣散都给予极为优先的保护，比如我国2006年《企业破产法》颁布前对于破产企业职工的各种优待措施。（2）破产优先权但无保险模式（bankruptcy priority – No insurance approach），约翰逊以当时的墨西哥为例，阐述了这种模式的核心构造，即类似于其他大陆法系国家，职工权益在破产程序中居于绝对优先顺位。这种模式的弊端之一在于，很可能导致对担保债权人权益的侵害，并对商业交易关系带来风险；这种模式更大的弊端在于，对于无产可破企业来说，即便已经给职工超级优先顺位，但职工的权益同样得不到任何保障。（3）破产优先权加保障基金模式（bankruptcy priority – guarantee fund approach）。约翰逊以丹麦为例，解释这种模式的特征：一方面，在破产程序中给予破产企业职工某些种类的债权以优先权；另一方面，在破产程序之外通过保险或者保障基金，在破产企业无产可破或不足以全额清偿待付薪酬等权益时，设置安全网。（4）无破产优先权加保障基金模式（no priority – guarantee fund approach），约翰逊以德国为例，指出这种模式的基本特征在于，在破产程序中那所有职工债权都纳入无担保债权，对于所有无担保债权都一视同仁，确保包括职工在内所有无担保债权人都能按照同等比例分配债务人企业剩余财产；而在破产程序中未能获得全额清偿的债权，则由全国性破产欠薪保障基金来支付。[①] 在这份报告通过附件方式，非常翔实地列举部分国家保障破产企业职工权益的主要方式和内容。显而易见，对于破产企业职工权益保护问题，最为主流的模式还是破产优先权、破产欠薪保障基金以及两者之间的组合。

上述分析框架，与詹尼斯·萨拉（Janis Sarra）在2008年所完成的比较研究中世界范围内破产企业职工权益保护不同模式的分布状况的统计结果基本一致。按照萨拉2008年完成的比较研究，世界范围内破产企业职工权益保

---

① Gordon W. Johnson，“Insolvency and Social Protection：Employee Entitlements in the Event of Employer Insolvency”，a report by Mr. Gordon W. Johnson written after the Fifth which was held on 27 – 28 April 2006 in Beijing，China，see at：http：//www. oecd. org/daf/ca/corporategovernanceprinciples/38184691. pdf，last visited：6 March 2021.

护模式分布状况，大致如图 1 所示：①

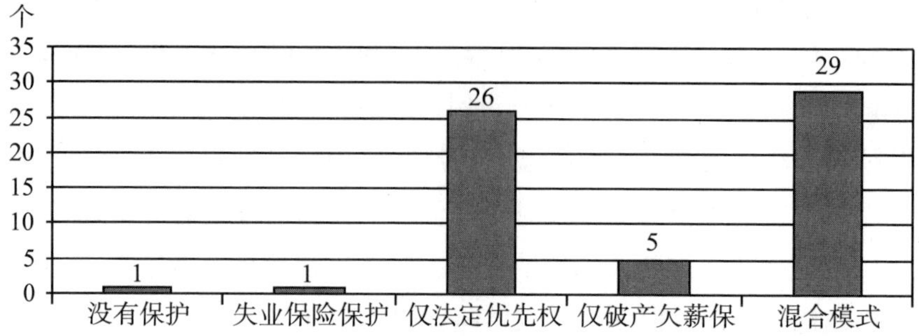

图 1　世界范围内破产企业职工权益保护模式分布

显而易见，在列入比较范围的全部 62 个法域中，通过破产优先权给予破产企业职工权益特殊保护，已成为世界范围内的共识；绝大部分法域都选择通过破产优先权和破产保障基金兼具的混合模式，来保护破产企业职工权益。②

基于本书拟研究的问题和上述模式选项，笔者是从相关性、代表性、资料可获得性等角度出发，经过审慎评估和认真思考，本书将要研究的模式、标本及理由如下：

（一）破产优先权模式

破产优先权模式是国际劳工组织既有规范中推崇的主流模式。③ 通过破产优先权模式在破产程序中给予职工权益特殊保护，是一种最广泛也是最古老的保护破产企业职工权益的模式，甚至比劳动法的诞生还要早。追根溯源，破产优先权模式可以溯源于《拿破仑民法典》对公务员工资的特殊保护，随

① Janis Sarra, *Employee and Pension Claims During Company Insolvency: A Comparative Study of 62 Jurisdictions*, Thomson Canada Limited, 2008, pp. 10 – 11.

② Janis Sarra, *Employee and Pension Claims During Company Insolvency: A Comparative Study of 62 Jurisdictions*, Thomson Canada Limited, 2008, p. 126.

③ Edward Yemin & Arturo S. Bronstein, *The Protection of Workers' Claims in the Event of the Employer's Insolvency*, Labour – Management Relation Series No. 76, International Labour Office, 1991, pp. 18 – 20.

后扩展到商事破产中对职工工资的保护；早期民商法传统对于破产程序中职工权益特殊保护的做法，先是被劳动法吸纳，后来又逐渐渗透到税法、担保法甚至宪法等规范中。① 通过这种追踪，不难解释为什么同样对于破产企业职工工资的保护，英美法系明显不如大陆法系，民法不如劳动法。②

但破产优先权模式在不同法域的具体制度安排中，在报酬的内涵、优先权覆盖的范围、额度上限或百分比、优先顺位方面，会有不小的差别。③ 萨拉在2008年所完成的62个法域的比较研究，清晰地展示出优先权模式在不同法域优先顺位的差异（见图2）：④

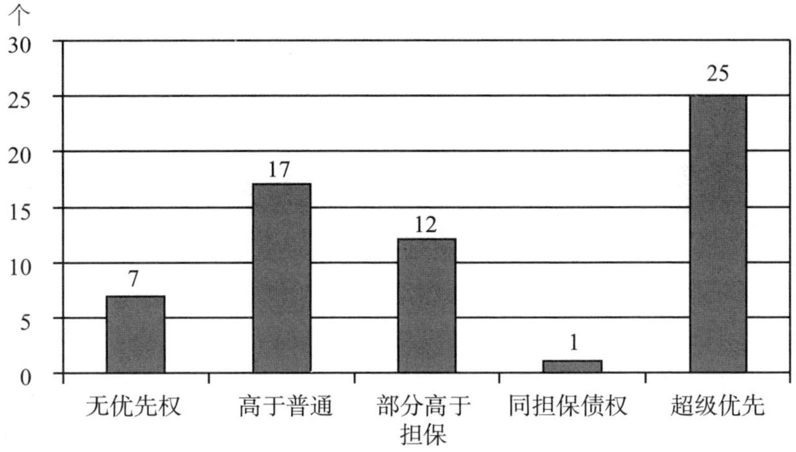

图2　世界范围内破产优先权模式下职工债权的顺位分布

① International Labour Office, *Protection of Workers' Claims in the Event of the Insolvency of Their Employer*, Report Ⅴ (1), fith item on the agenda, International Labour Conference 78th Session, 1991, pp. 20 – 21; Edward Yemin & Arturo S. Bronstein, *The Protection of Workers' Claims in the Event of the Employer's Insolvency*, Labour – Management Relation Series No. 76, International Labour Office, 1991, pp. 19 – 32.

② International Labour Office, Protection of Workers' Claims in the Event of the Insolvency of Their Employer, Report Ⅴ (1), Fith Item on the Agenda, International Labour Conference 78th Session, 1991, p. 21.

③ Janis Sarra, *Employee and Pension Claims During Company Insolvency: A Comparative Study of 62 Jurisdictions*, Thomson Canada Limited, 2008, pp. 11 – 32.

④ Janis Sarra, *Employee and Pension Claims During Company Insolvency: A Comparative Study of 62 Jurisdictions*, Thomson Canada Limited, 2008, pp. 15 – 16; pp. 126 – 127.

根据图2我们可以看到，让职工债权高于普通债权是破产企业职工权益保护的常规操作，有为数不少的国家给予职工债权超级优先的顺位，只有极少数法域不给职工债权任何优先顺位。

还需要指出的是，在同一法域，优先权模式也会因时而异；甚至在同一法域，不同法律对待破产企业职工权益的优先顺位和幅度也会有较大差异。①

我国不同时期破产法体系中，职工债权从绝对优先到相对优先、从核心到边缘的转变，就是一个十分典型的例子。② 本书选择我国破产企业职工权益保护的进化史，尤其是2006年《企业破产法》确定破产企业职工权益保护模式，作为破产优先权模式的样本。约翰逊做上述报告的时候，我国2006年《企业破产法》已经接近定稿和通过；显而易见，随着《企业破产法》对我国破产企业职工权益保障方式的革新，约翰逊所谓以职工为核心的模式已肯定过时。本书第一章将会证明在我国破产法体系的进化中，破产企业职工权益保障问题经历了一个从核心到边缘不断退化的过程。或者进一步说，《企业破产法》确定破产企业职工权益保护模式，恰好是对上文提及约翰逊所谓以职工为核心模式的一种颠覆。在经历1986年《企业破产法（试行）》和20世纪90年代大规模“政策性破产”后，随着我国破产法律体系逐步稳定并实现现代化，破产企业职工权益保护模式也实现了法治化转型。但即便如此，我国以破产优先权模式保障破产企业职工权益的基本思路，并未有根本性的变化。因此，以我国《企业破产法》确定的方式作为分析破产优先权保护模式的标本，应该不会有太大的问题。

当然，囿于社会经济运行的多样性、偶然性，我们有必要意识到我国《企业破产法》确定的破产企业职工权益保护模式的动态性、可变性。尤其是在非破产情形下欠薪问题方面，无论是学术研究还是制度变革，我们都能

---

① Janis Sarra, *Employee and Pension Claims During Company Insolvency: A Comparative Study of 62 Jurisdictions*, Thomson Canada Limited, 2008, pp. 21 – 22.

② 陈夏红：《从核心到边缘：中国破产法进化中的职工问题（1986 ~ 2016）》，载《甘肃政法学院学报》2016年第4期，第92 ~ 117页。

够看到明显的转型苗头：一方面，深圳经济特区在1996年出台《深圳经济特区欠薪保障条例》，保障非破产情形下的欠薪逐渐成为社会化议题；另一方面，2008年12月迫于严峻的企业倒闭浪潮，全国人大代表团在广东调研时，时任广东省劳动和社会保障厅厅长刘友君向全国人大代表汇报时，建议设立欠薪逃匿罪和建立欠薪保障基金，提出要将欠薪逃债入刑。[①] 2011年第十一届全国人大常委会第十九次会议表决通过《刑法修正案（八）》，亦将拒不支付劳动报酬的行为纳入刑法调整的范围；尽管在实践中这一刑事罪名面临着"恶意欠薪"语言模糊、"经政府有关部门责令支付仍不支付"标准在实践中难以界定、证据常常单薄或缺失等问题，但随着最高人民法院、最高人民检察院等陆续出台相关司法解释和指引，恶意欠薪刑事惩罚体系运转稳中向好趋势明显，这几年全社会层面恶意欠薪已显著减少。

另外，即便在破产法语境内，我国破产企业职工权益保护模式实际上也比较复杂。钱叶芳提及，我国除破产工资优先权之外，欠薪保护模式可以细分为5种：（1）基金模式，以我国香港特别行政区和我国台湾地区为例；（2）基金加保证金模式，以上海为例；（3）基金＋保证金＋应急周转基金模式，以深圳为例；（4）保证金＋维稳型应急周转金模式，大多数地方都是以这种模式在运行；（5）保证金＋准担保型应急周转金模式，以汕头和珠海为例。[②] 这种复杂性，一定程度上是由于我国转型时期特定的治理模式以及对于社会稳定问题的高度重视所致；这种"稳定压倒一切"的治理思维，很容易使问题在政治层面得到综合协调和解决，但也很容易导致既有法律规范的边缘化和选择性执行问题。

（二）破产欠薪保障基金模式

通过破产优先权保护职工权益的方式，在给予职工债权尽可能优先顺位的同时，也面临着一些短板：第一，破产程序旷日持久，必须要等债务人企

---

① 钟良、聂坤：《全国人大视察组调研珠三角就业情况 建议设欠薪逃匿罪》，载《21世纪经济报道》2008年12月24日。

② 钱叶芳：《欠薪保障法律问题研究》，法律出版社2020年版，第1～2页。

业破产清算完毕才能获得清偿；第二，职工优先权还得跟其他优先权竞争，胜负难料；第三，别除权的存在会极大减少职工债权可能清偿的比例和概率；第四，优先权对职工债权的覆盖面通常都会非常狭窄。① 这样的话，尽管职工债权可以获得优先顺位，但职工债权依然有得不到任何清偿的可能。国际劳工组织就认为，通过优先权保护职工职权，不仅不足，而且有时候也不可行：一方面，职工债权细分越来越多，不大可能所有类目都能够在破产程序中得到清偿，而且职工债权始终处于跟担保债权、税收债权竞争的过程中，只有在极少数国家能够将职工债权安排到超级优先的顺位；另一方面，如果债务人企业的破产财产十分有限，能够满足的债权数额是有限的，尤其是如果职工债权前面还有更优先顺位的债权，职工债权只能是镜花水月。② 尤其是考虑到破产程序的高成本、高耗时，对于破产法专业人才的高度依赖，很多时候陷入财务困境的企业可能不经过任何程序就直接关门大吉了。③

1986 年 11 月，国际劳工组织办公室曾向国际劳动组织提交过一份报告，通过 20 世纪 70 年代的数据，来论证优先权体系的不足：在整个 20 世纪 70 年代的英国，每年有 30,000 ~ 40,000 名职工的债权在破产程序中无法得到满足，损失金额每年有 400 万英镑；在 1972 年的法国，19% 的职工超级优先债权、82% 的职工优先债权和 92% 的职工非优先债权，都无法得到满足，充其量只有 39% 的职工债权得以在破产程序中受偿；在东德，1974 年统计显示，因为企业破产而导致的职工债权损失在 2000 万 ~ 5000 万德国马克；在美国 1978 年《破产法》颁布前，1976 ~ 1977 年美国职工债权在破产程序中的清偿率

---

① Edward Yemin & Arturo S. Bronstein, *The Protection of Workers' Claims in the Event of the Employer's Insolvency*, Labour – Management Relation Series No. 76, International Labour Office, 1991, p. 33.

② International Labour Office, *Protection of Workers' Claims in the Event of the Insolvency of Their Employer*, Report V (1), Fith Item on the Agenda, International Labour Conference 78th Session, 1991, pp. 36 – 37.

③ International Labour Office, *Protection of Workers' Claims in the Event of the Insolvency of Their Employer*, Report V (1), Fith Item on the Agenda, International Labour Conference 78th Session, 1991, pp. 37 – 38.

只有 1.4%左右，1978 年往后最多也只能把职工清偿率提高到 28.4%；在 20 世纪 70 年代的奥地利，据估计职工优先债权的清偿率为 17%，而非优先债权的清偿率不到 1%……而且，这些统计还排除了因为无产可破而被法院拒之门外的困境企业破产申请。① 显而易见，这种情况下，无论是不是有破产优先权，对于破产企业职工权益来说，意义都不大。如果职工债权无法通过破产程序获得清偿，那么无论其是否优先，和其他债权都没有任何区别了。

破产欠薪保障基金模式绝非完美无缺，也有很大进化空间。② 但在破产优先权体系之外，寻求破产欠薪保障基金的支持，几乎不约而同地成为破产企业职工权益保护模式转型的主要方向。

据考察，设立破产欠薪保障基金的源头可以追踪到 1966 年的巴西和委内瑞拉，但 1967 年以后西欧国家对破产欠薪保障基金的普遍拥护，使西欧诸国破产欠薪保障基金模式成为这一模式的核心样本区域。③ 萨拉 2008 年完成的 62 个法域破产企业职工权益保护模式比较研究中，有 24 个法域选择破产欠薪保障基金模式，但在支付上限或总额、融资方式、是否仅依赖破产欠薪保障基金模式等方面，有着比较多元的制度设计。④

在我国，是否设立破产欠薪保障基金，也到了破题阶段。除了深圳等城市早先围绕破产欠薪保障基金设立所做的试点外，2018 年最高人民法院发布

---

① Governing Body document GB. 234/2/1, 234th Session, Geneva, 17 – 20 November 1986, para. 73. 转引自 Edward Yemin & Arturo S. Bronstein, *The Protection of Workers' Claims in the Event of the Employer's Insolvency*, Labour – Management Relation Series No. 76, International Labour Office, 1991, p. 34。

② Edward Yemin & Arturo S. Bronstein, *The Protection of Workers' Claims in the Event of the Employer's Insolvency*, Labour – Management Relation Series No. 76, International Labour Office, 1991, pp. 51 – 54.

③ International Labour Office, *Protection of Workers' Claims in the Event of the Insolvency of Their Employer*, Report Ⅴ (1), fith item on the agenda, International Labour Conference 78th Session, 1991, pp. 38 – 40; Edward Yemin & Arturo S. Bronstein, *The Protection of Workers' Claims in the Event of the Employer's Insolvency*, Labour – Management Relation Series No. 76, International Labour Office, 1991, p. 36.

④ Janis Sarra, *Employee and Pension Claims During Company Insolvency: A Comparative Study of 62 Jurisdictions*, Thomson Canada Limited, 2008, pp. 32 – 43.

的《全国法院破产审判工作会议纪要》中，对破产企业职工权益保障问题也提出方向性的建议。该纪要第27条在论述“企业破产与职工权益保护”时特别提及：“破产程序中要依法妥善处理劳动关系，推动完善职工欠薪保障机制，依法保护职工生存权。由第三方垫付的职工债权，原则上按照垫付的职工债权性质进行清偿；由欠薪保障基金垫付的，应按照企业破产法第一百一十三条第一款第二项的顺序清偿。债务人欠缴的住房公积金，按照债务人拖欠的职工工资性质清偿。”①

对于破产欠薪保障基金模式的研究，本书拟以我国香港特别行政区破产法律制度以及破产欠薪保障基金为考察对象。从历史渊源而言，香港在1997年回归祖国之前长期受英国殖民统治，其破产欠薪保障基金模式很大程度上沿袭了包括英国在内西欧的主流破产欠薪保障基金模式。

本书之所以选择香港特别行政区破产欠薪保障基金模式作为考察对象，有如下方面的理由：

1. 建立内地与香港特别行政区更紧密经贸关系的需要。香港在清朝时期通过不平等条约，被割让或者租借给英国。在20世纪80年代，中英之间围绕香港主权回归问题展开旷日持久的谈判，最终签署《中华人民共和国政府和大不列颠及北爱尔兰联合王国政府关于香港问题的联合声明》，就香港主权回归问题达成一致。1997年7月1日，香港回归祖国，香港特别行政区正式成立，在“一国两制”理念下，按照“港人治港、高度自治”的方针有序发展。近年来，中央在加强内地和香港特别行政区联系方面，采取了一系列措施，尤其是2003年签署《内地与香港关于建立更紧密经贸关系的安排》、2019年2月印发《粤港澳大湾区发展规划纲要》，为内地和香港的紧密联系描绘出清晰蓝图。

在内地和香港特别行政区经贸关系越来越紧密的大背景下，选择香港特别行政区破产欠薪保障基金，作为破产欠薪保障基金模式的标本深入研究，

① 最高人民法院《全国法院破产审判工作会议纪要》（2018年3月4日发布）。

既有利于内地读者了解香港特别行政区破产欠薪保障基金的制度原理和运行经验，也有助于在未来粤港澳大湾区建设及破产执业中，内地和香港特别行政区的司法机构和破产执业者能够更为紧密地合作。

2. 妥善处理内地和香港特别行政区企业破产职工权益保障问题的需要。2008 年金融危机期间，珠三角大量港资企业设立的工厂迫于经济形势而倒闭，尤其以合俊、百灵达集团、宜进利等系列倒闭案例为代表。[①] 但这些资不抵债的工厂作为香港公司的分支，并不具有内地《公司法》规定的独立法人地位，因此也难以按照《企业破产法》规定的主体范围，进入破产清算程序。[②] 在这种情况下，大量的破产企业老板通过“跑路”的方式，带走港资企业在内地工厂中不多的资金或动产，而留下大量的农民工和他们长达数月的工资未付。由于这些工厂大多数是劳动密集型企业，为之工作的农民工动辄数以万计，拖欠工资数额十分庞大。由于我国内地和香港特别行政区之间尚无跨境破产互相承认及执行的合作机制，这些老板只要离开我国内地，即便这些工厂的母公司在香港进入破产清盘程序，内地职工也只有理论上以债权人身份参与香港特别行政区破产程序的权利，但实际上基于香港独特的雇员破产欠薪保障机制，内地的工人们的权益能否得到保障值得研究。

根据香港工业总会（Federation of Hong Kong Industries）在 2009 年的调研报告，仅仅在珠江三角洲地区，就有 27% 的港资企业停产，其中 3% 不得不永久歇业。[③] 导致这些悲剧发生的原因多种多样，但解决模式几乎一样：香港老板“跑路”，当地工人抗议，政府“埋单”。2008 年 10 月 21 日，深圳市劳动与社会保障局发布了一份跑路企业名单，共有 30 家公司上榜，涉及至

---

① 媒体报道如林劲标、冯鼎臣、钟紫薇：《合俊案：危机下司法应对之东莞样本解码》，载《人民法院报》2010 年 9 月 27 日，第 5 版；路艳辉：《小家电商百灵达关闭深圳工厂》，载《每日经济新闻》2008 年 10 月 21 日；全良波、王志钰、宋毅：《扩张拖垮资金链宜近利倒闭，欠 3000 员工工资》，载《羊城晚报》2008 年 10 月 23 日。

② 《企业破产法》第 2 条。

③ 香港工业总会：《香港制造业中小企：迎战未来》，载《珠三角制造》研究系列之三，https：//www. industryhk. org/upload/media/file/cd0a49844a1e3369e6d2d7df05080b2a. pdf，最后访问日期：2015 年 12 月 12 日。

少 1200 万元的工人应付薪酬，最终无一例外都由政府从财政中拿出这笔钱。[①] 显而易见，2008 年金融危机的发生，凸显了妥善处理内地与香港之间跨境破产问题尤其是在破产程序中合理保护职工权益的重要性。

（三）混合模式

国际劳工组织并未对破产欠薪保障基金模式提出任何建议性的方案。[②] 1985 年 3 月 5 ~8 日，国际劳工组织曾在日内瓦集会，约集 18 位不同领域专家围绕破产优先权模式和破产欠薪保障机制讨论破产企业职工权益保护制度的改革事宜。但这次会议除一份报告展示各方观点和分歧外，并未产生制度化的结果。根据讨论情况，这次会议上各界对在破产优先权体系下赋予破产企业职工超级优先权更感兴趣，对于普遍推行破产欠薪保障基金模式表现出明显的犹疑和抵制。[③]

但即便如此，我们依然有必要“开眼看世界”，对于国际范围内比较流行的破产优先权和破产欠薪保障基金的混合模式展开分析。对此问题，萨拉在 2008 年完成的 62 个法域破产企业职工权益保护机制比较研究中，近一半的法域选择了破产优先权和破产欠薪保障基金都具备的混合模式，该书中对此已经有较为详细的分析和评价。[④]

有研究在对欧美之间做出对比研究之后，认为基于税制的差异，美、欧在发展模式上最终分道扬镳，最终不仅影响福利制度，也影响破产制度的宽松与否：在美国，包括教育、医疗在内，绝大部分公共产品都由国民个人购

---

① 吴俊：《深圳公布 30 家欠薪企业名单，垫付欠薪 1000 余万》，载 https：//www. gov. cn/ztzl/2008 –10/22/content_/127002. htm，最后访问日期：2021 年 5 月 18 日。

② International Labour Office，*Protection of Workers' Claims in the Event of the Insolvency of Their Employer*，Report Ⅴ（1），fith item on the agenda，International Labour Conference 78th Session，1991，pp. 55 –60.

③ International Labour Office，*Protection of Workers' Claims in the Event of the Insolvency of Their Employer*，Report Ⅴ（1），fith item on the agenda，International Labour Conference 78th Session，1991，pp. 75 –81.

④ Janis Sarra，*Employee and Pension Claims During Company Insolvency*：*A Comparative Study of 62 Jurisdictions*，Thomson Canada Limited，2008，pp. 43 –71.

买，没法由国家提供，由此在美国发展出了宽松的信贷机制以及破产机制，不断借贷并可以轻易地通过破产程序获得债务免除，成为美国社会的基本特色；而欧洲各国则在所得税基础上，为国家提供公共产品创造出强有力的税制保障，欧洲社会尽管南北东西差异不小，但整体上都属于福利型社会。[①]而从 20 世纪 80 年代欧洲经济共同体时期开始到今天欧盟各成员国中普遍推行破产欠薪保障基金，成功地回避欧盟各国破产实体法差异较大的问题，在欧盟层面确保各成员国破产企业的职工都能得到最基本的保障。

也正是因为上述因素，本书对于混合模式的研究，以欧盟各成员国推行的破产欠薪保障基金为例。选择欧盟作为比较研究的标本之一，主要取决于如下几方面的原因：

首先，我国现行《企业破产法》深受美国破产法的影响，尤其是其重整制度可以说完全植根于美国破产法第 11 章；而香港特别行政区的破产法律体系，则因为一百多年的殖民史深受英国法的影响；在欧盟内部，既有英美法元素也有大陆法元素，整体而言则是以大陆法系为主。从这个意义上来说，三个法域的破产企业职工权益保护机制既具有可比性，也可能会得出比较有趣的结论。

其次，我国内地的法律传统属于大陆法系，而香港特别行政区的法律传统属于英美法系。那么大陆法系和英美法系之间，能否在构建跨境破产及破产欠薪保障机制方面很好互动，将成为困扰双方的最大障碍。而在欧盟，在英国 2020 年正式脱欧前，英国、马耳他等属于普通法系，而其他成员国属于大陆法系；而且即便大陆法系内部，包括德国、法国在内，不同成员国之间也有着极大差异。但即便有如此差异，欧盟依然极有成效地将不同国家凝聚在一起，并在欧盟层面解决了跨境破产与破产欠薪保障难题。这对于我国内地和香港之间解决涉及跨境破产的破产企业职工权益保障问题，具有极大的参考意义。选择欧盟作为比较标本之一，即是基于历史背景。香港特别行政

① ［美］莫妮卡·普拉萨德：《过剩之地：美式富足与贫困悖论》，余晖译，上海人民出版社 2019 年版，第 202 ~339 页。

区尽管今天已经回归多年，但在1997年以前长达一百多年间，一直处于英国殖民统治下，法律体系尤其是破产法律和破产欠薪保障基金，深受英国影响，而英国在2020年正式脱欧前一直是欧盟非常重要的成员国，这让对我国内地、香港特别行政区和欧盟的破产企业职工权益保护模式展开比较研究，有了一种隐秘的联系。

再次，从政治经济角度来说，欧盟的融合也足以成为我国内地和香港特别行政区之间融合的范本。按照我国的《宪法》和《香港特别行政区基本法》，在“一国两制”政策下，我国内地实行社会主义制度，而香港实行资本主义制度；从经济层面，我国内地尚处于发展中国家水平，尽管经济总量在过去几十年间取得了飞速发展，但人均经济总量依然属于极少的状态，而香港则属于发达经济体，在世界范围内的经济体系中都具有重要地位。在构建我国内地与香港特别行政区之间的跨境破产及破产欠薪保障机制过程中，如何确保两种不同政治体制、不同经济发展水平的经济体和谐融合，非常考验政策设计者的智慧。而在欧盟层面，随着欧盟在过去二十年间的扩张，许多东欧国家加入欧盟。这些国家政治体系转型依然漫长，从经济发展的层面看，这些国家的经济体制落后，效率低下。另外，鉴于欧洲普遍的福利社会体制，劳动者积极性不高，这些因素导致其东、西欧或者南、北欧在经济层面的差异也极大。欧盟在半个多世纪的融合进程中，依然在一步步解决这些难题，尽可能地消弭政治体制和经济体制差异带来的影响。这些政治经济方面差异的相似度，为在我国内地、香港特别行政区及欧盟之间的比较研究，奠定某种可能性。

最后，欧盟南北东西差别甚大，文化多元，法系混杂，如何在跨境破产层面把极为多元的法域最终通过《欧盟跨境破产规章（第1346/2000号）》及《欧盟跨境破产规章（第2015/848号）》捏合在一起，值得探究。尽管2020年英国成功“脱欧”让这一事实渐成往事，但不可否认的是过去多年间以英国为代表的英美法系和以欧洲大陆各国为代表的大陆法系，在跨境破产领域实现难得和谐。欧盟在跨境破产领域融合英美法系和大陆法系的成功经验，极有可能会为我们构建内地与香港之间的跨境破产机制，提供必要的镜鉴。

当然，选择欧盟作为比较标本之一，还有一个非常个人化的理由：笔者2009年考取中国政法大学博士研究生之后，幸运成为中欧法学院第一级博士之一。按照当时中欧法学院博士培养方案，我们有前往欧洲合作院校访学一年的机会。笔者趁此良机，在学校及众多师友大力支持下，从2011年4月开始前往荷兰马斯特里赫特大学（Maastricht University）游学，由此有机会在荷兰学习四年。这种对欧盟社会尤其是荷兰的近距离观察，使得笔者天然地对欧盟有亲近感。这种个人因素也使得欧盟成为本书研究的对象之一。

三、框架思路及意义

围绕破产企业职工权益保护问题，结合破产优先权模式、破产欠薪保障基金模式以及混合模式的差异和优缺点，分别选择我国内地、香港特别行政区和欧盟作为比较标本展开高质量的研究，是本书的基本出发点。

为进一步拓宽研究的丰富性，本书的研究将分2种情境、2种程序展开。相关框架如表1所示：

表1　本书的研究框架

<table>
<tr><td>情境
程序</td><td>非跨境破产</td><td>跨境破产</td></tr>
<tr><td rowspan="3">破产清算</td><td colspan="2">优先权模式</td></tr>
<tr><td colspan="2">破产欠薪保障基金模式</td></tr>
<tr><td colspan="2">混合模式</td></tr>
<tr><td>重整</td><td colspan="2">特别保护机制</td></tr>
</table>

从情境角度，将分非跨境破产和跨境破产2种情境：

一种是非跨境破产情境下破产企业职工权益的保护。这部分将采取实证研究的方法，结合统计报告和各类官方文献，就3种破产企业职工权益保护模式的背景、制度设计、运行实际效果等分别予以展示，评测前述3种模式在非跨境破产情境下的效率与效益，并展开比较和分析。这将是本书第1～3

章的内容。而通过3个标本展示并评析3种模式之后，笔者亦将从破产程序对劳动合同的影响、职工债权的实体内容等角度，对3个标本的相关制度展开进一步分析。这将是本书第4章的主题。

另一种是跨境破产情境下破产企业职工权益的保护。这部分也将分为两组：一组是我国内地与香港跨境破产情境下职工权益保护机制，另一组是欧盟跨境破产情境下破产企业职工权益的保护机制。这将是本书第6章的内容。

从程序角度，将分破产清算程序和重整程序。既有研究多聚焦于破产清算语境下破产企业职工权益保护，前述3种模式的比较也基本是破产清算语境下破产企业职工权益保护的分析。但对于破产企业职工权益保护来说，在重整制度成为破产法律制度核心构造的今天，很难忽略重整程度中职工权益保护的方式，因此本书特别增加一章相关讨论。这将是本书第5章的内容。

破产企业职工权益保护问题，既涉及破产法，也涉及劳动法，甚至在一定意义上还涉及社会保障法。这种学术研究上的“三国演义”，提高了研究的趣味性，但也带来极大的风险：一方面，三个法律领域的交叉碰撞，可以产生观念交流，互相启迪，共同进步，这种智识上的吸引力让人无限遐想；另一方面，三个法律领域的交叉研究，不仅需要在三个领域都有一定的知识储备和学理积淀，这本身就是一项耗时费力的事情，而且即便略有所得，也很可能会面临着这个题目在哪个领域都不受待见的尴尬。

笔者就是怀着这种好奇心，开启知识上的冒险之旅。阎天在其《美国劳动法学的诞生》一书中提及，对于劳动法学人来说，锻造出特殊的学术品格，诸如深沉的理论关怀、昂扬的实践精神、自觉的传承意识，才能成就美国劳动法的诞生，才能筑就崭新的学科。① 这种体悟我十分认可。按照传统尤其是理论法学的观念，无论是破产法、劳动法还是社会保障法学，大体都属于有术无学之学科，应用性强，理论性弱，即便在部门法里也都属于琐碎之学。曹雪芹在《红楼梦》中有副对联，“世事洞明皆学问，人情练达即文

① 阎天：《美国劳动法学的诞生》，中国民主法制出版社2018年版，第240页。

章”，即便是雕虫小技，能够尽可能接近对破产企业职工权益保护的“洞明”，本书所耗费的时间和精力便十分值得了。

本研究围绕破产企业职工权益保护，从3种模式、2种情境、2类程序入手展开探索，在笔者看来，至少有如下四个方面的意义：

第一，有助于解决在内地投资的港资企业倒闭乃至进入破产程序之后职工权益的保护问题。通过比较研究，笔者希望能够加强对香港特别行政区破产法律体系和破产欠薪保障机制的深入了解，对在内地投资的港资企业倒闭、破产或在香港特别行政区破产时职工权益保护难题寻找潜在最优解决方案。

第二，有助于构建内地和香港特别行政区之间的跨境破产机制。香港1997年回归以来，最高人民法院和香港特别行政区律政司已先后达成多份司法互助协议，硕果累累，但均未涉及破产。① 2016年8月16日国务院批准《深港通实施方案》时，笔者曾撰文呼吁内地和香港跨境破产机制的筹设。② 在学术研究层面，多年来学界和实务界同行也一直在通过各种各样的方式，对内地与香港特别行政区跨境破产机制的筹设问题展开研究。③ 2021年5月

---

① 截至2021年3月1日，内地和香港特别行政区之间已经达成的司法协助协定有：（1）1998年，《关于内地与香港特区法院相互委托送达民商事司法文书的安排》；（2）2000年，《关于内地与香港特区相互执行仲裁裁决的安排》；（3）2006年，《关于内地与香港特别行政区法院相互认可和执行当事人协议管辖的民商事案件判决的安排》；（4）2016年，《关于内地与香港特别行政区法院就民商事案件相互委托提取证据的安排》；（5）2018年，《关于内地与香港特别行政区法院相互认可和执行婚姻家庭民事案件判决的安排》；（6）2019年，《关于内地与香港特别行政区法院相互认可和执行民商事案件判决的安排》；（7）2019年，《关于内地与香港特别行政区法院就仲裁程序相互协助保全的安排》；（8）2020年，《关于内地与香港特别行政区相互执行仲裁裁决的补充安排》。参见姜佩杉：《定体系、破障碍、融大局，架起两地司法协助的“跨海大桥”——内地与香港司法协助二十年成果综述》，载《人民法院报》2020年11月28日，第1~4版。

② 陈夏红：《内地与香港的跨境破产机制筹设何时走起?》，载《法制日报》2016年9月7日，第12版。

③ 重要研究如王芳：《香港与内地跨境破产的法律框架研究》，载《政法论坛》2009年第5期，第75~83页；马腾、胡健：《论内地与香港跨境破产中的法律冲突及协调机制》，载《安徽大学法律评论》2009年第1期，第31~46页；石静霞、黄圆圆：《论内地与香港的跨界破产合作——基于案例的实证分析及建议》，载《现代法学》2018年第5期，第170~181页；张烁：《从“广信案”到“华信案”：香港对内地公司跨境破产清算承认与协助的新发展》，载《法律适用》2020年第14期，第41~49页；石静霞：《香港法院对内地破产程序的承认与协助——以华信破产案裁决为视角》，载《环球法律评论》2020年第3期，第162~176页等。

14 日，最高人民法院与香港特别行政区政府签署《关于内地与香港特别行政区法院相互认可和协助破产程序的会谈纪要》明确采用试点方式，即是上海，厦门和深圳与香港特别行政区法院展开跨境破产认可和协助。截至目前来看，内地与香港特别行政区跨境破产机制呼之欲出，但尚需时日。

第三，有助于内地与香港、澳门及我国台湾地区跨境破产机制的构建。内地与香港特别行政区之间如能建成跨境破产机制，将极大地缓解内地与香港特别行政区、澳门特别行政区及我国台湾地区之间的跨境破产机制阻力。在中国，除香港特别行政区遵循普通法系的法律传统外，内地、澳门特别行政区和我国台湾地区都属于大陆法系法律传统，相互之间的相似度远大于大陆法系与普通法系的差别。在这种情况下，一旦内地与香港特别行政区之间的跨境破产问题解决，构建内地与港、澳特区及我国台湾地区的跨境破产将指日可待。这种制度进步，政治经济意义毋庸多言，这对于增强中国的经济凝聚力，改善中国的整体营商环境，将具有十分重要的作用。

第四，对于将来筹划亚洲区际跨境破产机制及其他更广阔区域的跨境破产机制，也有极大帮助作用。2017 年 5 月，“一带一路”国际合作高峰论坛在北京召开前后，笔者曾撰文论证构建一带一路经济体跨境破产公约的重要意义。[①] 后来也有学者对于包括“一带一路”、《区域全面经济伙伴关系协定》等相关国际合作框架的跨境破产事宜，展开很有价值的探索。[②] 鉴于亚洲地区经济合作与交流的日益加深，已有学者提出构建亚洲的区际跨境破产机制。理查德·费舍尔（Richard Fisher）和迈克尔·斯洛恩（Michael Sloan）列举构建亚洲区际跨境破产机制几种可能的选项，比如以美国破产法为样本的诸

---

① 陈夏红：《构建“一带一路”经济体跨境破产公约》，载《法制日报》2017 年 5 月 10 日，第 11 版。

② 相关研究如章恒筑：《“一带一路”倡议推进背景下国际海事司法中心建设与海事破产法制的完善》，载《法律适用》2018 年第 23 期，第 97 ~ 105 页；龙光伟、王芳、叶浪花：《“一带一路”背景下中国跨境破产的发展路径选择——新加坡跨境破产发展历程的经验与启示》，载《人民司法》2020 年第 1 期，第 70 ~ 74 页；张玲：《我国与“一带一路”沿线国家跨境破产司法合作的现实困境与解决路径》，载《暨南学报》（哲学社会科学版）2020 年第 6 期，第 61 ~ 72 页；张玲：《亚太经济一体化背景下跨境破产的区域合作》，载《政法论坛》2021 年第 1 期，第 141 ~ 151 页。

如单边法律体系；类似瑞典、挪威和芬兰间的《北欧破产条约》（Nordic Bankruptcy Convention）那样双边、多边甚至区际跨境破产条约；此外还有参考联合国国际贸易法委员会《跨境破产示范法》（UNCITRAL Model Law on Cross－Border Insolvency）；以及类似于《欧盟跨境破产规章（第1346/2000号）》那样的区域法等。[①] 这些模式中，《欧盟跨境破产规章（第2015/848号）》作为唯一生效实施的区域性跨境破产法，最具有参照性。对于构建亚洲区际跨境破产机制，中国作为亚洲最大的国家、全球第二大经济体，责无旁贷，也应当有所作为。

四、文献综述

学术研究是一项前有古人、后有来者的事业。毫无疑问，本书对破产企业职工权益保护模式的比较研究，都是建立在大量既有研究和文献的基础上。当然，也正是因为学术研究是一项承前启后的伟业，笔者希望这本书能够在破产企业职工权益保护这个问题上，做出些微贡献。

本书所涉不同主题相关的重要中、英文文献，约略如下述：

（一）有关破产企业职工权益保护

有关破产企业职工权益保护，在破产法研究中不算热门，但几十年来也已经有一些成形的研究成果。

国际劳工组织是该领域的先行者。如前所述1949年《保护工资公约（第95号）》（Protection of Wages Convention No. 95）第11条特别强调企业破产时职工权益保护，随后在世界范围内迎来企业破产时职工权益保护的三个新趋势：第一，破产欠“薪”的外延，在工资之外有了越来越扩大的趋势；第二，在破产程序中赋予职工债权的优先顺位，越来越成为常规操作；第三，从1967年开始，以西欧国家为核心，破产欠薪保障基金设立越来越普遍。[②] 从

---

① Richard Fisher & Michael Sloan, “Why Asia Needs a Regional Insolvency Pact?”, *Int’l Fin. L. Rev.*, Vol. 23, 2004, pp. 44－46.

② International Labour Office, *Protection of Workers’ Claims in the Event of the Insolvency of Their Employer*, Report Ⅴ (1), fith item on the agenda, International Labour Conference 78th Session, 1991, p. 1.

1974年开始到整个20世纪80年代，国际劳工组织在应对20世纪70年代的经济危机中，先后在多次会议上讨论破产企业职工权益保障议题，重新评估《保护工资条约》第11条。① 1991年召开的第78届国际劳工大会（International Labour Conference）上，将讨论主题定为“企业破产时职工权益保护”（protection of workers' claims in the event of the insolvency of their emloyer）。② 另外，1991年国际劳工组织还出版了一本比较破产企业职工权益保护问题的专著，其中除主编之一阿图罗·布罗斯泰（Arturo S. Bronstein）执笔，分别就企业破产对劳动关系的影响、破产程序中的优先权、职工债权的优先顺位、欠薪保障基金等角度，完成的整体比较研究外，还辑录包括奥地利、比利时、西班牙、英国等国家破产企业职工权益保护机制的国别研究及基本法律制度。③

整体来看，比较研究成为研究破产企业职工权益保护的主流方法。2002年时，荷兰发起一项有关破产企业职工权益保护的比较研究，专门就荷兰、德国、比利时、英国的破产企业职工权益保护机制展开比较分析，分别聚焦于破产程序中的职工债权、保障基金在职工债权清偿中的角色、破产程序中涉及裁员时对职工的保护措施、破产程序中的商业转让及破产程序中的参与权，作为改进荷兰破产企业职工权益保护的参考资料。④ 2006年由我国国务院发展研究中心企业所和经合组织金融与公司事务部联合主办的“2006亚洲

① International Labour Office, *Protection of Workers' Claims in the Event of the Insolvency of Their Employer*, Report Ⅴ（1）, fith item on the agenda, International Labour Conference 78th Session, 1991, pp. 1 – 2.

② 这次会议上形成了两份报告，分别是：International Labour Office, *Protection of Workers' Claims in the Event of the Insolvency of Their Employer*, Report Ⅴ（1）, fith item on the agenda, International Labour Conference 78th Session, 1991; International Labour Office, *Protection of Workers' Claims in the Event of the Insolvency of Their Employer*, Report Ⅴ（2）, fith item on the agenda, International Labour Conference 78th Session, 1991.

③ Edward Yemin & Arturo S. Bronstein, *The Protection of Workers' Claims in the Event of the Employer's Insolvency*, Labour – Management Relation Series No. 76, International Labour Office, 1991.

④ Roger Blanpain & A. T. J. M. Jacobs, *Employee Rights in Bankruptcy: A Comparative – Law Assessment*, Kluwer Law International, 2002.

破产改革论坛”上，供职于国务院发展研究中心的王怀宇就在该会上做英文专题报告，比较36个法域有关破产债权清偿顺序的安排，其中自然涉及破产企业职工权益的清偿顺位。①

在破产企业职工权益保护领域比较研究方面最重要的研究成果，当属英属哥伦比亚大学詹尼斯·萨拉（Janis Sarra）教授2008年完成的著作，聚焦全球62个法域破产企业职工权益保护体系综述和研究，分量极重。② 这本著作脱胎于2007年国际破产学会（International Insolvency Institution）的报告；当时只聚焦于20个国家的比较研究；随后，在其他机构的资助下，这一研究得以大幅度拓展至62个法域。③ 这本书聚焦于破产程序中的职工权益和退休金问题，共分为两大部分：第一部分聚焦于企业破产时职工和退休金权益处理，分别介绍本研究涉及的方法、术语、标本以及破产优先权体系、破产欠薪保障基金体系和两者混合的体系，并特别分析了企业破产时涉及的退休金问题；④ 而第二部分则辑录国家和地区报告，分别由来自不同法域的107位作者对如下法域破产企业职工权益保护机制根据调查问卷做出详实反馈：阿根廷、澳大利亚、奥地利、比利时、百慕大、博茨瓦纳、巴西、保加利亚、加拿大、开曼群岛、智利、中国、哥伦比亚、克罗地亚、塞浦路斯、丹麦、多米尼加、爱沙尼亚、芬兰、法国、德国、加纳、直布罗陀、希腊、危地马拉、根西海峡群岛、洪都拉斯、匈牙利、印度、以色列、意大利、日本、泽西海峡群岛、韩国、科威特、拉脱维亚、卢森堡、马来西亚、墨西哥、纳米比亚、尼泊尔、新西兰、尼日利亚、挪威、秘鲁、菲律宾、波兰、罗马尼亚、

① Wang Huaiyu, “An International Comparision of Insolvency Laws”, OECD fifth Forum for Asian Insolvency Reform, 27 – 28 April 2006, see at: http: //www. oecd. org/china/38182541. pdf, last visited: 22 March 2021.

② Janis Sarra, *Employee and Pension Claims During Company Insolvency: A Comparative Study of 62 Jurisdictions*, Thomson Canada Limited, 2008.

③ Janis Sarra, *Employee and Pension Claims During Company Insolvency: A Comparative Study of 62 Jurisdictions*, Thomson Canada Limited, 2008, Preface.

④ Janis Sarra, *Employee and Pension Claims During Company Insolvency: A Comparative Study of 62 Jurisdictions*, Thomson Canada Limited, 2008, pp. 3 – 130.

俄罗斯、塞尔维亚、新加坡、斯洛文尼亚、南非、西班牙、瑞典、瑞士、泰国、阿联酋、英国、美国、委内瑞拉等60余个。[①] 其中涉及我国破产企业职工权益保护机制的报告，由石静霞教授执笔。[②]

近年来，有关破产企业职工权益保护的比较研究和专著中，特别值得一提的是英国律师大卫·波拉德（David Pollard）律师完成的巨著《公司破产：劳动与退休金权利》（*Corporate Insolvency*：*Employment and Pension Rights*）。这本由实务界人士完成的专著，聚焦英国法背景下破产程序对劳动关系和退休金相关权益的影响，通过对70个问题相关的法律、判例和实务问题的梳理，试图打通破产法、劳动法和退休相关法三个领域的交互关系，出版以来，一纸风行。笔者手头参阅的是2013年出版的该书第5版，对于了解英国法体系下破产法、劳动法和退休相关法的交互关系来说，是一本绕不开的作品。[③] 但正是因为这种实务化、英国化的特色，尤其考虑到英国已经在2020年正式完成脱欧，在破产企业职工权益保护领域既有的英欧互动只具有历史价值，这本著作对本书的可参考性大大降低，笔者在本书中基本未参阅该著作。

除上述成体系的著作外，还有部分与破产企业职工权益保护有关的研究成果，散见于其他综合型主题的研究成果中。比如美国学者杰伊·劳伦斯·韦斯特布鲁克、查尔斯·布斯等在《商事破产：全球视野下的比较分析》一书中，就用一章篇幅来专门论述破产企业职工权益保护的著作。[④]

当然，著作是我们梳理学术史的十分重要的地标，但远非全部。在破产企业职工权益保护这个主体下，也有不同时代不同学者完成的一系列高质量

① Janis Sarra, *Employee and Pension Claims During Company Insolvency*: *A Comparative Study of 62 Jurisdictions*, Thomson Canada Limited, 2008, pp. 133 – 487.

② Janis Sarra, *Employee and Pension Claims During Company Insolvency*: *A Comparative Study of 62 Jurisdictions*, Thomson Canada Limited, 2008, pp. 193 – 199, pp. 489 – 491.

③ David Pollard, *Corporate Insolvency*: *Employment and Pension Rights*, fifth edition, Bloomsbury Professional, 2013.

④ ［美］杰伊·劳伦斯·韦斯特布鲁克、查尔斯·布斯等：《商事破产：全球视野下的比较分析》，王之洲译，中国政法大学出版社2018年版，第149～163页。

的学术论文。[①] 囿于篇幅所限，由于这些论文角度各异、数量众多，在文献综述部分全部展开评介需要占用太多篇幅，笔者将在正文论述中，通过参引来彰显先行者们的学术贡献。

前述研究整体来看，可以得出至少三点结论：（1）在破产程序中给予职工权益特别照顾和安排是国际惯例，极少有国家或地区不在破产程序给予破产企业职工权益特别保护；（2）破产企业职工债权在不同法域的清偿顺位差别较大，破产企业职工债权的内涵差别也不小；（3）尽管赋予破产企业职工债权一定程度的优先权是常态，但绝大部分法域的法律制度，都表现出对既有担保债权的尊重，即只有极少数法域的实践会优先于担保债权或者浮动担保。[②]

（二）有关我国内地破产程序中职工权益保护机制的研究

就我国法学研究格局来说，破产法属于小众学科，而破产企业职工权益保护这个话题，又是小众中的小众。因此，这个问题在我国当前的学术研究中，整体显得比较冷门。

笔者在2016年曾以本书第一章为基础，详细展示职工问题在我国破产法进化史上不同时期，通过法律或政策变化，经历了从核心到边缘、从绝对优先到相对优先的历史轨迹。[③]

侯玲玲在2015年曾撰文指出，在经济全球化背景下，市场经济中发生的企业倒闭会放大企业职工工资无处清偿的社会风险，对此问题我国既有工资支付保障法律制度无能为力；作者结合地方政府试点，对其他法域的特殊工资担保机制展开比较研究，提出我国应选择社会保险型欠薪保障基金模式，

---

① 比如 Paul M. Secunda, "An Analysis of the Treatment of Employee Pension and Wage Claims in Insolvency and Under Guarantee Schemes in OECD Countries: Comparative Law Lessons for Detroit and the United States", 41 *Fordham Urb. L. J.* 867 (2014), pp. 867–997。

② ［美］杰伊·劳伦斯·韦斯特布鲁克、查尔斯·布斯等：《商事破产：全球视野下的比较分析》，王之洲译，中国政法大学出版社2018年版，第154~155页。

③ 陈夏红：《从核心到边缘：中国破产法进化中的职工问题（1986–2016）》，载《甘肃政法学院学报》2016年第4期，第92~117页。

由用人单位共同缴费形成欠薪保障基金，对倒闭企业待偿付的工资提供特殊担保，实现工资支付的雇主责任和工资风险的社会负担。①

张钦昱 2014 年撰文认为，加强对破产企业职工的权益保障，其理论依据应是实质公平的理念。职工在企业破产程序中属于弱势群体，破产程序规则更注重形式公平，而不利于破产企业职工维护其合法权益；在我国长期以来经济发展中，企业破产清算打碎了职工的“铁饭碗”，也弱化其再次迎接社会挑战的能力，不具备承受破产风险的经济实力，因此需要运用法律的技艺，尽可能在破产程序中妥善照顾职工权益，最大限度减轻破产程序对职工权益的伤害，实现社会资源的合理再分配。正因如此，在企业破产中优先保障职工权益，便成为破产法律制度的重要价值取向，也是政府和社会保障民生、维护稳定的重要手段。②

张茂林 2014 年发表《企业破产工资优先权主体范围研究》一文。在该文中，作者指出，中国法学界关于劳动债权的各种理解，其实质都是该权利内容范围的理解；作者进而指出工资优先权的本质属性，并从企业破产立法公共政策的角度，阐释了工资债权的生存权属性、人身权属性以及与其他债权人利益平衡的制度。③

王欣新与杨涛 2013 年发表的《破产企业职工债权保障制度研究：改革社会成本的包容与分担》一文。两位作者概述职工债权的定义和性质，也简要介绍世界范围内职工债权优先保障的产生与发展，进而对世界各国职工债权的破产法保护做了详细阐释，提出我国职工债权清偿保障制度的完善，同时也详细介绍世界各国有关职工债权的社会保障规定，在结论中对我国职工债

① 侯玲玲：《比较法视野下倒闭企业工资风险分担机制研究》，载《法商研究》2015 年第 2 期，第 184～192 页。

② 张钦昱：《论非经营性资产在企业破产时的处理》，载《东北师大学报》（哲学社会科学版）2014 年第 2 期，第 42 页。

③ 张茂林：《企业破产工资优先权主体范围研究》，载《中国劳动》2014 年第 5 期，第 22～24 页。

权保障基金的设立提出建议。[①]

李云鹏在2007年《企业破产法》颁布后，亦发表过一篇《论劳动债权在我国破产分配中的位置》，这是较早的评述2006年新《企业破产法》中职工权益保护的文章。在这篇文章中，作者论及破产费用与劳动债权的受偿顺序，也论及劳动债权与物权担保债权的受偿顺序问题；作者在研究中发现，按照中国司法实践中破产财产分配的状况，有限的破产财产难以满足支付劳动债权的需要，更遑论担保债权的实现，职是之故，如何平衡劳动债权和担保债权成为中国《企业破产法》实施中需要解决的大问题。[②] 陈晴的文章《我国破产程序中的劳动债权保护评析》与此类似，该文在不长的篇幅中，只对我国《企业破产法》下劳动债权保护制度的基本结构做了介绍和评析。[③] 齐砺杰的文章《当公平成为更大的效率——新破产法中劳动债权特别优先合理性之探讨》，主要运用法律经济学的方法，介绍了最近二十多年西方学界关于担保债权与破产债权的论述，尤其是担保合同外部性对其他债权的稀释以及破产清偿顺序通过促进公司治理而提高“分配效率”的意义，作者进而在此基础上，论述了中国破产程序中劳动债权优先性的特别意义。[④] 与此论文类似，许德风的文章《论担保物权的经济意义及我国破产法的缺失》，亦对担保物权的法理意义做了深刻探索，同时也对我国《企业破产法》的制度框架提出直言不讳的批评。[⑤] 但这两篇文章的重心，与其说是企业破产中的职工权益保护，毋宁说是企业破产中的担保债权优先性。

在《企业破产法》通过之前，涉及该论题的文献不少。比较重要者如李

① 王欣新、杨涛：《破产企业职工债权保障制度研究——改革社会成本的包容与分担》，载《法治研究》2013年第1期，第23～29页。

② 李云鹏：《论劳动债权在我国破产分配中的位置》，载《天津市政法管理干部学院学报》2007年第1期，第55～59页。

③ 陈晴：《我国破产程序中的劳动债权保护评析》，载《求索》2007年第8期，第100～103页。

④ 齐砺杰：《当公平成为更大的效率——新破产法中劳动债权特别优先合理性之探讨》，载《特区经济》2007年第12期，第17～21页。

⑤ 许德风：《论担保物权的经济意义及我国破产法的缺失》，载《清华法学》2007年第3期，第60～77页。

曙光和贺丹联合发表的《破产法立法若干重大问题的国际比较》，其中第七个问题即破产财产清偿顺序的比较，作者们选取美国、澳大利亚、法国和俄罗斯的法律规范，同时也评述中国破产法草案中的问题。[①] 这部分文献由于《企业破产法》的颁布，对今天的研究只具有学术史上的参考价值，不拟详细展开。

（三）有关香港破产欠薪保障制度的研究

在2016年时，笔者曾以本文第二章的部分内容为基础，撰文评介我国香港特别行政区的破产欠薪保障机制。[②]

在该领域，周贤日于2010年发表的论文《我国港台地区欠薪保障制度比较研究》是不多的学术研究成果之一。在该文中，作者在介绍香港破产欠薪保障制度时，以香港《破产欠薪保障条例》为基础，逐条介绍了该法例的框架，其中包括概述、香港破产欠薪保障基金委员会、委员会的构成、委员会主席、委员会会议、劳工处处长的角色、破产欠薪保障基金的来源、管理、升级、申请、发放、代位权以及实际运作等。[③] 整体来说，该文介绍比较详细，但由于过于依赖法律条文，学理性阐述比较欠缺，对破产欠薪保障基金设立的背景也缺乏足够分析。另外，文章由于发表时间较早，相关数据已经比较陈旧。

2004年翟玉娟发表的《深港两地欠薪保障法律制度比较研究》一文，对香港的破产欠薪保障基金及其运作做了一定的介绍。[④] 1998年杨冬梅发表的《内地和香港有关欠薪立法的比较研究》中，作者依照当时的数据，对内地

① 李曙光、贺丹：《破产法立法若干重大问题的国际比较》，载《政法论坛》2004年第5期，第59～71页。

② 陈夏红：《香港破产机制中的雇员权利及其保障》，载《中国劳动关系学院学报》2016年第4期，第22～29页。

③ 周贤日：《我国港台地区欠薪保障基金制度比较研究》，载《比较法研究》2010年第6期，第64～80页。

④ 翟玉娟：《深港两地欠薪保障法律制度比较研究》，载《天津市政法管理干部学院学报》2004年第3期，第47～53页。

和香港的法律法规做了泛泛介绍。[①] 鉴于发表时间久远，而且介绍亦局限于法条，对本研究而言参考价值有限。

（四）有关我国内地与香港的跨境破产机制

近年来，随着我国内地与香港特别行政区经贸关系的进一步深化，加上其他领域司法互助协定的不断签署，有关我国内地与香港的跨境破产机制构建方面，呈现学术讨论越来越多、案例越来越多的趋势，内地与香港跨境破产制度呼之欲出，学界也表现出明显的兴趣。

从2018年开始，有关内地与香港特别行政区跨境破产的研究，越来越聚焦于案例层面。这方面重要的文献有石静霞和黄圆圆的《论内地与香港的跨界破产合作——基于案例的实证分析及建议》一文、石静霞的《香港法院对内地破产程序的承认与协助——以华信破产案裁决为视角》一文以及张烁的《从“广信案”到“华信案”：香港对内地公司跨境破产清算承认与协助的新发展》等。[②] 这些文献不再聚焦于我国内地和香港特别行政区跨境破产法律规定本身，都以近年来发生的相关破产案例中内地和香港司法机构合作的状况为主要研究对象，体现出明显的现实关怀。

早期有关内地与香港特别行政区跨境破产机制的文章不多。2009年时，马腾、胡健联合发表《论内地与香港跨境破产中的法律冲突及协调机制》一文中，结合我国内地与香港特别行政区之间法律冲突问题，进而结合跨境破产案件的管辖权、跨境破产管理的法律适用、跨境破产宣告的域外效力、跨境破产承认与执行等主题，发表了他们的看法。[③] 与此同一年，王芳发表

---

① 杨冬梅：《内地和香港有关欠薪立法的比较研究》，载《工会理论与实践》（中国工运学院学报）1998年第4期，第62~65页。

② 石静霞、黄圆圆：《论内地与香港的跨界破产合作——基于案例的实证分析及建议》，载《现代法学》2018年第5期，第170~181页；张烁：《从“广信案”到“华信案”：香港对内地公司跨境破产清算承认与协助的新发展》，载《法律适用》2020年第14期，第41~49页；石静霞：《香港法院对内地破产程序的承认与协助——以华信破产案裁决为视角》，载《环球法律评论》2020年第3期，第162~176页等。

③ 马腾、胡健：《论内地与香港跨境破产中的法律冲突及协调机制》，载《安徽大学法律评论》2009年第1期，第31~46页。

《香港与内地跨境破产的法律框架研究》一文，对于处理双边跨境破产既有的法律框架和可能的前景和机制，做了比较清晰的介绍。该文作者认为，我国《企业破产法》有关跨境破产的规定过于粗疏，也未充分考量内地与香港的特殊关系，在实践中缺乏性操作。在考察内地与香港跨境破产合作框架的现状基础上，应通过对适用范围、管辖权、跨境破产的承认与司法协助、管理人指定及争议解决机制等予以完善和细化，弥补《企业破产法》的不足。①

（五）有关欧盟跨境破产的研究

德国破产界泰斗曼弗雷德·鲍尔兹（Manfred Balz）曾在1996年发表文章，介绍欧洲20世纪60年代以来在推进跨境破产法的努力：1970～1982年草案、1990年伊斯坦布尔公约和1995年公约草案。该文作者论述的重点是对1995年公约草案给予详细介绍和评析。该文章发表时，鉴于英国已经因为疯牛病危机而将签署该公约作为“人质”来要挟欧洲大陆，鲍尔兹提出两个可能的思路：一个是欧盟部长理事会重新开放该公约的签署、英国在疯牛病疫情结束后重回谈判桌；另一个是欧盟当时的14个成员国另外起草跨境破产多边条约，而将英国隔绝于该条约之外。②

保罗·奥马尔（Paul Omar）在2003年详细回顾了欧盟在2000年通过《欧盟跨境破产规章（第1346/2000号）》的艰难过程。按照该文，随着第二次世界大战后国际形势的变化尤其是欧洲一体化进程的启动，欧洲的跨境破产之路经历了如下历程：（1）早在20世纪60年代中期，颁布欧洲范围内统一的跨境破产法律框架，就进入欧洲一体化议事日程。1968年《布鲁塞尔公约》起草过程中时，考虑到破产法的特殊性，将破产法从《布鲁塞尔公约》中移除出来，而1963年开始成立工作小组，着手启动单行公约。（2）1970年，该工作小组完成第一份草案。该草案正文共有82条，附件有6条示范法

① 王芳：《香港与内地跨境破产的法律框架研究》，载《政法论坛》2009年第5期，第75～83页。

② Manfred Balz, “The European Union Convention on Insolvency Proceedings”, *American Bankruptcy Law Journal*, 70, No. 4 (Fall 1996): 485－532.

供各成员国采纳。该草案采取普及主义立场，试图在欧洲范围内建立统一的法域来处理跨境破产案件，由此与各成员国林立的破产法和法域形成冲突。过于理想化的框架，导致这份草案乏人问津。（3）1979 年到 1982 年，起草小组完成第二份草案。相比于第一份草案，该草案相对务实，尤其偏重于共同市场的价值；特别重要的亮点，是将该公约的解释权赋予欧洲法院。但这份草案同样未能取得结果。（4）1990 年 6 月 5 日，欧洲理事会主导完成《伊斯坦布尔公约》，开放并供成员国签署。该草案创立主破产程序、辅破产程序并行的框架，但因为与各国破产法的潜在冲突，仍受到不少成员国的反对。最终，只有 8 个国家签署并只有塞浦路斯正式批准，该公约无果而终。（5）1995年欧盟部长理事会通过一份新草案。这份草案最为接近后来通过的《欧盟跨境破产规章（第 1346/2000 号）》，1995 年 11 月 23 日至 1996 年 5 月 23 日开放签字。但由于英国疯牛病疫情及欧洲政治影响，这份草案得到英国的抵制。（6）1999 年 5 月 26 日，欧盟轮值主席国芬兰和德国联合提交提案，再次提议制定欧盟境内跨境破产规章。当时由于《阿姆斯特丹条约》的签署，此时欧盟立法机构可以自行制定规章或者颁布指令。2000 年 5 月 26 日，《欧盟跨境破产规章（第 1346/2000 号）》正式通过，两年后开始实施，由此开启欧洲历史上的跨境破产新时代。[①]

塞缪尔·巴福德（Samuel Bufford）法官在 2006 年时发表长文，结合 Eurofood 案和 Daisytek 案，讨论《欧盟跨境破产规章（第 1346/2000 号）》需要针对集团公司跨境破产时应该做的改革。在本文中，巴福德法官首先详细介绍 Eurofood 案和 Daisytek 案欧洲部分的争议。巴福德法官认为，《欧盟跨境破产规章（第 1346/2000 号）》需要从实体和程序两个方面，针对集团公司跨境破产案件做出改革：从实体层面，需要做如下改革：首先，《欧盟跨境破产规章（第 1346/2000 号）》需要充分考虑集团公司跨境破产时管辖法院的确定。巴福德认为，鉴于集团公司在整体重整或清算时更有效率和效

① Paul Omar, "Genesis of the European Initiative in Insolvency Law", *Int. Insolv. Rev.*, Volume 12, Issue3, Winter 2003, pp. 147 – 170.

益，《欧盟跨境破产规章（第1346/2000号）》应该修订“主要利益中心”为组成实质性经济单元的集团公司在同一个法院提出破产申请提供入口。按照巴福德的逻辑，除非集团公司的成员能够证明其经济独立性，那么就应该将母公司所在地视为“主要利益中心”。Eurofood案和Daisytek案如果按照这种思路，Eurofood案和Daisytek案的管辖权确立都会发生实质性改变。其次，《欧盟跨境破产规章（第1346/2000号）》需要特别定义“主要利益中心”（COMI），以便明确法院在衡量“主要利益中心”所在地时需要考虑的因素。巴福德提出，衡量“主要利益中心”应该从如下三个方面入手：第一，聚焦于该公司管理行为决策地；第二，聚焦于运营行为实际发生地；第三，调查债权人尤其是供应商和金融机构的预期。从程序层面，巴福德认为需要站在正当程序的角度，在如下三个问题上大做文章：第一，决定“主要利益中心”的程序，即应该在受理破产申请和决定“主要利益中心”之间留出时间；注重“主要利益中心”证据的数量和质量；为确定“主要利益中心”留出上诉途径。第二，对于究竟如何确定是否“启动”破产程序，需要明确相关的国际问题和国内问题。第三，正当程序相关问题，即恰当平衡跨境破产中的紧张关系：一方面需要法院及时对相关需求做出反馈，为利益相关方提供正当程序；另一方面法院需要为利益相关方参与程序留出合理的时间，比如提前通知、复制相关文件等，以便就债务人“主要利益确定”等事宜做出反应。①

沃尔夫－乔治·里格（Wolf－Georg Ringe）在2008年发表文章，讨论欧盟跨境破产规章下的“选择法院”（forum shopping）问题。在该文中，里格特别强调这样一个问题：欧盟立法者在《欧盟跨境破产规章（第1346/2000号）》中，对于“选择法院”问题持一种消极视角，认为其对欧盟内部市场会产生消极影响。但里格结合Daisytek案分析了集团公司“主要利益中心”的转移，结合Schefenacker、Deutsche Nickel和Hans

① Samuel Bufford，“International Insolvency Case Venue in the European Union：The Parmalat and Daisytek Controversies”，12 *Colum. J. Eur. L.* 429（2006）.

Brochier 等德国、英国间转移“主要利益中心”的案件，分析普通公司在欧盟范围内的“破产移民”，进而讨论破产申请和程序启动之间的“选择法院”。在这些案例基础上，里格指出，《欧盟跨境破产规章（第 1346/2000 号）》对于“选择法院”，在很多地方语焉不详，甚至也缺乏明显规则来反对“选择法院”；除表达其态度性立场，《欧盟跨境破产规章（第 1346/2000 号）》更多把评价“选择法院”的问题留给成员国。但即便如此，“主要利益中心”规则在确定管辖权方面，依旧发挥着关键作用，《欧盟跨境破产规章（第 1346/2000 号）》在事实上把总部所在地（head office）视为其“主要利益中心”。在这些讨论基础上，里格站在效率的角度，从正面评价“选择法院”对于债务人和债权人的积极意义，进而提醒读者不要简单从好或者坏的角度来评价“选择法院”。里格强调，在大部分情况下，债权人基本都同意债务人在破产程序启动前“移民”，甚至很多时候债权人本身就是破产移民的始作俑者；债权人通过破产移民，可能会获得比其原在国更好的破产收益。里格进一步论证到，《欧盟跨境破产规章（第 1346/2000 号）》在事实上就有债权人保护机制，一方面债权人可以通过司法审查自由反对破产程序的启动，另一方面债权人也可以直接在其所认为的“主要利益中心”所在地提起破产程序，甚至在主破产程序启动后债权人还可以提出辅破产程序……由此种种，足以限制“选择法院”给债权人带来的消极影响。里格认为，“主要利益中心”确定管辖权的方法，失之于晦涩。由此可见，他提出两个修订方案：激进的方案是修订《欧盟跨境破产规章（第 1346/2000 号）》第 3 条，放弃“可推翻假设”，亦即放弃总部所在地为核心的确定方式，而以成立该企业的成员国法律作为确定管辖权和准据法的因素；这种情况下，维持第 4 条不变。而平和的方案，则是修订《欧盟跨境破产规章（第 1346/2000 号）》第 4 条准据法规则，适用其债务人登记地所在国家的法律；这种情况下，维持第 3 条不变。里格得出结论，“主要利益中心”方法使得“选择法院”比较困难，实质上也违反了欧盟条约确定的自由流动原则；只有“主要利益中心”方法按照上述建议修订，“选择法院”才会更为容易。[①]

加布埃尔·莫斯（Gabriel Moss QC）在2007年发表文章，专门讨论当时《欧盟跨境破产规章（第1346/2000号）》体系下集团公司破产时法院和准据法选择时，英国法实用主义方式对欧盟经验的影响问题。莫斯指出，人生而为集团，公司作为拟制主体亦不例外；但是《欧盟跨境破产规章（第1346/2000号）》及其以往的立法尝试中，并未对欧盟境内集团公司破产时法院和准据法选择作出规定。而且，《欧盟跨境破产规章（第1346/2000号）》选择以债务人的“主要利益中心”（COMI）作为启动主破产程序的核心原则，但“主要利益中心”本身却缺乏严格界定。由此可见，在欧盟境内形成两种确立管辖权的方式：英国法更多采取以公司注册地作为行使管辖权的依据，而欧洲法更多采取以公司坐在地，亦即“主要利益中心”所在地作为行使管辖权、启动主破产程序的依据。莫斯认为，这两种迥然不同的方式对于处理集团公司破产，在实践中造成巨大的困扰：如果在集团公司的每个子公司所登记的地方都启动主破产程序，注定将浪费巨大的资源，同时也会严重阻碍集团公司拯救的进程。在这种情况下，莫斯介绍了英国法在处理Enron Directo SA和Daisytek案中的经验，指出英国法在确定管辖权方面固然十分强势，但却更为务实地解决问题。莫斯亦引用欧洲法院在Eurofood案判决中的进路，指出欧洲法院大体都遵循公司总部功能所在地作为推翻“主要利益中心”假定的依据，但却未进一步解释究竟什么是“为第三方所明显确信”(objective and ascertainable by third parties)。鉴于上述，莫斯指出，集团公司跨境破产中，无论如何确定主破产程序、辅破产程序的启动依据，都会产生争议；相比之下，英国Collins and Aikman集团破产中，英国法院指定的管理人通过谈判方式，在承诺尊重并保证外国债权利益的前提下，防止外国债权人在英国之外启动辅破产程序，进而实现破产财产处置的最优方案，可能是

① Wolf-Georg Ringe, “Forum Shopping under the EU Insolvency Regulation”, *European Business Organization Law Review*, 9, 2008, pp. 579-620.

处理集团公司跨国界破产时可以借鉴的思路。[1]

德国路德维希·马克西米兰大学教授霍斯特·艾登穆勒（Horst Eidenmüller）在2009年发表文章，纵论欧洲破产法体系下法律滥用的问题。这是一篇公司法和破产法交叉研究的论文，论证十分有条理。在该文中，艾登穆勒论证了如下观点：第一，破产法规则的核心目标有三方面：首先，最大化债务人的净资产，更高地清偿债权人；其次，促进借贷合同的效率，尤其是便利债权人准确评估借贷风险，提高债权人对破产管辖权和所使用破产法的预判；最后，保护非自愿债权人和其他未调整（non - adjusting）债权人。基于这三个目标，《欧盟跨境破产规章（第1346/2000号）》下“主要利益中心”概念，既有积极的一面，也有消极的一面：从积极的角度讲，鉴于不同国家破产或债务重组程序速度、时间有别，允许债务人迁徙“主要利益中心”，可以便利困境企业寻求更为高效的破产法体系；从消极的角度讲，允许债务人迁徙“主要利益中心”，尤其是在破产前夕“选择法院”，所适用的公司法、破产法的差异，会导致额外的破产成本（bankruptcy cost）、借贷合同的终止以及未调整债权人权利受损。由此可见，艾登穆勒强调，在欧洲破产法语境下讨论滥用问题，主要涉及“选择法院”和“管制性竞争”（regulatory competition），其经济效果尚待进一步研究。第二，法律的滥用问题无处不在，无论是欧洲的公司法、税法还是其他法律都会涉及，破产法领域的滥用问题，主要涉及欧盟法层面的营业自由（freedom of establishment）。这一问题在公司法领域存在，在破产法层面同样存在，主要涉及如下几方面的问题：(1) 通过迁徙“主要利益中心”滥用营业自由。(2) 自由选择破产法体系。笔者认为，《欧盟跨境破产规章（第1346/2000号）》的滥用核心还是“主要利益中心”的迁徙，主要涉及公司法和破产法的交叉，在交易中债权人可能

---

① Gabriel Moss QC，“Group Insolvency - Choice of Forum and Law：The European Experience Under the Influence of English Pragmatism”，32 *Brook. J. Int'l L.* （2007）.

也会适用反主要利益中心合约（anti－COMI－covenants）来予以防止。①

米兰大学法学院教授斯蒂芬妮·芭利亚蒂（Stefania Bariatti）在2009年撰文，综述欧盟跨境破产规章实施之后涉及管辖权和判决承认的相关案例及其背后的问题：（1）“破产程序”（insolvency proceedings）、“破产”（insolvency）的概念及《欧盟跨境破产规章（第1346/2000号）》的范围。（2）适用《欧盟跨境破产规章（第1346/2000号）》时破产程序的启动及时间因素。（3）承认和执行启动破产程序的裁定。（4）未决平行破产程序的解决方案。（5）公共政策例外。（6）按照《欧盟跨境破产规章（第1346/2000号）》承认和执行其他裁定。（7）“主要利益中心”和债务人。（8）破产程序相关案件的管辖权。整体来看，本文涉及主题比较琐碎，但基本都是《欧盟跨境破产规章（第1346/2000号）》未清晰规定，而在欧洲法院判例法层面展示出来的。②

英国利兹大学杰拉德·麦克考马克（Gerard McCormack）教授在2009年发表文章，讨论欧盟跨境破产程序中的管辖权竞争和“选择法院”。在该文中，麦克考马克纵横美国、英国、欧盟及联合国贸易法委员会示范法的体系和案例，认为从理论层面欧洲的公司理应获得更自由的选择余地，在不同国家的破产和重组体系中抉择；如果允许主体选择，交易成本可能会提高，但是这些成本更为可控，不同国家之间破产法的竞争及创新，可能会释放更多能量和创新。但是，按照《欧盟跨境破产规章（第1346/2000号）》，成员国法院对于获得欧盟破产行业更多的份额，兴趣并不太大，由此也缺乏强有力的动机来吸引对破产案件的管辖。这与美国的“选择法院”大相径庭。美国的“选择法院”，是基于统一的破产法、不同的破产法院和适用法律的体系。这种体系下，以债务人经理层和破产执业者为核心的破产程序的“玩家”

① Horst Eidenmüller, “Abuse of Law in the Context of European Insolvency Law”, *ECFR*, 1/2009, pp. 1－28.

② Stefania Bariatti, “Recent Case－Law Concerning Jurisdiction and the Recognition of Judgments under the European Insolvency Regulation”, *RabelsZ Bd.* 73（2009）S. 629－659.

（case placers）可能热衷于根据不同法院、不同法官，来选择最有利于自身利益的法院。在这种选择中，破产法院做出的受理日裁令（first - day orders）会对“玩家”们的权利有实质性的影响。在《欧盟跨境破产规章（第1346/2000号）》体系下，“主要利益中心”高度敏感且问题多多。按照《欧盟跨境破产规章（第1346/2000号）》，主破产程序只能有一个，而辅破产程序可能有多个；但是在集团公司语境下，“主要利益中心”概念的缺点尤其明显，其确定更多取决于具体案件中适用的标准。在一个“主要利益中心”原则下，集团公司只能有一个“主要利益中心”。这势必会提高债务人全球资产协调和管理的便捷程度，也会提高债权人的清偿率。但按照《欧盟跨境破产规章（第1346/2000号）》，做不到这一点。麦克考马克引用塞缪尔·巴福德的观点，指出将经济上高度整合的集团公司破产案件交由集团所在国统一管理，可能是更有效的方法；但是，这里如何确定管辖权、如何确认经济上高度一体、如何确定破产案件所在国，都需要司法层面更好的回应。按照《欧盟跨境破产规章（第1346/2000号）》，主破产程序可以是清算程序，也可以是重整程序，但辅破产程序只能是清算程序。麦克考马克认为这种制度设计，使主破产程序中的清算人，享有广泛的权力来干预辅破产程序，这种体系设计与促进商业和企业拯救的追求大相径庭。①

英国伦敦大学弗里德里克·穆西亚雷利（Federico M. Mucciarelli）在2013年发表文章，研究欧盟破产法与欧盟政治的互动。穆西亚雷利认为，欧盟在近几年努力尝试在实体层面统一欧洲的破产法，并委托欧洲破产协会（INSOL Europe）在2010年完成相关学术研究；该研究再度强调的“选择法院”的消极影响：阻碍透明度即法律的可预期性，降低重组企业的概率。而欧洲议会在之后提出的修改方案中，放弃完全统一的立场，而试图选在如下几个方面部分统一：（1）程序启动；（2）债权申报及核验；（3）防止欺诈性清偿和偏颇性清偿；（4）重整计划；（5）集团公司破产。穆西亚雷利指出，

① Gerard McCormack, “Jurisdictional Competition and Forum Shopping in Insolvency Proceedings”, *The Cambridge Law Journal*, Vol. 68, pp. 169 - 197.

欧盟议会并未试图在债权人优先顺位、抵销权及终止待履行合同方面统一规则。而本文的核心目标就是解释为什么欧盟议会在统一欧洲破产法方面倾向于保守。穆西亚雷利指出，破产法的首要目标是减少债权人面临的集体行动难题，为了降低债务人违约风险、扩大信贷覆盖面并降低成本，破产法普遍将担保债权置于绝对优先的顺位。由此可见，优先债权人和非优先债权人自然处于紧张状态。而对于部分特定债权人，往往更通过社会保障体系的再分配来对其给予特别保护，并通过这种方式在分配型破产法规则和其他各国间变动不居的社会保障体系之间获得平衡。穆西亚雷利认为，破产法的政治经济学即在于，鉴于不同的债权人和利益相关者对于破产程序的预期往往大相径庭，不同的利益集团亦会倾向于支持不同的破产法体系和法院权力。在欧盟，建构跨境破产法的首要目标是在各国都竞争管辖权的背景下，通过“主要利益中心”这个概念，来确定破产程序的管辖权，并按照相应的准据法确定分配的标准。但在这个原则，通过债务人是否有“产业”而确定的辅破产程序及其他抵销、所有权保留等规则，欧盟跨境破产法体系又做了很多例外规定。穆西亚雷利指出，欧盟防止“选择法院”的体系，建立在两个假定的基础上：欧洲公司不能容易地在其他国家展开业务，因此其“主要利益中心”可以轻易确定；在清算前，公司不能从一个国家转移到另一个国家。但这两个假定事实上都不成立。穆西亚雷利指出，站在政治经济学角度，欧洲跨境破产法体系的改革有两个方案：一个是整体性地统一破产法，包括优先权体系等在内均加以统一；另一个是允许公司选择其中意的破产法。但穆西亚雷利在分析欧盟政治和立法体系后，认为两种方法各有优缺点，也都有短板和外部性，都不大容易见容于欧盟政治体系。职是之故，目前破产领域尚缺乏体系化的规则，因为这不仅是效率的问题，而是政治问题，与欧盟一体化程度密切相关。①

英国利兹大学杰拉德·麦克考马克（Gerard McCormack）教授在2014年

① Federico M. Mucciarelli, “Not Just Efficiency: Insolvency Law in the EU and Its Political Dimension”, *European Business Organization Law Review*, Vol. 14, 2013, pp. 175 – 200.

时发表文章，讨论《欧盟民商事判决承认和执行规章》和《欧盟跨境破产规章（第1346/2000号）》之间的分界点和交融问题。欧洲早在1968年即形成关于民商事判决承认和执行的《布鲁塞尔公约Ⅰ》，并在其范围中将破产及其相关事务排除出来；该公约在2001年修订后成为《第44/2001号规章》（Regulation No. 44/2001）。而在2000年，欧盟通过《欧盟跨境破产规章（第1346/2000号）》。两者之间的关系，似乎并未如同文本描述那样清楚，实践中问题不少。麦克考马克教授指出，《第44/2001号规章》确定的管辖原则是先受理原则，也就是说，对于同一个案件，哪个先受理的成员国法院做出裁定前，除非其放弃或者让渡管辖权，其他成员国法院即不能再启动民商事诉讼程序，由此势必导致程序的拖沓；而《欧盟跨境破产规章（第1346/2000号）》则主张同时受理原则，主破产程序、辅破产程序可以同时启动，鼓励尽速启动破产程序。麦克考马克认为，英国的普通法传统更青睐于《欧盟跨境破产规章（第1346/2000号）》确定的管辖标准，由此《第44/2001号规章》也遭到英国学者更多批评。麦克考马克评述了2014年时发布的《欧盟跨境破产规章（第1346/2000号）》修正建议稿。麦克考马克指出，该建议稿已注意到《第44/2001号规章》和《欧盟跨境破产规章（第1346/2000号）》的冲突，但并未提供明确的方案。麦克考马克指出，欧盟的建立要求普遍的自由、安全和公正，但《第44/2001号规章》和《欧盟跨境破产规章（第1346/2000号）》基于上述缺失、重叠和混乱，却让这一目标显得较远。改革建议稿中可喜的两点，明确破产程序启动国法院对破产相关诉讼有管辖权，允许破产管理人在被告住所地所在国法院提起诉讼，能够在一定程度上节约成本和加强便利。但改革建议稿并未明确界定什么是“破产相关诉讼”，而“直接和紧密联系原则”在一定程度上在实践中会十分混乱。麦克考马克还指出，修正建议稿另一缺憾是未对破产程序中债务人的潜在债权人适用《第44/2001号规章》可能性作出考虑。[①]

---

① Gerard McCormack, “Reconciling European Conflicts and Insolvency Law”, *European Business Organization Law Review*, 15, 2014, pp. 309 – 336.

瑞典隆德大学法学院教授迈克尔·博格丹（Michael Bogdan）2017年撰文，介绍《欧盟跨境破产规章（第2015/848号）》中电子破产登记系统的新规则。博格丹教授指出，《欧盟跨境破产规章（第2015/848号）》所做的诸多革新中，电子破产登记系统是最重要的设施之一。按照该规章，该电子破产登记系统将分两个层次：一方面，在2018年6月26日，各成员国完成本国破产登记系统建设，相关费用由各成员国承担；另一方面，在2019年6月26日前，通过欧盟电子司法门户，将各成员国的电子破产登记系统互联，相关预算由欧盟承担。根据该规章，电子破产登记系统的筹设主要是为了便利外国债权人参与欧盟跨境破产程序，因此需要做到最低限度的强制信息披露；但信息披露又会涉及数据安全问题，这个问题也需要各成员国在建设本国破产登记系统及欧盟在互联各成员国破产登记系统时，予以充分考虑。①

英国伦敦政治经济学院两位助理教授卡尔森·基尔纳—伯乌勒（Carsten Gerner－Beuerle）和爱蒙德·舒斯特（Edmund Schuster）在2014年联合发表伦敦政治经济学院工作论文，站在欧盟统一市场的角度，讨论公司法和破产法的摩擦。在该文中，两位作者特别关注企业接近破产时公司法层面高管相关义务的统一及法律适用问题。两位作者提出，在欧盟统一市场的角度，公司的自由流动是应有之义；但是，允许公司的自由流动，在企业接近破产时，如何有效防止债务人通过“选择法院”来选择更有利于自身的破产法、进而伤害债权人利益，形成某种程度的冲突。②

美国福特汉姆大学法学院教授苏珊·布洛克—列布（Susan Block－Lieb）在2017年撰文，从英国的角度回顾英国与欧洲大陆的跨境破产裁定承认和执行体系建构中的互动，进而讨论英国“脱欧”对欧盟跨境破产体系的影响及

① Michael Bogdan, “The New EU Rules on Electronic Insolvency Registers”, *Masaryk University Journal of Law and Technology*, Vol. 11: 1, 2017, pp. 175－182.

② Carsten Gerner－Beuerle & Edmund Schuster, “The Costs of Separation: Friction between Company and Insolvency Law in the Single Market”, (February 10, 2014), *LSE Legal Studies Working Paper No.* 6/2014, London School of Economics and Political Science, Law Department, pp. 1－43.

应对策略。在文章第一部分，布洛克—列布主要讨论在《欧盟跨境破产规章（第1346/2000号）》之前，欧洲大陆形成的三份有关跨境破产的草案及英国的态度和参与。该文第二部分主要聚焦于大英帝国时期所采取的“帝国普及主义”（imperial universalism）模式。本部分主要通过英国的判例法，从两个角度切入：一方面，“主要利益中心”及对其假定的推翻。英国破产执业者并未太被《欧盟跨境破产规章（第1346/2000号）》限制，而尽可能推翻“主要利益中心”在公司登记地的假定，为英国法院行使管辖权寻找依据；另一方面，通过不启动辅破产程序而保护当地债权人。鉴于《欧盟跨境破产规章（第1346/2000号）》仅仅聚焦于清算程序，而英国法框架更青睐公司拯救，因此在判例In re Collins & Aikman Europe SA案中，英国法院通过联合管理人的指定，最终完成企业拯救程序。该文第三部分聚焦于《欧盟跨境破产规章（第2015/848号）》和建议中的“预防性重组框架”指令对欧盟跨境破产法体系的升级与再造。该文第四部分，作者特别讨论英国脱欧对欧盟跨境破产法体系的影响。按照作者的观点，最好的解决方案，是将全部欧盟法都内化成英国法，编变国际法为国内法。该文作者强调，在欧盟跨境破产规章的通过和改革中，英国发挥了关键作用，理应保持其继续适用；反过来，欧盟其他26个成员国亦希望英国能够继续适用《欧盟跨境破产规章（第2015/848号）》和建议中的“预防性重组框架”指令。但作者也清醒认识到，这里面的谈判，参考前四十年的艰难过程，或许还要持续另一个四十年。作者得出结论认为，英国很可能将面临失去《欧盟跨境破产规章（第2015/848号）》带来的益处的风险。唯一的希望是寄望于外交谈判，通过外交谈判达成新的协议，比如达成海峡两岸跨境破产承认的协议。[①]

意大利巴勒莫大学法学院教授伦纳多·曼根（Renato Mangan）在2019年发表论文，讨论多国化、电子化及全球本土化企业时代下，《欧盟跨境破

① Susan Block－Lieb，“The UK and EU Cross－Border Insolvency Recognition：From Empire to Europe to ‘Going It Alone’”，*Fordham International Law Journal*，Volume 40，Issue 5，2017，Article 3，pp. 1373－1412.

产规章（第 2015/848 号）》体系下新“主要利益中心”（centre of main interest，COMI）规则的迷局。曼根教授认为，《欧盟跨境破产规章（第 2015/848 号）》下新“主要利益中心”规则试图让确定“主要利益中心”更为便捷，进而更加便利地确定管辖权，防止债务人通过欺诈性地变更“主要利益中心”而寻求受益；但事实上，无论是 NIKI 案还是对这一新规则的深度研究，都发现新“主要利益中心”问题多多。曼根认为，鉴于如下因素，新“主要利益中心”规则很难说是成功：第一，该规则有 2 个逻辑上的缺陷（logical flaw）和 1 个目的论缺陷（teleological flaw）；第二，新“主要利益中心”规则中，主要利益中心“应为第三方所确信的地方”（shall be the place［…］which is ascertainable by third parties）属于对“日常管理”前提的重复。第三，如果债务人是跨国性企业、其与供应商及顾客关系通过电子化方式完成，且按照全球本地化模式从事商业交易时，证明“确信”（ascertain ability）前提会有问题，需要重新考虑“主要利益中心”规则。由此可见，曼根教授提出建议，比如重新定义《欧盟跨境破产规章（第 2015/848 号）》第 2 条中的“主要利益中心”、重新组织第 3 条的语言、删除备忘第 30 条和第 31 条等，试图弥补缺陷，并在多国化、电子化及全球本土化企业破产时更高效地处理破产事宜。[①]

近年来，国内学界有关欧盟跨境破产机制的研究比较热门，比较重要的成果比如宋锡祥的《论欧盟跨国破产法》、[②] 张玲的《欧盟跨界破产管辖权制度的创新与发展——“主要利益中心”标准在欧盟适用的判例研究》、[③] 张玲的《破产法律适用立法的新突破——欧盟破产法律适用规范的注释与评

① Renato Mangan，“The Puzzle of the New European COMI Rules：Rethinking COMI in the Age of Multinational，Digital and Glocal Enterprises”，*European Business Organization Law Review*，published online：27 Feb 2019，pp. 1－22.

② 宋锡祥：《论欧盟跨国破产法》，载《法学评论》2007 年第 4 期，第 84～89 页。

③ 张玲：《欧盟跨界破产管辖权制度的创新与发展——“主要利益中心”标准在欧盟适用的判例研究》，载《政法论坛》2009 年第 2 期，第 113～119 页。

析》、[1] 邓瑾的《论欧盟破产法中“主要利益中心地”的确定及其对我国的启示》。[2] 这些文章对《欧盟跨境破产规章（第1346/2000号）》有较为准确的评析与介绍。但鉴于发表时间较早，对2015年新欧盟跨境破产规章，亦即《欧盟跨境破产规章（第2015/848号）》不可能有任何涉及，现在看来已经过时。宋姜美的《所有权保留在跨国破产中的效力——以2000年〈欧盟理事会破产程序规则〉为视角》一文发表于2015年7月，但却对5月20日即已颁布的《欧盟跨境破产规章（第2015/848号）》只字未提，不能不说是一大遗憾。[3]

在《欧盟跨境破产规章（第2015/848号）》颁布之后，笔者在《欧盟新跨境破产体系的守成与创新》一文中，特别评介《欧盟跨境破产规章（第2015/848号）》的守成和创新之处：一方面，《欧盟跨境破产规章（第2015/848号）》承继了《欧盟跨境破产规章（第1346/2000号）》主要原则和框架；另一方面，《欧盟跨境破产规章（第2015/848号）》在有关法院与法院之间、破产执业者与破产执业者之间以及法院与破产执业者之间的沟通和交流；有关集团公司破产时协调人的安排；集团公司不同破产程序所涉及法院与法院之间、破产执业者与破产执业者之间以及法院与破产执业之间的交流之间等方面以及破产信息登记系统，都有新意和创新。[4]

除前述学术论文外，近几年也有不少博士学位论文，直接或者间接涉及欧洲跨境破产法律制度。这里面博士论文包括：张玲的《跨境破产合作中的国际私法问题研究》（2005年，中国政法大学）、杨立的《跨境破产法律制度研究》（2014年，吉林大学）、黄圆圆的《跨界破产承认与救济制度研究》

---

① 张玲：《破产法律适用立法的新突破——欧盟破产法律适用规范的注释与评析》，载《比较法研究》2006年第21期，第125~133页。

② 邓瑾：《论欧盟破产法中“主要利益中心地”的确定及其对我国的启示》，载《法律适用》2010年第4期，第58~62页。

③ 宋姜美：《所有权保留在跨国破产中的效力——以2000年〈欧盟理事会破产程序规则〉为视角》，载《学术探索》2015年第7期，第63~69页。

④ 陈夏红：《欧盟新跨境破产体系的守成与创新》，载《中国政法大学学报》2016年第4期，第51~71页。

（2019 年，对外经贸大学）等。[①] 在这些研究中，欧洲跨境破产体系并非其主要关注点，但在论证和介绍中，多少都会提及。

（六）有关欧盟破产企业职工欠薪保障机制的研究

在这个领域，侯玲玲等发表的《从民法到社会保障的工资债权保护：以德、法两国工资保障为视角》一文，围绕职工的工资债权保护，分别对德国和法国的相关制度做了详细介绍，同时也谈及了德国、法国相关机制对中国构建企业欠薪保障基金的启示。[②] 但这篇文章的缺陷在于完全以德国、法国的工资债权保障机制为主，未涉及欧盟层面的规章或者指令。

五、方法论

本书将主要采用以下研究方法：

第一，文本分析法。本研究涉及我国内地、香港特别行政区以及欧盟的跨境破产与破产欠薪保障机制。对于这些机制的研究，本文将主要通过文本分析的方法，从相关法域的法律文本入手，进而对其制度设计的精华所在作出分析和描述，进而为比较研究奠定基础。

第二，案例分析法。在本文中，案例分析主要运用在涉及香港特别行政区跨境破产的司法实践以及与欧盟《跨境破产规章（第 1346/2000 号）》及《跨境破产规章（第 2015/ 848 号）》中。就香港特别行政区而言，法院在解释、发现法律规则方面，发挥着极其重要的作用；通过对英联邦法律体系中相关判例的解读，结合香港的司法实践，在数百年时间内，渐渐地发展出一套香港特有的跨境破产法律机制。本文中对这本内容的研究，将通过案例分析法展开。而就欧盟而言，欧洲法院针对成员国法院提出的问题，在《跨境破产规章（第 1346/2000 号）》以及涉及破产欠薪保障的《第 80/987/EEC 号

---

① 张玲：《跨境破产合作中的国际私法问题研究》，中国政法大学 2005 年博士学位论文；杨立：《跨境破产法律制度研究》，吉林大学 2014 年博士学位论文；黄圆圆：《跨界破产承认与救济制度研究》，对外经贸大学 2019 年博士学位论文。

② 侯玲玲等：《从民法到社会保障的工资债权保护：以德、法两国工资保障为视角》，载《法学杂志》2013 年第 7 期，第 84 ~90 页。

指令》实施过程中，通过对其解释和发展，已经衍生出一整套有关跨境破产和破产欠薪保障的机制。欧洲法院的这些成果，大多数已为2015年5月修订的《跨境破产规章（第2015/848号）》所采纳。在本文中对欧盟跨境破产机制及破产欠薪保障机制的运作及争议问题，将主要通过案例分析法来完成。

第三，比较研究法。在研究过程中，笔者将分别围绕破产企业职工权益保障机制的三种模式，结合每个模式在不同法域的制度建构和实践，分为非跨境破产情境及跨境破产情境、破产清算和重整两类程序，对其展开比较和分析。

第四，实证研究法。在研究过程中，无论是香港特别行政区破产欠薪保障基金的运作，还是欧盟企业破产时职工权益破产欠薪保障基金的运作，笔者特别注重官方实证调研报告，来证明其运行状况的稳健与否。

六、可能的贡献与不足

本书的主要贡献，在于对全球范围内较有代表性的3种破产企业职工权益保护模式（破产优先权模式、破产欠薪保障基金模式和混合模式）结合2种情境（非跨境破产情境和跨境破产情境）、2类程序（破产清算程序和重整程序），做了比较和分析。笔者在结合特定情境和程序，展示每一种模式的背景、特征、效果、重大争议、优缺点的基础上，尽可能结合既有研究和制度、司法实践，展示破产企业职工权益保护的种种可能性和丰富性，也尽力打开破产企业职工权益保护学术研究的想象力。笔者更多把这本书里展示的所有内容，看作一种观念的超市。在最大可能提供学术增量、凝练学术观点的同时，在破产企业职工权益保护这一破产法、劳动法和社会保障法的交叉点上，力争有所发现。

求真务实是基本的学术伦理。学术研究的进步，需要站在前人的肩膀上前进，不远的未来也终将被后来者超越。尽管笔者在本书中已经使尽洪荒之力，但本研究在未来很长一段时间内，都会继续处于进行时状态。因此，我也不惮于自我剖析本书所研究的内容和成果，可能存在的各种不足之处。这项研究可能存在的许多缺陷，既有赖于我自己未来在治学中不断自我修正，也有赖于学界同人一道在这个领域共同探索、互相砥砺并共享智慧。

就目前来看，在笔者看来本书潜在的缺陷体现在如下方面：

第一，由于语言、工作量等多种因素，本研究对欧盟成员国破产企业职工权益保护机制了解有限、关注不够。欧盟破产企业职工权益保护机制的特殊性在于，一方面，在欧盟层面，通过《第2008/94/EC号指令》要求设立破产欠薪保障基金的方式，为各个成员国设定最低限度的破产企业职工权益保护标准，各个成员国需要将之转化成国内法并贯彻实施。另一方面，在成员国层面，更加能够影响破产企业职工权益保护情况的因素，是成员国的破产法、劳动法乃至社会保障法共同发生作用的体系。在混合模式下，破产优先权体系主要取决于不同成员国的破产法规定，成员国因素对于该国破产企业职工权益保护，势必会发生更加重大的影响。从研究角度，混合模式固然复杂，但欧洲法的相关立法文件、判例和文献相对容易获取，基本能够梳理明白；但对于成员国制度的研究，囿于语言能力和资料获取的便利度，整体来看就很难深入。即便英国在2020年正式脱欧，但欧盟依旧有27个成员国。在欧盟现有成员国中，几乎每个国家都有自己独特的语言和法律机制；对于企业破产中的职工权益保护问题，每个成员国也都有风格迥异的制度设计。既有的部分英文文献，对部分欧盟成员国的破产企业职工权益保护机制有介绍，但大都比较陈旧，直接引用有凑数之嫌，显然不合求新、求准的学术伦理。但如果按图索骥，要逐一核对各个成员国破产企业职工权益问题的最新进展，同样避不开语言壁垒和信息壁垒。囿于语言、信息壁垒和时间压力，笔者对各成员国破产企业职工权益保护模式的研究，因为不懂当地的语言和法律，不得不尽量回避；即便不得不涉及，基本以德国、法国、荷兰、意大利等有二手文献支撑的欧盟成员国为主，在其他地方尽量只谈欧盟破产欠薪保障基金，对各成员国的具体情况则尽量不谈。

第二，在整个研究过程中，笔者一方面在搜集文献，另一方面在消化文献。文献丰沛本来应该是学术研究的优势，但可能是因为笔者个人学力有限，对于学术研究的驾驭能力还需要提高，尽管一直在尽力克服，但写作过程中似乎有些“玩物丧志”，过于沉湎于资料的消化与重述，在一定程度上导致个人分析和评述的不足，有限的个人观点更多体现在对文献的选择、消化与整理中。倘若这些文献能够使后来的研究者按图索骥，我当然十分乐意与读者分享。但显然，我自身在未来的继续学习和本书的修改完善中，还需要进一步处理好“论”与“述”的关系，能够在文献基础上，深入浅出，有所发现。

其他大大小小的缺陷，肯定还有不少。好在学术研究本身，就是不断以今日之我否定昨日之我的过程。在未来，笔者还会结合社会经济的转型和更进一步的研究，竭尽全力使得关于这个题目的研究日臻完善。当然也期待有更多同行能够对这个主题多加关注，大家共同探索破产法的浩渺星空。

七、术语说明

对于比较研究来说，处理内涵、外延均不尽统一的术语，确保比较研究能够在尽可能精确的语境下展开，始终是一个巨大的挑战。不同地域，可能用不同的术语，描述同一个问题或制度；反过来，同一个术语，在不同地域、不同语境，其内涵外延也可能大相径庭。本书概莫能外。在本书写作过程中，在处理十分烧脑的术语问题时，笔者饱受术语多元、混乱之苦。

为了让笔者因为术语本身所受的痛苦不再转嫁给读者，确保读者阅读过程尽量流畅清通，这里有必要就相关术语问题，做出说明如下：

第一，站在破产法的角度，按照我国内地读者的表达习惯和法定术语，对破产的主体通常称为“企业”、“破产企业”或“债务人企业”或者“破产企业”（debtor），对破产主体的员工，通常称为“职工”（worker）。而站在劳动法的角度，破产主体似乎应该称为“雇主”（employer），而破产企业员工则应该称为“雇员”（employee）。站在国际范围内来看，以国际劳工组织为代表，“劳工”（labour）似乎更符合国际惯例。尤其在涉及欧盟法和香港特别行政区相关法律时，“雇主/雇员组合”、劳资关系等，似乎更符合表达国际惯例，“破产企业/ 职工组合”则比较具有中国特色。但考虑到本书的主要对象是我国内地的读者，因此，为了确保阅读的流畅和表达的统一，在术语选择时，除香港特别行政区相关法律中译本确定用“雇主/雇员组合”外，除非特别唐突生硬，在涉及欧洲法和香港特别行政区法律时亦尽量统一为“破产企业／职工”。

第二，对于中文“破产”，在英文语境中既有 bankruptcy，也有 insolvency。从英文角度，尽管现代不同法域对这两个词的使用平分秋色，但如果吹毛求疵的话，这两个词有其区别。大部分英文文献，尤其是在涉及比较研究时，也都会比较详细地说明：一般来说，insolvency 更多意味着支付不能，除了会导致破产（insolvency）的效果之外，还会导致比如和解、清算、清盘、预警、预防性程序、接管以及恢复程序等。① 而在传统英国法语境下，bankruptcy 更多专属于商人，可以通过破产清算豁免债务、东山再起，而 insolvency 则属于劳苦大众，陷入支付不能境地需要进入债务人监狱。② 陷入术语辨析将会使本书过于卷帙浩繁。按照我国《企业破产法》的惯例和香港特别行政区《破产条例》，“破产”对应的是“bankruptcy”。而在欧洲法背景下，更多用 insolvency。因此，本书中所用的“破产”，可能是 bankruptcy，也可能是 insolvency，完全取决于比较的标本，在实质含义上并未刻意做区别。

第三，对于企业破产时所要保障的职工权属客体，坊间比较混乱，有权利（rights）、债权（claims）、利益（interests）等，不一而足，甚至还有其他各种词汇。本书统一用“权益”，既有“权利”（rights），也有“利益”（interests），只有在涉及破产程序中申报和表决事宜时，用职工债权。这种对于术语的统一，有可能会略微丧失英语文献的精确性。

---

① International Labour Office, *Protection of Workers' Claims in the Event of the Insolvency of Their Employer*, Report Ⅴ (1), fith item on the agenda, International Labour Conference 78th Session, 1991, p. 1, p. 6; Edward Yemin & Arturo S. Bronstein, *The Protection of Workers' Claims in the Event of the Employer's Insolvency*, Labour - Management Relation Series No. 76, International Labour Office, 1991, p. 5, p. 6; Janis Sarra, *Employee and Pension Claims During Company Insolvency: A Comparative Study of 62 Jurisdictions*, Thomson Canada Limited, 2008, p. 7.

② Ian P. H. Duffy, *Bankruptcy and Insolvency in London During the Industrial Revolution*, Garland Publishing, Inc., 1985.

第四，对于破产企业职工权益，坊间有时用“保护”（protection），有时用“保障”（guarantee）。在本书中，为了跟保障基金区分，通常意义上统一用“保护”，只有特指破产欠薪相关的保障基金或保障机构时，才用保障。

第五，对于欧盟相关法律，无论是可以在欧盟成员国直接适用的“规章”（regulation），还是需要在欧盟立法机构通过后，由各成员国在法定期限内转化成国内法的“指令”（directive），欧盟自身的法律命名方式、表述习惯等，因为时代变迁或通过机构变动，本身就体现出一定的差异性。在本书中，笔者在提及原法律文件时，均在首次出现时，在脚注中注明原标题及官方公报中所发表的信息；而在正文中，一般用《第 A/B 号指令》或《第 A/B 号规章》的方式来统一表述。这样的话，感兴趣的读者自然可以直接阅读原文，也能够避免因为法律文件名称超长而导致的正文冗赘。

第六，在英文中，就业相关的法律关系，既可以是劳动法（labour law），也可以是雇佣法（employment law）。在汉语中则多用劳动法、劳动合同等，很少用雇佣法。本书为统一起见，无论是劳动法还是雇佣法，都统称为劳动法、劳动关系、劳动合同等。

第七，对于破产欠薪保障机制，基本都是通过特定来源的经费，设立专门的基金，让破产企业职工通过该基金领取待付薪酬，并由基金代位进入破产程序，按照破产法规定的职工债权顺位获得清偿。对于这一机制，不同文献中各有侧重，有的地方强调其机构属性，称为“保障机构”（guarantee institution），而有的地方强调其基金属性，称为“保障基金”（guarantee fund）。在本书中，除非在确有必要直译的场合，受香港特别行政区破产欠薪保障基金模式启发，统一称为“破产欠薪保障基金”模式。

第八，对于欧盟主要机构，本书原则上以新华社通行译法为准。主要涉及：欧盟或欧洲联盟（European Union，EU）、欧洲议会（European Parliament）、欧洲理事会（European Council）、欧洲委员会（European Commission）、欧洲法院（Court of Justice of the European Union）等。

第一章

从绝对优先到相对优先：我国破产企业职工权益保护模式的嬗变

导　　语

在 1978 年改革开放之前，我国一直奉行计划经济体制，治理模式主要是政策和运动。改革开放之后，这种状况开始有所改变，经济层面逐渐开始从计划经济向商品经济、市场经济转型，法治化逐渐成为各界共识，并开始内化在社会的方方面面。在构建社会主义市场经济的过程中，立法机关颁布越来越多与市场有关的法律，逐步实现法制化；在这些法律中，破产法的出台和完善（以下分别称为 1986 年《企业破产法（试行）》和《企业破产法》）则是里程碑。而在这些法律实施过程中，破产的市场化、法治化，标志着全社会近四十年来的重要转型。

我国破产法在 20 世纪 80 年代的萌芽和发展，和国有企业在当时面临的严峻形势和改革举措紧密联系在一起。在整个 20 世纪 70 年代，我国国营工业企业的亏损比例最低时为 23.4%，最高时为 37.2%，长期以来维持在 1/4 以上的高位，甚至有接近一半以上的亏损企业历年亏损总额已经高于盈利总额，“国家办这些工厂的生产总成果竟然是个负数!”① 在缺乏破产法律机制的

① 曹思源：《谈谈企业破产法》，中国经济出版社 1986 年版，第 1 ~2 页。

情况下，财政补贴成为困境国营企业续命的唯一法宝。长时间下来，企业在财务困境的泥潭中越陷越深，而国家财政则压力重重；自 20 世纪 60 年代以来就屡用不爽的“关停并转”一而再、再而三被拿出来，这种路径依赖甚至成为 20 世纪 80 年代初期各界反对破产法的理由之一：“关停并转，大家早已熟悉，何必搞什么破产法呢?”① 而关停企业赖债成风，绝大部分早已进入资不抵债的境地，甚至部分地方政府通过行政手段帮助关停企业赖债、逃债、烂债、躲债，“金蝉脱壳”成为市场交易的常规操作。② 当 20 世纪 80 年初期，单纯的简政放权无力扭转国营企业的困境后，有识之士寄望于破产法，希望破产法能在国企改革中发挥重要的作用。

但破产法在中国的发展，仍然面临着许多障碍，其中之一便是职工安置问题。这里面既有意识形态的障碍，也有一些现实问题。首先，传统的社会主义意识形态，将没有破产视为社会主义制度优越性的体现之一。③ 社会主义理论家和宣传部门常常把破产当作资本主义社会的专利，是资本主义社会特有的现象。④ 由于这种认识，包括各级官员在内，人们普遍认为在社会主义中国，破产法既不必要，也无法接受。⑤ 其次，从经济层面来看，国有企业是社会主义经济的支柱，在我国国民经济中地位极其重要；⑥ 宪法规定的工人阶级是我国领导阶级，而国企职工就是工人阶级的核心代表，国有企业

① 曹思源：《谈谈企业破产法》，中国经济出版社 1986 年版，第 4 页。

② 曹思源：《谈谈企业破产法》，中国经济出版社 1986 年版，第 6～10 页。

③ Ta – kuang Chang, “The Making of the Chinese Bankruptcy Law: A Study in the Chinese Legislative Process”, 28 *Harv. Int'l. L. J.* 1987, p. 369.

④ Shirley S Cho, “Continuing Economic Reform in the People's Republic of China: Bankruptcy Legislation Leads the Way”, *Hastings International and Comparative Law Review*, 06/1996, Volume 19, Issue 4, p. 743.

⑤ Shirley S Cho, “Continuing Economic Reform in the People's Republic of China: Bankruptcy Legislation Leads the Way”, *Hastings International and Comparative Law Review*, 06/1996, Volume 19, Issue 4, p. 743.

⑥ 《宪法》第 6、7 条。

有责任向职工提供“铁饭碗”。[①] 在这种情况下，国有企业不仅提供绝大多数就业机会，而且还提供包括幼儿园、学校、医院等在内“从摇篮到坟墓”的各种附属的福利设施。[②] 有学者就指出，“虽然社会主义国家没有通过法律形式无条件保障就业，但保障就业一直是社会主义制度的显著特征之一”。[③] 在社会主义经济体制下，人们有两个根深蒂固的观点：一是国有企业不可能破产，二是国企职工不可能失业。这也进一步地意味着，国有企业保障就业与破产法促进国企破产之间，必然存在某些冲突；人们担心，放任国企破产，会动摇社会主义体制对就业保障的基本承诺。[④]

我国破产企业职工权益保障机制的构建，就是在这样的政治经济土壤和社会观念中奠基的。对于这一在当时足以左右我国破产法前途的历史事实，我们无须回避、毋庸粉饰，而应报以理解与同情，对于勇敢并成功突破这些樊篱的先驱们报以崇高的敬意，并在制度的进化中保持必要的反思。

本章试图论证的问题，就是为什么破产企业职工权益保护问题，在我国成为破产法起草和制度设计中朝野各方都十分关注的问题？在本章中，笔者将主要考察从1986年《企业破产法（试行）》颁布前后到时至今日近四十年

---

① Shirley S Cho，“Continuing Economic Reform in the People's Republic of China：Bankruptcy Legislation Leads the Way”，*Hastings International and Comparative Law Review*，06/1996，Volume 19，Issue 4，p. 743；p. 759.

在“铁饭碗”的劳动体制下，国有企业必须承担为职工提供各种福利的沉重负担，这极大地增加了国有企业的经营成本。学者Shirley S Cho将其称为“第22条军规”悖论：由于害怕失去自己的福利，职工不能抓住更好的就业机会；与此同时，企业则被向职工提供就业的社会责任所束缚，即使它的业务经营不需要这些职工。职工与企业（国有企业）相互之间都被束缚住了。参见：Shirley S Cho，“Continuing Economic Reform in the People's Republic of China：Bankruptcy Legislation Leads the Way”，*Hastings International and Comparative Law Review*，06/1996，Volume 19，Issue 4，p. 757。

② Deborah Kay Johns，“Reforming the State – enterprise Property Relationship in the People's Republic of China：the Corporatization of State – owned Enterprises”，16 *Mich. J. Int'l L.* 1994 – 1995，pp. 914 – 915.

③ Hilary K. Josephs，“Labor Reform in the Worker's State：The Chinese Experience”，2 *J. Chinese L.*，1988，p. 204.

④ Shirley S Cho，“Continuing Economic Reform in the People's Republic of China：Bankruptcy Legislation Leads the Way”，*Hastings International and Comparative Law Review*，06/1996，Volume 19，Issue 4，p. 744.

的时间里，企业职工权益保护问题如何影响我国破产法的制定，以及破产法在起草和制度设计中又是如何回应职工权益保护问题。首先，笔者将概述1986年《企业破产法（试行）》从起草到颁布过程中，职工权益保护问题在立法议程中占据的重要位置及其解决。其次，鉴于“政策性破产”是国有企业在1986年《企业破产法（试行）》框架外破产，而且其对职工保护发挥重要的作用，笔者将详细考察并评估“政策性破产”。最后，笔者将回顾从1994年开始起草《企业破产法》的近十多年时间里，各界是如何就破产企业中的职工保护问题展开讨论，并最终在《企业破产法》的制度设计中，达成某种一致。在这之后，笔者将对我国破产企业职工权益保护机制做一总结。

第一节　国企改革、破产警告与职工安置

一、国企改革与1986年《企业破产法（试行）》

我国的社会经济体制从1949年开始，就仿照苏联的计划经济体制，实现全盘苏化。在改革开放前近三十年时间里，整个国家主要通过政策治理，未能建立一套有效的法律制度，法治更是付之阙如。传统社会主义意识形态的经典观念之一，就是更多以“公家”名义出现的党和政府，有义务向国企职工提供一整套包括退休养老、工伤工残救助和医疗在内“从摇篮到坟墓”的社会福利。在很长一段时间内，社会福利制度将全部责任和负担都完全转移给国有企业和集体企业，以致在1984年开始讨论起草破产法时，社会保险制度仅剩下空壳。改革开放以后，由于国有企业的职工负担过重，垄断地位逐渐丧失，国有企业的业绩越来越差，大量的国有企业已经陷入技术性破产的境地。[①] 例如，在1984年年初一份官方报告确认，全国范围内至少20% ~

① Ronald Winston Harmer, “Insolvency Law and Reform in the People’s Republic of China”, 64 *Fordham L. Rev.* 1996, p. 2565.

25%的国有企业存在亏损；而在地方，某城市中有73%的国有企业，至少连续6年持续亏损。[①] 对于当时的国有企业来说，长时间处于亏损低效是常态。

在当时，对于陷入财务困境中的国有企业，通常有两种处理方法：一种是通过国家财政为亏损企业提供补贴，这将耗费数额不菲的财政预算，并给财政带来沉重的负担。[②] 另一种则是采取行政措施，通过关、停、并、转来处置处于财务困境的国有企业，这会默许甚至鼓励国有企业管理人员和职工人浮于事，——他们在造成企业经营亏损的同时，却依然可以享受高额的工资、奖金和其他福利。[③] 这两条措施的缺陷是显而易见的，国有企业的困境未见好转，严峻状况反而日甚一日。

随着改革开放的深入，如何让这些处于财务困境中的国有企业扭亏为盈，成为摆在决策者案头的重要问题。在一定程度上来说，问题形成“鸡生蛋、蛋生鸡”的死结：为了保持社会稳定，国有企业应尽可能保留更多就业岗位，但国有企业想要提高竞争力，必须要裁汰冗员、减轻负担；而反过来，安置下岗职工需要大量经费，这对于陷入财务困境的国有企业来说，更是雪上加霜。解决这种困境的唯一办法，就是让那些陷入严重困难的国有企业破产，由此彻底退出市场。因此，破产法的立法，就成为改革开放初期最紧迫的任务之一。[④]

20世纪80年代的国有企业改革，可以分为两步：第一步是20世纪80年代初期，政府为改善国有企业的业绩，在行政命令完全主导产出、投入与产品分配的制度框架中，采取某些试点措施，简政放权，允许国有企业有一定

---

① Henry R. Zheng, “Bankruptcy Law of the People’s Republic of China: Principle, Procedure and Practice”, Vol. 19, *Vand. J. Transnat’l L.*, (1986), p. 685.

② Shirley S Cho, “Continuing Economic Reform in the People’s Republic of China: Bankruptcy Legislation Leads the Way”, *Hastings International and Comparative Law Review*, 06/1996, Volume 19, Issue 4, p. 740.

③ Henry R. Zheng, “Bankruptcy Law of the People’s Republic of China: Principle, Procedure and Practice”, Vol. 19, *Vand. J. Transnat’l L.*, (1986), pp. 685 – 686.

④ Henry R. Zheng, “Bankruptcy Law of the People’s Republic of China: Principle, Procedure and Practice”, Vol. 19, *Vand. J. Transnat’l L.*, (1986), p. 685.

的经营自主权和利润分配权。但这一步对于扭转国有企业的经营困境，并未发挥明显作用。所以从1984年开始，国有企业改革开始启动第二步，焦点集中在价格双轨制和企业承包制两个创新基础上，逐步引入市场竞争机制。[①]起草《企业破产法》，则是第二步改革中的引入市场竞争机制的另一个重大举措，给困境企业预留制度出口的重大举措。

二、20世纪80年代破产法起草与职工保护争议

对于1986年《企业破产法（试行）》的起草背景和整个过程，已有不少文献做了全方位的介绍，此处不赘。[②] 这里拟聚焦于破产企业职工保护问题1986年《企业破产法（试行）》的起草中的争议，来论证早期破产法发展史上职工权益保护问题所占据的主导性地位。

尽管各界对国有企业困境有目共睹，但对于国有企业改革是否有必要引入破产法，则众说纷纭。在这场争论中，代表性的反对意见之一，就是制定破产法的"配套条件"还不充分，他们担心在国有企业宣告破产之后出现失业问题。曹思源回忆，他当年之所以在推广破产时，先习惯性为后续的职工失业问题想好对策，就是因为在早期围绕破产法所展开的相关交流中，公众对职工问题的关注远多于对国有企业破产本身的关注。[③] 另外，破产法的起草还是受到某些持传统社会主义观点的人的抵制，他们认为破产的概念，会损害职工的优厚福利，会破坏城市里充分就业，最终会动摇人们对社会主义的信念。[④] 显而易见，在我国建立破产制度过程中，如何安置破产国有企业

---

① Gary H. Jefferson and Thomas G. Rawski, "Enterprise Reform in Chinese Industry", *Journal of Economic Perspectives*, Vol. 8, No. 2, Spring 1994, pp. 50 – 51.

② 中文可参见曹思源：《谈谈企业破产法》，中国经济出版社1986年版，第12～23页；曹思源：《企业破产法指南》，经济管理出版社1988年版，第45～61页；曹思源：《破产风云》，中央编译出版社1996年版，第12～169页。英文文献参见：Henry R. Zheng, "Bankruptcy Law of the People's Republic of China: Principle, Procedure and Practice", Vol. 19, *Vand. J. Transnat'l L.*, (1986), pp. 685 – 699; Ta – kuang Chang, "The Making of the Chinese Bankruptcy Law: A Study in the Chinese Legislative Process", 28 *Harv. Int'l. L. J.* 1987, pp. 336 – 354.

③ 曹思源：《破产风云》，中央编译出版社1996年版，第7～8页。

④ Ta – kuang Chang, "The Making of the Chinese Bankruptcy Law: A Study in the Chinese Legislative Process", 28 *Harv. Int'l. L. J.* 1987, p. 368.

的职工，妥善保护破产企业职工权益，是立法者必须要面对并回应的重大问题之一。①

理论层面的探索，早已启动。曹思源在 20 世纪 80 年代即在对我国国情深入思考的基础上，考虑通过保险公司来筹措善后基金。② 而 1986 年全国人大常委会法工委组成的调查团在沈阳、天津、上海等地就破产法问题开展调研时，专门就破产法相关问题做了调查问卷，其中 20 个问题中，有 5 个问题和职工问题直接相关，分别涉及企业破产后职工待业、企业干部待业、待业救济金发放标准、企业缴纳职工待业保险金办法以及破产制度实施后职工会不会更加关心企业命运和行使民主管理的权利等。③

曹思源在《破产风云》中收录的几段调研笔记，很能反映当时普遍的观念。在上海调研时，与会者发言中介绍了有关职工善后处理问题的三种观念：第一，有人认为破产法只是用于威慑，不会动真的，“社会主义人人有饭吃，人人有工作做，这是无条件的，不会改变的。因此破产法实行不实行都无所谓”；第二，个别头脑活络、技术娴熟或者有一技之长的工人，反而希望企业破产，进而能够名正言顺摆脱企业，另攀高枝；第三，大多数工人对破产法很反感：“有的工人发牢骚说，改革就是对工人不利，反应十分强烈。其中有的人提出：破产法是违宪的、是违反社会主义制度的，搞破产法就是搞资本主义。有的人指出：宪法规定劳动者有劳动的权利，社会主义社会无失业，生老病死有靠山。”“有的工人说，试行破产法，受害最深的是工人。”④ 而在重庆调研时，也有职工表示，“我们工人就是上班做事，拿钱吃饭，今天中央来了解破产法如何实施好，具体条文我们也没有见过，我们工人都是为企业出过力、为社会做过贡献的，若破了我们的饭碗，就把工人整得太狠

---

① Henry R. Zheng, “Bankruptcy Law of the People’s Republic of China: Principle, Procedure and Practice”, Vol. 19, *Vand. J. Transnat’l L.*, (1986), pp. 712 – 713.

② 曹思源：《破产风云》，中央编译出版社 1996 年版，第 42 页。

③ 曹思源：《破产风云》，中央编译出版社 1996 年版，第 53 ~ 58 页。

④ 曹思源：《破产风云》，中央编译出版社 1996 年版，第 115 ~ 116 页。

了”。[①] 全国人大常委会官方的调查报告，也特别提及：“现在企业职工对去年工资套改意见不少，情绪不够稳定。近期内，有关国营企业实行劳动合同制、辞退职工等劳动制度改革的几个暂时规定将要出台，也可能会在职工中引起思想波动。现在职工对企业破产、待业、失业缺乏思想准备，在这次调查中，基层干部、工会干部和一些工人对草案中企业破产后‘对职工的善后措施’和‘罚则’两章反映强烈。在这种情况下，许多同志建议：对破产法出台的时机也要慎重考虑。”[②]

对于破产法的支持者来说，如何在立法层面对上述争议做出合理解释和必要反驳，打消立法者的忧疑，是确保立法进程顺利通过的攻坚战。对于上述质疑，包括曹思源在内的破产法支持者，精心准备了反击破产法反对者的“锦囊妙计”。[③] 这里的“锦囊妙计”之一，就是在早期的草案中，设专章规范破产企业职工安置问题。[④] 在通常情况下，破产企业职工安置绝非破产法的核心任务，在一部简短的立法中用一整章内容来规范破产企业职工安置问题，更是闻所未闻；但在当时的情况下，破产企业职工安置问题不解决，破产法不可能顺利通过。为了破产法能够顺利通过，就不得不适当牺牲破产法体系的纯粹性了。而且在1986年《企业破产法（试行）》通过前，这个策略都被继承下来了。[⑤]

但是，上述策略并不足以完全打消起草破产法反对者的质疑。从1985年开始，国务院逐步采取“围魏救赵”的新策略，即在破产法之外单独通过行政法规规范破产企业职工安置问题，把破产企业职工安置和破产法立法剥离

① 曹思源：《破产风云》，中央编译出版社1996年版，第122页。

② 全国人大常委会法工委《企业破产法（草案）》调查组：《关于〈企业破产法（草案）〉的调查报告》，1986年6月。转引自曹思源：《破产风云》，中央编译出版社1996年版，第126页。

③ Ta－kuang Chang, The Making of the Chinese Bankruptcy Law: A Study in the Chinese Legislative Process, 28 *Harv. Int'l. L. J.* 1987, pp. 369－370.

④ Henry R. Zheng, “Bankruptcy Law of the People's Republic of China: Principle, Procedure and Practice”, Vol. 19, *Vand. J. Transnat'l L.*, (1986), pp. 712－713.

⑤ Ta－kuang Chang, “The Making of the Chinese Bankruptcy Law: A Study in the Chinese Legislative Process”, 28 *Harv. Int'l. L. J.* 1987, p. 369.

开来，避免互相绑架和影响。1986年国务院启动一整套涉及企业职工的改革方案：引入合同用工制，取代国有企业的固定工制度；建立失业保险制度，为破产国有企业的职工提供基本生活保障；建立各种机构和网络，帮助下岗职工再就业。[①] 1986年7月12日，国务院颁布下列4部法规：（1）《国营企业实行劳动合同制的暂行规定》；（2）《国营企业招用工人暂行规定》；（3）《国营企业辞退违纪职工暂行规定》；（4）《国营企业职工待业保险暂行规定》。一年后，为建立处理劳动合同争议和解雇纠纷的争议解决平台，国务院颁布《国营企业劳动争议处理暂行规定》。[②] 这些法规的目的是巩固正在进行的关于国有企业聘用和解雇职工的用工制度改革。这些法规的颁布，逐步建立了实施破产法的基本环境，极大地消解反对破产法的声音。[③]

1986年《企业破产法（试行）》之所以能够在并不乐观的氛围中最终突围，是多方面因素共同作用的结果。显而易见，立法进程背后的运筹帷幄、关键时刻时任中央领导人的明确表态和强力支持以及《国营企业职工待业保险暂行规定》的颁布，都起了十分重要的作用。甚至回溯破产法的立法史，如果不是在1986年12月2日第六届全国人大第十八次常务委员会上通过，往后受各种因素的影响，按照常理1986年《企业破产法（试行）》通不过的概率将大大增加。[④]

三、《国营企业职工待业保险暂行规定》的出台

破产企业职工的出路问题，一直是20世纪80年代起草《企业破产法》过程中各方博弈的焦点。这个问题如果不能有效解决，不仅国企改革难见起色，破产法的通过也将无限期推迟。因此，无论是从回应社会关切还是从解

---

① Henry R. Zheng, "Bankruptcy Law of the People's Republic of China: Principle, Procedure and Practice", Vol. 19, *Vand. J. Transnat'l L.*, (1986), p. 691.

② See at: Hilary K. Josephs, "Labor Reform in the Worker's State: The Chinese Experience", 2 *J. Chinese L.*, 1988, pp. 229–230.

③ Henry R. Zheng, "Bankruptcy Law of the People's Republic of China: Principle, Procedure and Practice", Vol. 19, *Vand. J. Transnat'l L.*, (1986), pp. 690–694.

④ 曹思源：《破产风云》，中央编译出版社1996年版，第132～136页、第170～171页。

决问题的角度，破产企业职工安置问题，必须要有明确的解决办法。当时最终的解决方案，不是在1986年《企业破产法（试行）》中专设一章，而是由行政机构另行起草行政法规。这种配套改革思路明显的好处，是保持破产法的纯粹性，“让破产的归破产”，而把非破产法直接相关的问题，通过行政规范和社会层面的多方协调而解决。

1986年《国营企业职工待业保险暂行规定》为我们研究破产法起草背景下破产企业职工权益保护问题，尤其理解职工权益保护问题如何左右破产法起草的大局，提供了非常重要的标本。[①] 1986年8月第六届全国人大第十七次常务委员会召开之前，反对破产法的声音甚嚣尘上，破产法的支持者们急需启动配套改革，回击质疑，扫清破产法审议中的障碍。[②] 这部法规的颁布，确实达到了消解反对声音的预期。

《国营企业职工待业保险暂行规定》分为5节，共16条。根据该法规的表述，这部法规的目的是“适应劳动制度改革的需要，促进劳动力合理流动，保障国营企业职工在待业期间的基本生活需要”。[③] 按照该规定，待业保险基金将通过如下三个渠道筹集：（1）每个企业按照其所有职工标准工资总额的1%，缴纳待业保险基金；（2）待业保险基金存入银行后产生的利息；（3）地方财政的专项补贴。[④]

《国营企业职工待业保险暂行规定》的“破产”背景十分明显。这项行政规范出台的目的之一，就是为了从如下几个角度，尽可能解决国有企业破产后的职工安置问题。

首先，《国营企业职工待业保险暂行规定》所列举适用该规定的4类职工，而其中两类职工，与国有企业破产密切相关：“（一）宣告破产的企业的

① Henry R. Zheng, “Bankruptcy Law of the People’s Republic of China: Principle, Procedure and Practice”, Vol. 19, *Vand. J. Transnat’l L.*, (1986), pp. 713 – 714.

② Ta – kuang Chang, “The Making of the Chinese Bankruptcy Law: A Study in the Chinese Legislative Process”, 28 *Harv. Int’l. L. J.* 1987, p. 355.

③ 1986年《国营企业职工待业保险暂行规定》第1条。

④ 1986年《国营企业职工待业保险暂行规定》第3条。

职工；（二）濒临破产的企业法定整顿期间被精减的职工。”① 当然，该法规也适用于企业终止、解除劳动合同的工人和企业辞退的职工，② 但在当时的用工体制下，被企业终止、解除劳动合同的工人和被企业辞退的职工显然并不是最受《国营企业职工待业保险暂行规定》关注的群体。

其次，在该基金的7项支出中，其中有3项支出与国有企业破产直接相关：“（一）宣告破产的企业职工和濒临破产的企业法定整顿期间被精减的职工，在待业期间的待业救济金；（二）宣告破产的企业职工和濒临破产的企业法定整顿期间被精减的职工，在待业期间的医疗费、死亡丧葬补助费、供养直系亲属抚恤费、救济费；（三）宣告破产的企业离休、退休职工和濒临破产的企业法定整顿期间被精减而又符合离休、退休条件职工的离休、退休金。”③

再次，它规定按月领取的3类待业救济金，也是和破产企业职工有关的。它按照职工工龄，将由于企业破产或者企业重组而被精减的职工分为两类（见表2）：④

表2　1986年《国营企业职工待业保险暂行规定》待业保险救济金比例

职工工龄	最多月份数（月）	1～12个月	13～24个月
5年以上	24	60%～75%	50%
不足5年	12	60%～75%	—

最后，它规定破产企业或者濒临破产的企业在法定整顿期间被精减的职工，如果符合离、退休条件，他们的离、退休金按照下列办法支付：“（一）在社会保障制度建立前，已实行退休金社会统筹的地区，按照统筹办

① 1986年《国营企业职工待业保险暂行规定》第2条。
② 1986年《国营企业职工待业保险暂行规定》第2条。
③ 1986年《国营企业职工待业保险暂行规定》第6条。
④ 1986年《国营企业职工待业保险暂行规定》第7（1）条。

法办理；未实行退休金社会统筹的地区，暂在待业保险基金中按照原规定的标准支付。（二）距法定离休、退休年龄不足五年的职工，在待业期间符合离休、退休条件的，其离休、退休待遇按本条（一）项规定办理。已享受离休、退休待遇的，不再领取待业救济金。”①

四、1986年《企业破产法（试行）》所确立的破产优先权模式

（一）1986年《企业破产法（试行）》中的职工权益条款

1. 讨论过程

《国营企业职工待业保险暂行规定》颁布后，1986年8月的六届全国人大常务委员会会议继续审议《企业破产法（试行）》草案。破产法的支持者们宣称，鉴于国务院已颁布《国营企业职工待业保险暂行规定》处理职工待业保险问题，草案中关于失业救济的整章应当予以删除。②

这种主张被破产法的反对者接纳。一方面，破产企业职工安置有了明确规范，破产法的支持者已经做出大幅度让步；另一方面，有了《国营企业职工待业保险暂行规定》，破产国有企业职工权益保护问题固然依旧重要，但已不足以成为反对甚至阻挠破产法通过的理由。③

双方妥协的最终结果，便是在即将通过的破产法草案中，用一个宣示性条款，来取代先前草案中有关职工权益保障的所有内容。④

当然，对于该宣示性条文的措辞，相关各方仍然有激烈争论。全国人大常委会法制工作委员会向第六届全国人大第十七次常务委员会建议的措辞是：“在破产企业职工再就业之前，国家将适当处理他们的生活救济问题；具体措施由国务院另行规定。”后来的讨论中，该条款被修订，增加国家还应

---

① 1986年《国营企业职工待业保险暂行规定》第8条。

② Ta－kuang Chang, The Making of the Chinese Bankruptcy Law: A Study in the Chinese Legislative Process, 28 *Harv. Int'l. L. J.* 1987, p. 369.

③ Henry R. Zheng, "Bankruptcy Law of the People's Republic of China: Principle, Procedure and Practice", Vol. 19, *Vand. J. Transnat'l L.*, (1986), p. 713.

④ Ta－kuang Chang, "The Making of the Chinese Bankruptcy Law: A Study in the Chinese Legislative Process", 28 *Harv. Int'l. L. J.* 1987, p. 369.

“保证下岗职工的基本生活费用”的内容，但这仍然不是最终的版本。在1986年11月第六届全国人大第十八次常务委员会会议上，这个表述进一步修改为：“国家通过各种途径妥善安排破产企业职工重新就业，并保障他们重新就业前的基本生活需要，具体办法由国务院另行规定。”① 这个表述被1986年企业破产法的最终文本所采纳。② 1986年《企业破产法（试行）》中关于国有企业破产的职工保护条款的最终文本，被认为是破产法反对者“代价惨重的胜利”。③

2. 绝对优先模式的确立

1986年《企业破产法（试行）》对破产企业职工权益保障的模式，从此时开始即确立“绝对优先”的模式。这种模式体现在两个方面：

一方面，在不同条款对破产企业职工权益问题，做出多次宣示性或优待性的规定。比如，前引条款中特别明确国家对破产企业职工的安置和救济义务，“国家通过各种途径妥善安排破产企业职工重新就业，并保障他们重新就业前的基本生活需要，具体办法由国务院另行规定”。④ 再如，在有关整顿方案的讨论中，特别强调了职工代表的参与，“企业的整顿由其上级主管部门负责主持。企业整顿方案应当经过企业职工代表大会讨论。企业整顿的情况应当向企业职工代表大会报告，并听取意见。企业整顿的情况应当定期向债权人会议报告。”⑤ 这里既强调了国家安置破产企业职工的义务，同时也确保了企业职工代表大会的知情权、参与权。

另一方面，在清偿顺位中，1986年《企业破产法（试行）》规定：“破产财产优先拨付破产费用后，按照下列顺序清偿：（一）破产企业所欠职工工资和劳动保险费用；（二）破产企业所欠税款；（三）破产债权。破产财产

---

① Ta－kuang Chang，“The Making of the Chinese Bankruptcy Law：A Study in the Chinese Legislative Process”，28 *Harv. Int'l. L. J.* 1987，pp. 369－370.

② 1986年《企业破产法（试行）》第4条。

③ Ta－kuang Chang，“The Making of the Chinese Bankruptcy Law：A Study in the Chinese Legislative Process”，28 *Harv. Int'l. L. J.* 1987，p. 370.

④ 1986年《企业破产法（试行）》第4条。

⑤ 1986年《企业破产法（试行）》第20条。

不足清偿同一顺序的清偿要求的，按照比例分配。”[①] 该条文将破产企业职工的权益置于优先于破产企业所欠税款的位置，考虑到这是中华人民共和国历史上首次起草破产法，税收机构又是我国政府体系中的强势部门，可以说这是一个非常来之不易的安排。后来，谈到我国国有企业破产机制中对职工的特殊保护，学者 Emily Lee 与 Karen Ho 曾评论说：

在像中国这样的转型国家，保留这种有限的例外是无可非议的，事实上也是必要的，——在尚未建立起适当的破产基金、全国性的社会保险和完善的社会福利制度前，这种做法能够极大地消除阻力。在破产法制定过程中，那些赞成职工的债权绝对优先于担保债权的观点，和强调向担保债权提供优先权的观点针锋相对，互不相让，成为破产法通过的最大阻力。虽然向职工债权提供优先保护与关于职工保护的国际条约是一致的，但是企业破产法中的这种规定，对中国工人阶级是一项激励，因为工人在企业—职工关系中，常常是容易受到伤害的一方。他们缺少谈判实力，无法为在合同中规定对工资或薪金的保护进行谈判。毕竟职工和企业之间的关系是“雇佣”关系，而非“债权人—债务人”关系；因此，他们的地位决定了他们很难事先了解企业的财务状况和评估破产风险。[②]

（二）1991 年《民事诉讼法》中的职工权益条款

1986 年《企业破产法（试行）》通过后，并未立即生效；其生效条款规定，需要在《全民所有制工业企业法》实施满三个月后才开始实施。[③] 尽管在当时的经济发展阶段，处理非国有企业的破产也是一个急需解决的问题，但 1986 年《企业破产法（试行）》，仅适用于处理国有企业的破产。[④] 处理非国有企业破产的难题，得留待之后的法律解决。

---

① 1986 年《企业破产法（试行）》第 37 条。

② Emily Lee & Karen Ho, “China’s New Enterprise Bankruptcy Law: A Great Leap Forward, but Just How Far?” *Int. Insolv. Rev.*, Vol. 19, (2010), pp. 170 – 171.

③ 1986 年《企业破产法（试行）》第 43 条。

④ 1986 年《企业破产法（试行）》第 2 条。

这个问题在1991年取得进展。1991年通过的《民事诉讼法》中，插入第19章（共8个条款）“企业法人破产还债程序”，专门规范非国有企业的破产。在确保担保债权优先受偿并拨付破产费用后，[①] 该法在立法中沿袭1986年《企业破产法（试行）》中确定的对于破产企业职工安置问题的优先保护模式，就债权实现顺序规定如下：“破产财产优先拨付破产费用后，按照下列顺序清偿：（一）破产企业所欠职工工资和劳动保险费用；（二）破产企业所欠税款；（三）破产债权。”[②]

（三）1991年《司法解释》中的职工权益条款

在我国，由于立法条文比较宽泛笼统，最高人民法院发布的司法解释和通知，对填补立法空白常常发挥着重要作用，破产法亦概莫能外。1991年11月17日，最高人民法院发布第一个1986年《企业破产法（试行）》的司法解释，其中特别重申对职工的保护问题。在该解释中，最高人民法院明确破产程序中职工的知情权，规定“人民法院受理破产案件后，应向企业全体职工发布公告，要求他们保护好企业财产，不得非法处理企业的账册、文书、资料和印章，不得隐匿、私分、无偿转让、非正常压价出售企业的财产”。[③]

（四）2002年《司法解释》中对职工权益保障的细化

在整个20世纪90年代中后期，国企改革的主要方向是推行“政策性破产”。对于其中与职工相关内容，笔者将在下文分析。

2002年7月30日，最高人民法院发布其关于1986年《企业破产法（试行）》和1991年《民事诉讼法》破产章节的第二个司法解释，即最高人民法院《关于审理企业破产案件若干问题的规定》（以下简称2002年《司法解释》）。该解释共有106条，已远远多于1986年《企业破产法（试行）》和1991年《民事诉讼法》破产章节的条文。

---

① 1991年《民事诉讼法》第203条。

② 1991年《民事诉讼法》第204条。

③ 最高人民法院《关于贯彻执行〈中华人民共和国企业破产法（试行）〉若干问题的意见》（法（经）发〔1991〕35号，颁布、实施日期：1991年11月17日）第22条。

在2002年《司法解释》中，职工权益保护问题曾被多次提及。该2002年《司法解释》在规范破产申请与受理要件时，即明确规定，“企业职工情况和安置预案”是债务人向人民法院提交破产申请时的必备材料之一。①

关于破产企业职工的破产债权，2002年《司法解释》进一步细化。该解释提出，如果破产企业要解除劳动合同，相关职工可以依据劳动合同主张补偿金，并按照1986年《企业破产法（试行）》第37条第2款第1项规定的顺位受偿。② 非正式职工（含短期劳动工）的劳动报酬与正式职工享有同样的待遇，第36条规定同样适用。③ 而对于破产企业所欠职工集资款，2002年《司法解释》规定，1986年《企业破产法（试行）》第37条第2款第1项规定的顺位依然适用，但“对违反法律规定的高额利息部分不予保护”，同时该解释还明确，“职工向企业的投资，不属于破产债权”。④ 整体来看，这些解释确认并重申了1986年《企业破产法（试行）》第37条赋予职工债权的第一优先顺位，而将其范围则扩大到因企业破产解除劳动合同应向职工支付的离职补偿金、债务人所欠非正式职工（含短期劳动工）的劳动报酬以及债务人所欠企业职工集资款（不含高额利息部分）。⑤

2002年《司法解释》还进一步规定：“破产企业的职工住房，已经签订合同、交付房款，进行房改给个人的，不属于破产财产。未进行房改的，可由清算组向有关部门申请办理房改事项，向职工出售。按照国家规定不具备

---

① 最高人民法院《关于审理企业破产案件若干问题的规定》（2002年7月30日公布，2002年9月1日施行）第6（4）条。

② 最高人民法院《关于审理企业破产案件若干问题的规定》（2002年7月30日公布，2002年9月1日施行）第56条。

③ 最高人民法院《关于审理企业破产案件若干问题的规定》（2002年7月30日公布，2002年9月1日施行）第57条。

④ 最高人民法院《关于审理企业破产案件若干问题的规定》（2002年7月30日公布，2002年9月1日施行）第58条。

⑤ Charles D. Booth, “Drafting Bankruptcy Laws in Socialist Market Economies: Recent Developments in China and Vietnam”, Vol. 18, *Colum. J. Asian. L.*, 2004, p. 139.

房改条件，或者职工在房改中不购买住房的，由清算组根据实际情况处理。”① 与职工利益紧密相关的幼儿园、学校、医院等公益福利性设施，2002年《司法解释》则明确将“按国家有关规定处理，不作为破产财产分配”。②另外，该解释还明确，“清算期间职工生活费、医疗费可以从破产财产中优先拨付”。③

在为破产财产分配而编订的破产财产分配方案中，2002年《司法解释》明确列举了应包括的内容。其中有一项明确要求，“债权清偿顺序、各顺序的种类与数额，包括破产企业所欠职工工资、劳动保险费用和破产企业所欠税款的数额和计算依据，纳入国家计划调整的企业破产，还应当说明职工安置费的数额和计算依据”。④

上文对职工权益保护问题在1986年《企业破产法（试行）》的制定过程中所受到的关注，及其实施中相关司法解释、司法通知对此问题的逐步细化，做了简要回顾。

显而易见，职工权益保护问题成为1986年《企业破产法（试行）》起草、讨论中的焦点性问题，一度左右甚至阻挠了该法律的起草进程。相关行政法规的颁布，在一定程度上打消了破产法反对者的顾虑，因而职工权益保护在1986年《企业破产法（试行）》中的篇幅大幅度压缩。

在1986年《企业破产法（试行）》及1991年《民事诉讼法》破产章节的“双轨破产”体系下，职工权益保障问题在司法实践中依旧很突出；而随着1994年中央政府开始启动“政策性破产”，国有企业下岗职工的安置成为整个社会必须要面对的重要议题。这些内容将在下一节详细分析。

① 最高人民法院《关于审理企业破产案件若干问题的规定》（2002年7月30日公布，2002年9月1日施行）第81条。

② 最高人民法院《关于审理企业破产案件若干问题的规定》（2002年7月30日公布，2002年9月1日施行）第82条。

③ 最高人民法院《关于审理企业破产案件若干问题的规定》（2002年7月30日公布，2002年9月1日施行）第90条。

④ 最高人民法院《关于审理企业破产案件若干问题的规定》（2002年7月30日公布，2002年9月1日施行）第93（2）条。

第二节 “政策性破产”的历史经验与下岗职工安置

一、国企改革、战略性重组与下岗职工

国有企业改革问题，并未能够一蹴而就全部解决。20 世纪 90 年代，建立现代企业制度成为国企改革的主要方向。从 1992 年起，随着国有企业改革的深化，大量国有企业已经濒于破产。尤其是随着国有企业破产数量的上升，破产企业中职工权益保护问题牵涉面广、社会影响面大，如何妥善解决下岗职工问题、促进下岗职工再就业，成为地方党政议程中的头号任务。

1986 年《企业破产法（试行）》确定的破产法律体系，在实践中发挥了一定的作用，但跟市场需求相比似乎还不完全够用。1986 年《企业破产法（试行）》的实施和就业政策的大幅度改革，似乎未能实现预期的目标。陷入财务困境的国有企业仍然举步维艰，效益不好、竞争力差。据披露，1993 年至少有 3% 的 GDP 用于补贴国有企业，导致国家财政出现 60% 的赤字。[①] 无论是地方政府、银行和国有企业自身，对严格实施 1986 年《企业破产法（试行）》都缺乏意愿和动力。[②] 尤其是从地方政府的角度，他们不见得担忧破产本身，但对于实施 1986 年《企业破产法（试行）》之后所导致的失业问题，却闻之色变。20 世纪 80 年代在劳动合同、招聘、解雇和社会保险 4 项改革中，传统的终身聘用制已基本瓦解，对就业体制产生重大影响。[③] 由此，尽管分配制度仍在发挥作用，但地方政府对人事政策的绝对主导权已越来越

---

① Shirley S Cho, “Continuing Economic Reform in the People’s Republic of China: Bankruptcy Legislation Leads the Way”, *Hastings International and Comparative Law Review*, 06/1996, Volume 19, Issue 4, p. 740.

② Shirley S Cho, “Continuing Economic Reform in the People’s Republic of China: Bankruptcy Legislation Leads the Way”, *Hastings International and Comparative Law Review*, 06/1996, Volume 19, Issue 4, pp. 751 –753.

③ John Benson &Ying Zhu, “Markets, Firms and Workers in Chinese State – owned Enterprises”, *Human Resource Management Journal*, 11/1999, Volume 9, Issue 4, p. 59.

弱，传统分配政策下国有企业实际需要和工人技能之间的不匹配被广为诟病。[①] 如果严格执行1986年《企业破产法（试行）》，国有企业破产潮，势必将带来难以控制的失业潮。这对于财政捉襟见肘的地方政府来说，无疑是雪上加霜。[②] 而从职工的角度，他们也不愿意坐视国有企业的破产。如果国有企业破产，他们的生活也将立刻陷入困境；除失去工作外，在未来他们还将可能失去住房、养老、医疗和奖金等所有相关福利。[③] 在各种因素的共同作用下，既有的改革措施及对1986年《企业破产法（试行）》的消极实施，完全无法挽救已病入膏肓的国有企业。甚至可以说，1986年《企业破产法（试行）》未能完全完成国企改革的重任。

从20世纪90年代初期开始，国有企业的改革重点已经从人事制度和经营权力的调整，深化到产权结构改革。[④] 下文将要详细评析1994年开始国务院对于政策性破产的试点和1997年进一步扩大试点，这些试点工作为国有企业改革策略的转型奠定重要基础，最终也在1997年召开的中共中央第十五次全国代表大会上得到全面肯定。

1997年秋，中共十五大报告宣布，要以建立现代企业制度作为国企改革的基本方向，要按照“产权清晰、权责明确、政企分开、管理科学”的要求，对国有大中型企业实行公司制改革，使企业成为适应市场的法人实体和竞争主体。在这一改革思想的促进下，中共中央决定对处于财务困境的国有企业“抓大放小”，把国企改革同改组、改造及加强管理结合起来。十五大报告提出，“要着眼于搞好整个国有经济，抓好大的，放活小的，对国有企业实施战略性改组。以资本为纽带，通过市场形成具有较强竞争力的跨地区、

① John Benson &Ying Zhu, “Markets, Firms and Workers in Chinese State - owned Enterprises”, *Human Resource Management Journal*, 11/1999, Volume 9, Issue 4, p. 58.

② Mark E. Monfort, “Reform of the State - Owned Enterprise and the Bankruptcy Law in the People's Republic of China”, 22 *Okla. City. U. L. Rev*, 1997, p. 1100.

③ Mark E. Monfort, “Reform of the State - Owned Enterprise and the Bankruptcy Law in the People's Republic of China”, 22 *Okla. City. U. L. Rev*, 1997, p. 1101; p. 1105.

④ John Benson &Ying Zhu, “Markets, Firms and Workers in Chinese State - owned Enterprises”, *Human Resource Management Journal*, 11/1999, Volume 9, Issue 4, p. 59.

跨行业、跨所有制和跨国经营的大企业集团。采取改组、联合、兼并、租赁、承包经营和股份合作制、出售等形式，加快放开搞活国有小型企业的步伐”，“实行鼓励兼并、规范破产、下岗分流、减员增效和再就业工程，形成企业优胜劣汰的竞争机制”。

对于这种战略性改组可能出现的失业潮，决策者有充分心理准备。中共十五大报告指出，“随着企业改革深化、技术进步和经济结构调整，人员流动和职工下岗是难以避免的。这会给一部分职工带来暂时的困难，但从根本上说，有利于经济发展，符合工人阶级的长远利益”。由此可见，中共中央把“再就业工程”列入成为各级地方党委和政府的头号议程。在所有权结构改变之后，那些引入部分非国有产权的国有企业，也获得了更大的自主权。在各级政府的支持下，这些国有企业开始大规模裁汰冗员，精减职工。①

在这一轮国有企业改革过程中，决策者先行试点，指定 18 个城市的企业尝试优化资本结构，组建 56 个企业集团和 3 家全国性控股公司，并指定各省、自治区和直辖市的 2000 家企业尝试建立现代企业制度。② 根据这项政策，销售收入和资产合计超过一定规模的企业，将继续获得政府的支持，不符合条件的国有企业将被关闭。③

对职工来说，国有企业战略性重组产生两方面的影响：一方面，经营状况良好的国有企业，需要招聘更多具有高技能的工人，同时解雇一些没有技能的工人；另一方面，陷入财务困境的国有企业，则可能被出售、宣告破产并关闭。④ 在操作层面，根据这项新政策，纺织、机械、冶金、石化、建材、烟草、有色金属、电子和医药等陷入困境的传统行业，将会裁员、破产和兼

---

① Joe C. B. Leung, “Social Security Reforms in China: Issues and Prospects”, *International Journal of Social Welfare*, Volume 12, Issue 2, April 2003, p. 21.

② Mark E. Monfort, “Reform of the State - Owned Enterprise and the Bankruptcy Law in the People’s Republic of China”, 22 *Okla. City. U. L. Rev*, 1997, p. 1119.

③ John Benson &Ying Zhu, “Markets, Firms and Workers in Chinese State - owned Enterprises”, *Human Resource Management Journal*, 11/1999, Volume 9, Issue 4, p. 58.

④ John Benson &Ying Zhu, “Markets, Firms and Workers in Chinese State - owned Enterprises”, *Human Resource Management Journal*, 11/1999, Volume 9, Issue 4, p. 63.

并。因此，这些国有企业的职工下岗将会不可避免。[①] 中共中央和国务院随后发布一系列政策，着力培育大约13,000家大中型企业，特别是1000家按职工人数、资产和收入等指标衡量的规模最大的企业，使小型、实力较弱的国有企业通过转让、出售或者兼并等方式自救。[②]

战略性重组政策给国有企业的职工带来实质性影响。1998年年底，国有企业下岗职工人数达到1700万人（占职工总人数的20%）。官方公布的失业率大约在4%，但实际失业率估计在21%～23%。[③] 下岗职工人数从1993年的300万人，猛增到1999年的1100万人。[④]

这些改革的措施，使得国有企业在经济舞台上的分量减弱。它对GDP的贡献在1980年为76%，到1999年已经下降到26.1%；1980年在国有企业中就业的城市职工百分比为76.2%，到1999年则下降到40.8%。[⑤] 相对于国有企业在经济增长中地位的下降，集体企业和私营企业则逐渐成为经济增长的火车头。1997年中共十五大报告确认，非公有制经济是社会主义市场经济的重要组成部分。[⑥] 1999年修订的《宪法》在所有制表述上有所调整，"国家在社会主义初级阶段，坚持公有制为主体、多种所有制经济共同发展的基本经济制度，坚持按劳分配为主体、多种分配方式并存的分配制度"。确认非国有企业与国有企业享有同等地位和待遇。[⑦]

显而易见，在这一轮国有企业改革中，依据1986年《企业破产法（试

---

① Joe C. B. Leung, "Social Security Reforms in China: Issues and Prospects", *International Journal of Social Welfare*, Volume 12, Issue 2, April 2003, p. 21.

② Mark E. Monfort, "Reform of the State – Owned Enterprise and the Bankruptcy Law in the People's Republic of China", 22 *Okla. City. U. L. Rev*, 1997, pp. 1118 – 1119.

③ John Benson &Ying Zhu, "Markets, Firms and Workers in Chinese State – owned Enterprises", *Human Resource Management Journal*, 11/1999, Volume 9, Issue 4, p. 59.

④ Joe C. B. Leung, "Social Security Reforms in China: Issues and Prospects", *International Journal of Social Welfare*, Volume 12, Issue 2, April 2003, p. 21.

⑤ Joe C. B. Leung, "Social Security Reforms in China: Issues and Prospects", *International Journal of Social Welfare*, Volume 12, Issue 2, April 2003, p. 4.

⑥ Joe C. B. Leung, "Social Security Reforms in China: Issues and Prospects", *International Journal of Social Welfare*, Volume 12, Issue 2, April 2003, p. 4.

⑦ 《宪法》第6条。

行)》进行的破产程序，只是处理处于资产困境中破产企业的备选项之一。我国当时破产重组一直采取两条腿走路的办法：一方面，按照1986年《企业破产法（试行)》积极破产重组；另一方面，在1986年《企业破产法（试行)》的基础上，充分考虑我国正处在由计划经济向市场经济过渡的特殊阶段，对于解决职工安置费来源问题，通过政策性破产的方式，给予了特殊的政策支持。[①] 这里面的核心原因在于，法定的破产程序由于时间长，程序要求多，而且将担保债权置于绝对优先地位，这使进入破产程序后，破产财产清偿担保债权后所剩寥寥无几，根本无法处理大规模的下岗职工问题。在这种情况下，"政策性破产"应运而生。

二、"政策性破产"的试点、扩大及其对职工权益保护

（一）国务院1994年第59号通知

1994年10月25日，国务院发布《关于在若干城市试行国有企业破产有关问题的通知》(国发〔1994〕59号)。[②] 该通知共有9个条文，基本目的是在18个试点城市中，建立企业优胜劣汰机制，指导和规范国有企业在试点城市的破产工作。[③]

国有企业改革难题很多，但最难的问题不外乎两个：钱从哪里来、人往何处去。如何筹集足够的资金，来安置破产国有企业的职工，是当时政策设计的重要关注点。参与起草前述1994年"第59号通知"的李曙光教授回顾说，在起草该文件过程中，如何在国有企业破产过程中筹集足够的资金，安置这些资不抵债企业的职工，是决策者最为关注的问题，也是该文件起草时主导具体措施安排的重要指南。[④]"政策性破产"的实质，也是围绕"钱从哪

① 国务院国资委企业改组局课题组：《中央企业破产重组中有关历史遗留问题研究》，载李曙光、郑志斌主编：《公司重整法律评论》(第2辑)，法律出版社2012年版，第90页。

② 文件编号：国发〔1994〕59号，俗称"59号文"，以下简称为1994年"第59号通知"。

③ 18个首批试点城市分别为：上海、天津、齐齐哈尔、哈尔滨、长春、沈阳、唐山、太原、青岛、淄博、常州、蚌埠、武汉、株洲、柳州、成都、重庆、宝鸡。参见国务院：《关于在若干城市试行国有企业破产有关问题的通知》(国发〔1994〕59号，1994年10月25日发布）前言。

④ 李曙光：《59号文件出台前后》，载《人民文摘》2008年第3期，第12页。

里来、人往何处去”的问题，而量体裁衣设计的特别机制。

1994年“第59号通知”第1条冠以“实施企业破产必须首先安置好破产企业职工”，完整地引用了1986年《企业破产法》第4条，明确1994年“第59号通知”的法律依据和各级政府的法定义务即是按照通知要求，“在实施企业破产中，采取各种有效措施，首先妥善安置破产企业职工，保持社会稳定”。通过这种方式，“政策性破产”在推出之际，就牢牢打上职工权益保护的烙印。从实际效用来看，1994年“第59号通知”的波及面和影响力，远远大于1986年《企业破产法（试行）》本身，成为20世纪90年代我国市场退出机制政策组合的绝对主力；相比之下，1986年《企业破产法（试行）》则有点边缘化。

那么，“政策性破产”特殊在哪里呢？问题的答案规定在1994年“第59号通知”第2条中：“企业破产时，企业依法取得的土地使用权，应当以拍卖或者招标方式为主依法转让，转让所得首先用于破产企业职工的安置；安置破产企业职工后有剩余的，剩余部分与其他破产财产统一列入破产财产分配方案。”① 这也就是说，“政策性破产”的实质便是以土地使用权换钱，然后优先安置下岗职工，安置下岗之后如果有剩余再用于其他债权人的清偿。按照“政策性破产”机制的设计，下岗职工的权益被置于绝对优先的位置。②

分配机制上的差别，也是“政策性破产”下的破产与根据1986年《企业破产法（试行）》破产的根本区别之一。1986年《企业破产法（试行）》仅规定，破产国有企业的破产财产用于优先支付职工的拖欠工资和社会保险费，但职工的安置费用不属于优先支付范围。③ 然而，在“政策性破产”中，职工债权被列入破产财产的优先偿付清单中，“企业在破产前为维持生产经

---

① 国务院《关于在若干城市试行国有企业破产有关问题的通知》（国发〔1994〕59号，1994年10月25日发布）第2条。

② Charles D. Booth, “Drafting Bankruptcy Laws in Socialist Market Economies: Recent Developments in China and Vietnam”, Vol. 18, *Colum. J. Asian. L.*, 2004, p. 100.

③ 1986年《企业破产法（试行）》第37条。

营，向职工筹借的款项，视为破产企业所欠职工工资处理，借款利息按照供款实际使用时间和银行同期存款利率计算。职工在企业破产前作为资本金投资的款项，视为破产财产”。① 另外，破产企业的职工住房、学校、托幼园（所）、医院等福利性设施，原则上不计入破产财产，由地方政府接收处理，其职工由接收单位安置。只有在没有必要续办这些设施并能将其整体出让的条件下，它们才可以计入破产财产。②

这种“政策性破产”与破产法意义上破产的差别，表面上是分配规则之争，实际上是破产财产处理规则之争，甚至就是实质公平理念和程序公平理念之争。事实上，这些非经营资产也成为破产程序中比较难处理的问题之一。张钦昱曾撰文提出，在非经营性资产处置中，应该秉持实质公平理念，而不应过分强调破产程序规则更注重形式公平的理念；按照破产法的理念，并不利于破产企业职工维护其合法权益。由于破产企业职工的先天弱势地位，正因如此，在企业破产中优先保障职工权益，便成为破产法律制度的重要价值取向，也是政府和社会保障民生、维护稳定的重要手段。③ 显而易见，“政策性破产”的推行所强调的，就是这种实质公平的理念。

“政策性破产”从分配规则角度给破产企业职工的特殊保护，不仅是一项政策宣示，而是通过破产企业所在地地方政府安置破产企业职工义务的明确，将之变成可以监督、可以考核的政府本职工作：

破产企业所在地的市或者市辖区、县人民政府应当采取转业培训、介绍就业、生产自救、劳务输出等各种措施，妥善安排破产企业职工重新就业，并保障他们在重新就业前的基本生活需要。

政府鼓励破产企业职工自谋职业。对自谋职业的，政府可以根据当地的

---

① 国务院《关于在若干城市试行国有企业破产有关问题的通知》（国发〔1994〕59 号，1994 年 10 月 25 日发布）第 3 条。

② 国务院《关于在若干城市试行国有企业破产有关问题的通知》（国发〔1994〕59 号，1994 年 10 月 25 日发布）第 3 条。

③ 张钦昱：《论非经营性资产在企业破产时的处理》，载《东北师大学报》（哲学社会科学版）2014 年第 2 期，第 42 页。

实际情况，发放一次性安置费，不再保留国有企业职工身份。一次性安置费原则上按照破产企业所在市的企业职工上年平均工资收入的3倍发放，具体发放标准由各有关市人民政府规定。

破产企业职工失业期间，依照《国有企业职工待业保险规定》享受失业保险待遇。失业保险期满无法重新就业的职工，符合社会救济条件的，由当地民政部门按照规定发给社会救济金。

破产企业离退休职工的离退休费和医疗费由当地社会养老、医疗保险机构负责管理。破产企业参加养老保险、医疗保险基金社会统筹的，其离退休职工的离退休费、医疗费由当地社会养老、医疗保险机构分别从养老保险、医疗保险基金社会统筹中支付。没有参加养老保险、医疗保险基金社会统筹或者养老保险、医疗保险基金社会统筹不足的，从企业土地使用权出让所得支付；处置土地使用权所得不足以支付的，不足部分从处置其他破产财产所得中拨付。

破产企业中因工致残或者患严重职业病、全部或者大部分丧失劳动能力的职工，作为离退休职工安置。距离退休年龄不足5年的职工，经本人申请，可以提前离退休。

破产企业中的劳动合同制职工的安排，依照《国营企业实行劳动合同制暂行规定》等法律、行政法规的规定办理；临时工的安排，依照《全民所有制企业临时工管理暂行规定》办理。

破产企业职工的安置费用来源不足的，按照企业隶属关系，由破产企业所在地的市或者市辖区、县的人民政府负担。①

简言之，1994年“第59号通知”的核心框架即国有土地使用权转让，转让所得优先用于破产企业职工；另外，允许地方政府向职工支付一次性安

① 国务院《关于在若干城市试行国有企业破产有关问题的通知》（国发〔1994〕59号，1994年10月25日发布）第5条。

置费后，彻底终止地方政府的安置义务。①

也就是说，按照“政策性破产”的操作理念，对于任何其他债权人或者利益相关者来说，破产企业职工都享有绝对优先的地位。② 对其他债权人尤其是担保债权人来说，这显然有失公平，也违背破产法的基本原则。但在转型期，这一问题的解决除合法性、公平性考量之外，还需要考虑如何更为务实地解决问题：一方面，国家需要尽可能提高国有企业的规模和能力，改善国有企业的生产经营状况；另一方面，社会需要尽可能减少下岗本身对国有企业职工和经济社会带来的冲击。作为一种政策考量，“政策性破产”或许不是最优的选项，但可能是比较符合我国国情并能够解决问题的方法。

为配合上述“政策性破产”政策的推行，1996 年 11 月 15 日，最高人民法院发布《关于人民法院审理企业破产案件若干问题的紧急通知》，专门规范 1986 年《企业破产法（试行）》的执行与国务院“政策性破产”系列文件相协调的问题。该通知强调，各级法院审理破产案件时，应严格执行国务院 1994 年“第 59 号通知”。鉴于“政策性破产”对职工权益保障的强调，该 1996 年司法通知亦明确提及，“在适用国发〔1994〕59 号文件的规定安置破产企业职工时，应严格按照文件规定确定安置费用，不得随意提高”。③

（二）1997 年“第 10 号通知”

在实际操作中，1994 年“第 59 号通知”的实施，为地方政府解决陷入财务困境的国有企业难题，提供很好的思路，受到试点城市的欢迎。而未被列入试点的城市，也对国企改革试点表现出强烈的兴趣。在 1994 年“第 59 号通知”发布之后，国家经济贸易委员会、中国人民银行于 1996 年 7 月 25 日联合发布了《关于试行国有企业兼并破产中若干问题的通知》，并将试点

① Ronald Winston Harmer, “Insolvency Law and Reform in the People’s Republic of China”, 64 *Fordham L. Rev.* 1996, p. 2572.

② Charles D. Booth, “The 2006 PRC Enterprise Bankruptcy Law: The Wait is Finally Over”, Vol. 20, *S. Ac L. J.*, 2008, p. 280.

③ 最高人民法院《关于人民法院审理企业破产案件若干问题的紧急通知》（颁布、实施日期：1996 年 11 月 15 日）第 2 条。

城市在原有18个试点城市基础上，扩大到50个。[①] 显而易见，基于“政策性破产”给地方政府带来的政策选项，这一制度在地方层面十分受欢迎。1997年3月2日，国务院发布《关于在若干城市试行国有企业兼并破产和职工再就业有关问题的补充通知》（以下简称1997年“第10号通知”），进一步规范“政策性破产”的实施问题。[②]

在1997年“第10号通知”中，国务院强调，现实中对“政策性破产”的大量滥用，并不意味着其合法，“政策性破产”只适用于国务院确定试点城市内的国有企业；非试点城市和地区的国有企业破产，只能按照1986年《企业破产法（试行）》操作，相对于担保债权而言，破产企业的职工并不具有绝对优先性，破产企业财产处置所得必须用于按比例清偿债务，安置破产企业职工的费用，只能从当地政府补贴、民政救济和社会保障等渠道解决；而非国有企业的破产，也必须严格遵照1991年《民事诉讼法》操作。[③] 然而，国务院在强调非试点城市和地区不得滥用“政策性破产”的同时，也在1997年“第10号通知”中，将试点城市的范围再度扩大到111个。

除了上述限缩和扩张，1997年“第10号通知”还有一个跟职工权益相关的制度安排，那就是在中央和地方各级政府成立企业兼并破产和职工再就业工作领导小组。在中央，该领导小组由国家经贸委牵头，并由财政部、劳动部、中国人民银行、全国人大常委会法工委、最高人民法院以及其他有关中央政府部门参加。领导小组主要负责下列工作：（1）负责全国试点城市企业兼并破产和职工再就业工作的组织、领导、协调；（2）制订《企业兼并破产和职工再就业工作计划》的编制办法；（3）下达地方政府层级的核销呆、坏账准备金的预分配规模；（4）指导各级地方政府的企业兼并破产和职工再就业工

① 新增加的城市包括：北京、石家庄、呼和浩特、大连、南京、杭州、宁波、合肥、福州、厦门、南昌、济南、郑州、长沙、广州、深圳、南宁、海口、贵阳、昆明、西安、兰州、西宁、乌鲁木齐、银川、鞍山、抚顺、本溪、洛阳、吉林、包头、大同。

② 国务院《关于在若干城市试行国有企业兼并破产和职工再就业有关问题的补充通知》（国发〔1997〕10号，1997年3月2日发布）前言。

③ 国务院《关于在若干城市试行国有企业兼并破产和职工再就业有关问题的补充通知》（国发〔1997〕10号，1997年3月2日发布）前言。

作；（5）制订《全国企业兼并破产和职工再就业工作计划》并监督执行。[①]

当然，1997年“第10号通知”对职工权益保护的制度设计，更多体现在诸多细节中。1997年“第10号通知”要求，地方政府要制定切实可行的破产计划，并在该计划中明确“职工安置渠道和费用标准”。[②] 另外，该通知还专门强调职工安置问题：首先，各级试点城市政府要积极推广上海市实施再就业工程的经验，在各级政府建立再就业服务中心。其次，该通知强调，安置破产企业职工的费用一律从破产企业土地使用权转让所得中拨付；即便该企业以土地使用权为抵押物，其转让所得依然优先用于安置职工，不足部分从处置无抵押财产、抵押财产所得中依次支付；破产企业财产拍卖所得不足以安置职工时，资金缺口由地方政府填补。再次，按照该通知，职工安置费一律拨付到当地的再就业服务中心，统筹使用；安置标准原则上按照破产企业所在试点城市的企业职工上年平均工资收入的3倍计算。复次，破产企业离退休职工的离退休费和医疗费由当地社会保险机构负责管理；破产企业参加社会保险的，有关费用从企业土地使用权出让所得中支付。最后，破产程序中的破产企业职工生活费从破产清算费中支付。只有在支付职工安置费用之后，其他债务才能按照1986年《企业破产法（试行）》规定，按比例清偿债务。[③]

显而易见，围绕困境国有企业下岗职工安置问题和保障其合法权益问题，始终是推动国有企业政策性破产工作的出发点和落脚点。决策者认识到，“如果职工得不到妥善安置，合法权益得不到保障，将会引发不稳定事件”，由此可见，为解决这个问题，在长期的实践中，各地因地制宜，不断针对不同地区、不同行业的特点，按照分类指导、区别对待的方针推动相关工作，

---

① 国务院《关于在若干城市试行国有企业兼并破产和职工再就业有关问题的补充通知》（国发〔1997〕10号，1997年3月2日发布）第1条。

② 国务院《关于在若干城市试行国有企业兼并破产和职工再就业有关问题的补充通知》（国发〔1997〕10号，1997年3月2日发布）第3条。

③ 国务院《关于在若干城市试行国有企业兼并破产和职工再就业有关问题的补充通知》（国发〔1997〕10号，1997年3月2日发布）第5条。

尤其是按照以人为本的思想，制定职工安置方案并经职代会讨论通过，逐渐形成一整套比较完整的操作程序和政策体系。①

1997 年 3 月 6 日，最高人民法院再次就人民法院审理企业破产案件中涉及的问题发布通知，即最高人民法院《关于当前人民法院审理企业破产案件应当注意的几个问题的通知》（以下简称 1997 年《司法通知》）。该通知共有 12 个条文，其主旨再次强调了国有企业改革中，实施 1986 年《企业破产法（试行）》和实施“政策性破产”之间的协调问题。该 1997 年《司法通知》除明确要求各级法院执行国务院有关政策性破产的文件外，明确提及职工权益保障：“人民法院审理试点城市的国有工业企业破产案件，应当按照《通知》和《补充通知》的规定，以拍卖或者招标方式为主依法转让土地使用权。转让所得首先用于安置破产企业的职工。职工安置费用应当严格按照《通知》和《补充通知》的规定确定，不得随意提高标准和扩大范围。”②

2001 年 8 月 10 日，最高人民法院发布另一份紧急通知，即《关于人民法院在审理企业破产和改制案件中切实防止债务人逃废债务的紧急通知》（以下简称 2001 年《司法通知》）。针对实践中“政策性破产”的泛滥，该通知重申“要准确把握政策界限，对未列入《全国企业兼并破产和职工再就业工作计划》的国有工业企业破产，不能适用国务院国发（1994）59 号和（1997）10 号文件，而应当按照《企业破产法（试行）》的规定办理，即破产企业财产变现所得必须用于按比例清偿债务，安置破产企业职工的费用只能从当地政府补贴、民政救济和社会保障等渠道予以妥善解决。严格禁止和纠正违反规定，随意‘搭车’，损害债权人的合法利益的现象”。③

有必要指出的是，试点先行、逐步推开是我国在社会保障体系不健全情

---

① 国务院国资委企业改组局课题组：《新破产法框架下国有企业破产重组问题研究》，载李曙光、郑志斌主编：《公司重整法律评论》（第 1 辑），法律出版社 2011 年版，第 46 页。

② 最高人民法院《关于当前人民法院审理企业破产案件应当注意的几个问题的通知》（1997 年 3 月 6 日发布）第 9 条。

③ 最高人民法院《关于人民法院在审理企业破产和改制案件中切实防止债务人逃避债务的紧急通知》（2001 年 8 月 10 日颁布）第 4 条。

形下推动处于财务困境的大中型国有企业退出市场的重要经验。国务院国资委企业改组局课题组就指出，国有企业政策性破产从试点起步，经过十多年的实践，从实际出发，切实解决遇到的问题，逐步摸索出了一套行之有效的办法，即以地方政府为实施主体和责任主体，把企业破产和妥善安置下岗职工、办理社会职能移交、接续社会保险关系、解决拖欠有关费用等问题相衔接，由中央、地方财政和国有金融机构共同分担改革成本，使企业破产司法程序得以启动的方式，逐步走出国有大中型困境国企退出市场的有效途径。①

三、“政策性破产”与失业保险制度的发展

中央政府在采取“政策性破产”前，已预见到大规模下岗给方方面面带来的压力，也开始未雨绸缪有所准备。一方面，需要创造新的工作机会并培训下岗职工，以便他们能够实现再就业。② 另一方面，要为妥善安置破产企业下岗职工创造制度条件，需要必要的失业保险制度革新和社会保障体系的改造升级。也正是因为这种与破产企业职工权益保护的内在相关性，我国的失业保险制度在20世纪90年代“政策性破产”政策推行过程中，也获得了长足发展。

（一）1993年《国有企业职工待业保险规定》

1993年4月12日，国务院发布修订后的《国有企业职工待业保险规定》。较之1986年《国营企业职工待业保险暂行规定》，1993年《国有企业职工待业保险规定》有如下三方面的明显进步：

第一，新规定的范围比原规定要广泛得多。1986年《国营企业职工待业保险暂行规定》适用的四类职工中，有两类是和破产有关的：“（一）宣告破产的企业的职工；（二）濒临破产的企业法定整顿期间被精减的职工。”③ 但

---

① 国务院国资委企业改组局课题组：《新破产法框架下国有企业破产重组问题研究》，载李曙光、郑志斌主编：《公司重整法律评论》（第1辑），法律出版社2011年版，第45页。

② John Benson &Ying Zhu, “Markets, Firms and Workers in Chinese State - owned Enterprises”, *Human Resource Management Journal*, 11/1999, Volume 9, Issue 4, pp. 59 – 60.

③ 1986年《国营企业职工待业保险暂行规定》第2条。

在新规定中，适用的职工类型从四类扩大到七类，更重要的是七类职工中至少有四类是与国有企业破产有关的：（1）依法宣告破产的企业的职工；（2）濒临破产的企业在法定整顿期间被精简的职工；（3）按照国家有关规定被撤销、解散企业的职工；（4）按照国家有关规定停产整顿企业被精减的职工。①

第二，两个规定的资金来源是相同的，即企业缴纳的待业保险费、待业保险费的利息收入和财政补贴，但是企业缴纳的比例是不同的。② 根据旧规定，每个国有企业都应当按照标准工资的1%承担缴费义务，但根据新规定，将缴费比例下调到0.6%，最高可以调整到1%。③

第三，基金的支出范围亦有改变。例如，1986年《国营企业职工待业保险暂行规定》中的支出项目，包括宣告破产的企业离休、退休职工和企业整顿期间被精减而又符合离休、退休条件职工的离休、退休金，但新条例已经将这两类支出排除了。④

有学者认为，这些变化可以看成是中国把社会保险的责任，从国有企业转移到国家层面的尝试。⑤

（二）1994年《劳动法》

1994年7月5日《劳动法》的颁布，是我国从计划经济向市场经济体制转型的标志之一。作为一种劳动法律关系法制化的第一步，尽管该法更加侧重于劳动法律制度的原则，但其在包括企业破产在内的各个方面都产生着巨大的影响。2018年《劳动法》迎来修订，在我国劳动法领域依旧发挥着定海

---

① 1993年《国有企业职工待业保险规定》第2条。

② 1986年《国营企业职工待业保险暂行规定》第3条；1993年《国有企业职工待业保险规定》第4条。

③ 1986年《国营企业职工待业保险暂行规定》第3条第1款；1993年《国有企业职工待业保险规定》第5条。

④ 1986年《国营企业职工待业保险暂行规定》第6条；1993年《国有企业职工待业保险规定》第10条。

⑤ Shirley S Cho, "Continuing Economic Reform in the People's Republic of China: Bankruptcy Legislation Leads the Way", *Hastings International and Comparative Law Review*, 06/1996, Volume 19, Issue 4, p. 758.

神针的作用。

站在国有企业改革和“政策性破产”的角度，1994 年《劳动法》最重要的规定，应该是从法律层面确认了国有企业对职工的解聘权。《劳动法》确认，在符合严格的限制条件的情况下，比如在作出决定前提前 30 天向工会报告、听取工会的意见并且向政府劳动部门报告，国有企业有权解雇职工。①该规定对传统国企雇佣终身制的看法，不能不说是一大挑战。另外，该规定对于“政策性破产”中强制性要求职工下岗的实务操作，提供了基本法律依据。

另外，《劳动法》还建立强制性的退休、工伤、职业病、失业和生育等社会保险基金，进一步健全我国社会保障体系。② 对于破产国企的下岗职工来说，失业保险基金的设立和运行，成为保障其利益的重要平台，重要性自不待言。③

（三）1999 年《失业保险条例》

随着“政策性破产”的实施，越来越多的国企宣告破产，大规模下岗浪潮使得既有的再就业服务体系捉襟见肘。据报道，从 1998 年到 2000 年大约有 2300 万名国有企业职工下岗。④ 既有的再就业服务体系完全无法满足这一需要。鉴于上述情形，1999 年 1 月 22 日，国务院发布《失业保险条例》，提升法规的级别，彻底取代 1993 年《国有企业职工待业保险规定》，并根据形势发展和需要，对中国的失业保险制度做出新的调整。

就破产企业职工权益保护来说，1999 年《失业保险条例》有一些重大变化。例如，它将社会保险的范围，扩大到所有失业人员，而不再仅针对破产

---

① 1994 年《劳动法》第 27 条。

② 1994 年《劳动法》第 9 章。

③ Shirley S Cho, Continuing Economic Reform in the People's Republic of China: Bankruptcy Legislation Leads the Way, *Hastings International and Comparative Law Review*, 06/1996, Volume 19, Issue 4, p. 761.

④ Joe C. B. Leung, "Social Security Reforms in China: Issues and Prospects", *International Journal of Social Welfare*, Volume 12, Issue 2, April 2003, p. 4.

企业失业人员的需求。① 另一个重大变化是，该条例的范围，扩大到各种类型的职工和各个经济部门。② 由于国有企业改革的深化，向失业人员提供工作和帮助已经成为从中央到地方各级政府最迫切关心的问题，《失业保险条例》的出台为这些问题的解决，提供了必要的法律基础。③

四、站在破产企业职工权益保护角度评价“政策性破产”

根据国务院1994年“第59号通知”、1997年“第10号通知”以及其他配套文件的规定，“政策性破产”成为破产国有企业解决下岗职工问题的最常使用的政策。对于“政策性破产”的覆盖面，我们从1999年世界银行围绕我国国有企业破产问题所做调查可以看出端倪。1999年，世界银行在沈阳、长沙、芜湖和娄底4个城市实地调研的基础上，形成《中国的国有企业破产》研究报告。该报告中有个统计，展示前述4个城市的国有企业破产情况及职工数量（见表3）：④

表3　1995～1998年长沙等4城市国有企业破产情况

类别	企业数量	职工数量	资产（百万元）	负债（百万元）
长沙	81	39, 500	1014	1706
娄底	8	1000	27	49
沈阳	58	100, 700	2589	6143
芜湖	48	46, 100	946	2282
合计	195	187, 800	4589	10, 205

通过上述统计不难发现，在“政策性破产”实施过程中，安置下岗职工

① 1999年《失业保险条例》第1条。

② 1999年《失业保险条例》第2条。

③ Joe C. B. Leung, Social Security Reforms in China: Issues and Prospects, *International Journal of Social Welfare*, Volume 12, Issue 2, April 2003, p. 6.

④ 世界银行东亚太平洋地区私营部门发展局：《中国的国有企业破产——改革破产制度的实例和议题》，王卫国译，中国财政经济出版社2001年版。转引自王卫国：《企业破产拯救的东北实践》，载郑志斌、张婷：《东北大型企业重整案例报告》，人民日报出版社2020年版，第5页。

数量多、规模大、波及广，确实成为亟待解决的社会性问题。在缺乏健全的社会保障体系的情况下，成千上万下岗职工的权益必须要也只能在破产过程中予以处理。这种情况在东北地区老工业基地显得更为明显。①

当然，如前所述，“政策性破产”毕竟是特殊时代的特殊政策。2007 年 6 月 1 日，我国 2006 年《企业破产法》开始正式实施。按照该法规定，“在本法施行前国务院规定的期限和范围内的国有企业实施破产的特殊事宜，按照国务院有关规定办理”。② 这一规定基本保障“政策性破产”作为特殊措施的稳定实施和最终退出。据统计，在 2008 年年底时，300 多户中央企业破产项目在国务院规定的时间内完成了项目审核任务，到 2009 年年底，符合条件、确定实施破产的项目 90% 以上司法终结或者进入司法程序，中央企业破产重组工作成效显著。③

如今，尽管个别破产案件中政府扮演的角色和发挥的作用，不无“政策性破产”的痕迹，但“政策性破产”本身，已经成为历史遗迹。那么，“政策性破产”是否像决策者的预期那样取得成功？它在多大程度上实现了最初的目的？我们有必要在中国经济转型的背景下，客观评判该政策。

整体来看，各界尤其是官方对于“政策性破产”的评价是比较正面的。比如，国务院国资委企业改组局课题组研究认为，通过国有企业政策性破产，我们取得如下成绩：（1）初步建立劣势国有企业退出市场的机制；（2）促进产业结构的调整和国有经济素质的提高；（3）通过政策性破产，使一大批长期亏损、资不抵债、扭亏无望的企业和资源枯竭的矿山顺利退出了市场；（4）维护了企业和社会的稳定。④ 但是，站在纯粹破产法的立场上，尤其是今天这样的语境下，举国上下基本就市场化破产、法治化破产达成共识，

---

① 王卫国：《企业破产拯救的东北实践》，载郑志斌、张婷：《东北大型企业重整案例报告》，人民日报出版社 2020 年版，第 5 页。

② 2006 年《企业破产法》第 133 条。

③ 国务院国资委企业改组局课题组：《中央企业破产重组中有关历史遗留问题研究》，载李曙光、郑志斌主编：《公司重整法律评论》（第 2 辑），法律出版社 2012 年版，第 91 页。

④ 国务院国资委企业改组局课题组：《新破产法框架下国有企业破产重组问题研究》，载李曙光、郑志斌主编：《公司重整法律评论》（第 1 辑），法律出版社 2011 年版，第 43 ~44 页。

“政策性破产”则槽点满满，不合时宜，更多只是少数学术文献中纵论脉络时的一段颇具负面色彩的素材。[①] 在笔者看来，关于“政策性破产”的评价，我们应该至少可以取得如下最低限度的共识：

第一，通过政策性破产，职工权益得到妥善保护。截至2008年6月，据估计从1994年实施“政策性破产”政策以来，我国共有5600多起政策性破产案件，1018万名下岗职工依照“政策性破产”获得安置。[②] 有学者指出，虽然“政策性破产”中破产国有企业的下岗职工处境不是很好，但和非国有企业的失业人员比起来，无论在哪个方面，都要好得多。例如，在深圳，《深圳经济特区企业破产条例》也引入了类似的措施，规定在提出破产申请后，应向国有企业职工支付至少70%的工资；在宣告破产后，应向职工支付的工资不得低于当地最低生活标准；另外，在破产程序中，还应当根据企业的财务状况向职工支付其他生活补贴。[③] 毫无疑问，在非国有企业破产时，职工是无法享受类似的安置措施的。

第二，中央国有企业整体竞争力得到加强。国务院国资委企业改组局课题组在2010年3月完成的一项研究报告中也指出，随着国有企业改革的深化，劣势困难企业调整和退出市场力度不断加大，中央企业破产重组工作取得显著成效：“部分中央企业通过政策性破产等方式，或走出困境或退出市场，企业内部脱困工作也取得了积极进展，中央企业整体竞争力得到加强。”[④] 大量数据已经证明，中国对传统的国有企业制度进行大刀阔斧地改革后，大量中小型国企被淘汰，取而代之的是一个非常强大的国有企业体系。据报道，国有企业占有的总资产已经从2002年的7.13万亿元（人民币）迅速增长到2011年的28万亿元，国有企业营业收入也从2002年的3.3万亿元

---

① 陆晓燕：《“市场化破产”的法治内蕴》，法律出版社2020年版，第18～21页。

② 康怡、王毕强：《15年万亿代价，政策性破产终曲》，载《经济观察报》2008年6月9日，第5版。

③ Xianchu Zhang & Charles D. Booth, “Chinese Bankruptcy Law in an Emerging Market Economy: The Shenzhen Experience”, 15 *Colum. J. Asian L.*, (2001–2002), p. 13.

④ 国务院国资委企业改组局课题组：《中央企业破产重组中有关历史遗留问题研究》，载李曙光、郑志斌主编：《公司重整法律评论》（第2辑），法律出版社2012年版，第89页。

增长到2011年的20万亿元。① 在中央国有企业层面，国务院国有资产监督管理委员会负责管理中国业绩最好的115家国有企业。

胡鞍钢在一篇文章中，曾经援引美国《财富》杂志公布的世界500强排名中四大经济体占比变迁图，能够更直观地反映出我国国有企业整体质量的大幅度提高（见表4）：②

表4　四大经济体世界500强企业数比较（1990～2012年）

数据		1990年	1996年	2000年	2005年	2008年	2010年	2011年	2012年
中国	全部	1	2	9	15	26	43	59	70
	国有企业	1	2	9	15	26	41	57	66
美国		164	153	179	177	153	140	133	132
欧盟		129	154	149	160	168	161	148	137
日本		111	141	108	81	64	71	68	68

从该图中可以清楚地看到，排名进入《财富》世界500强里中国国有企业数量，在1990～2012年增加十分明显，从1990年的1家增长到2012年的66家，尤其是2000年后进入飞速增加的阶段。另外，我们还可以看到，在2012年进入《财富》世界500强的所有70家中国公司，有66家是国有企业，所占比例接近95%。这意味着我国国有企业的整体质量，比20世纪90年代末期的改革之前，有了明显的改善。这里面原因可能会有很多，但以“政策性破产”为核心的改革，应该是最重要的原因之一。

第三，毋庸讳言，“政策性破产”具有明显的时代性，在各方面尤其是清偿顺位上与破产法基础理念有较大差异。在我国改革开放初期，国有企业改革既没有现成经验可以借鉴，更不可能有成熟方案直接推行。在这种情形

① 白天亮：《稳中求进，央企发挥中坚作用》，载《人民日报》2012年4月12日，第1版。

② 胡鞍钢：《国有企业是中国经济崛起的“领头羊”——基于历史和国际两个视角的分析》，载《红旗文稿》2012年第19期，第8～13页。

下，“政策性破产”作为一种解决历史问题的办法，体现出其特殊性。①

正是因为这种特殊性，“政策性破产”始终面临着学界批评。查尔斯·布斯（Charles D. Booth）就指出，“政策性破产”的实施，导致中国出现两套优先顺位相互竞争的局面：一套是1986年《企业破产法（试行）》规定的优先顺位制度，另一套则是政策性破产项下的优先顺位政策。② 王欣新认为，“政策性破产”将职工放在过于优先的地位，这违背包括所有债权人一律平等原则在内现代破产法的基本原则；其次，该政策创造出独立的财务制度，未能将所有担保债权和非担保债权平等对待，因此也违背担保法和其他有关法律和法规的精神；再次，由于该政策仅适用于某些试点地区的国有企业，而不适用于其他地区，因此严重违反以市场为导向的基本原则，违背我国政府加入世贸组织时做出的承诺。这种优惠将导致大多数其他国有企业和私营公司在面临破产时，不得不依靠自己和地方政府解决职工问题。③ 在另一篇文章中，王欣新指出，有关政策性破产的法规还存在许多问题，例如未经授权的立法和法律冲突问题以及“政策性破产”的评价问题：“政策性破产”本质上是以破产的名义，将本来应当由政府解决的问题和负担的费用转嫁给债权人，将破产程序作为解决亏损国有企业、安置职工和减轻政府费用负担等问题的廉价工具，一定程度上成为“假破产、真躲债”泛滥的诱因之一。④

第四，“政策性破产”在我国破产制度发展过程中承前启后、功不可没。由于1986年《企业破产法（试行）》在立法理念和制度体系方面的缺陷，其探索性、方向性有余，但操作性不足，与建立社会主义市场经济体制的要求不适应。在这种背景下，国务院通过“政策性破产”，有效补充法律制度，有重点地解决了国有企业破产职工安置、国有资产流动等问题。整个“政策

---

① 国务院国资委企业改组局课题组：《新破产法框架下国有企业破产重组问题研究》，载李曙光、郑志斌主编：《公司重整法律评论》（第1辑），法律出版社2011年版，第43~44页。

② Charles D. Booth, “Drafting Bankruptcy Laws in Socialist Market Economies: Recent Developments in China and Vietnam”, Vol. 18, *Colum. J. Asian. L.*, 2004, p. 139.

③ 王欣新：《新破产立法与国企政策性破产的关系》，载《人民法院报》2004年7月9日。

④ 王欣新：《论破产立法中的经济法理念》，载《北京市政法管理干部学院学报》2004年第2期，第12页。

性破产”政策推行过程中伴随1986年《企业破产法（试行）》十多年，甚至在2006年《企业破产法》颁布后依旧继续运行，作为行政政策，历时之长、各地响应之热烈、社会影响之广以及所取得成效之大，都举世罕见，在推动我国国有企业改革、建立社会主义市场经济和维护社会稳定等问题上，发挥重要作用，理应给予正面评价。①

第五，“政策性破产”不能解决所有国企破产涉及的职工问题，遗留问题依旧不少，尤其是从理念层面来看与市场经济的要求格格不入：第一，“政策性破产”规定职工债权优先于担保债权，导致金融机构损失担保债权，承担国有企业改革的成本；第二，“政策性破产”行政介入较多，政府在组织、审查、操作和财政托底上扮演重要角色，部分国企在破产清算过程中信息不透明，有失公平公正；第三，“政策性破产”为解决历史遗留问题，除按照正常程序处理债权人、债务人的利益关系外，地方政府在处置破产企业资产时，主要考虑的是下岗职工安置，甚至提出国有企业资产的接收方不得裁员或安置下岗职工等各种要求，对于盘活破产企业资产来说消极影响大于积极影响，也不利于市场主体发挥能动性。②

从实践层面，“政策性破产”引发的问题也不容忽视。根据中华全国工商联合会于2006年上半年在甘肃、陕西、青海、安徽、福建和湖南六省进行的调查，拖欠职工工资和保险费的现象在这些地方非常普遍。在这些省份，政策性破产的国有企业拖欠职工的工资达3.05亿元（人民币），医疗保险费3.08亿元，安置费10.08亿元，补偿费1.23亿元。③ 另外，某些濒临破产的国有企业，为了筹集资金或者减少职工费用而采取某些不当行为的现象也比较普遍。面对这种要求，国企职工只有两个选择：要么向国有企业投资，要

① 国务院国资委企业改组局课题组：《新破产法框架下国有企业破产重组问题研究》，载李曙光、郑志斌主编：《公司重整法律评论》（第1辑），法律出版社2011年版，第43~44页。

② 国务院国资委企业改组局课题组：《新破产法框架下国有企业破产重组问题研究》，载李曙光、郑志斌主编：《公司重整法律评论》（第1辑），法律出版社2011年版，第43~44页。

③ 张晓松、齐中熙、刘铮、刘晓莉：《企业破产法会带来什么》，新华社“新华视点”2006年8月31日发布。

么被解除劳动关系。这种做法成功规避了国家对未经批准的集资限制措施。尽管参与集资的职工，将会收到国有企业出具的出资证明，但这对于改善职工的不利处境，没有任何意义。① 这进一步导致在破产案件中法院认定职工债权时，出现两难局面：如果法院仅仅将职工的投资，视为股权投资或者普通的无担保债权，则这将纵容企业滥用优势地位和不公平影响牟取利益，并且确认非法行为，将职工推入更加不利的境地；如果法院在考虑职工的投资时，将职工工资和他们的投资一起作为优先债权，认定投资协议无效，并要求企业向职工返还财产，这对于其他债权人是不公平的，也损害普通债权人的利益。

当然需要注意的是，在评价“政策性破产”政策时究竟要不要把“政策性破产”与1986年《企业破产法（试行）》混为一谈。陆晓燕就认为：“我国《企业破产法（试行）》受制于当时的经济体制状况和立法思想技术，存在政策导向明显却违背法治原则、政府干预过重却损害市场机能、重要的市场化破产制度缺失等缺陷，成为配合国企改革的行政关闭程序，与市场经济的要求相去甚远，无法使企业真正按市场规律运作，故隶属于‘政策性破产’的范畴。”② 显而易见，尽管表面上无论是1986年《企业破产法（试行）》还是“政策性破产”，都十分强调行政权力的作用，但无论是从时间要素还是功能发挥，两者还有不少差距，混为一谈有失简单。

按照国务院国资委企业改组局课题组的归纳，在推进中央企业实施破产重组的过程中，仍有大量现行体制机制和政策难以解决的历史遗留问题，其中大部分和职工问题高度相关：离退休人员的社会化管理问题、移交企业办社会问题、企业离退休人员难以属地参加城镇职工基本医疗保险问题、破产重组企业厂办大集体问题、企业职工老工伤问题以及棚户区改造问题等，亟待解决。③ 在后续多年来，全国各地在解决这些遗留问题的过程中，开展了

① Xianchu Zhang & Charles D. Booth, “Chinese Bankruptcy Law in an Emerging Market Economy: The Shenzhen Experience”, 15 *Colum. J. Asian L.*, (2001 – 2002), p. 18.

② 陆晓燕：《“市场化破产”的法治内蕴》，法律出版社2020年版，第19页。

③ 国务院国资委企业改组局课题组：《中央企业破产重组中有关历史遗留问题研究》，载李曙光、郑志斌主编：《公司重整法律评论》（第2辑），法律出版社2012年版，第91～95页。

大量探索与实践，虽然耗费大量资源和成本，但也取得大量的探索成果和实践经验。[①] 在总结其经验时，课题组把“以人为本，切实维护职工的合法权益”当作思路：“企业破产重组后，离退休人员、企业办社会职能、厂办大集体等失去了依托。目前有的由破产重组后的企业托管，有的由集团公司内部的其他企业托管，有的由集团公司托管等。这些做法都是权宜之计，这些问题涉及的职工权益没有得到很好地保障。如果这些涉及职工切身利益的问题得不到妥善解决，极易引发不稳定事件。在工作中，贯彻落实科学发展观，更不应忽视这部分人的利益，把工作的出发点和落脚点放在人上，要以人为本，情为民所系，权为民所用，利为民所谋。有关方面要积极主动想办法，筹集资金，创造条件，齐心协力，保障好这部分人的合法权益。”[②] 课题组特别建议，要通过进一步完善社会保障体系，逐步实现企业离退休人员的社会化管理：一方面，要通过深化改革，使社会保障体系真正独立于企业之外，企业只履行依法缴纳社会保险费的义务，不再承担发放基本社会保险金和管理离退休人员的工作；另一方面，实现社会保障管理和服务的社会化，离退休人员以及失业人员要与企业脱钩，由社区统一管理，实现社会保险金的社会化发放。[③]

总而言之，我们对于“政策性破产”的机制、原理和作用应该客观看待。尤其是对于其在当时所具备的特殊作用和意义，放在今天的背景下显然属于过分苛责。尤其是站在破产企业职工权益保护的角度，应该说在“政策性破产”实施过程中，我国破产企业职工获得了空前绝后的特殊地位，尽管可能会不利于担保债权、税收债权和其他债权人的权益，但在各方利益冲突比较严重、风险承担能力各有不同的特殊背景下，对于“政策性破产”其在特殊时代下对破产企业职工权益的优先保护，应该给予充分的理解和肯定。单纯从破产企业职

---

① 国务院国资委企业改组局课题组：《中央企业破产重组中有关历史遗留问题研究》，载李曙光、郑志斌主编：《公司重整法律评论》（第2辑），法律出版社2012年版，第100～106页。

② 国务院国资委企业改组局课题组：《中央企业破产重组中有关历史遗留问题研究》，载李曙光、郑志斌主编：《公司重整法律评论》（第2辑），法律出版社2012年版，第106～107页。

③ 国务院国资委企业改组局课题组：《中央企业破产重组中有关历史遗留问题研究》，载李曙光、郑志斌主编：《公司重整法律评论》（第2辑），法律出版社2012年版，第108～109页。

工权益保护角度来说，“政策性破产”机制有可能是我国破产企业职工权益保护的唯一黄金时代，按照当前我国经济发展的趋势，在未来我国破产法的进化中，也不太可能再出现这种让破产企业职工居于绝对核心的情况。

第三节　现行《企业破产法》与职工权益保护

一、多“破”并举与新破产法起草

在1986年《企业破产法（试行）》颁布后，在中央和地方层面，先后颁布了多部涉及破产事宜的法律法规，我国破产法体系显得既“繁荣”，又“混乱”。在中央层面，至少有4部重要的立法涉及破产：由于1986年《企业破产法（试行）》仅适用于国有企业，立法机构在1991年《民事诉讼法》中增加第19章，对具有法人地位的非国有企业法人破产还债程序作出规定。另外，1993年《公司法》也在第8章对公司破产、解散和清算问题作出规定。另外，在《商业银行法》和《保险法》中，也有一些与破产有关的条款。① 而国务院也

① 1995年《商业银行法》第71条规定：“商业银行不能支付到期债务，经国务院银行业监督管理机构同意，由人民法院依法宣告其破产。商业银行被宣告破产的，由人民法院组织国务院银行业监督管理机构等有关部门和有关人员成立清算组，进行清算。商业银行破产清算时，在支付清算费用、所欠职工工资和劳动保险费用后，应当优先支付个人储蓄存款的本金和利息。”该条在2015年《商业银行法》中得到完整继承。

2009年《保险法》第90条规定：“保险公司有《中华人民共和国企业破产法》第二条规定情形的，经国务院保险监督管理机构同意，保险公司或者其债权人可以依法向人民法院申请重整、和解或者破产清算；国务院保险监督管理机构也可以依法向人民法院申请对该保险公司进行重整或者破产清算。”第91条规定：“破产财产在优先清偿破产费用和共益债务后，按照下列顺序清偿：（一）所欠职工工资和医疗、伤残补助、抚恤费用，所欠应当划入职工个人账户的基本养老保险、基本医疗保险费用，以及法律、行政法规规定应当支付给职工的补偿金；（二）赔偿或者给付保险金；（三）保险公司欠缴的除第（一）项规定以外的社会保险费用和所欠税款；（四）普通破产债权。破产财产不足以清偿同一顺序的清偿要求的，按照比例分配。破产保险公司的董事、监事和高级管理人员的工资，按照该公司职工的平均工资计算。”另外，《保险法》第92条规定：“经营有人寿保险业务的保险公司被依法撤销或者被依法宣告破产的，其持有的人寿保险合同及责任准备金，必须转让给其他经营有人寿保险业务的保险公司；不能同其他保险公司达成转让协议的，由国务院保险监督管理机构指定经营有人寿保险业务的保险公司接受转让。”

于1996年7月9日批准对外贸易经济合作部（2003年不再保留）制定的《外商投资企业清算办法》。[①] 只是这些全国性的破产法律、法规的陆续出台，在为不同主体、不同部门提供更多破产法选项的同时，并未建立一套系统的破产法律制度，反而在实践中造成越来越多的冲突。

在这种背景下，起草新破产法不仅必要，而且急迫。一方面，1986年《企业破产法（试行）》的局限性越来越明显，完全难以满足社会主义市场经济建设的需要，尤其是随着各类市场主体的勃兴，1986年《企业破产法（试行）》无论是在主体覆盖性还是程序设计方面都捉襟见肘，甚至尽管其针对国有企业改革而立但也很难解决国有企业破产产生的复杂问题，不得不将空间和舞台交给“政策性破产”；另一方面，随着我国社会主义市场经济的发展，市场经济在资源配置中的基础性作用越来越明显，国有企业改革的成果也亟待新的破产规则予以确认和肯定；尤其是我国2001年加入世界贸易组织之后，更需要现代化的破产法来接轨国际领域破产法发展的潮流，打造更加开放、更有活力的经济体系。[②]

为回应实践中的迫切需要，我国立法机构从1994年开始，即开始起草新破产法。这部破产法起草进程十分艰难，持续了整整12年，直到2006年才尘埃落定，媒体报道和学者演讲都多次强调“十二年磨一剑”的艰辛。[③]

二、现行《企业破产法》起草中的职工债权优先顺位之争

在起草1986年《企业破产法（试行）》时，立法机构对职工债权的优先问题曾存在激烈的争议。在起草2006年《企业破产法》的漫长过程中，社会各界围绕职工债权和担保债权哪个更优先的问题，依旧产生了激烈讨论。由于存在诸多争议，在2004年之前一直没有什么进展。在2006年《企业破

① Charles D. Booth，“Drafting Bankruptcy Laws in Socialist Market Economies：Recent Developments in China and Vietnam”，Vol. 18，*Colum. J. Asian. L.*，2004，pp. 97－99.

② 国务院国资委企业改组局课题组：《新破产法框架下国有企业破产重组问题研究》，载李曙光、郑志斌主编：《公司重整法律评论》（第1辑），法律出版社2011年版，第48～50页。

③ 佚名：《破产法立法背后的故事：历时十二载几次搁浅》，载《中国证券报》2006年8月28日。

产法》起草过程中，如同当年起草1986年《企业破产法（试行）》，破产企业职工权益保护问题一度成为争议最激烈的问题之一，甚至也成为导致该法迟迟难以通过的原因之一。[①]

应该说，现行《企业破产法》从1994年开始起草，但在之前十年时间内，由于各种因素，几度搁浅：八届全国人大（1993～1998年），1995年完成的草案，因为对该法的出台时机成熟与否存在不同意见，以及社会保险制度及其立法一时难以配套等原因，这份草案当时未能进入全国人大常委会审议程序；九届全国人大（1998～2003年），2000年前后起草组重新展开工作，原本期待在2002年进入立法议程，但因个别地方出现企业不稳定现象，引起人们对国有企业破产有关问题的分歧意见，该工作再度停滞；十届全国人大（2003～2008年），《企业破产法》起草工作重新启动，总算在2006年修成正果。[②]

2004年6月，在第十届全国人大第十次常务委员会会议上，《企业破产法（草案）》进入一读程序。6月21日，第十届全国人大财政经济委员会副主任贾志杰就《企业破产法》的起草问题专门做报告。根据贾志杰的报告，尽可能保护职工的合法利益，是起草破产法的一个原则和指导思想。他指出职工是破产的直接受害者，因为在大多数案件中职工利益都受到严重损害，对社会稳定造成负面影响，这是起草过程中必须解决的一个问题。草案的多个条款吸收并反映该原则。总则的条文里，强调了人民法院应当依法保护职工的合法权利。职工债权（包括未付的工资、未付的基本社会保险费和根据法律和行政法规应当支付的其他款项）被列为第一顺位。根据草案第46条的规定，破产管理人应当确认并公布职工债权，而无须通过报告程序。草案确认职工代表和工会应当参加债权人会议，并就他们关心的事项发表意见。在

① Charles D. Booth, "The 2006 PRC Enterprise Bankruptcy Law: The Wait is Finally Over", Vol. 20, *S. Ac L. J.*, 2008, pp. 306－310.

② 佚名：《破产法立法背后的故事：历时十二载几次搁浅》，载《中国证券报》2006年8月28日。

债权人会议中，至少应当有一名职工债权人的代表或者工会的代表。该草案还规定，在对重整计划投票表决时，职工债权应当作为单独的一类债权分组表决。①

在完成一读程序之后，全国人大法制工作委员会将草案分送相关部门、企业及学术机构，公开征求意见。与此同时，全国人大法律委员会、法制工作委员会还和最高人民法院和中华全国总工会举办多次咨询听证会。另外，立法部门也听取了学者的意见。根据2004年6月在第十届全国人大第十次常务委员会会议上一读的反馈意见，全国人大法律委员会在2004年10月9日和19日两次会议上分别审阅草案并予以修订。

2004年10月22日，全国人大法律委员会副主任蒋黔贵向第十届全国人大第十二次常务委员会会议，报告破产法草案的修改情况。蒋黔贵的报告提出草案中对有关职工保护的问题的修改：第一，债务人提出破产申请时，应当向人民法院提交关于职工安置预案以及职工工资的支付和社会保险费用的缴纳情况的其他文件。第二，由于“职工债权（劳动债权）”的概念比较模糊，容易和其他债权相混淆，因此，之前草案中“职工债权”被删除了。更好的选择是将术语“职工债权”替换成职工债权的具体列举，如工资、医疗费、工伤赔偿、应向职工家属支付的抚恤金、应向职工个人账户支付的基本养老和医疗保险费、根据法律、行政法规和条例应向职工支付的其他补偿金；全国人大法律委员会最终接受了这些建议。第三，关于职工债权和担保债权的优先顺序还存在一些争议。在前一个草案中，职工债权排在第一位，之后是税收债务和普通债务。各方意见分为针锋相对的两组：一种意见认为，为保证职工日常生活的基本需要，职工债权必须排在第一顺位，否则在清偿担保债务之后，可能没有什么资产用来分配给职工了；另一种意见认为，如果将职工债权排在第一顺位，担保债权可能得不到履行，这会导致其他后果，

① 贾志杰：《关于〈中华人民共和国企业破产法（草案）〉的说明》，2004年6月21日在第十届全国人民代表大会常务委员会第十次会议上，载《全国人民大会常务委员会公报》（2006年卷），第576页、第578～579页。

如动摇担保制度、威胁交易安全并导致企业更难从银行贷款；在认真审查之后，全国人大法律委员会权衡两种意见，结论明显偏向于职工一方。第四，之前的草案按照“政策性破产”的做法，将职工排在特别优先的地位。在审查和听证中，一些参与者认为，如果“政策性破产”是在新破产法生效之后的不确定期限内开始，则有必要继续执行“政策性破产”。考虑到关于职工权益的条款将适用于国有企业，并且和“政策性破产”一样将职工排在优先地位，全国人大法律委员会决定，如果“政策性破产”是在新破产法生效之前开始的，将继续适用国务院关于“政策性破产”的条例和规则。①

2004 年草案偏向职工一方，公众对此感到非常吃惊，十分关注。② 该条款引起关注的原因，并非全是因为破产企业职工的有利地位，而是因为破产企业职工获得了比“政策性破产”中更特殊的保护：（1）它将国有企业职工的范围扩大到所有职工；（2）债权的范围扩大，而不再局限于特定类型的债权，如安置权；（3）优先受偿的范围，从土地使用权扩大到企业的所有财产。职工优先地位的大举扩张，意味着如果职工不能获得全额支付，担保债权人的权利将会受到损害。③

整体来看，学界对 2004 年草案对破产企业职工权益的保护，评价不太积极。查尔斯·布斯（Charles D. Booth）认为，一方面，第 8 条删掉 2002 年草案第 10 条第 2 款的内容，似乎减弱对职工权益的保护；另一方面，第 113 条和第 127 条中规定新的优先顺位方案，极大地扩大破产法对职工权益的保护。④ 2004 年草案第 113 条和第 127 条规定，如果债务人有足够的资金全额

---

① 蒋黔贵：《全国人大法律委员会关于〈中华人民共和国企业破产法（草案）〉修改情况的报告》，2004 年 10 月 22 日在第十届全国人民代表大会常务委员会第十二次会议上，载《全国人民大会常务委员会公报》（2006 年卷），第 579～583 页。

② Charles D. Booth, “The 2006 PRC Enterprise Bankruptcy Law: The Wait is Finally Over”, Vol. 20, *S. Ac L. J.*, 2008, pp. 308－309.

③ Charles D. Booth, “Drafting Bankruptcy Laws in Socialist Market Economies: Recent Developments in China and Vietnam”, Vol. 18, *Colum. J. Asian. L.*, 2004, p. 140.

④ Charles D. Booth, “Drafting Bankruptcy Laws in Socialist Market Economies: Recent Developments in China and Vietnam”, Vol. 18, *Colum. J. Asian. L.*, 2004, p. 140; Charles D. Booth, “The 2006 PRC Enterprise Bankruptcy Law: The Wait is Finally Over”, Vol. 20, *S. Ac L. J.*, 2008, pp. 308－309.

支付职工债权，包括未支付的工资、未支付的基本社会保险以及根据法律和行政法规应当支付的其他款项，则适用传统的优先顺位；如果不能足额支付职工债权，则职工债权将作为第一顺位债权人，先于担保债权从担保物中获得偿付。关于其后果，查尔斯·布斯指出："如果这些规定最终成为法律，它们将会对中国的银行贷款造成负面影响，并导致贷款成本的上升。……希望这个优先规则的变化，在2004年10月草案中不是更倾向保护职工的重大政策变化。如果人民法院从广义解释第8条，并且如果没有足够的资产足额偿付职工债权，则根据第113条和第127条，作出不接受破产案件的司法裁定，那将是非常不幸的。"①

在破产法草案二读后，全国人大常务委员会办公厅将草案发送给国务院征求意见；后来，全国人大法律委员会和全国人大常委会法制工作委员会，还多次和国务院法制工作办公室及最高人民法院就破产法草案交流意见。②在2004年第十届全国人大第十二次常务委员会会议后，公众对2004年年底颁布新破产法信心十足。但是，意外突然出现。据媒体报道，"2004年10月对草案进行了第二次审议。本来是再经过一次修改审议以后，就可以通过了，但恰恰在这一关键时刻，在破产清算、债务清偿顺序问题上出现了争议，争议的焦点是到底劳动债权优先，还是担保债权优先？这一争就是两年。两个优先都有硬道理。立法时到底把哪个放在优先的地位，就成了立法者的难题，处在两难之间，难以取舍"。③ 由于对该规定的激烈争论，该草案的三读被推

① Charles D. Booth, "Drafting Bankruptcy Laws in Socialist Market Economies: Recent Developments in China and Vietnam", Vol. 18, *Colum. J. Asian. L.*, 2004, pp. 140 – 141; Charles D. Booth, "The 2006 PRC Enterprise Bankruptcy Law: The Wait is Finally Over", Vol. 20, *S. Ac L. J.*, 2008, pp. 308 – 309.

② 蒋黔贵：《全国人大法律委员会关于〈中华人民共和国企业破产法（草案）〉审议结果的报告》，2006年8月22日在第十届全国人民代表大会常务委员会第二十三次会议上，载《全国人民大会常务委员会公报》(2006年卷)，第583页。

③ 佚名：《破产法立法背后的故事：历时十二载几次搁浅》，载《中国证券报》2006年8月28日。

迟至 2006 年 8 月，进而导致《企业破产法》的颁布时间至少推迟两年。[①] 学界普遍认为，该破产法草案对于破产企业职工权益保护引发的争议，成为立法进程被长时间推迟的主要原因之一。[②]

时任中国人民银行行长周小川是担保债权优先于职工债权观点的重要支持者之一。在他看来，如果将职工债权放在优先地位，将会导致担保债权得不到履行。他指出，在中国的政策性破产中，贷款的平均偿付率只有 1.2%，不到银行业预期的十分之一，这令银行和银行业者非常失望。周小川预测，如果破产法中职工债权的优先顺序普遍化，银行将会调整政策，限制公司从金融机构获得贷款的机会，这种调整将会给公司造成严重损害。周小川强调，为了解决国有企业和其他公司破产可能造成的问题，有必要建立管理良好的社会保险体系，这显然已经超出了破产法的范围。[③]

在《企业破产法》二审稿征求意见稿发布后，李曙光特别对破产企业职工工资的清偿顺位以及职工债权与担保债权哪个更优先，做出详尽的评析：第一，对于破产企业所欠职工工资，区分为历史劳动债权和即期劳动债权，“历史劳动债权是指基于在传统的计划经济体制下，国家对国有企业的职工的社会劳保福利负有全责，但一直给国有企业职工低工资，利润大部分上缴国家，将职工的应得部分用于投资建设，而未给他们缴纳社会保障金而形成的国家对原国有企业职工的欠债，国有企业职工拿的低工资实际上隐含着我们对职工的历史欠债。这部分债务属于体制遗留问题，不应纳入破产法的调整范围，应通过国家国有股减持、国有土地使用权出让等方式解决”。因此，李曙光认为只应该把即期劳动债权，诸如企业拖欠职工的工资、劳保费用和法定补偿金等纳入破产法的清偿顺位。第二，对于破产企业拖欠职工工资与

---

① Charles D. Booth, “The 2006 PRC Enterprise Bankruptcy Law: The Wait is Finally Over”, Vol. 20, *S. Ac L. J.*, 2008, p. 309.

② Steven J. Arsenault, “Westernization of Chinese Bankruptcy: An Examination of China's New Corporate Bankruptcy Law through the Lens of the UNCITRAL Legislative Guide to Insolvency Law”, 27 *Penn St. Int'l L. Rev.* 45 (2008 – 2009), p. 57; Charles D. Booth, “The 2006 PRC Enterprise Bankruptcy Law: The Wait is Finally Over”, Vol. 20, *S. Ac L. J.*, 2008, p. 309.

③ 周小川：《金融改革期待新〈破产法〉》，载《财经界》2005 年第 1 期，第 59 页。

担保债权哪个优先的问题，李曙光认为，破产法的优先权顺位是破产法对不同权利重要性的评价，既有时代性，也与社会政治经济背景紧密相连，当时的草案中将职工工资、基本社会保险费用和补偿金设定为优先于担保债权受偿，考虑了我国当时的现实国情，体现出破产法对职工权益的重点保护，但对担保债权人的负面影响显而易见。李曙光认为，职工债权与担保债权的顺位问题，有三种处理思路：（1）职工工资劣后于担保债权，但在其他债权中处于第一顺位，需要有相应的保险或基金配套；（2）职工工资优先于担保债权，但可以从额度比例或时间期限角度，有一定的限额规定；（3）破产法中暂时回避该问题，而待有司法解释根据社会动态调整，让“清偿的优先次序”处于待定的状态。①

在学术界，各种观点也针锋相对。李曙光在 2005 年的一次访谈中曾表示，他支持担保债权优先于职工债权，原因有三：第一，在债权人顺位中，将职工债权放在担保债权之后是国际惯例，我们应当遵守通行规则，而不能在破产法中增加社会保险的功能；第二，破产法的基本价值是保护所有债权人的利益，特别是在中国发展市场经济体制的背景下，更应该强调保护债权人的价值取向；第三，担保债权优先有助于维护金融机构的稳定，避免金融风险，减少整个市场的交易成本，并可以向所有债权人传递对交易确定性的预期。② 王利明教授强烈反对将职工债权排在比担保债权更高的优先顺位。他曾列出职工债权优先的 7 项不利后果：（1）损害交易安全；（2）损害银行的利益和交易秩序；（3）损害企业自身的利益；（4）损害交易成本，并将在长期对经济发展产生不利影响；（5）事实上将国有企业的政策性破产扩大到各种类型的公司；（6）将刺激拖欠职工债权；（7）违背国际规则。王利明认为，如果仅在破产法里在债权人顺位中将职工债权排在优先地位，而没有一套精心设计的社会保险制度、有效的劳动法制度、有效的劳动争议司法制度

---

① 李曙光：《关于〈企业破产法（草案）二审稿的几点意见〉》，载李曙光：《破产法的转型：李曙光破产法文选》，法律出版社 2013 年版，第 20 页。

② 李曙光：《担保债权与职工债权谁优先》，载《21 世纪经济报道》2005 年 5 月 29 日。

和工资担保基金，还是不能解决职工债权难题。[①] 在另一篇论文里，王利明再次重申其反对将职工债权排在优先地位的观点。[②] 而黄少安和赵海怡则通过法与经济分析的方法得出结论，倾向于支持职工债权的优先顺位。两位作者分别驳斥了关于在债权人顺位中将担保债权排在优先地位的 4 种观点，即国际惯例的原因、金融机构的稳定性、破产法的基本职能、贷款条件的可能改善，通过法与经济分析认为，职工债权优先于担保债权的利益大于可能的成本，因此在破产法最终的制度设计中，应鼓励对职工债权的保护。[③]

2006 年 8 月 17 日，全国人大法律委员会召开两次会议，根据行政部门和司法部门的意见，对草案重新评估，并再次修改草案中关于职工债权和担保债权优先顺位的条款：首先，如果债务人提出破产申请，债务人应当向人民法院提交关于工资支付和社会保险费缴纳情况的其他文件。该条由全国人大常务委员会的部分委员提出，经法律委员会和财政经济委员会核实后建议加入。其次，关于职工债权和担保债权之间的平衡，二读草案规定未支付的工资、基本社会保险费和补偿金应当首先从未担保财产中支付；如果未担保财产不足，则从担保财产中支付。全国人大常务委员会的部分委员提出，通过职工债权的优先顺位安排保护职工的合法权利是必要的，但保证担保债权和交易安全也是必要的。另外，全国人大常务委员会还有一些委员提出，在债权人顺位中，享有优先地位的职工债权中还应当增加医疗费、残疾和死亡赔偿金。这些意见在行政和司法部门之间引起激烈的争论。[④]

原国务院法制办公室在该争论中起着重要作用，它在立法程序中是代表国务院的。在听取其他政府部门的诸多意见后，原国务院法制办公室建议将上述条款修改为："债务人所欠职工的工资和医疗、伤残补助、抚恤费用，

① 王利明：《关于劳动债权与担保物权的关系》，载《法学家》2005 年第 2 期，第 2 ~ 5 页。

② 王利明：《破产立法中的若干疑难问题探讨》，载《法学》2005 年第 3 期，第 4 ~ 5 页。

③ 黄少安、赵海怡：《破产企业劳动债权是否应该法定为优于有担保债权受偿：一个法经济学视角的分析》，载《经济科学》2005 年第 4 期，第 32 ~ 37 页。

④ 蒋黔贵：《全国人大法律委员会关于〈中华人民共和国企业破产法（草案）〉审议结果的报告》，2006 年 8 月 22 日在第十届全国人民代表大会常务委员会第二十三次会议上，载《全国人民大会常务委员会公报》（2006 年卷），第 584 页。

所欠的应当划入职工个人账户的基本养老保险、基本医疗保险费用，以及法律、行政法规规定应当支付给职工的补偿金，应以债务人的未担保财产优先支付。未担保财产不足的，如果所欠职工债务是在本破产法生效前发生的，则以担保财产进行支付。”① 行政机构如此规定的原因，是通过特别方案解决历史遗留问题，特别是历史债务的数量是可以确定的。这种情况下，需要优先于担保债权支付的风险，整体可以预测和控制。另外，全国人大常务委员会的某些委员提出，破产法生效后新发生的拖欠职工债务，应当通过发展社会保险制度和制定有关法律解决，因此没有必要在新起草的破产法中规定这个问题。② 这些意见被法律委员会和财政经济委员会所采纳，并吸收到2006年8月在第十届全国人大第二十三次常务委员会会议上三读的最终草案中。

即便到了此时，关于职工债权和担保债权的优先顺位仍存在一些争议。但全国人大常委会法制工作委员会认为，有关各方已就该问题充分协商，并在职工保护和交易安全中已达到平衡。因此，在第十届全国人大第二十三次常务委员会三读期间，有关争议条款也最终确定下来。③

最终争议和妥协的结果，是以《企业破产法》颁布时间为准划界，2006年8月27日之前和之后发生的职工债权，分别适用不同的处理方案。这一方案最终为各方接受，2006年8月《企业破产法》才得以顺利通过。④

长期供职于中华全国总工会的郭军在评析《企业破产法》时则认为，职

① 蒋黔贵：《全国人大法律委员会关于〈中华人民共和国企业破产法（草案）〉审议结果的报告》，2006年8月22日在第十届全国人民代表大会常务委员会第二十三次会议上，载《全国人民大会常务委员会公报》（2006年卷），第584页。

② 蒋黔贵：《全国人大法律委员会关于〈中华人民共和国企业破产法（草案）〉审议结果的报告》，2006年8月22日在第十届全国人民代表大会常务委员会第二十三次会议上的报告，载《全国人民大会常务委员会公报》（2006年卷），第584页。

③ 杨景宇：《全国人大法律委员会关于〈中华人民共和国各级人民代表大会常务委员会监督法（草案）〉、〈中华人民共和国企业破产法（草案）〉和〈中华人民共和国合伙企业法（修订草案）〉修改意见的报告》，2006年8月26日在第十届全国人民代表大会常务委员会第二十三次会议上的报告，载《全国人民代表大会常务委员会公报》（2006年卷），第559页。

④ Charles D. Booth，The 2006 PRC Enterprise Bankruptcy Law：The Wait is Finally Over，Vol. 20，*S. Ac L. J.*，2008，p. 309.

工债权的优先地位不会动摇担保制度，这种优先地位符合国际惯例，并且不会损害经济发展。郭军认为，破产企业的职工是破产案件最大的受害者，他们可能被拖欠工资和保险费，因此，在破产企业存在的最后关头仍然忽视他们的声音，是无法让人接受的。①

时隔多年后，席涛曾将职工债权和担保债权优先顺序的争议，归纳为三种类型：来自金融机构的代表认为，担保债权应当优先于职工债权；来自职工和工会的代表，倾向支持职工债权优先于担保债权；中间派则希望综合平衡这两种冲突的价值和利益。②

三、现行《企业破产法》中的职工权益保护机制

2006 年 8 月 27 日，第十届全国人大第二十三次常委会会议，最终通过《企业破产法》。如果忽略其起草过程中耗费的漫长的 12 年时间，站在历史的长河来看，2006 年《企业破产法》的颁布，意味着 1986 年《企业破产法（试行）》所确立的破产法律体系的废止，我国破产法由此走向符合国际趋势的现代化方向，在国际范围内引起强烈反响。③

从制度设计的角度，新《企业破产法》在职工权益保护方面，与 1986

① 郭军：《新〈破产法〉关于职工权益保护的制度设计评析》，载《中国工运》2006 年第 12 期，第 27 页。

② 席涛：《我们所知道的法律和不知道的法律：法律经济学的一个分析框架》，载《政法论坛》2010 年第 1 期，第 6 ~ 8 页。

③ 李曙光：《华尔街的回响》，载《南方周末》2006 年 9 月 21 日，第 C18 版。在我国 2006 年《企业破产法》颁布之后，英文学界亦十分关注，先后发表多篇学术论文，如 Mike Falke，"China's New Law on Enterprise Bankruptcy：A Story with a Happy End?"，Vol. 16，*Int. Insolv. Rev*，2007，pp. 72 – 73；Samuel L. Bufford，"The New Chinese Bankruptcy Law：Text and Limited Comparative Analysis"，*Norton Journal of Bankruptcy Law & Practice*，5 art. 3.（2007）；Xianchu Zhang，"Too Big to Fail with Chinese Characteristics"，first published at：Rebecca Parry edit，*Too Big to Fail? Large National and International Failures under the Spotlights*，INSOL Europe 2013，pp. 133 – 150；Andrew Godwin，"A Lengthy Stay? The Impact of the PRC Enterprise Bankruptcy Law on the Rights of Secured Creditors"，*UNSW Law Journal*，Vol. 30，Issue 3，2007. 需要说明的是，这 4 篇论文在笔者主持"远观"译丛翻译时，已经原作者或出版机构授权翻译成汉语，并收入到陈夏红编：《中国破产法的现代化：从〈大清破产律〉到〈企业破产法〉（1906 – 2006）》，谢琳、涂晟等译，中国大百科全书出版社 2018 年版，第 3 ~ 90 页。当然，有关我国 2006 年《企业破产法》研究和评述的英文文献，远不止上述几篇。

年《企业破产法（试行）》及“政策性破产”体系，保持比较流畅的承继：一方面，《企业破产法》第133条给既有国企改革政策适用留下转接条款；另一方面，按照国务院2007年发布的《研究国有企业政策性关闭破产工作的会议纪要》要求，“对总体规划中符合条件的拟关闭破产企业，2007年上半年基本完成审核工作，年底前基本完成破产组织实施，2008年做好收尾工作，今后企业破产工作一律按照破产法的要求执行，国家不再实施新的政策性关闭破产”。[①]《企业破产法》在国有企业政策性破产、保障国有企业职工合法权益、国有企业破产财产清偿顺序、管理人制度与清算组等问题上，都和1986年《企业破产法（试行）》及“政策性破产”保持紧密衔接。[②]

本部分拟简单梳理一下在我国《企业破产法》对破产企业职工权益保护。

（一）对于破产企业职工的特殊保护

韩长印2002年就在破产法研究中，引入“公共政策”理论，认为在企业破产的立法环节和立法之后的实施环节，政府对企业破产法的推行所可能抱有的态度即体现了这种破产法立法上的公共政策，认为破产优先权体系本身就是立法者体现公共政策的一种方式。在此基础上，韩长印特别指出，工资债权、社会保险费用债权、国家债权以及侵权行为债权等等，都体现出某种程度的公共政策抉择。[③] 这一观点，为我们理解破产程序中职工债权的优先规定，提供特别的视角。

作为保护职工利益的一条基本原则，《企业破产法》第6条的措辞，复制了2004年草案第9条：“人民法院审理破产案件，应当依法保障企业职工的合法权益，依法追究破产企业经营管理人员的法律责任。”[④] 韩传华认为，

---

① 国务院国资委企业改组局课题组：《新破产法框架下国有企业破产重组问题研究》，载李曙光、郑志斌主编：《公司重整法律评论》（第1辑），法律出版社2011年版，第50页。

② 国务院国资委企业改组局课题组：《新破产法框架下国有企业破产重组问题研究》，载李曙光、郑志斌主编：《公司重整法律评论》（第1辑），法律出版社2011年版，第50～54页。

③ 韩长印：《破产优先权的公共政策基础》，载《中国法学》2002年第3期，第26～40页。

④ 2006年《企业破产法》第6条。

这里的“依法保障企业职工的合法权益”，意味着两点：一是如果《企业破产法》和《民事诉讼法》约定不明，但破产案件进行中涉及职工利益与其他债权人、债务人利益的冲突时，法院应该坚持职工利益优先保护原则，对不明确的规定，做出有利于职工利益的解释和适用；二是法院在破产程序的每一环节，都应充分考虑相关程序是否有利于保护职工的合法权益。[①]

除上述原则性规定外，《企业破产法》在诸多条文中，体现出了对职工权益的特别优待。这种优待主要体现在如下几方面：

第一，在债务人申请破产时，为强化债务人企业安置破产企业职工的责任，申请人不仅应当提交《企业破产法》第8条载明的基本材料，还应当向人民法院额外提交一份“职工安置预案、支付职工工资和社会保险费用的缴纳情况”的说明。[②] 而如果债权人申请破产，则债务人应当在收到人民法院寄送的裁定之日起15日内，向人民法院提交一份“职工工资支付和社会保险费用的缴纳情况”的说明。[③] 在这两种情形中，如果债务人违反《企业破产法》的规定，拒不提交相关材料或者提交虚假材料，人民法院可以对直接责任人依法处以罚款。[④]

第二，破产企业职工债权有免于申报的特权。根据《企业破产法》第48条，职工在申报债权中享有很高的优先地位：“债务人所欠职工的工资和医疗、伤残补助、抚恤费用，所欠的应当划入职工个人账户的基本养老保险、基本医疗保险费用，以及法律、行政法规规定应当支付给职工的补偿金，不必申报，由管理人调查后列出清单并予以公示。职工对清单记载有异议的，可以要求管理人更正；管理人不予更正的，职工可以向人民法院提起诉讼。”[⑤]

第三，破产企业职工和工会代表享有参加债权人会议和债权人委员会并

① 韩传华：《企业破产法解析》，人民法院出版社2007年版，第23~24页。
② 2006年《企业破产法》第8条。
③ 2006年《企业破产法》第11条。
④ 2006年《企业破产法》第127条。
⑤ 2006年《企业破产法》第48条。

发表意见的特权。一方面，“债权人会议应当有债务人、职工和工会代表参加，对有关事项发表意见”，作为一种强制性规定，对于债权人会议的合法召开，有重要影响。① 另一方面，关于债权人委员会的组成，也有类似的规定：如果债权人会议决定设立债权人委员会，则可以选任不超过九名债权人委员会成员，其中至少应当包括一名债务人的职工代表或者工会代表。②

第四，在重整程序中，职工作为债权人，有权利独立成组并享有对重整计划的一组否决权。按照《企业破产法》，在企业重整程序中，“债务人所欠职工的工资和医疗、伤残补助、抚恤费用，所欠的应当划入职工个人账户的基本养老保险、基本医疗保险费用，以及法律、行政法规规定应当支付给职工的补偿金”被列为四类债权中的第二类债权，与对债务人的特定财产享有担保权的债权、债务人所欠税款、普通债权等三类债权，分组对重整计划草案表决。③ 根据《企业破产法》第 86 条，作为单独设立的职工债权组，如果职工债权对重整方案不满意，可以否决重整计划。④ 但是，如果债务人或者管理人同未通过重整计划草案的表决组协商后，再次表决仍未通过重整计划草案，或者如果未通过重整计划草案的表决组拒绝再次表决，但按照重整计划草案，该法第 82 条第 1 款第 2 项所列债权应当能够获得全额清偿，或者职工债权人已经通过重整计划草案，债务人或者管理人可以申请人民法院批准重整计划草案。⑤

（二）围绕职工债权顺位及“政策性破产”能否继续适用产生的争议

我国 2006 年《企业破产法》在上述条款中对破产企业职工权益给予的特殊保护，并没有引发太大的争议，关键的争议出现在清偿顺位和“政策性破产”能否继续适用方面。

按照《企业破产法》第 113 条的规定，在破产清算程序中，职工债权在

---

① 2006 年《企业破产法》第 59 条。
② 2006 年《企业破产法》第 67 条。
③ 2006 年《企业破产法》第 82 条。
④ 2006 年《企业破产法》第 86 条。
⑤ 2006 年《企业破产法》第 87 条。

《企业破产法》中被列为破产费用和共益债务后第一顺位的债权。该法规定："破产财产在优先清偿破产费用和共益债务后，依照下列顺序清偿：（一）破产人所欠职工的工资和医疗、伤残补助、抚恤费用，所欠的应当划入职工个人账户的基本养老保险、基本医疗保险费用，以及法律、行政法规规定应当支付给职工的补偿金；（二）破产人欠缴的除前项规定以外的社会保险费用和破产人所欠税款；（三）普通破产债权。破产财产不足以清偿同一顺序的清偿要求的，按照比例分配。破产企业的董事、监事和高级管理人员的工资按照该企业职工的平均工资计算。"[①]

另外也有评论指出，中国立法中占主导地位的社会主义意识形态，仍未放弃保护职工权益的立场。[②] 麦克·法尔克（Mike Falke）对该条文背后的逻辑，分析如下：

> 现代破产法平等对待同一位阶债权人的原则，减少了各种无担保债权人的优先权。在现代市场经济中，社会和经济原因常常很难成为向某类债权人提供优先权的理由……但在像中国这样的转型国家中，由于缺乏充足的破产基金、社会保险体系以及有效的国内税收体系，在通过其他方式达到必要的平衡之前，应当且有必要在有限的转型期，向这些债权人提供优先保护。
>
> 除社会因素外，我们还可发现将职工放在其他无担保债权人之前的其他原因。首先，他们可能无法承担由于失去工作而遭受的损失，并因此无法偿还他们自己拖欠的债务，这可能引起连环破产和社会困境，并因此影响职工的社会处境。其次，由于职工和企业之间是劳动关系，而非自愿和企业形成债权债务关系，因此，他们对企业的债权常常不是自愿形成的，职工通常无法事先评估企业的破产风险，也没有能力就他们的工资和企业展开谈判。另外，如果在企业破产过程中不向职工支付工资，职工可能不愿意参加企业的重整程序并继续工作。而且，因为职工的劳动会增加其他债权人的利益，职

① 2006年《企业破产法》第113条。

② Kingsley T. W. Ong & Mark W. H. Hsiao, "From ISDA to NAFMII: insolvency stalemate and PRC bankruptcy jurisprudence", *Capital Markets Law Journal*, 2013, Vol. 8, Issue (1), pp. 84 – 85.

工对企业重整至关重要，向职工支付工资也是合理的。[①]

根据《企业破产法》的规定，担保债权最终在与职工债权的对弈中占得上风。[②] 但是，《企业破产法》第113条中关于“破产财产不足以清偿同一顺序的清偿要求的，按照比例分配”的规定，被认为“推翻长期以来大多数西方法域传统的优先顺位实践，严重削弱担保债权人的实质性权利”。[③] 关于该安排，支持者们认为，该规定将会为国有企业破产造成的失业潮提供基本保障，但反对者则认为这种对担保债权人不利的安排，将会破坏市场经济的基本秩序，严重损害银行业的利益。

另外，对于破产企业职工债权，采取新老划断的办法，“新人新办法，老人老办法”，比较富有智慧地解决了历史问题。在附则中，《企业破产法》特别规定：“本法施行后，破产人在本法公布之日前所欠职工的工资和医疗、伤残补助、抚恤费用，所欠的应当划入职工个人账户的基本养老保险、基本医疗保险费用，以及法律、行政法规规定应当支付给职工的补偿金，依照本法第一百一十三条的规定清偿后不足以清偿的部分，以本法第一百零九条规定的特定财产优先于对该特定财产享有担保权的权利人受偿。”[④] 这种做法在后来的司法解释中也得到支持。据最高人民法院《关于〈中华人民共和国企业破产法〉施行时尚未审结的企业破产案件适用法律若干问题的规定》在第14条规定，《企业破产法》施行后，破产企业的职工依据《企业破产法》第132条的规定主张权利的，人民法院应予支持。[⑤]

---

① Mike Falke, “China's New Law on Enterprise Bankruptcy: A Story with a Happy End?”, Vol. 16, *Int. Insolv. Rev*, 2007, pp. 72 – 73.

② Charles D. Booth, “The 2006 PRC Enterprise Bankruptcy Law: The Wait is Finally Over”, Vol. 20, *S. Ac L. J.*, 2008, pp. 309 – 310.

③ Lijie Qi, “The Corporate Reorganization Regime under China's New Enterprise Bankruptcy Law”, Vol. 17, *Int. Insolv. Rev.*, 2008, pp. 24 – 28.

④ 2006年《企业破产法》第132条。

⑤ 最高人民法院《关于〈中华人民共和国企业破产法〉施行时尚未审结的企业破产案件适用法律若干问题的规定》(2007年4月23日最高人民法院审判委员会第1425次会议通过，法释〔2007〕10号，2007年6月1日施行) 第14条。

在《企业破产法》生效后，如果未能根据第113条的规定完全清偿职工债权，则应根据《企业破产法》第109条的规定，在清偿担保债权之前，先从特定财产中清偿职工债权。[①] 李曙光教授将这种安排概括为“新债新办法，老债老办法”，不仅突出担保债权的优先地位，也强调《企业破产法》对职工债权的保护，因而这是一条极具中国智慧的规定，并认为它是《企业破产法》最重要的创新之一。李曙光认为，在债权人顺位中关于担保债权和职工债权的地位受到如下三个因素的影响：（1）根据我国当时《担保法》的规定，担保财产不列入破产财产中，而应当在破产财产之外单独处理，因此，有必要理清《企业破产法》与当时《担保法》之间的关系。（2）针对职工债权问题的复杂性，有必要考虑中国的传统，但是在市场经济体制下，更应该通过社会保障制度解决这个问题。（3）对金融机构的保护不充分，不仅会降低它们向企业提供贷款的积极性，还可能导致银行自身的破产风险。[②] 很显然，在立法机关就《企业破产法》征集意见的过程中，这种安排被视为为减少阻力而做的一种妥协。[③] 麦克·法尔克指出，该规定导致担保债权人失去优先顺位，与市场平等的原则是违背的，只有在《企业破产法》实施之前破产企业的全部遗留职工问题都解决后，按照《企业破产法》担保债权人的权利才不会受到侵害。[④]

显然，按照《企业破产法》的框架，破产企业职工已不再享有优先于担保债权的地位。从历史的角度看，这是中国破产制度在进化过程中发生的新变化。表5可以更清楚地展示职工债权和担保债权在我国破产法进化过程中

---

① 2006年《企业破产法》第132条。

② 李曙光：《新企业破产法的意义、突破与影响》，载《华东政法学院学报》2006年第6期，第113页。

③ Steven J. Arsenault, “Westernization of Chinese Bankruptcy: An Examination of China's New Corporate Bankruptcy Law through the Lens of the UNCITRAL Legislative Guide to Insolvency Law”, 27 *Penn St. Int'l L. Rev.* 45 (2008－2009), p. 58.

④ Mike Falke, “China's New Law on Enterprise Bankruptcy: A Story with a Happy End?”, Vol. 16, *Int. Insolv. Rev*, 2007, p. 72.

位置的交替和变化：[①]

表 5　职工债权优先顺位在破产法草案中的变化

立法/文件	优先顺位
1986 年《企业破产法（试行）》 1994 年“第 59 号通知” 1995 年“企业破产法草案”	第一顺位：担保债权〉第二顺位：职工债权
1996 年通知 1997 年“第 10 号通知”	第一顺位：职工债权〉第二顺位：担保债权
2004 年“企业破产法草案” 《企业破产法》	第一顺位：担保债权〉第二顺位：职工债权

正如麦克·法尔克所指出的，国有企业在中国经济和政治结构中的主导地位，要求中国法律制度设计时，应对国有企业破产问题特别处理，因此，在破产程序上，《企业破产法》必须实现保护担保债权人和保护职工债权的平衡。[②] 麦克·法尔克进一步指出：

和许多其他转型国家一样，破产程序中职工和担保债权人之间的分配顺序表明，在中国的法律起草过程中，也有类似重要的关切。事实上，有一份草案甚至曾考虑，只有在全额偿付职工债权之后，担保债权人才能获得偿付。中国立法者设计的解决方案，已经是一个妥协：担保债权人被纳入破产程序的范围内，而且担保程序的自动中止和其他后果，也会影响到担保债权人。但是，为了保护他们的权利，他们有权从他们的特定担保物处置所得的收益中获得偿付。因此，他们事实上相对于其他债权人组，拥有优先权。在有限的转型时期内，也只有职工债权才优先于担保债权人而获得偿付。这种妥协

① Emily Lee & Karen Ho，“China's New Enterprise Bankruptcy Law：A Great Leap Forward，but Just How Far?” *Int. Insolv. Rev.*，Vol. 19，(2010)，pp. 168 – 169.

② Mike Falke，“China's New Law on Enterprise Bankruptcy：A Story with a Happy End?”，Vol. 16，*Int. Insolv. Rev*，2007，p. 65.

在有限的转型时期内是可以接受的，并且在中国当前的社会政治现实条件下，显然是一种折中方案。①

那么，这里的困境和问题应该如何解决？王欣新、杨涛曾建议用如下方案来改进：首先，应该明确界定职工债权的范围，并将其尽可能扩大，特别是《企业破产法》第113条规定的“债务人依照法律和行政法规应当向职工支付的其他赔偿金”，例如中国的住房公积金，也应当包括在职工债权中。其次，有必要通过司法解释，鼓励地方政府和破产企业先行偿付职工债权。最后，由于破产企业的董事、监事和高级管理人员在实践中常常不愿意在最佳时间申请破产，造成企业损失的扩大，从而无法在破产程序中偿付职工债权，因此，有必要规定破产企业的董事、监事和高级管理人员，有义务在适当的时间申请破产。②

尽管在破产企业职工权益保护及其他方面，《企业破产法》与1986年《企业破产法（试行）》和“政策性破产”尽可能保持新旧衔接，但囿于我国社会保障体系有待完善，导致2006年《企业破产法》实施后，国有企业破产依然面临一些问题，《企业破产法》的精神和原则仍有一些超前的地方。这一特征在如下几个具体问题上，体现得尤其明显：（1）做不到全社会保险费用的社会化管理和发放；（2）做不到离退休人员、失业人员的社会化管理；（3）社会保险资金不足，职工个人账户不足；（4）失业救济制度不健全，缺乏为失业人员提供再就业服务的社会服务组织保障体系；（5）城镇职工基本医疗保险制度不健全，职工医疗费用严重不足；（6）城市居民最低生活保障制度尚未覆盖到所有贫困职工。③ 另外，尽管破产企业职工债权在破产清算中处于第一顺位，但在面临破产财产难以处置甚至无法变现，由此导

---

① Mike Falke, “China’s New Law on Enterprise Bankruptcy: A Story with a Happy End?” Vol. 16, *Int. Insolv. Rev*, 2007, p. 72.

② 王欣新、杨涛：《破产企业职工债权保障制度研究：改革社会成本的包容与分担》，载《法治研究》2013年第1期，第27～28页。

③ 国务院国资委企业改组局课题组：《新破产法框架下国有企业破产重组问题研究》，载李曙光、郑志斌主编：《公司重整法律评论》（第1辑），法律出版社2011年版，第54页。

致破产费用不足、职工不能安置等情况，不稳定事件发生往往也是因为破产财产长时间难以变现、职工安置费用迟迟难以到位等情况。[①]《企业破产法》在强化市场经济职能的同时，告别过去“政策性破产”负责安置职工去向的传统做法，没有考虑职工的安置去向，只是简单地将职工推向了社会，无法做到像“政策性破产”那样安置到人，国企职工难以接受现实，也带来实实在在的生活困难，很容易引发社会矛盾。[②] 为解决这个问题，建立国有企业破产基金成为解决问题的对策建议之一，可以在破产周转资金、职工安置费用、离退休人员和企业办社会职能移交、托底支付破产程序无法覆盖的职工债权、补足破产企业资本金、清偿部分敏感债务、解决重整融资、处理突发事件及解决政策性破产遗留问题等，发挥充分作用。[③] 在本书结论中，笔者将在此基础上，结合其他法域的经验，提出设置我国破产欠薪保障基金的必要性。

结　　语

1949 年之后，我国先后颁布两部破产法：1986 年《企业破产法（试行）》与《企业破产法》。在这两部法律的背后，中国从社会主义计划经济向市场经济的转型，发挥着极其重要的作用。在本章中，笔者使用历史研究的方法，重述了破产法中职工权益保护机制的发展脉络。过去三十多年来，我国破产法的发展表明，职工权益保护始终是影响我国破产法立法的重要因素。

在本章中，笔者首先在第一节简明扼要地概括 1986 年《企业破产法

① 国务院国资委企业改组局课题组：《新破产法框架下国有企业破产重组问题研究》，载李曙光、郑志斌主编：《公司重整法律评论》（第 1 辑），法律出版社 2011 年版，第 55 页。

② 国务院国资委企业改组局课题组：《新破产法框架下国有企业破产重组问题研究》，载李曙光、郑志斌主编：《公司重整法律评论》（第 1 辑），法律出版社 2011 年版，第 55 页。

③ 国务院国资委企业改组局课题组：《新破产法框架下国有企业破产重组问题研究》，载李曙光、郑志斌主编：《公司重整法律评论》（第 1 辑），法律出版社 2011 年版，第 65 ~ 66 页。

(试行)》起草过程中，相关各方关于职工债权产生的争议。职工债权问题成为1986年《企业破产法（试行)》起草中的焦点问题。这个问题如果得不到圆满解决，反对、阻挠我国破产法的力量就不会撤退，《企业破产法》的通过和颁布就遥遥无期。为此，我国政府用行政法规的方式，在《企业破产法》颁布之前一口气颁布了4部与劳工权益有关的行政法规，进而将企业职工权益保护问题和1986年《企业破产法（试行)》的颁布问题剥离开来。在第二节，笔者聚焦于对中国破产制度和劳工权益有着深远影响的“政策性破产”，分析了其来龙去脉和实质，并对其实施状况做了基本评估。“政策性破产”一反传统破产理论和实践中担保债权绝对优先的做法，而将职工安置置于前所未有的优先地位。这相当于是一种反破产的破产。在第三节，笔者则着重讨论了《企业破产法》在通过之前，中国立法界、学术界围绕劳工权利和担保债权孰优孰先问题展开的争论，同时也详细介绍了《企业破产法》中职工权益保障机制。

整体而言，本章详细展示了在过去三十年中，职工保护问题对中国破产法制度设计的影响及中国破产法对这一重要问题的回应。很显然，至少到目前为止，职工权益保护问题已经成为中国破产法制发展进化的“元问题”，这一问题解决不好，其他问题的解决则无从谈起。

显而易见，职工问题在中国破产法进化过程中的位置，是一个逐渐地从核心到边缘的过程。较之1986年《企业破产法（试行)》起草时职工问题可以左右甚至扼杀破产法的起草，职工问题在二十年后《企业破产法》通过时，其对破产法的影响力也大大降低。换句话说，中国破产法的进化过程中，逐渐开始关注理应属于破产法范畴的核心问题，而不是关注包括职工问题在内等非核心问题。这种巨变的原因在于，1986年《企业破产法（试行)》的起草和颁布，都肇始于当时如火如荼的国企改革，有着极为强烈的工具色彩；而国企改革中，职工问题又是诸多问题中比较核心的问题之一。这就是为什么在这个过程中，职工问题成为左右甚至决定1986年《企业破产法（试行)》命运的关键问题。但随着国有企业改革的深化，政策制定者越来越发现1986年《企业破产法（试行）》以及1990年《民事诉讼法》及1994年《公司法》等法律中与破产有关的条款，完全无法解决国有企业改革的燃眉之急，所以“政策性破产”应运而生，冠以“破产”的名义，但其对职工问题的极端关注，使其本身多少偏离了破产法本身的要旨。到了《企业破产法》起草和颁布，随着社会保险制度的发展，加上其他诸多经济层面、社会层面的进步，职工问题依然是《企业破产法》起草中需要关注甚至抉择的问题，但已不再是其核心问题。职工问题在过去极大地影响了中国破产法制建设的进程，但其影响力越来越弱；按照现在的趋势，在未来破产法的发展过程中，其影响力将会越来越式微。但新一轮供给侧改革尤其是“僵尸企业”处置中引发的职工问题，究竟会对破产法实施产生什么样的影响，依旧有待观察。

同样是通过破产程序中的优先权，给予破产企业职工权益特殊保护，但在不同国家、不同地区和不同时代，这种保护模式都有较大的差别，尤其是用工主体类型、用工类型、职工债权的内涵、职工债权受特殊保护的期限、清偿职工权益的财产类型、法律渊源、各种限制等，不一而足；优先顺位尤其是如何处理职工债权与其他优先债权的顺位，同样也因地而异、因时而异。① 我国破产法体系下对于职工权益保护的破产优先权模式，事实上也在经历从绝对优先到相对优先的转型，这一进程缓慢但清晰可见，也不排除未来破产法修订中有更多的变化。显而易见，破产程序中的优先权作为一种最为传统的保护破产企业职工权益的方式，在不同法域，也都面临着常变常新、变动不居的问题。

---

① International Labour Office, *Protection of Workers' Claims in the Event of the Insolvency of Their Employer*, Report V（1）, fith item on the agenda, International Labour Conference 78th Session, 1991, pp. 21－35.

第二章

破产欠薪保障模式：以香港特别行政区为例

导　语

破产欠薪保障基金模式是世界范围内保护破产企业职工权益的另一种方式。较之传统的破产优先权模式，破产欠薪保障基金模式起步晚，但发展快，与传统优先权模式既是竞争关系，但在很多国家和地区也能够做到并行不悖、相得益彰。本章拟结合我国香港特别行政区破产欠薪保障基金的制度、历史、经验和现状，全面展示破产欠薪保障基金模式的特点。

香港破产欠薪保障机制为什么能够在过去三十多年来，在香港破产企业职工权益保护方面发挥核心作用？这是本章试图回答的问题。对于破产企业职工权益保障问题，我国香港特别行政区在过去三十多年中，在既有的破产法律规范之外，逐渐形成独具特色的破产欠薪保障基金体系。根据我国香港特别行政区《破产欠薪保障条例》（Protection of Wages on Insolvency Ordinance，PWIO）设立的破产欠薪保障基金（Protection of Wages on Insolvency Fund，PWIF）一直是香港（及1997年后的香港特别行政区）破产企业职工权益保护相关法律制度中，最为重要的机制之一。迄今为止，该破产欠薪保障基金在香港特别行政区的破产企业职工权益保护方面，一直发挥着核心作用。

各界对香港破产欠薪保障基金的信心和自豪感，从一则媒体报道中就能反映出来。2013年全国“两会”期间，时任全国政协委员、香港工会联合会常务理事会会长林淑仪在接受媒体采访时，就指出香港破产欠薪保障基金可以为内地所参考，“‘香港有破产欠薪保障基金，只要企业注册了就必须缴纳。’林淑仪说，这样，公司倒闭后，基金可代雇主向雇员垫支欠薪及遣散费。‘一旦工人的申请核实后，基金就会先发放资金出去，政府再去追企业。如此一来可减少老板不能付工资的情况。’林淑仪建议内地可参考这个模式”。① 由此足见香港各界对破产欠薪保障基金模式的信任。

本章将重点评述香港特别行政区的破产欠薪保障机制的历史、制度、经验和现状。在第一节，笔者将重点介绍香港破产欠薪保障机制产生的历史背景，及香港破产欠薪保障机制产生的过程。在第二节，笔者将结合《破产欠薪保障条例》，详细评述该条例的关键制度和法律框架。在第三节，笔者将通过实证数据，展示香港破产欠薪保障基金在过去三十多年来运行的良好情况、破产欠薪保障机制在破产企业职工权益保护中实际发挥的角色以及未来可能的改进。

第一节　香港破产欠薪保障基金设立的缘起

一、香港破产欠薪保障机制诞生的经济背景

在破产欠薪保障基金设立之前，香港破产企业职工保护自身权益的主要方法，主要依靠传统的破产优先权模式。破产企业职工需要通过参与旷日持久的破产清盘程序，寻求在破产清盘中获得待付薪酬的清偿。至于清偿的比例和数额，则完全取决于个案，不仅耗时耗力，最终结果也面临着极大的不确定性。②

20 世纪 80 年代初期，香港经济进入经济萧条期。尤其是 1982 年之后，

---

① 庞倩影：《建议设“破产欠薪保障基金”制度》，载《新快报》2013 年 3 月 5 日。

② Tse Sau - Kuen, *Labor Policy and the Protection of the Legal Entitlements of Private Sector Employees*, Master degree thesis in Public Administration in University of Hong Kong, June 1992, p. 49.

随着香港遭遇破产潮，职工和破产企业间的争议急剧增加。在经济萧条时期，与破产相关的争议和请求增加很明显，相比之前两年，足足增加了两三倍。同时，包括自愿清盘案件迅速增长在内，破产案件数量也明显增加，破产管理署收到的清算和破产案件的数量，在 1981 年和 1982 年分别增加 7.4% 和 6.3%，足以反映出问题严重性。[①]

在当时，当职工遭遇欠薪困扰时，理论上可以寻求劳动关系服务局、注册总署的法律援助部门和破产管理署等政府机构的帮助。[②] 另外，劳动仲裁处也能提供一些服务。[③]

尽管理论上职工可以从上述 4 个部门获得帮助，但由于诸多原因，职工全额讨还其应付薪酬的机会微乎其微。这些原因，包括但不限于：职工全额讨还其应付薪酬缺乏法律保障机制；清算和破产程序时间冗长；处于失业状态的职工缺乏经济能力启动冗长昂贵的法律程序等。[④]

二、社会各界在破产欠薪保障机制筹设中的作用

1982 年破产案件剧增，引起大众对破产企业拖欠职工应付薪酬、已有法律机制对破产企业职工权益保护不足等问题的注意。在这种情形下，香港工会在相关法律机制的改进中，扮演非常积极的领导角色。香港工会敦促政府出台规定，保障企业破产时职工的基本待遇。据报道，为支持建立在清盘和破产时偿付拖欠工资和补偿的中央应急基金，港九电子工业劳工总工会与港

---

① Tse Sau - Kuen, *Labor Policy and the Protection of the Legal Entitlements of Private Sector Employees*, Master degree thesis in Public Administration in University of Hong Kong, June 1992, pp. 58 - 59.

② Tse Sau - Kuen, *Labor Policy and the Protection of the Legal Entitlements of Private Sector Employees*, Master degree thesis in Public Administration in University of Hong Kong, June 1992, pp. 49 - 51.

③ Ng Shuk - fong, Betty, *An Evaluation of the Extent of Protection of Employee's Legal Entitlements in the Event of Insolvency in Hong Kong*, Master degree thesis in Public Administration in University of Hong Kong, June 2000, p. 73.

④ Tse Sau - Kuen, *Labor Policy and the Protection of the Legal Entitlements of Private Sector Employees*, Master degree thesis in Public Administration in University of Hong Kong, June 1992, pp. 51 - 56; Ng Shuk - fong (2000), pp. 75 - 81.

九电子工程和应用劳工工会的代表，向劳动署提交了 10,000 名劳工的签名。这些代表们要求政府，推动制定新法律，阻止破产企业利用其优势地位及相关法律的不足快速致富，而致大量职工薪酬拖欠于不顾。①

在这种情况下，官方也积极行动起来。在 1982～1983 年度的香港立法会上，时任香港总督在其演说中，宣布任命一个特别工作小组来研究该问题，力争尽快提出解决方案。1982 年 10 月 18 日，该特别工作小组正式成立。考虑到这一话题的敏感性及其在经济舞台上的重要作用，该特别工作小组邀请各种利益集团发表意见；在很短时间内，工作组从 42 个相关组织中，收到 26 条意见。②

在 1983 年，工作组发布《关于破产企业职工面临问题的报告》，其中建议设立破产欠薪保障基金。③ 根据该报告，政府有两个理由采取积极措施，回应公众对提高企业破产时对职工权益保护问题的关注：第一，根据当时法律，在企业破产时，职工的权益确实未能得到充分保护；第二，这些职工将自己奉献给香港的经济发展，因此很有必要提高企业破产时对职工权益尤其是应付薪酬的保护。该报告强调，“许多职工在接收被拖欠的工资前，由于破产和清算程序的复杂性和耗时甚久，不得不等待几个月之久。由于企业的资产不足以全额覆盖其应付薪酬，他们可能永远也不能接收全部补偿”。④

工作组有不少选项，比如实施公共救助计划、对拖欠的工资执行类似于

---

① Tse Sau – Kuen, *Labor Policy and the Protection of the Legal Entitlements of Private Sector Employees*, Master degree thesis in Public Administration in University of Hong Kong, June 1992, pp. 59 – 61.

② Tse Sau – Kuen 的论文对该工作小组的组织、宗旨以及运作介绍极为详尽。参见 Tse Sau – Kuen, *Labor Policy and the Protection of the Legal Entitlements of Private Sector Employees*, Master degree thesis in Public Administration in University of Hong Kong, June 1992, pp. 62 – 65。

③ See at Philip Smart, Stephen Briscoe and Charles D. Booth, “Insolvent Liquidation in Hong Kong: A Crisis of Confidence”, *International Corporate Rescue*, Vol. 4, No. 5, 2007, p. 266. 遗憾的是，笔者多方搜寻，始终未找到该报告原文。转引该报告的文献，可参见 Official Report of Proceedings of HKLC (1984), pp. 1243 – 1245。

④ See Ng Shuk – fong, Betty, *An Evaluation of the Extent of Protection of Employee's Legal Entitlements in the Event of Insolvency in Hong Kong*, Master degree thesis in Public Administration in University of Hong Kong, June 2000, pp. 110 – 111.

欠租扣押的扣押令、由破产企业的董事个人偿还职工的应付薪酬、实施保险计划以确保企业破产时职工欠薪的支付、将工资与担保债权人置于同一优先顺序以及设立破产欠薪保障基金。①

但上述诸多选项，各有优缺点，整体来看设立欠薪保障基金的方案最受支持。据统计，包括29个职工组织、6个雇主组织和贸易组织、7个利益集团在内，共有42个机构表达对设立破产欠薪保障基金的支持。相关组织还提出，破产欠薪保障基金应由政府和企业出资设立，包括代替通知补偿和遣散费用在内，职工的其他法定权利也应受到保护。② 为了更为广泛地吸收经验，该工作组同时还研究了二十多个国家关于雇主破产时保障职工欠薪的制度。③基于如此广泛的支持，而且破产欠薪保障基金耗时少、职工的法定待遇能够全额偿付，该工作组最终提议设立破产欠薪保障基金。④

在《工作组关于破产企业职工面临问题的报告》原稿中，工作组仅将公司清盘作为触发申请破产欠薪保障基金的事由。报告原文提及：

我们已意识到，受自愿清算或私人破产影响的职工，可能迟延获得工资和其他雇佣权益。但我们咨询各方面意见后，得知在这种情况下不支付工资的情况极少。受影响的雇员一般能及时或在清盘、私人破产的较早阶段，从清盘人或管理人那里获得偿付。由于自愿清盘或私人破产是清算公司和履行

① Tse Sau - Kuen, *Labor Policy and the Protection of the Legal Entitlements of Private Sector Employees*, Master degree thesis in Public Administration in University of Hong Kong, June 1992, pp. 66 - 71.

② Tse Sau - Kuen, *Labor Policy and the Protection of the Legal Entitlements of Private Sector Employees*, Master degree thesis in Public Administration in University of Hong Kong, June 1992, pp. 70 - 71.

③ 这些国家包括比利时、巴西、加拿大、丹麦、芬兰、法国、印度尼西亚、爱尔兰、意大利、日本、马来西亚、荷兰、新西兰、菲律宾、韩国、新加坡、泰国、英国、美国及德国。更多对国外经验的探讨，参见 Tse Sau - Kuen, *Labor Policy and the Protection of the Legal Entitlements of Private Sector Employees*, Master degree thesis in Public Administration in University of Hong Kong, June 1992, pp. 72 - 73。

④ Tse Sau - Kuen, *Labor Policy and the Protection of the Legal Entitlements of Private Sector Employees*, Master degree thesis in Public Administration in University of Hong Kong, June 1992, p. 74.

其义务非常普遍的方式，特别是若公司处于破产境地时的自愿清盘。职是之故，我们认为自愿清盘和私人破产，不应当被涵盖其中。①

据报告，时任立法委员陈鑑泉（Chan Kam - chuen）亦是前述《工作组关于破产企业职工面临问题的报告》的签名人之一。他表达了其对《1984 年商业登记法案（修订案）》的支持，强调“不仅是职工同时包括善良的雇主”，将同意在企业破产时保障欠付职工的薪酬。② 陈鑑泉还指出，工作组提议设立破产欠薪保障基金，实际上是“香港在保护辛勤劳作的劳工权利方面，迈出的一大步，这将极大地有助于我们社会的成功”。③

经过各方面的讨论，1982 年 12 月立法会最终决定，由企业而非职工或大众，在领取商业登记证时缴纳 100 港元，集资设立破产欠薪保障基金；这种方式因其简单有效，而受到欢迎。④ 同时，根据 Stephen Cheong 对《工作组关于破产企业职工面临问题的报告》的建议，工作组建议设立破产欠薪保障基金，以保护职工免于在企业破产时，无力支付其工资时所面临的潜在困难。⑤

1983 年 10 月 5 日，时任香港总督向行政会议宣布接受工作组关于设立破产欠薪保障基金的建议。⑥

三、破产欠薪保障基金模式的法制化

1984 年 7 月修订《商业登记条例》，据此对 1984 年 10 月 1 日后颁发的商业登记证，征收 100 港元的费用。因此，破产欠薪保障基金将 1984 年 10 月至 1985 年 3 月间六个月所收取的费用 1.65 亿港元为基础，正式开始

---

① See Philip Smart, Stephen Briscoe and Charles D. Booth, “Insolvent Liquidation in Hong Kong: A Crisis of Confidence”, *International Corporate Rescue*, Vol. 4, No. 5, 2007, p. 266.

② Official Report of Proceedings of HKLC (1984), p. 1243.

③ Tse Sau - Kuen, *Labor Policy and the Protection of the Legal Entitlements of Private Sector Employees*, Master degree thesis in Public Administration in University of Hong Kong, June 1992, p. 76.

④ Official Report of Proceedings of HKLC (1984), p. 1243.

⑤ Official Report of Proceedings of HKLC (1984), p. 1244.

⑥ Official Report of Proceedings of HKLC (1984), p. 1245.

运行。[①] 此举为香港破产欠薪保障基金的设立，奠定了经济基础。

1985 年 4 月 19 日，香港当时的立法机构正式颁布《破产欠薪保障条例》（香港特别行政区法令第 380 章）。[②] 由此可见，独具特色的香港破产欠薪保障基金正式在法制化的基础上运行，成为企业破产时保护职工权益的中流砥柱。学界认为，香港破产欠薪保障基金相当于英国国家保险基金。[③]

第二节　香港破产欠薪保障基金的法律框架

破产欠薪保障基金的法律基础是《破产欠薪保障条例》。该法令最早颁布于 1985 年 4 月 18 日，二十多年来经过几次修改。最近一次修订，是在 2012 年 4 月 18 日。

现行《破产欠薪保障条例》由 7 章、29 条构成，分别为导言、破产欠薪保障基金委员会、基金、财务条文、从基金所作的拨款、已付款项的追讨和杂项，以及关于破产欠薪保障基金委员会的附表。

一、《破产欠薪保障条例》的法律基础

《破产欠薪保障条例》的目的是“设立一委员会，以管理破产欠薪保障基金，并规定雇员在其雇主处于无力清偿的情况下，可获该基金拨付款项；并就相关或附带事宜订立条文”。

《破产欠薪保障条例》的法律基础，是《公司（清盘及杂项条文）条例》（第 32 章）和《破产条例》（第 6 章）。其绝大多数重要的术语，例如

---

① Ng Shuk – fong, Betty, *An Evaluation of the Extent of Protection of Employee's Legal Entitlements in the Event of Insolvency in Hong Kong*, Master degree thesis in Public Administration in University of Hong Kong, June 2000, p. 88.

② Tse Sau – Kuen, *Labor Policy and the Protection of the Legal Entitlements of Private Sector Employees*, Master degree thesis in Public Administration in University of Hong Kong, June 1992, p. 77.

③ Philip Smart & Charles D. Booth, “Corporate Rescue: Hong Kong Developments”, 10 *Am. Bankr. Inst. L. Rev.* 41 2002, p. 42.

“申请人”“破产申请”“公司”“支付年假补偿”“支付国家假日补偿”“服务补偿”“工资”“通知工资”“清盘申请”，均基于《公司（清盘及杂项条文）条例》（第32章）和《破产条例》中的定义。①

二、破产欠薪保障基金委员会

破产欠薪保障基金委员会作为法团，由香港特别行政区行政长官根据《破产欠薪保障条例》附表任命的1名主席和不多于10名的成员组成，其中政府官员不超过4名，企业代表和职工代表人数相同。②

按照2020年3月27日香港特别行政区政府发布的最新消息，目前香港破产欠薪保障基金委员会主席为马豪辉，代表雇员的委员有朱贤昌、林振升和梁颂恩，代表雇主的委员有高朗、罗君美和苏陈伟香，官方委员会则包括负责欠薪保障事宜的劳工处助理处长、负责处理破产事宜的助理首席法律援助律师以及破产管理署助理首席律师。③

按照《破产欠薪保障条例》规定，破产欠薪保障基金委员会的职能包括：（1）管理基金；（2）建议向行政长官确定合适的征费率；（3）《破产欠薪保障条例》授予的其他职责和权力。④ 此外，破产欠薪保障基金委员会在前述职权范围之外，如果对基金会有利，亦可行使诸如：（1）持有、取得或租借各类动产或不动产；（2）通过包括但不限于出售的方式，处置各类动产或不动产；（3）按需要且合适的方式，用破产欠薪保障基金投资；（4）经香港特别行政区行政长官同意，按照适当的方式及担保为破产欠薪保障基金融资。⑤

从性质上看，破产欠薪保障基金委员会在很大程度是由政府控制的法团。政府除通过提名的方式控制其成员外，⑥ 还可以与行政会议一道，对破产欠

① 《破产欠薪保障条例》第2条。

② 《破产欠薪保障条例》第3（1）（2）条。

③ 《政府委任破产欠薪保障基金委员会委员》（香港特别行政区政府新闻公报2020年3月27日发布），载 https：//sc. isd. gov. hk/TuniS/www. info. gov. hk/gia/general/202003/27/P2020032700265. htm?fontSize=1，最后访问日期：2021年3月9日。

④ 《破产欠薪保障条例》第4（1）条。

⑤ 《破产欠薪保障条例》第4条。

⑥ 《破产欠薪保障条例》第3条。

薪保障基金委员会作出指示。破产欠薪保障基金委员会对于香港特别行政区政府和行政会议的指示，原则上必须遵照执行。①

三、破产欠薪保障基金的经费来源

破产欠薪保障基金的主要来源是根据《商业登记条例》第 21 条设立，其规定“除根据本条例须予作出的征费退回外，局长须将收取征费所得的全部款项拨付破产欠薪保障基金”。② 破产欠薪保障基金委员会有权就征费率向行政长官提出建议。③ 从 1985 年设立开始，近三十多年来香港欠薪保障基金的征费率的变化，如图 3 所示：④

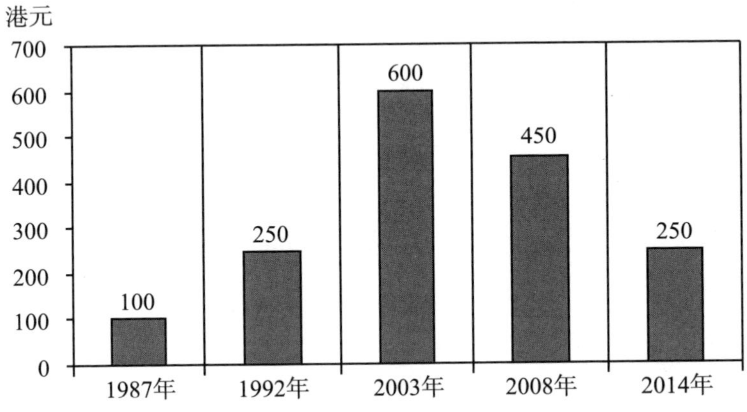

图 3　香港破产欠薪保障基金征费率的变化（1986 ~ 2020 年）

通过图 3 可以看出，2002 年 5 月破产欠薪保障基金的征费突然上升到每年每家企业 600 港元。增长的原因在于，自 1997 爆发亚洲金融危机以来，香港破产欠薪保障基金所发放的特惠款项数额大幅度上升，但收入并未相应增加，因此，1997 ~ 1998 年度之后，香港破产欠薪保障基金开始出现亏损，连

① 《破产欠薪保障条例》第 5 条。

② 《商业登记条例》第 21 条。

③ 《破产欠薪保障条例》第 4（1）（b）条。

④ 数据来源于香港破产欠薪保障基金历年发布的报告，载 https：//www. labour. gov. hk/tc/rbo/content2_4b. htm，最后访问日期：2021 年 4 月 5 日。

续4年出现赤字。为了确保基金的财政稳健，香港特别行政区政府于2002年5月16日起，将商业登记证征费由每年250元增至600元。[①] 但随着香港破产欠薪保障基金财政状况的逐渐好转，征费率也逐年下降，此后一直执行2013年确定的一年期征费为250元港币、三年期征费为750元港币的标准。

除商业登记证征费外，据《破产欠薪保障条例》第6部索回的款项、破产欠薪保障基金本身投资或者储蓄的利润或者利息收入及其他拨付给基金的款项，也是破产欠薪保障基金的重要组成部分。[②]

而从开支方面，破产欠薪保障基金除依据《破产欠薪保障条例》第16条向申请人支付相关款项外，破产欠薪保障基金委员会为施行《破产欠薪保障条例》而招致的开支，破产欠薪保障基金贷款的本金、利息及费用，以及根据《破产欠薪保障条例》须从破产欠薪保障基金或可从破产欠薪保障基金支出的其他款项，均属于破产欠薪保障基金的合法支出。[③]

根据相关破产欠薪保障基金委员会每年发布的周年报告，香港破产欠薪保障基金的整体运作情况，多年来一直比较稳健。[④]

四、财务规定

按照《破产欠薪保障条例》规定，破产欠薪保障基金的财政年度由委员会自行指定，但需事先获得香港特别行政区行政长官的批准；在每个财政年度，破产欠薪保障基金委员会需在相关日期前，向香港特别行政区行政长官提交下一财政年度的收支预算；对此预算，行政长官可以批准，也可以拒绝接受；如行政长官拒绝接受该预算，破产欠薪保障基金委员会可以按照行政长官的要求修改并重新提交；行政长官批准后，破产欠薪保障基金

① PWIF Annual Report 02 - 03, p. 4.

② 《破产欠薪保障条例》第6条。

③ 《破产欠薪保障条例》第7条。

④ 香港破产欠薪保障基金委员会的会计年度是每年4月1日至次年3月31日。香港特别行政区政府劳工处有个网页，发布了2002年至今近18年间的破产欠薪保障基金委员会周年报告，这为我们做实证分析提供了非常重要的资料。相关网址参见 https://www.labour.gov.hk/tc/rbo/content2_4b.htm，最后访问日期：2021年4月5日。

委员会仍然可以对获批准的收支预算作出调整并重新提交待批。[①] 也就是说，在破产欠薪保障基金的收支预算方面，香港特别行政区行政长官享有支配权和主导权。

按照《破产欠薪保障条例》的要求，破产欠薪保障基金委员会要专款专户，而设立该账户的银行，必须要事先获得香港特区政府财政司司长的批准。[②] 所有属于破产欠薪保障基金名下的资金，除破产欠薪保障基金委员会的即时开支外，其他资金既可以存入前述银行账户，也可以在财务司司长的批准下对外投资。[③] 每个财政年度开始时，审计师将会对破产欠薪保障基金委员会有关该基金各项交易的账目及纪录展开审计核查。[④] 正常情况下，每个财政年度结束半年内，破产欠薪委员会有义务将其在前述财政年度的活动报告及账目结算呈交香港特别行政区行政长官；行政长官如无疑义，前述报告和账目将会进一步提交立法会。[⑤] 作为一项基本原则，政府方面发生的与管理破产欠薪保障基金有关的所有费用，均从政府预算中支出。[⑥]

五、破产欠薪保障基金所提供的服务

《破产欠薪保障条例》的第五部分涉及“从基金所作的拨款”，共有 8 个条文，主要规定有关从基金所作的拨款申请、拨款、审核和核实的程序。这一部分主要是一些程序性规定，与破产欠薪保障基金的基本功能密切相关。

《破产欠薪保障条例》规定，申请人只有在工资、代通知金、遣散费、法定假日薪酬、年假酬薪等各项或多项应得收入，“到期而未获支付”，才具备从破产欠薪保障基金申请特惠款项的资格。[⑦]

对于申请的资格，《破产欠薪保障条例》还从雇主的角度做了进一步的

① 《破产欠薪保障条例》第 8 条。
② 《破产欠薪保障条例》第 9 条。
③ 《破产欠薪保障条例》第 10 条。
④ 《破产欠薪保障条例》第 11、12 条。
⑤ 《破产欠薪保障条例》第 13 条。
⑥ 《破产欠薪保障条例》第 14 条。
⑦ 《破产欠薪保障条例》第 15（1）条。

要求。按照该法规定，雇主如应支付给其员工工资、代通知金、遣散费、未放法定假日薪酬或未放年假薪酬，只有已有人针对其提出破产或清盘申请的情况下，香港特别行政区政府劳工处处长才能批准破产企业雇员的申请，发给与其申请符合法定条件的资助。①

按照破产欠薪保障基金委员会《2019～2020年度周年报告》，当前破产欠薪保障基金的支付标准如下：

(a) 雇员在服务的最后一天之前4个月内为其雇主服务的工资（工资包括报酬、收入及可视作工资的项目，即假日薪酬、年假薪酬、年终酬金、产假薪酬、侍产假薪酬及疾病津贴），付款最高限额为36,000元；

(b) 代通知金，付款最高限额为一个月工资或22,500元，两者以较小的款额为准；

(c) 雇员根据《雇佣条例》有权得到的遣散费，付款最高限额为50,000元，如有关的遣散费超过50,000元，付款则另加超出有关数额的50%；及

(d) 未放年假薪酬及未放法定假日薪酬，包括（i）雇员根据《雇佣条例》就最后完整假期年累积而仍未放取的有薪年假的薪酬，及如雇员在最后假期年已受雇满3个月但不足12个月，在雇佣合约被终止时可获的按比例计算的年假薪酬；以及（ii）雇员在服务的最后一天前的4个月内可享有而未放取的法定假日的薪酬，各自或两者合共的付款最高限额为10,500元。②

毫无疑问，破产欠薪保障基金的目的是为其雇主破产的雇员提供基本的保护。因此，拨款应限制在其基本功能内。按照《破产欠薪保障条例》规定，在下述情况下，处长可以拒绝批准拨款：（1）申请人未采用经处长批准的表格作出法定声明以核实其申请；（2）单人申请特惠款项总额超过36,000港元；（3）申请人的服务最后一天前4个月之外的工资付款，或6个月之外的其他项目付款；（4）代通知金付款额大于申请人的月工资数额或者22,500

---

① 《破产欠薪保障条例》第16（1）条。

② 破产欠薪保障基金委员会：《2019～2020周年报告》，第9页。

港元，或者代通知金已超过6个月；（5）遣散费大于50,000港元与遣散费中减去50,000港元之后半数相加之和，或者遣散费已超过申请日6个月；（6）未放法定假日薪酬超过4个月，付款金额大于10,500港元或每日假日薪酬额总和中更小的数字，申请提出时间迟于最后服务日56个月；（7）未放年假薪酬并非申请人的最后假期年；付款额超过10,500港元；或者要求付款的申请时间迟于未放年假薪酬到期支付之后6个月。（8）未放法定假日薪酬及未放年假薪酬两者合并付款超过10,500港元。① 换种说法，这些限制为破产欠薪保障基金的申请和拨付设定上限。

申请人因上述原因而对劳工处处长拒绝付款的决定不满，可以通过书面方式，要求处长予以说明，或者请求处长将其申请转交破产欠薪保障基金委员会处理。② 在这种情况下，处长应将一应文件转交给破产欠薪保障基金委员会主席。③ 破产欠薪保障基金委员会审阅资料后，可以维持或者更改处长的决定。④

《破产欠薪保障条例》第18条授予了劳工处处长部分额外的权力。在个案中，尽管没有相关申请提出，但如果雇员总数不足20名，雇主已无清偿债务能力或已面临破产，或者个案中提出的申请不合理，处长有权自由裁量，额外决定支付特惠款项。⑤

劳工处处长有权就申请人的申请展开必要调查，调查方式包括会见申请人及其他雇员；调阅相关记录、账簿或文件；通过书面通知，向雇主调阅任何雇佣相关文件；通过书面通知，向与该申请有关的任何雇员、代理人发出相关需要调查的问题。⑥ 处长对调查形式有完全的自由裁量权。对此调查，受调查对象享有如同接受法院调查一样的特权。⑦ 处长及破产欠薪保障委员

① 《破产欠薪保障条例》第16（2）条。
② 《破产欠薪保障条例》第17（1）条。
③ 《破产欠薪保障条例》第17（2）条。
④ 《破产欠薪保障条例》第17（3）条。
⑤ 《破产欠薪保障条例》第18条。
⑥ 《破产欠薪保障条例》第19（1）条。
⑦ 《破产欠薪保障条例》第19（4）条。

会所享有的这些自由裁量权，不受法院的质疑。①作为处长权力的延伸，他可以通过书面授权劳工处任何人员，使其代行或执行处长的权力或职责。②

六、香港破产欠薪保障基金代位权的行使

按照《破产欠薪保障条例》的制度架构，代位权的行使对破产欠薪保障基金的健康运行，非常必要。在一定程度上，破产欠薪保障基金通过代位权行使进入破产程序并获得清偿，能够适度平衡破产欠薪保障基金的支出，也符合破产法意义上的公平和正义。如果不允许破产欠薪保障基金代位进入破产程序获得清偿，意味着总是有大部分企业承担少部分破产企业职工权益保护的重任，破产企业的债权人将会获得更高的清偿比例，健康企业的出资人和债权人利益将潜在受损。

《破产欠薪保障条例》规定：

> 凡根据第16条就已到期支付给申请人的工资而付给他一笔款项，或就支付遣散费给申请人的法律责任（无论在根据第16条作出付款时该遣散费是否到期支付）而付给他一笔款项，则在紧接根据第16条付款前已存在而与该等工资或遣散费（视属何情况而定）有关的一切该申请人的权利及补救权，在不超逾根据第16条所付款额的限度下，须为基金利益而告转让予及归属委员会；而委员会可采取其认为需要的步骤，以行使该等权利及补救权。③

《破产欠薪保障条例》还专门设置相关条文，确保这种代位权能够得到顺畅行使，进而促使破产欠薪保障基金健康平稳发展。④

七、破产欠薪保障机制相关的犯罪行为及其惩处

《破产欠薪保障条例》第7部分为“杂项”，共有4条，分别规定与破产

---

① 《破产欠薪保障条例》第20条。
② 《破产欠薪保障条例》第21（1）条。
③ 《破产欠薪保障条例》第24（1）条。
④ 《破产欠薪保障条例》第24（2）、25条。

欠薪保障基金相关的罪行、规例、行政长官修订附表的权力和过渡性条款。

就罪行而言，其规定如下行为将被认定为犯罪并被处以罚款或监禁："（1）任何人如：（a）为本条例的施行（包括为根据本条例进行的任何查讯）而提供数据时，作出他明知在要项上是虚假的任何陈述，或罔顾真伪地作出在要项上是虚假的陈述；或（b）为本条例的施行（包括为根据本条例进行的查讯）以及为了意图欺骗而呈交、提供、送交或以其他方式使用任何在要项上是虚假的任何文件或纪录，即属犯罪，可处第5级罚款及监禁3个月。（2）任何人无合理解释而不遵从处长根据第19（1）或（4）条所定的要求者，即属犯罪，可处第2级罚款及监禁1个月。"①

需要注意的是，破产欠薪保障机制相关刑事犯罪的惩处和检控，与常规的刑事司法程序略有不同。在这些情形下，只要不损害任何《破产欠薪保障条例》中有关检控罪行规定，以及不损害律政司司长对刑事罪行的检控权力的原则下，凡就《破产欠薪保障条例》所定的任何罪行作出的检控，均可以香港特别行政区劳工处处长的名义作出，并可由为此而获处长书面授权的劳工处人员提出及进行。② 处长或授权的任何官员就《破产欠薪保障条例》所规定罪行提出申诉或告发，与香港特别行政区律政司司长的职权无异。则申诉人或告发人须当作代表律政司司长行事。③

其他杂项中规定，香港特别行政区行政长官负有维持《破产欠薪保障条例》顺畅行使的总责任。为了更有效率地施行《破产欠薪保障条例》，行政长官可以制定相关实施细则；④ 也可以通过宪报公告，修订《破产欠薪保障条例》的附表。⑤

---

① 《破产欠薪保障条例》第26（1）（2）条。
② 《破产欠薪保障条例》第26（3）条。
③ 《破产欠薪保障条例》第26（4）条。
④ 《破产欠薪保障条例》第27条。
⑤ 《破产欠薪保障条例》第28条。

第三节　破产欠薪保障基金的运行

在香港，破产欠薪保障基金自从设立以来，在保障雇主破产时雇员权利方面，发挥了极其重要的作用。

一、香港破产欠薪保障基金每年受理的申请数量、批准数量

在亚洲金融危机之后的二十多年间，香港破产欠薪保障基金每年受理的申请数量、批准数量如图 4 所示：

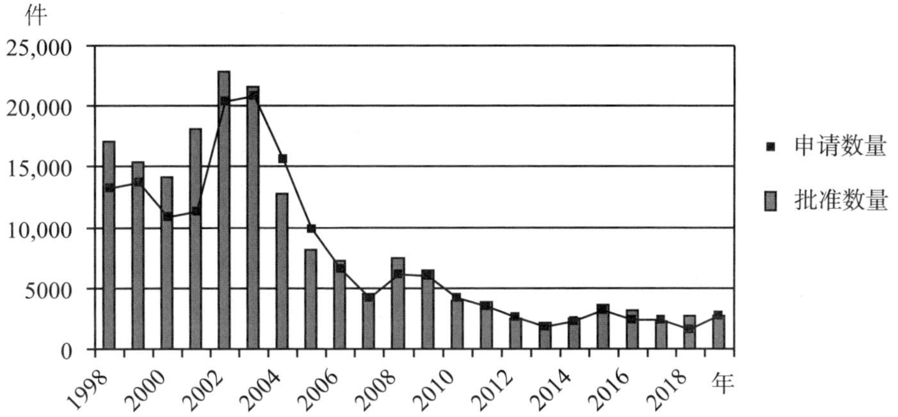

图 4　香港破产欠薪保障基金每年受理申请数量和批准数量（1998 ~ 2020 年）

从图 4 可以看出几个明显特点：第一，在过去接近二十多年间，香港破产欠薪保障基金委员会收到的特惠申请数量和批准的数量，大体接近；这也就是说，绝大部分前往香港破产欠薪保障基金委员会申请特惠支付的申请人，其合理诉求都会获得满足。第二，香港破产欠薪保障基金委员会收到申请的数量和批准的数量，与经济周期有明显相关性，1997 年亚洲金融危机、2008 年全球性金融危机对香港破产欠薪保障基金委员会申请及批准人数的影响十分明显；在过去十年间，随着全球性经济的消退，香港破产欠薪保障基金委

员会的申请人数、批准人数都在低位徘徊。

申请数量已然成为香港特别行政区政府观测香港经济状况的晴雨表。比如 2019 年下半年，香港经济深受修例风波影响，大量的企业经营陷入困境。2019 年 12 月 22 日，香港特别行政区财政司司长陈茂波就在财政司网站开辟的栏目“司长随笔”中特别提及，“不少业界人士向我们反映，现时很多企业都是咬紧牙关、吃力地维持经营，盼望社会气氛趋向缓和，暴力停止，让市民恢复消费意欲，希望圣诞和新年等传统旺季时市道能稍有转机。大家担心的是，若市况未能迅速改善，新年过后将可能出现结业潮。回看过去 12 个月，破产欠薪保障基金已合共接获近 3000 宗申请，申请数目最多的五个行业分别为建造（1158 宗）、餐饮服务（716 宗）、零售业（233 宗）、进出口贸易（220 宗）及其他个人服务活动（80 宗）”。[①] 显而易见，破产欠薪保障基金的申请数量及行业分布，明显体现出当时香港经济层面所受到的冲击。

二、香港破产欠薪保障基金每年批准特惠申请的数额

下页图 5 展示的是 1998 年以来二十多年间香港破产欠薪保障基金每年批准特惠申请的数额。

结合图 4 对香港破产欠薪保障基金每年受理申请数量和批准数量的分析，可以发现，香港破产欠薪保障基金委员会每年受理申请的数量和批准的数量，与每年因为发放特惠款项所做支出，存在正相关性。每年批准的申请数量越多，破产欠薪保障每年的支出也就越多。在香港破产欠薪保障基金支出的顶峰，即 2002 ~ 2003 年度，香港破产欠薪保障基金因为特税款项支出为 5.5 亿港元，每年上亿甚至好几亿港元的支出给相关破产欠薪保障基金带来巨大的财务压力，这也成为前述 2002 年大幅度提高征费的主要理由。而在过去十多年里，经济形势平稳，香港破产欠薪保障基金每年的支出也在几千万港元左右，这也导致香港破产欠薪保障基金十分良好的财政状况。

① 陈茂波：《助周转　渡难关　怀希望》，载香港特别行政区财政司网站“司长随笔”栏目，2019 年 12 月 22 日发布，载 https：//www. fso. gov. hk/sim/blog/blog20191222. htm，最后访问日期：2021 年 4 月 5 日。

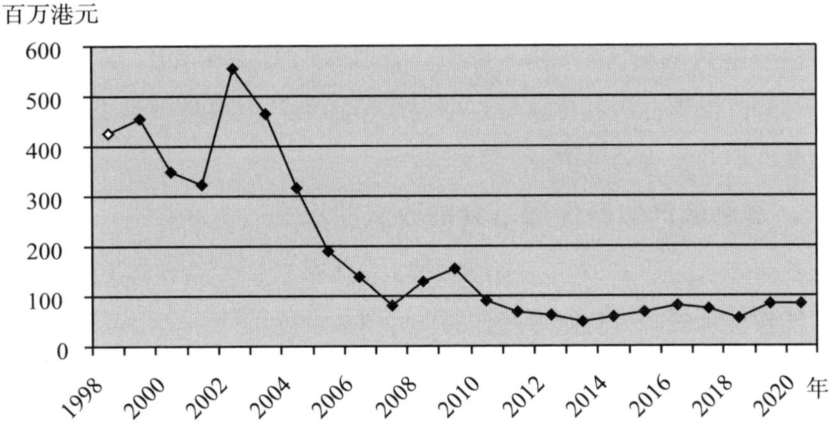

图5　香港破产欠薪保障基金每年批准特惠申请的数额（1998～2020年）

有一些法律因素，促使雇员从破产欠薪保障基金申请特惠债项的偿付。根据《公司（清盘及杂项条文）条例》（第32章）第265条，雇员就破产前4个月前的服务，有权领取工资最高8000港元，遣散费最高8000港元；长假偿付最高8000港元，补偿金、代通知金最高2000港元或一个月工资，《职业退休计划》项下的假期补偿。[①] 但是，在实践中，当一家公司破产或清盘时，未能获得偿付的雇员，一般首先向破产欠薪保障基金申请偿付工资、代通知金、遣散费等，因为从破产欠薪保障基金获得偿付，实际比《公司（清盘及杂项条文）条例》（第32章）第265条项下优先权清偿所获更高。[②]

同时，通过图4还可以看出，至少三个财年，即2004～2005年、2005～2006年及2010～2011年，同期向破产欠薪保障基金申请的数量，比被批准的数量还少。这主要是因为破产欠薪保障基金的统计的技术问题，被批准的申请数额包括“申请结转”“本期接获”“本期重新考虑”，而申请的数量常仅指“本期接获”。

① 《公司条例》（第32章）第265条。

② Charles D Booth，“Rights，Powers and Duties of the Debtor and Creditors in Insolvency Proceedings in Hong Kong”，*The ICFAI Journal of International Business Law*，Vol. 2，No. 1，January 2003，p. 79.

另外，从上表中申请数量与批准数量的对比也可以看出，破产欠薪保障基金委员会批准了大部分申请。同时，少数被拒绝的情况中，大致有这么几种原因：部分申请人不具备资格，部分申请人提交的证据不足，而少数申请人与清算人或其雇主达成协议。①

三、香港破产欠薪保障基金的收支状况

图 6 所展示的从 1998 年开始到 2020 年香港破产欠薪保障基金的收支状况，更能够展示破产欠薪保障基金的良好财务状况：

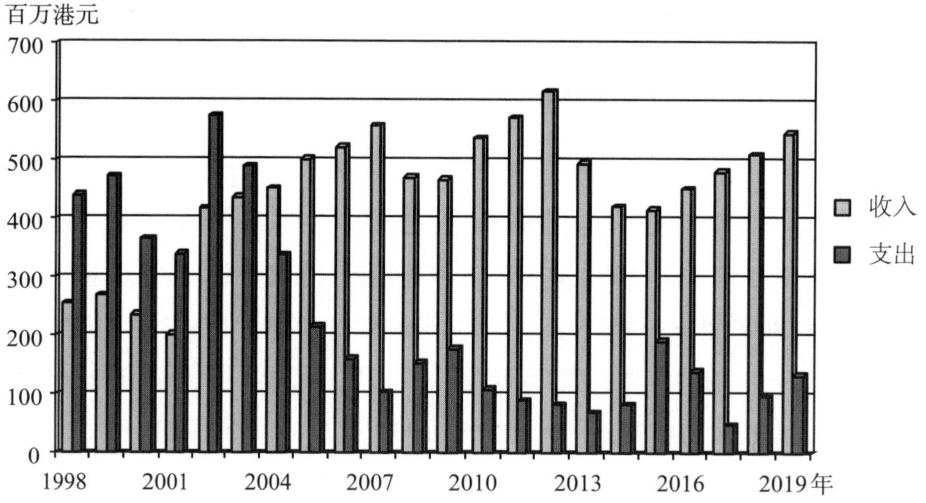

图 6　香港破产欠薪保障基金收支状况（1998～2020 年）

从图 6 可以看出，在 2003～2004 年之前，破产欠薪保障基金都处于大额亏损状态。在 2003～2004 财政年度，破产欠薪保障基金记录存在 5.350 亿港元的赤字，截至 2004 年 3 月 31 日，其累积亏损为 1.84 亿港元。在恶劣的形势下，立法会财务委员会也于 2002 年 11 月 8 日，给破产欠薪保障基金委员会批准 6.95 亿港元的过渡性贷款。② 另外，为解决赤字问题，自 2002 年 5 月

① Annual Report of PWIFB 2002－03, p. 11.

② PWIF Board, Annual Report of the Protection of Wages on Insolvency Fund Board 2002－03, p. 11.

16 日起，香港将针对企业的征费额度，从每年 250 港元提高到每年 600 港元。[1] 在这样的情形下，为了满足短期现金流的承诺，破产欠薪保障基金委员会在 2004 年 3 月 29 日获得 2200 万港元的政府过渡性贷款。[2] 在 2004 ~ 2005 财政年度，破产欠薪保障基金登记有 1.147 亿港元的盈余。这是自从亚洲金融危机之后出现的第一次盈余。[3] 但是在此之后，破产欠薪保障基金财政状况大幅度好转，逐渐开始有盈余。例如，在 2002 ~ 2003 财政年度，破产欠薪保障基金记录有 15,980 万港元的亏损。与 1.384 亿港元的亏损相比，其储备从一年前的 1.9489 亿港元，降低到 3510 万港元。在 2005 ~ 2006 年财政年度，破产欠薪保障基金委员会在破产欠薪保障基金财务状况改善的情况下，于 2005 年 4 月清偿全部政府贷款及其累积的利息。[4]

我们从图 6 中可以看出，在后来的财政年度中，破产欠薪保障基金的盈余一年比一年多，在 2006 ~ 2007 财政年度盈余达到了 3.62 亿港元。[5] 2007 ~ 2008 财政年度盈余达到了 4.57 亿港元，[6] 2008 ~ 2009 财政年度盈余达到 3.18 亿港元，[7] 2009 ~ 2010 财政年度盈余达到 2.9 亿港元，[8] 在 2010 ~ 2011 财政年度盈余达到 4.3 亿港元。[9] 2011 年 3 月 31 日，破产欠薪保障基金累积的盈余，达到 2.2 亿港元。[10] 甚至在 2017 ~ 2018 财政年度，破产欠薪保障基金当年所支出的特惠支付，不及其年度收入的 1/10。

由此数据足以证明，香港破产欠薪保障基金在过去经历过短暂的财务困境，但整体来看，其财务状况十分健康，近年来其收支状况更是呈现明显的收大于支的状况。这种情形，为香港破产欠薪保障基金扩大其覆盖职工债权

① PWIF Board, Annual Report of the Protection of Wages on Insolvency Fund Board 2002 – 03, p. 11.
② PWIF Board, Annual Report of the Protection of Wages on Insolvency Fund Board 2003 – 04, p. 12.
③ PWIF Board, Annual Report of the Protection of Wages on Insolvency Fund Board 2004 – 05, p. 12.
④ PWIF Board, Annual Report of the Protection of Wages on Insolvency Fund Board 2005 – 06, p. 12.
⑤ PWIF Board, Annual Report of the Protection of Wages on Insolvency Fund Board 2006 – 07, p. 12.
⑥ PWIF Board, Annual Report of the Protection of Wages on Insolvency Fund Board 2007 – 08, p. 12.
⑦ PWIF Board, Annual Report of the Protection of Wages on Insolvency Fund Board 2008 – 09, p. 12.
⑧ PWIF Board, Annual Report of the Protection of Wages on Insolvency Fund Board 2009 – 10, p. 12.
⑨ PWIF Board, Annual Report of the Protection of Wages on Insolvency Fund Board 2010 – 11, p. 12.
⑩ PWIF Board, Annual Report of the Protection of Wages on Insolvency Fund Board 2010 – 11, p. 12.

的种类、扩大其覆盖程序的范围，奠定了十分良好的财务基础，也成为未来香港破产欠薪保障基金改进的重要突破口。

结　　语

香港的破产欠薪保障机制特色鲜明，其健康的财务状况为切实保障破产企业职工权益保护提供了坚实后盾，也获得了政府和公众对破产欠薪保障基金的信任和支持。甚至在一定程度上，破产欠薪保障基金的申请数量，也成为香港特别行政区政府观测经济运行的晴雨表。

在本章里，笔者主要从如下几个方面对香港的破产欠薪保障基金的设置和运作，做了深入探讨：在第一节，笔者详细梳理了香港破产欠薪保障机制筹设的历程，从中我们看出经济背景尤其是破产案件数量增长、破产涉及劳动纠纷对破产欠薪保障机制设置的影响，也能够看出工会、政界互动对于破产欠薪保障机制筹设的重要意义。在第二节，笔者以香港《破产欠薪保障条例》为载体，重点介绍香港破产欠薪保障机制的法律框架。在第三节，笔者重点评述了香港破产欠薪保障基金自 1985 年以来的运行情况，该研究阐明破产欠薪保障基金如何适用和分配，同时揭示该基金的财务状况。

上述研究表明，破产欠薪保障基金在香港过去的三十多年中运行良好，有效保护了企业破产时职工权益。这一点确实值得内地仔细研究其历史、经验和制度安排，并结合内地的实际情况针对性地借鉴。

第三章

破产企业职工权益保护的混合模式：欧盟制度与经验

导　语

在一个正常的商业环境里，破产是现代市场经济退出机制的一部分。无论是企业还是国家，全球面临的共性之一，即劳动力都是“经济和企业发展的最前线”，对于经济发展的动态感触最为敏锐。① 也正是在这种背景下，在几个世纪以来的发展变迁中，欧洲各国不仅劳动法体系越来越发达，对破产企业职工权益保障的正当性、必要性探索，也成为欧洲各国破产法对破产企业职工权益保护的样本和模板。

随着欧洲的一体化进程，欧盟在尊重各成员国主权的基础上，在协调各国对破产企业职工给予特殊保护时，逐渐形成欧盟层面的最低限度保护和各个成员国保护的混合模式：即欧盟通过指令（Directive）普遍要求各个成员国设立破产欠薪保障基金，在欧盟层面破产企业职工权益保护提供最低限度地保障；而各成员国在转化指令为成员国法并确保提供最低限度保障的同时，可以通过破产法、劳动法以及社会保障法等，为破产企业职工权益提供更多更充分的保障。

在本章中，笔者将以欧盟和成员国的制度实践为例，集中评介破产企业

① Chrispas Nyombi，“Employees’ Rights during Insolvency”，*International Journal of Law and Management*，Vol. 55，No. 6，2013，p. 417.

职工权益保护的混合模式。在第一节里，笔者将重点讨论欧洲劳动法在20世纪70年代以来的转型，概述欧洲经济共同体出台破产企业职工权益保障相关指令的经济和时代背景。在第二节，笔者将重点探讨欧盟2008年10月22日颁布的关于企业破产时保护职工权益的《第2008/94/EC号指令》，并且结合其发展历史、相关条文以及欧洲法院的司法解释，发现从法律文本到司法实践之间的逻辑。[①] 在第三节，笔者将评析其他指令中涉及破产企业职工权益保护的内容，重点研究：（1）2001年3月12日颁布的关于欧盟成员国在企业转让、经营或其部分转让、经营情况下的劳工权利保障的《第2001/23/EC号指令》;[②]（2）1998年7月20日颁布的欧盟成员国集体裁员相关法律趋同化的《第98/59/EC号指令》。[③] 这些指令侧重各有不同，但均或多或少涉及破产情形下职工权益保护问题。

第一节　欧洲破产企业职工权益保护观念的变迁

一、20世纪70年代欧洲劳动法观念的转变

职工问题与企业破产是一个非常复杂的交叉领域。罗宾·埃里森（Robin Ellison）把对养老金、就业和破产相关的研究，列为学者尝试组合研究的最复杂领域，因为这三者均是复杂性的代表。[④] 目前，大多数关于破产企业职

---

① Directive 2008/94/EC of the European Parliament and of the Council of 22 October 2008 on the protection of employees in the event of the insolvency of their employer, *OJ* L 283, 28. 10. 2008, p. 36.

② Council Directive 2001/23/EC of 12 March 2001 on the approximation of the laws of the Member States relating to the safeguarding of employees' rights in the event of transfers of undertakings, businesses or parts of undertakings or businesses, *OJ* L 82, 22. 3. 2001, p. 16.

③ Council Directive 98/59/EC of 20 July 1998 on the approximation of the laws of the Member States relating to collective redundancies, *OJ* L 225, 12. 8. 1998, p. 16.

④ Robin Ellison, "Book Review on *Corporate Insolvency*: *Employment and Pension Rights*, David Pollard, Bloomsbury Professional, 4th Edn., 2009, 715 pp., £ 140, ISBN: 978 - 1847663078", *Pensions*, 2010, Vol. 15, p. 305.

工权益保护的文献，主要集中在以英国和美国为代表的模式、制度和实践。①

在本书导论部分，笔者已阐述过国际劳工组织在破产企业职工权益保护问题上的诸多尝试和努力。欧洲通过实施“关于欧共体成员国在企业破产时企业职工权益保护相关法律的《第80/987/EEC号指令》，从国际劳工组织手里接过保护破产企业职工权益的‘接力棒’”。② 然而，国际劳工组织的启发并非欧共体颁布《第80/987/EEC号指令》的唯一动力，欧洲劳动法的发展和转型在此过程中，也发挥了不可替代的作用。

在整个欧洲法律史上，有别于中世纪和近代早期的劳动关系，到了19世纪时期，随着产业化进程和资本主义经济的发展，欧洲各国劳动法逐渐成为独立的法律部门，具有企业和职工之间依赖性的劳动关系，成为整体经济与社会的基础。在这个过程中，工会也经历了一个盛衰兴废进程。劳动法逐渐成为国家干预劳动领域合同自由的基本规范，以保护各种劳动者为内容的劳动法逐渐兴盛起来，童工问题、工时问题、最低工资问题、女性劳动者保护

① 有关英国的文献基本包括：Hugh Collins，“Dismissals on Transfer of a Business”，15 *Indus. L. J.*，1986，pp. 244 – 255；Hugh Collins，“Transfer of Undertakings and Insolvency”，18 *Indus. L. J.*，1989，pp. 144 – 158；Peter Curwen，“The Acquired Rights Directive：the European Union Renders ineffective the UK'S ‘Opt – out’”，*European Business Journal*，1995，pp. 38 – 44；“TUPE – The Legal Issues”，*Facilities*，Vol. 14，No. 12/13，December 1996，pp. 47 – 51；John Armour & Simon Deakin，“Insolvency and Employment Protection：the Mixed Effects of the Acquired Rights Directive”，*International Review of Law and Economics*，Vol. 22，2003，pp. 443 – 463；David Pollard，“Pensions and Tupe”，*Industrial Law Journal*，Vol. 34，No. 2，June 2005，pp. 127 – 157；John McMullen，“An Analysis of the Transfer of Undertakings（Protection of Employment）Regulations 2006”，*Industrial Law Journal*，Vol. 35，No. 2，June2006，pp. 113 – 139.；Chrispas Nyombi，“Employees' Rights during Insolvency”，*International Journal of Law and Management*，Vol. 55，No. 6，2013，pp. 417 – 428.

有关美国的文献至少包括：Richard S. Soble，John H. Eggertsen & Stanley B. Bernstein，“Pension – related Claims in Bankruptcy”，56 *Am. Bankr. L. J.*，155 1982，pp. 155 – 179；James W. Giddens，“Attempting to Protect Employee Retirement Income within Bankruptcy Reorganization：PBGC Efforts to Obtain Priority Status”，12 *Ann. Rev. Banking L.* 397，1993，pp. 397 – 428；Donald R. Korobkin，“Employee Interests in Bankruptcy”，4 *Am. Bankr. Inst. L. Rev.* 5，1996，pp. 5 – 34.

有关加拿大的文献至少包括：Rupert H. Chartrand，“Labor and Insolvency in the 1990s”，24 *Can. Bus. L. J.*，1994 – 1995，pp. 193 – 228。

② Chrispas Nyombi，“Employees' Rights during Insolvency”，*International Journal of Law and Management*，Vol. 55，No. 6，2013，p. 419.

问题、工人结社自由、劳动纠纷审理以及职业介绍机构等问题，在英国、德国、法国、瑞士、奥地利、意大利、匈牙利、希腊、瑞典、俄国、比利时、丹麦、荷兰等国，都先后有专门规范的法律，医疗保险、职业意外伤害险、退休与养老等社会福利立法也取得了前所未有的发展。① 到了1898年的时候，工伤赔偿法也在欧洲各国普遍订立。② 19世纪显而易见是欧洲劳动法奠基的世纪。这一切，为20世纪欧洲劳动法的发展和细化，奠定坚实的基础。

20世纪上半叶，欧洲大陆成为两次世界大战的重灾区，“枪炮作响法无声”，在劳动法领域几乎没有取得什么实质性的进展。但第二次世界大战之后，欧洲劫后余生，逐渐开始一体化进程，1957年《罗马条约》的签署和欧洲经济共同体的成立，成为欧洲一体化进程中标志性的事件。③ 而以此为起点，欧洲劳动法的发展也进入一个新的时代。

比利时学者罗杰·布兰潘认为，欧洲经济共同体的发展，经历了三个阶段：第一阶段从1957年到1974年，是欧洲采取谨慎策略发展的阶段，这个阶段以1974年《社会行动计划》（Social Action Programme）通过为标志，其列举了欧洲劳动法发展的优先事项，包括促进就业、提高生活与工作条件、增加劳资双方的参与等。第二阶段从1974年到1990年，在这个阶段里，劳动法经历两个时期：从1980年以前处于黄金时期，见证了同工同酬、集体裁员、男女平等、企业转让时职工权益保护、企业破产倒闭时职工权益保护等一系列经典指令的通过；而1980年之后则见证欧洲社会经济的突然衰落，放松管制和更加灵活性的工作要求，成为应对经济与社会危机的教条，劳动法领域进入停滞期，除工作场所安全系列指令的通过外，没有特别明显的发展和成就。第三阶段从1990年后开始至今，属于欧洲劳动法的现代化阶段，以

---

① ［德］乌维·维瑟尔：《欧洲法律史：从古希腊到〈里斯本条约〉》，刘国良译，中央编译出版社2016年版，第579～585页。

② ［德］乌维·维瑟尔：《欧洲法律史：从古希腊到〈里斯本条约〉》，刘国良译，中央编译出版社2016年版，第585页。

③ ［德］乌维·维瑟尔：《欧洲法律史：从古希腊到〈里斯本条约〉》，刘国良译，中央编译出版社2016年版，第666～673页。

1989 年《共同体劳动者基本社会权利宪章》及其《行动计划》的通过为代表，包括 1991 年《马斯特里赫特社会政策协定》、1993 年《关于增长、竞争力与就业的白皮书》、1994 年《欧洲社会经济白皮书》、1996 年《就业信心协定》、1997 年《阿姆斯特丹条约》、2000 年《尼斯条约》等经典性文件出台和系列就业指导纲要等政策性变迁，一直绵延至今，并从 2006 年开始启动欧洲劳动法的现代化进程。[①] 针对这一趋势，布兰潘指出，一方面，就不同体系的结果与成本而言，欧洲劳动法体系会继续融合并产生一定程度的一体化，市场将会发挥作用，所有成员国也会在政治压力和工会压力的驱动下，使融合、趋同成为主流；另一方面，就劳动关系和劳动法的内容而言，这种融合必然伴随着继续存在的分歧，成员国依旧会在政策选项方面有较大的自由度。布兰潘认为，这种成本融合现象与内容分歧之间的矛盾，会导致社会恶性竞争的出现和工作条件的降低，在内部市场基础上更深入地比较研究各国的法律制度，将决定未来欧洲劳动法的大趋势。[②]

鲍勃·汉普勒（Bob Hepple）对欧共体劳动法的发展变迁分段，与上述三段论类似。根据鲍勃·汉普勒的观点，欧洲经济共同体劳动法的发展，可以分为三个阶段：1957 年至 1972 年的新自由主义经济阶段、1972 年至 1980 年的社会调控阶段和自 1980 年至今的金融危机和取消管制阶段。[③] 在新自由主义经济阶段，在整个欧洲多年的经济大热潮中，“消除劳动力流通阻碍”和“消除恶性竞争”，成为当时的两个关键词；同时，一些西欧国家“在国家层面，出现一种新型的管制资本主义，由此带来欧洲劳动者新的权利和福利，还有‘工业化民主’的制度化发展”，因此在国家层面上，随着欧共体经济一体化的趋势，劳动法变得越来越重要。[④] 当经济热潮开始减弱，而且

---

① ［比］罗杰·布兰潘：《欧洲劳动法》（第 1 册），付欣、张蕊楠、高一波、陈洁译，商务印书馆 2016 年版，第 169 ~ 252 页。

② ［比］罗杰·布兰潘：《欧洲劳动法》（第 1 册），付欣、张蕊楠、高一波、陈洁译，商务印书馆 2016 年版，第 258 页。

③ Bob Hepple, “The Crisis in EEC Labor Law”, 16 *Indus. L. J.*, 1987, pp. 77 ~ 83.

④ Bob Hepple, “The Crisis in EEC Labor Law”, 16 *Indus. L. J.*, 1987, p. 78.

共同市场的经济一体化未能有效保护这些劳动者时，整个欧洲范围的罢工和工资激增浪潮，变得不可避免，随后欧洲经济共同体劳动法也进入社会调控时期。[①] 在此期间，共同体成员国从6个增至9个，随着1974年第一次社会调控项目的进行，一些指令在1975年至1980年逐步颁布、实施，这里面就有关于集体裁员的《第75/129/EEC号指令》和涉及企业转让时职工权益保护的《第77/187/EEC号指令》和企业破产时保护职工权益的《第80/987/EEC号指令》。1973年秋天的石油危机，严重打击欧洲，那段时期的经济危机日趋严重，失业率从1973年的3%，骤增至1980年的6%。[②] 在这种情况下，当时欧洲经济共同体的决策者将重点放在"缓解大规模裁员、企业集中度的增长和企业破产的影响"，显得顺理成章。[③]

但是，安东尼奥·阿维勒斯（Antonio O. Aviles）对鲍勃·汉普勒的观点提出质疑。按照阿维勒斯的观点，全世界的劳动法的历史应被分为两个阶段：从1870年至1970年，这一阶段劳动法"完全依照初衷"，"完善了弱者保护机制"；1970年之后第二阶段，劳动法"见证了其范围的扩大"。[④] 阿维勒斯进一步说明，在第一阶段，特别是在19世纪末，劳动法通过处理从主仆关系到劳动关系的过渡，依然在关注其根本核心；[⑤] 而20世纪70年代之后，"劳动法合同方面的缺陷"迫切需要解决，这带来大规模的从个体合同向集体合同的转变。[⑥] 这一时期具有"中心化"特征。[⑦] 甚至还有人认为，尽管20世纪50年代签署的《罗马条约》宣称共同体立足于改善劳工的工作条件，但

---

① Bob Hepple, "The Crisis in EEC Labor Law", 16 *Indus. L. J.*, 1987, pp. 78–79.

② Bob Hepple, "The Crisis in EEC Labor Law", 16 *Indus. L. J.*, 1987, p. 79.

③ Bob Hepple, "The Crisis in EEC Labor Law", 16 *Indus. L. J.*, 1987, pp. 79–80.

④ Antonio Ojeda Aviles, "The 'Externalization' of Labor Law", 148 *Int'l Lab Rev.*, 47, 2009, p. 47.

⑤ Antonio Ojeda Aviles, "The 'Externalization' of Labor Law", 148 *Int'l Lab Rev.*, 47, 2009, p. 47.

⑥ Antonio Ojeda Aviles, "The 'Externalization' of Labor Law", 148 *Int'l Lab Rev.*, 47, 2009, p. 48.

⑦ Antonio Ojeda Aviles, "The 'Externalization' of Labor Law", 148 *Int'l Lab Rev.*, 47, 2009, p. 50.

除劳工自由流动和男女平权外，并没有实现该目标的实质性立法；整个20世纪70年代，共同市场的建立明显表现出碌碌无为，尽管1972年政府首脑集会时承诺会优先考虑社会政策的整合并促进经济联盟，但由于缺乏条约层面的修正，共同体社会领域立法没有稳定基础，通过立法体现共同体目标的必要性、消除共同体市场障碍成为大势所趋，也正是在这种情况下，1970年年底在同工同酬、健康及安全领域外，先后出现三大指令，即规范集体裁员的《第75/129/EEC号指令》、规范企业转让时职工权益保护的《第77/187/EEC号指令》和规范破产企业职工权益保护的《第80/987/EEC号指令》。[①]

无论如何，20世纪70年代后的欧洲劳动法，以保护劳动者免受共同市场负面影响的三个指令为核心，形成欧洲劳动法史上的黄金时代。[②] 罗杰·布兰潘指出，这三项指令的通过，具有强烈的政治色彩，涉及经济决定的管理特权并未发生根本性变化，也未一劳永逸地解决所有问题。[③]

如今，“欧洲劳动法”已成为一个覆盖面极广的代名词。比利时学者罗杰·布兰潘完成的3卷本《欧洲劳动法》，多年来数度再版，用卷帙浩繁的篇幅为我们展示了欧洲劳动法的丰富性。[④] 曼弗雷德·罗维西（Manfred Lowisch）通过对欧洲劳动合同法、欧洲法关于保护在职员工与集体劳动部分和国际劳动法进行分类，用非常清晰的方式，描述“欧洲劳动法”的范围和框架。[⑤] 本章所要探索的欧盟以20世纪70年代三个指令为开端并绵延至今的保护破产企业职工权益的制度和经验，亦将会在欧洲劳动法发展的大背景下

---

① ［英］史蒂芬·哈迪：《英国劳动法与劳资关系》，陈融译，商务印书馆2012年版，第13页。

② 转引自［比］罗杰·布兰潘：《欧洲劳动法》（第2册），付欣、马庆林、黄文军等译，商务印书馆2017年版，第531页。

③ ［比］罗杰·布兰潘：《欧洲劳动法》（第2册），付欣、马庆林、黄文军等译，商务印书馆2017年版，第531页。

④ ［比］罗杰·布兰潘：《欧洲劳动法》（第1册），付欣、张蕊楠、高一波、陈洁译，商务印书馆2016年版；［比］罗杰·布兰潘：《欧洲劳动法》（第2册），付欣、马庆林、黄文军等译，商务印书馆2017年版；［比］罗杰·布兰潘：《欧洲劳动法》（第3册），付欣、高一波、张蕊楠译，商务印书馆2018年版。

⑤ Manfred Lowisch, “Labor Law in Europe”, *Ritsumeikan Law Review*, No. 20, 2003, pp. 106 – 115.

展开。

二、劳工权利宪章化的影响：1980 年至 2010 年的发展

1989 年 12 月 9 日，欧洲经济共同体除英国外的所有成员国，共同颁布《欧共体劳工基本社会权利共同体宪章》（The Community Charter of the Fundamental Social Rights of Workers）。在接下来的十年间，它确立“欧洲劳动法”建立的主要准则，并塑造了欧洲社会的发展模式。

尤其是《欧共体劳工基本社会权利共同体宪章》中涉及破产企业职工权益保护的第 7 点、第 17 点和第 18 点，经常作为相关指令序言的法律基础被引用。特别是第 7 点直接提出，在内部市场发展带来欧共体生活与工作环境提升的条件下，破产“在必要时，必须覆盖劳动法的发展，尤其是集体裁员和破产相关的程序”。① 这些规定在若干涉及劳工保护和破产的立法中，成为必须援引的上位法依据。②

为应对从 20 世纪 70 年代开始的企业危机，欧洲经济共同体委员会于 1975 年 2 月 17 日颁布涉及集体裁员的《第 75/129/EEC 号指令》，1977 年 2 月 14 日颁布涉及企业、业务或部分业务转让情况下劳工权利保障的《第 77/187/EEC 号指令》和关于企业破产情况下劳工保护的《第 80/987/EEC 号指令》。③ 作为发展传统劳动法显著的第三步，《第 80/987/EEC 号指令》促成建立包括另一企业或国家机关在内的“三角”关系，来以更满意的方式解决“企业危机”，包括像“破产欠薪保障基金”这类的第三方，其“意在劳动关系中较少限制企业权利，而在与第三方关系中较多参与调解”，来收集劳动关系中破坏破产程序的依据。④

从 20 世纪 80 年代中期之后，在公众讨论欧洲“社会空间”的背景下，

---

① 《欧共体劳工基本社会权利共同体宪章》第 7 点。

② 举例见描述（2），《第 2008/94/EC 号指令》。

③ Antonio Ojeda Aviles, “The ‘Externalization’ of Labor Law”, 148 *Int'l Lab Rev.*, 47, 2009, pp. 52 – 53.

④ Antonio Ojeda Aviles, “The ‘Externalization’ of Labor Law”, 148 *Int'l Lab Rev.*, 47, 2009, p. 52.

欧洲劳动法开始改革，认为“为适应变化的世界，所有此类立法应该保持不断的改进”。[①] 此外，来自欧洲法院判例法解释，成为促进欧洲劳动法改革的另一个推动力。[②]

目前在欧盟，关于破产中劳工保护的立法都依据不同的法律，其中最相关和现行最有效的立法是《第2008/94/EC号指令》《第2001/23/EC号指令》[③] 和《第98/59/EC号指令》。[④] 欧盟现行的此类关于破产企业职工权益保护的法律架构，已经赢得“欧盟正在促进职工稳定地位”的美誉。

三、成员国的努力与推动

上述欧共体立法、司法机构的尝试，在成员国层面也引起积极反响。1970年意大利率先颁布《工人规约》，这成为新时代带有“中心化”特征的劳动法的开先河者。[⑤] 在此期间，传统劳动法在实践中已不合时宜，因为大量发生的劳动争议，已经超出劳动法中个体与集体维度的范围。[⑥]

人们普遍认为，一方面，随着共同市场的形成，企业本身也需要与时俱进，企业的重组、合并、接管、集体解雇和宣告破产，都需要走出过去的“舒适区”；另一方面，劳动者不应该因为欧洲形成共同且庞大的共同市场而付出代价，相反应该避免让劳动者承担因为企业重组、破产、转让、集体裁员等带来的消极社会影响。[⑦] 根据阿维莱斯的研究，伴随劳动法的扩大而来

---

① Mark Jeffery, “European Labor Laws relating to Business Restructuring”, 24 *Comp. Lab. L & Pol'y. J.*, 2002－2003, p. 674.

② Mark Jeffery, “European Labor Laws relating to Business Restructuring”, 24 *Comp. Lab. L & Pol'y. J.*, 2002－2003, p. 674.

③ 《第2001/23/EC号指令》源于：（1）1977年2月14日颁布的《第77/187/EEC号指令》；（2）1998年6月29日颁布的《第98/50/EC号指令》。参见Recital（1），Directive 2001/23/EC。

④ 《第98/59/EC号指令》源于：1975年2月17日颁布的《第75/129/EEC号指令》参见Recital（1），Directive 98/59/EC。

⑤ Antonio Ojeda Aviles, “The ‘Externalization’ of Labor Law”, 148 *Int'l Lab Rev.*, 47, 2009, p. 50.

⑥ Antonio Ojeda Aviles, “The ‘Externalization’ of Labor Law”, 148 *Int'l Lab Rev.*, 47, 2009, p. 50.

⑦ ［比］罗杰·布兰潘：《欧洲劳动法》（第2册），付欣、马庆林、黄文军等译，商务印书馆2017年版，第531页。

的，是关于“企业危机”“二元企业”；“自主创业和被扶植的自助创业”；“人道化工作”；“商业化工作”和“公共就业”指令的实施。①

而从20世纪60年代开始，从西欧开始，欧洲各国先后开始设立破产欠薪保障基金的竞赛。在整个20世纪六七十年代，随着欧洲破产潮的来临，传统的破产优先权模式显示出其短板与不足，西欧诸国尤其是比利时、荷兰、德国和英国等，先后采用破产欠薪保障基金这一新方式，为破产企业职工权益开创出一种有别于传统的保护模式的新路。② 显而易见，对于破产企业职工权益保护来说，从传统破产优先权模式向破产欠薪保障基金模式的飞跃，是革命性的变化。

需要强调的是，尽管前文将破产欠薪保障基金模式的崛起，视为对传统的基于破产法的破产优先权模式的一种“革命”，但这并不是意味着，传统的破产优先权模式就应该完全摒弃。恰恰相反，基于如下两点理由，破产优先权模式还应该更加强化：一方面，职工债权在破产程序中的优先顺位，对于破产费用和共益债务之后的清偿有重要影响，一般来说职工债权的优先顺位越高，获得清偿的可能性越大；另一方面，职工债权在破产程序中的清偿顺位，对于后续破产欠薪保障基金代位参与破产程序中，回收其先期支付给职工的所有开支，有着实质性的影响。③ 基于此，我们或许可以适度修正结论：破产欠薪保障基金模式的崛起既是对传统破产优先权模式的革命，更是对传统破产优先权模式的补充。对于破产企业职工权益保护来说，如果能够兼得破产优先权模式和破产欠薪保障基金模式的优点，正如欧盟已然在实践的那样，才能够真正实现破产企业职工权益保护最大化、最优化。

根据方方面面的资料，欧洲各国建立破产欠薪保障基金的时间分别是

---

① Antonio Ojeda Aviles, “The ‘Externalization’ of Labor Law”, 148 *Int’l Lab Rev.*, 47, 2009, pp. 50 – 51.

② Roger Blanpain & A. T. J. M. Jacobs, *Employee Rights in Bankruptcy: A Comparative – Law Assessment*, Kluwer Law International, 2002, pp. 13 – 21.

③ Roger Blanpain & A. T. J. M. Jacobs, *Employee Rights in Bankruptcy: A Comparative – Law Assessment*, Kluwer Law International, 2002, p. 21.

（见表6）：①

表6　西欧国家建立破产欠薪保障基金的时间

时间（年）	国家
1967	比利时
1968	荷兰
1970	瑞典
1972	丹麦
1973	芬兰、挪威、法国
1974	联邦德国
1975	英国
1976	西班牙
1977	奥地利
1981	希腊
1982	瑞士
1984	爱尔兰
1985	葡萄牙

欧洲各国在保留各自破产法传统，尤其是对于破产企业职工权益不同优先顺位保护的同时，亦在通过破产欠薪保障基金模式保障破产企业职工权益领域留下大量的宝贵的探索。欧共体在20世纪70年代末期劳动法的进化中，颁布《第80/987/EEC号指令》绝对不是头脑发热之举，而是在各成员国长期实践中，将实践经验予以制度化的过程。

比如，在荷兰1999年主导的一份有关荷兰、德国、比利时、英国等4国

① International Labour Office, *Protection of Workers' Claims in the Event of the Insolvency of Their Employer*, Report Ⅴ (1), fith item on the agenda, International Labour Conference 78th Session, 1991, p. 40; Edward Yemin & Arturo S. Bronstein, *The Protection of Workers' Claims in the Event of the Employer's Insolvency*, Labour – Management Relation Series No. 76, International Labour Office, 1991, p. 36; Roger Blanpain & A. T. J. M. Jacobs, *Employee Rights in Bankruptcy: A Comparative – Law Assessment*, Kluwer Law International, 2002, p. 13.

破产企业职工权益保护模式的比较研究中，研究结论曾通过加权赋分的方式，对上述4国破产企业职工权益保护模式打分如表7所示：①

表7　荷兰、德国、比利时、英国4国破产企业职工权益保护模式比较

比较项目	荷兰	比利时	德国	英国
破产程序启动后的清偿顺位	2	3－4	1	3－4
破产程序启动前的清偿顺位	1－4	1－4	1－4	1－4
保障基金清偿及适用限制	1－2	3－4	1－2	3－4
保障基金的经费	4	1－3	1－3	1－3
针对破产涉及裁员的保护	2－3	4	1	2－3
通知期限	4	1	2	3
解聘补偿的形式和遣散费	4	1	2	3
破产涉及的转让	4	1	2－3	2－3
破产申请中的参与权	2－3	1	2－3	4
破产程序启动后对接管人决策的参与权	2－3	2－3	1	4
最终得分	29.5	22	18	30.5

上述比较体系中，针对各个比较项目，荷兰、德国、比利时、英国从“青睐度”（favourability）分别排序，排1对应1.5分，排2对应2分，排3对应3分，排4对应3.5分。根据上述比较结论，荷兰和英国对于破产企业职工权益保护，相对来说比较健全，相比之下，德国对于破产企业职工权益保护的得分最低，明显还有一定的提升空间。②

从理论层面来看，破产欠薪保障基金模式的崛起，可以归因于20世纪式

① Roger Blanpain & A. T. J. M. Jacobs, *Employee Rights in Bankruptcy: A Comparative - Law Assessment*, Kluwer Law International, 2002, p. 64.

② Roger Blanpain & A. T. J. M. Jacobs, *Employee Rights in Bankruptcy: A Comparative - Law Assessment*, Kluwer Law International, 2002, p. 64.

的新型社会保障观。按照这种观念，破产企业职工权益应该由保障基金支付，而保障基金源于企业、职工以及国家财政；在保障基金清偿职工债权后，其可以代位参与破产程序；通过这种方式，保障基金能够使破产企业职工权益保护从实践层面变得更加可预期，而且清偿份额很有可能更大、时间成本更低。[①] 这些优点，足以使得破产欠薪保障基金模式在与传统的基于破产法的破产优先权模式比较中脱颖而出。

而且更重要的是，《第 80/987/EEC 号指令》的通过，并未阻止或者影响欧共体及欧盟各成员国在破产企业职工权益保护领域，继续做出符合该成员国实际情形的探索。在荷兰，1992 年发生了著名的荷兰汽车制造商 DAF 的破产案。汽车行业本来就是劳动密集型产业，DAF 的破产对于职工带来极为严重的影响，8000 多名职工一下子因此破产带来的裁员而失业。这一案件在荷兰社会带来巨大影响，也让荷兰在探索破产职工权益保护方面，始终保持出积极性。1999 年 12 月 8 日，由前 DAF 职工慈善基金会（Stichtiing Ondersteuningsfonds Oud – Werknemers DAF，Benevolent Fund Foundation for Fomer DAF Employees）举办的“破产程序中的职工权益”（Employee Rights in Bankruptcy）研讨会，在荷兰小城蒂尔堡召开。这次会议上，从工会到金融机构，从政府机构到破产执业者，各界共聚一堂，本着比较学习的目标，对荷兰及其邻国比利时、德国、英国的破产企业职工权益保护问题，对于破产程序中的职工债权优先清偿、破产欠薪保障基金对职工债权的审查、破产程序中的裁员问题及破产相关的营业转让、破产程序中的参与权等问题，展开深入研讨，并在会后将讨论研究成果结集出版。

罗马城不是一天建成的，制度进化本来就是一个久久为功的过程。毫无疑问，上述成员国层面的努力为欧共体（及欧盟）在破产欠薪保障基金设立方面设定最低标准并持续进步，奠定十分重要的基础。

---

① Roger Blanpain & A. T. J. M. Jacobs，*Employee Rights in Bankruptcy：A Comparative – Law Assessment*，Kluwer Law International，2002，p. 13.

第二节　欧盟破产欠薪保障基金：背景、机制与运作

破产程序对于职工利益的影响涉及方方面面，其中重要的一点是破产企业所拖欠的职工薪酬。按照劳动合同，职工已经为企业提供相应劳务，那么企业就有义务按时足额发往薪酬；但在破产情形下，用人单位的这一义务履行就成为很大的问题；而且，除了待付薪酬外，还可能发生拖欠其他费用的情形，比如年终奖、带薪休假、遣散费等，由各国劳动法、劳动合同法所规范并载明在劳动合同中的内容。① 基于对劳动关系、劳动合同的关心，破产企业职工极少能够在破产前采取民事诉讼及执行措施对抗用人单位，即便在法律程序中胜出也因为企业财务困境很难获得实际执行。在解决这个问题方面，欧洲经济共同体及欧盟在前述背景下，做出了非常重要的探索。②

一、《第80/987/EEC号指令》的拟议与通过

在上述背景下，欧洲经济共同体立法机构很快提出相应的立法建议。在《第80/987/EEC号指令》建议稿中，欧洲经济共同体立法机构提出4点企业破产时因劳动合同引起的职工权益保护不足的问题：③

1. 经验显示，即使这些债务处于优先顺位，在许多案件中，破产财产不足以清偿因劳动合同产生的未清偿债务。对于已经发生但在未来某个日期到

① International Labour Office, *Protection of Workers' Claims in the Event of the Insolvency of Their Employer*, Report Ⅴ (1), fith item on the agenda, International Labour Conference 78th Session, 1991, p. 15.

② International Labour Office, *Protection of Workers' Claims in the Event of the Insolvency of Their Employer*, Report Ⅴ (1), fith item on the agenda, International Labour Conference 78th Session, 1991, p. 15.

③ Commission of the European Communities, "Proposal for a Council Directive on the approximation of the Laws of the Member States Concerning the Protection of Employees in the Event of the Insolvency of Their Employer", submitted to Council by the Commission, COM (78) 141 final, Brussels, 11 April 1978, *Official Journal* C 135/2. 9. 6. 1978, p. 1.

期的债务，例如，由于职业退休金计划发生的债务，从破产财产中获得清偿的机会肯定很小。但是，职工的收入与其他经济活动部门有着根本的区别，因为这个群体完全依赖于他们的劳动收入，基本上没有其他收入来源。因此，如果约定的职工劳动报酬没有按预期发放，职工可能会失去物质生活基础。

2. 破产程序常常耗费很长的时间。但是，由于以上原因，职工却依赖定时发放的劳动报酬。如果职工必须等到破产程序结束后才最终获得一部分劳动报酬，这对他及其家人的生活至少会构成暂时的威胁。

3. 职工所处的地位，常常使他实际上难以理解破产程序，而且一般而言，也不能期望职工斥巨资聘请律师，参与破产程序。因此，即使证据非常充分的债权，也很少有机会令人满意地向管理人申报。

4. 企业进入破产程序后没有资产可供分配，或者由于其他原因没有进入破产程序，在这两种情形下，职工完全没有任何保护。①

基于上述原因，欧盟委员会得出的结论："改善这种状况的唯一途径是，通过独立于企业财务状况且本身不可能破产的机构，确保任何职工针对破产企业的未清偿债权，都能在一定程度上得到清偿"，这种机构"在部分成员国，已经根据国内立法建立起来了"。②

显然，欧洲委员会已经意识到在当时欧洲经济共同体的成员国里，已经有部分国家通过破产欠薪保障基金的方式，确保破产企业的职工可以在企业进入破产程序后，获得最低限度的清偿。

但是，欧共体各成员国建立破产欠薪保障基金的时间有早有晚，破产欠薪保障基金表面相似，但在不同成员国差别不小，比如涉及是否强制、所覆

① Commission of the European Communities, "Proposal for a Council Directive on the Approximation of the Laws of the Member States Concerning the Protection of Employees in the Event of the Insolvency of Their Employer", Submitted to Council by the Commission, COM (78) 141 final, Brussels, 11 April 1978, *Official Journal* C 135/2. 9. 6. 1978, pp. 1 – 2.

② Commission of the European Communities, "Proposal for a Council Directive on the Approximation of the Laws of the Member States Concerning the Protection of Employees in the Event of the Insolvency of Their Employer", submitted to Council by the Commission, COM (78) 141 final, Brussels, 11 April 1978, *Official Journal* C 135/2. 9. 6. 1978, p. 2.

盖企业的所有制类型、基金费用来源、管理机构、管理模式、是否与破产程序启动挂钩、覆盖职工债权的范围、覆盖职工的类型、覆盖职工的年龄段及工龄、基金支付上限、支付程序等。① 差异越大，在欧洲经济共同体范围内一体保护的愿望越难以实现。或者说，即便做不到整齐划一，但应该确保欧共体成员国破产企业职工都有最低限度的保障，避免在欧共体内部部分成员国职工权益受到破产欠薪保障基金覆盖，而部分成员国破产企业职工权益只能依靠传统优先权保护的尴尬。

这些原因，促使欧洲委员会下定决心在欧洲经济共同体范围内，确保各个成员国都普遍设立破产欠薪保障基金，能够为企业破产时职工权益提供最低限度的保护。这是欧洲经济共同体破产法律机制的进步，也是劳动法律框架的进步。正如有学者所指出，《第 80/987/EEC 号指令》是欧洲劳动法的一个重要部分。《第 80/987/EEC 号指令》将劳动法的范围，从健康企业职工保护扩大到“危困企业”在破产情形下的职工权益保护。② 从传统上看，劳动法总是“通过建立最低或者最高标准或者正当程序规则”实施的，但是，“强制的个人干预”，“并不意味着因为启动涉及债权人的破产程序，导致企业的控制权被转移给法官或者破产管理人，以致管理层被剥夺权力”，而且这种“强制的个人干预”在《第 80/987/EEC 号指令》的框架中也不普遍。③

这一立法建议，在当时看来可能是一小步；但在今天看来，应该说是欧洲破产法和劳动法发展史上，具有里程碑意义的一大步。这一历史性的进步，不仅使得国际劳工组织的新政策在欧洲经济共同体内落地，也在破产法和劳动法的交叉点上，开启了一个新纪元。

---

① International Labour Office, *Protection of Workers' Claims in the Event of the Insolvency of Their Employer*, Report V (1), fith item on the agenda, International Labour Conference 78th Session, 1991, pp. 41 –53.

② Antonio Ojeda Aviles, “The ‘Externalization’ of Labor Law”, 148 *Int'l Lab Rev.*, 47, 2009, pp. 52 –53.

③ Antonio Ojeda Aviles, “The ‘Externalization’ of Labor Law”, 148 *Int'l Lab Rev.*, 47, 2009, p. 53.

二、欧盟破产欠薪保障基金的制度变迁

在过去四十多年来，欧洲一体化进程取得大成果，也面临小挫折：一方面，欧盟的成立、欧盟东扩、欧元的启用以及欧洲央行的成立等举措，不仅实现从欧洲经济共同体到欧盟的过渡，吸纳更多的东欧国家加入欧盟，欧盟内部市场建设以及欧盟在金融、内政、外交方面的统一化趋势十分明显；另一方面，2016 年英国公投“脱欧”并最终在 2020 年完成这一历史性进程，为欧盟的未来带来某种程度的不可预知性。目前看来，英国“脱欧”不会对欧盟有颠覆性的影响，但会对欧盟朝野各方反思欧盟的前景和未来提供重要参考。另外，2020 年年初蔓延全球的新冠肺炎疫情也给欧洲经济和社会带来重创，引发欧盟各成员国破产法修订的热潮。

在欧洲经济共同体向欧盟转变的历史进程中，《第 80/987/EEC 号指令》已先后经过 3 次重大修订。这些修订分别是：（1）由于西班牙加入欧盟，1987 年 6 月 2 日的理事会《第 87/164/EC 号指令》对《第 80/987/EEC 号指令》的修订；（2）2002 年 9 月 23 日欧洲议会和理事会的《第 2002/74/EC 号指令》对《第 80/987/EEC 号指令》的修订；（3）2008 年对该指令的升级改造，即前述《第 2008/94/EC 号指令》。[①] 在下文中，笔者将简要概述从《第 80/987/EEC 号指令》到《第 2008/94/EC 号指令》的演进。

（一）《第 80/987/EEC 号指令》

《第 80/987/EEC 号指令》要求各成员国采取措施，确保欧洲经济共同体领域内为破产企业职工权益提供最低限度的保护，构建欧洲经济共同体破产企业职工权益保护基准线。

而除此之外，为了尽最大可能尊重各个成员国的既有劳动法律体系，该指令也为成员国提供了自由度，允许各成员国通过例外条款，在转化《第 80/987/EEC 号指令》为国内法时，排除对部分类型职工的保护。根据《第 80/987/EEC 号指令》第 1（2）条：“成员国可以通过例外条款，基于职工

① 参见 Recital（1），Directive 2008/94/EC。

的劳动合同，或者劳动关系的特殊性质，或者由于存在其他形式的保障向职工提供与本指令同等水平的保护，将某些类型的职工排除在《第 80/987/EEC 号指令》的范围外。”① 基于上述条款，《第 80/987/EEC 号指令》的附件中将列出的上述职工类型，分为两类：一类是职工“以特殊方式签订劳动合同，或者缔结劳动关系”（包括希腊、爱尔兰、荷兰和英国）；另一类是“职工有其他形式的保障”（包括希腊、爱尔兰、意大利和英国）。②

当然，《第 80/987/EEC 号指令》的核心条款，是第 3 条与第 4 条。第 3（1）条规定：“成员国应当采取必要的措施，确保破产欠薪保障基金在遵守第 4 条的前提下，为由于劳动合同或者劳动关系引起的，并且与给定日期之前的期限有关的职工的未清偿债权，提供给付保障。”③ 成员国可以通过“限制破产欠薪基金责任”的方式，减轻该等义务。④

如上所述，由于《第 80/987/EEC 号指令》的文本在过去四十年来已经经历过 3 次大修订，除非做欧洲破产企业职工权益体系的“考古”，今天再重新梳理《第 80/987/EEC 号指令》的框架和内容，已经没有太大意义。⑤

在今天看来，《第 80/987/EEC 号指令》的最重要的一个贡献，是对术语“破产状态”（state of insolvency）的定义。这是一个十分关键的定义，而这种重要性则来源于破产欠薪保障基金适用的严格条件：第一，需要保护的职工债权，符合保护的条件；第二，职工债权必须源于企业的“破产”。⑥ 正因如此，《第 80/987/EEC 号指令》对“破产状态”的定义为该指令赢得了永久的生命力，其影响力不仅波及面很广，也持续到今天。《第 80/987/EEC 号

① Article 1（2），Directive 80/987/EEC.

② Annexe，Directive 80/987/EEC.

③ Art. 3（1），Directive 80/987/EEC.

④ Art. 4（1），Directive 80/987/EEC.

⑤ 在笔者尚未答辩的英文博士论文初稿中，确实有此规划和“野心”。毋庸置疑，对于透彻理解欧洲破产企业职工权益保护的保障基金模式，这种梳理在学术研究层面是有价值的。或许在未来本书修订中，还可以补上本书中这缺失的部分。

⑥ Edward Yemin & Arturo S. Bronstein，*The Protection of Workers' Claims in the Event of the Employer's Insolvency*，Labour - Management Relation Series No. 76，International Labour Office，1991，p. 39.

指令》第2（1）条规定：

在本指令中，下列企业应当被视为处于“破产状态”：

（a）按照有关成员国的法律、法规和行政规章的规定，已经提起涉及企业资产的破产程序的启动申请，以便集中清偿债权人的债权请求，或者该申请导致应当考虑第1（1）条中提及的债权请求；以及

（b）根据上述法律、法规和行政规章，有关机构已经决定启动程序，或者已经确定企业的营业或者业务已经确实关闭，并且可以获得的资产不足以保证程序的启动。①

这个定义的特殊意义在于，在欧洲法院审理案件时，由于《欧盟跨境破产规章（第1346/2000号）》并未定义“破产状态”，《第80/987/EEC号指令》的这个定义常被援引，用来确定相关程序是否属于破产程序。

（二）《第87/164/EEC号指令》

1986年，西班牙和葡萄牙同时成为欧洲经济共同体成员国。这两个国家的加入，导致《第87/164/EEC号指令》的通过及其对《第80/987/EEC号指令》的细微修订。②

《第87/164/EEC号指令》只有2个条款。第1条规定，在《第80/987/EEC号指令》的附件中，应将西班牙放在希腊的后面，并对“自然人雇佣的国内帮佣”作了解释。③ 第2条则描述《第87/164/EEC号指令》生效的时间和地点。④

（三）《第2002/74/EC号指令》

1995年6月15日，欧洲委员会提交一份关于《第80/987/EEC号指令》在12个成员国（包括比利时、丹麦、德国、法国、希腊、英国、爱尔兰、意

① Art. 2（1），Directive 80/987/EEC.

② Preamble，Directive 87/ 164/ EEC.

③ Art. 1，Directive 87/ 164/ EEC.

④ Art. 2，Directive 87/ 164/ EEC.

大利、卢森堡、荷兰、葡萄牙和西班牙）转化的报告。① 另外，欧洲委员会还于 1997 年 1 月 8 日提交了一份关于《第 80/987/EEC 号指令》在 3 个成员国（包括奥地利、芬兰和瑞典）转化的报告。② 这些报告，是欧洲委员会中期行为计划（1995 ~ 1997 年）的法律基础。马尔科姆·萨基特（Malcolm Sargeant）认为，该报告清晰地界定了《第 80/987/EEC 号指令》在实施多年后，面临的主要问题："与指令有关的问题主要来自下面的事实，即在破产情形中为职工债权提供保障，涉及许多法律领域，例如破产法、劳动法和社会保障法"，而且"其中某些问题非常复杂，在不同的成员国之间常常有巨大差异"。③

针对前述报告和欧洲法院提出的问题，委员会完成关于修订《第 80/987/EEC 号指令》的建议，这也导致《第 2002/74/EC 号指令》的通过和《第 80/987/EEC 号指令》的被取代。④

（四）《第 2008/94/EC 号指令》

2008 年 10 月 22 日，《第 2008/94/EC 号指令》获得通过。

《第 2008/94/EC 号指令》在前述《第 80/987/EEC 号指令》《第 87/164/EEC 号指令》和《第 2002/74/EC 号指令》等历史性立法的基础上，对

---

① Commission of the European Communities, "Report from the Commission: Transposition of Council Directive 80/987/EEC of 20 October 1980 on the approximation of the Laws of the Member States relating to the protection of employees in the event of the insolvency of their employer", Brussels, 15. 06. 1995, *COM* (95) 164 *final.*, pp. 1 – 73.

② Commission of the European Communities, "Report from the Commission to the Council, the European Parliament and the Economic and Social Committee on the Transposition of Council Directive 80/987/EEC of 20 October 1980 on the approximation of the laws of the Member States relating to the protection of employees in the event of the insolvency of their employer in Austria, Finland and Sweden", 8 January 1997, *COM* (96) 696 *final.*, pp. 1 – 43.

③ Malcolm Sargeant, "Protecting Employees with Insolvent Employers", *Industrial Law Journal*, Vo. 32, No. 1, March 2003, p. 54.

④ "Proposal for a Directive of the European Parliament and of the Council amending Council Directive 80/987/EEC on the approximation of the laws of the Member States relating to the protection of employees in the event of the insolvency of their employer", COM (2000) 832 final, 2001/0008 (COD), 16 January 2001, 29. 5. 2001 *Official Journal* C 154 E, pp. 109 – 111; Malcolm Sargeant, "Protecting Employees with Insolvent Employers", *Industrial Law Journal*, Vo. 32, No. 1, March 2003, pp. 53 – 54.

欧盟破产企业职工权益的破产欠薪保障基金模式，做出全面修订和更新，实现了简洁与合理的修订目标。① 笔者在下文将会详细评介该指令的核心架构。

三、欧盟破产欠薪保障基金模式的核心机制

与欧盟通过的其他法律文件的结构类似，《第 2008/94/EC 号指令》由序言、主体和附件构成。其中序言有 11 条，而主体部分包括 5 章共 18 条，以及 2 个附件。

（一）破产中的最低程度保护

《第 2008/94/EC 号指令》开宗明义就宣布，该指令“应当适用于由于劳动合同或者劳动关系发生的，并且针对处于第 2（1）条所定义的破产状态企业的职工权益”。② 该指令序言（3）指出：“考虑到欧共体内平衡经济和社会发展的需要，特别是为了确保尚未支付职工债权的清偿，规范在企业破产的情况下对职工的保护，并且确保最低程度的保护，是有必要的。为实现该目标，成员国应当设立为有关职工尚未支付债权提供清偿的破产欠薪保障基金。”③

在正文中，《第 2008/94/EC 号指令》第 3 条中对前述选择，进一步细化如下：

> 成员国应当采取必要的措施，确保破产欠薪保障基金在遵守《第 2008/94/EC 号指令》第 4 条的前提下，为由于劳动合同或者劳动关系引起的职工未清偿债权（包括国内法规定的劳动关系终止时的离职补偿金），提供清偿保障。
>
> 破产欠薪保障基金承担的债权，应当是成员国法律确定的某个给定日期之前和/或之后（如果适用）的期限内，尚未清偿的职工债权。④

---

① Recital（1），Directive 2008/94/EC.
② Art. 1（1），Directive 2008/94/EC.
③ Recital（3），Directive 2008/94/EC.
④ Art. 3，Directive 2008/94/EC.

《第2008/94/EC号指令》序言（6）要求，成员国应颁布具体规定，“明确在这些案件中，由哪个机构负责清偿这些债权，并且为实现成员国有关行政机构之间的相互配合，规定职工未清偿债权应当尽早支付”。①

有关破产欠薪保障基金的组织、资金来源和运营的具体规则包括：（a）“该机构的资产，必须独立于企业的运营资本，并且与破产程序相隔离”；（b）“破产企业必须向该机构缴费，除非其资金完全由公共机构承担”；以及（c）“该机构的义务，不得以破产企业是否履行缴费义务为前提”，这些规定应当规定在每个成员国的国内法中。②

（二）破产状态

由于《第2008/94/EC号指令》包含关于“企业破产情形”的信息，如何定义“破产情形”的阶段，在确定该指令的覆盖范围中，起着重要作用。在前文中关于《第80/987/EEC号指令》的简介中，笔者已经提到该法规的第2（1）条是其对“破产状态”定义作出的贡献，欧洲法院在解释《欧盟跨境破产规章（第1346/2000号）》时常常引用这个定义。《第2008/94/EC号指令》则继承前述定义。

《第2008/94/EC号指令》的序言（4），将确定“破产状态”定义时应注意的问题，阐述如下：“为确保相关职工的平等保护，破产状态的定义，应考虑到各成员国的立法趋势，并且还应当包括除清算之外的其他破产程序。在这个背景下，为确定破产欠薪保障基金的责任，成员国应当规定，如果破产状态导致多个破产程序，该情形应当被视为一个破产程序。”③显而易见，按照欧盟立法者的思路，在理解“破产状态”这个术语时，应该尊重各成员国的立法趋势，同时要考虑到“破产状态”导致同时启动多个破产程序的情形。《第2008/94/EC号指令》第2（1）条进一步规定：

在本指令中，如果已经某个根据成员国的法律、法规或者行政规章，基

① Recital（6），Directive 2008/94/EC.

② Art. 5，Directive 2008/94/EC.

③ Recital（4），Directive 2008/94/EC.

于企业破产而提出集体程序的申请，该企业被剥夺全部或部分管理资产的权力，指定管理人或者其他履行类似职责的人员，而且根据该条款，相关当局拥有下列职权：（a）确定启动破产程序；或者（b）确认企业的营业或者业务已确定关闭，而且可以获得的资产不足以保证程序的启动，则该企业应被视为处于破产状态。①

上述有关“破产状态”的定义，对于确定相关该企业是否确实因为破产而触发《第2008/94/EC号指令》转化后成员国法的适用，进而据此落实破产欠薪保障基金给破产企业职工的清偿义务，具有奠基地位。在后续判例分析中，我们可以看到后续欧洲法院在相关判例中，对于“破产状态”定义的特别偏爱。

（三）灵活性和诉讼时效

为了使成员国在将《第2008/94/EC号指令》转化为国内法时，具有足够的灵活性，该指令序言（7）规定，“成员国可以为破产欠薪保障基金的责任，设置诉讼时效”，该诉讼时效“必须与指令的社会目的相一致，并且考虑到不同债权的顺位”。②《第2008/94/EC号指令》第4条回应该序言，进一步规定：

1. 成员国可以对第3条中提及的破产欠薪保障基金的责任，规定诉讼时效。

2. 如果成员国执行第1段中提及的诉讼时效，则它们应当规定破产欠薪保障基金履行未清偿债权的时间期限。但是，该期限必须至少涵盖第3条第2段中提及的日期之前和/或之后的前3个月的劳务报酬。

成员国可以将该3个月的最短期限作为参考期限，并为其规定不少于6个月的期间。

参考期限不少于18个月的成员国，可以将破产欠薪保障基金履行未清偿

① Art. 2（1），Directive 2008/94/EC.

② Recital（7），Directive 2008/94/EC.

债权的时间期限限制在8周内。在这种情形下，在计算最短期限时，应当使用对职工最有利的期限。

3. 成员国可以规定破产欠薪保障基金的最高付款金额。该最高金额不得低于与该指令的社会目标相一致的社会可接受的水平。

如果成员国作了这种规定，应当将其设置该最高金额的方法，通知欧洲委员会。①

“通过例外条款”，成员国可以由于存在其他形式的保障，在已经向有关职工提供与本指令同等水平的保护的情形下，将某些类型的职工排除在该指令的范围外。② 即使国内立法已经作出有关规定，成员国也可以继续将自然人雇佣的国内帮佣，排除在《第2008/94/EC号指令》之外。③

另外，对企业、职工、报酬、授予即时请求权的权利和授予预期请求权的权利的定义，仍然留给国内法规定。④ 根据《第2008/94/EC号指令》第2（4）条，该条例“并不禁止成员国将职工的保护扩展到其他破产情形，例如根据国内法规定的在不同于第1段中提及的程序中，事实上已经永久地停止支付报酬”，但是，“该等程序不得使其他成员国的机构（在跨境破产案件中）承担保障义务”。⑤

该指令进一步规定，《第2008/94/EC号指令》不会影响成员国适用或者通过对职工更有利的法律、法规或者行政规章，而为破产企业职工权益提供更为丰富多元的保护。⑥《第2008/94/EC号指令》也不影响成员国采取必要的方法，防止破产欠薪保障基金滥用、拒绝或者减损第3条和第7条项下的义务。⑦

① Art. 4，Directive 2008/94/EC.
② Art. 1（2），Directive 2008/94/EC.
③ Art. 1（3），Directive 2008/94/EC.
④ Art. 2（2），Directive 2008/94/EC.
⑤ Art. 2（4），Directive 2008/94/EC.
⑥ Art. 11，Directive 2008/94/EC.
⑦ Art. 12，Directive 2008/94/EC.

但是，在转化《第2008/94/EC号指令》时，这些成员国应当确保关于兼职工作或者固定期限工作的欧洲法的实施，并采取措施鼓励改善具有固定期限劳动关系或者临时劳动关系的工人安全和卫生状况，而不得将这些欧洲法排除在《第2008/94/EC号指令》的转化之外。[①] 另外，即使对企业、职工、报酬、授予即时请求权的权利和授予预期请求权的权利的定义，仍然留给国内法规定，成员国也不得将有关的欧洲法下的兼职职工、固定期限职工和临时职工排除在《第2008/94/EC号指令》的转化规范之外。[②] 除上述这些诉讼时效外，它还规定，“成员国不得规定劳动合同或者劳动关系必须满足某个最低期限要求才能主张本指令项下的债权请求权”。[③] 这也就是说，无论劳动关系长短，成员国都应该通过破产欠薪保障基金，为破产企业职工权益的清偿提供相应的保护。

（四）社会保险

关于破产欠薪保障基金与社会保险的交叉问题，成员国有权排除《第2008/94/EC号指令》第3~5条对“全国性法定社会保险计划，或者全国性法定社会保险计划之外的补充性职业退休金计划项下缴费”的适用。[④]

另外，还有两个条款，要求成员国“采取必要的措施，确保企业在破产前夕未能向全国性法定社会保险计划项下的保险机构支付强制性缴费，不会对职工享有与该保险机构有关的权利造成不利影响，只要职工的缴费已经从支付的报酬的实行源泉扣缴”；[⑤] 并且要求成员国“确保采取必要的措施，保护职工以及在企业破产前夕已经离开企业的营业或者业务的人员，根据全国性法定社会保险计划之外的补充性职业退休金计划，享有的包括生存者福利在内的即时或预期养老福利权利”。[⑥]

---

① Recital（5），Directive 2008/94/EC.

② Art. 2（2），Directive 2008/94/EC.

③ Art. 2（3），Directive 2008/94/EC.

④ Art. 6，Directive 2008/94/EC.

⑤ Art. 7，Directive 2008/94/EC.

⑥ Art. 8，Directive 2008/94/EC.

如上所述，便是《第 2008/94/EC 号指令》所规定的欧盟破产欠薪保障基金模式的核心机制。而作为欧盟法渊源之一的指令，其实施状况则取决于成员国通过其国内法对指令内容的转化和执行。

四、欧盟成员国对破产欠薪保障基金指令的转化和执行

根据《第 2008/94/EC 号指令》第 15 条，欧洲委员会最晚应当在 2010 年 10 月 8 日向欧洲议会及理事会提交关于成员国转化和实施《第 2008/94/EC 号指令》的报告。[①]

（一）成员国破产欠薪保障基金的历史渊源

但基于破产欠薪保障基金指令的历史，各个成员国在《第 2008/94/EC 号指令》之前就有了源远流长的转化和执行史；甚至在《第 80/987/EEC 号指令》颁布前，不同成员国就有非常多元的欠薪保障机制。

意大利就是个典型的例子。意大利在第二次世界大战后，就在工业领域成立了由企业和职工共同出资的救助基金，确保在裁员或缩短工时等情境下，职工可以获得基本的收入，比如在最长 3 个月时间内，每月发给职工 25% 的工资，作为象征性的救助；而随着战后经济发展，法律次第更新，该基金的扶助范围也越来越大，甚至成为对职工工资展开公权力救济的主要手段，成为现代工业经济对抗周期性危机和重整程序的工具。[②] 甚至在 1975 年第 164 号和 1991 年第 223 号法令颁布后，该基金在普通干预时不涉及破产情形，而特别干预时，则可以适用于职工人数超过 15 人的大中型企业重组、重建或转型，以及企业破产和清算。[③] 在开展特别干预时，基金会可以为职工支付高达 80% 的月工资，持续时间最短 3 个月，最长可以到 36 个月。[④] 而在《第

---

① Article 15, Directive 2008/94/EC.

② ［意］T. 特雷乌：《意大利劳动法与劳资关系》，刘艺工、刘吉明译，商务印书馆 2012 年版，第 106 ~ 107 页。

③ ［意］T. 特雷乌：《意大利劳动法与劳资关系》，刘艺工、刘吉明译，商务印书馆 2012 年版，第 107 页。

④ ［意］T. 特雷乌：《意大利劳动法与劳资关系》，刘艺工、刘吉明译，商务印书馆 2012 年版，第 107 ~ 108 页。

80/987/EEC 号指令》颁布后，意大利就早在1982年的第297号法案第2条，就建立了特殊的破产欠薪保障基金，在企业破产时为职工支付离职补偿。[①]但是该破产欠薪保障基金的设立，只是部分转化《第80/987/EEC号指令》，为此意大利在两个判决中都受到欧洲法院的批评；在1990年第428号指令实施后，意大利对该指令的转化有3个变化：第一，意大利把海员排除在外；第二，在企业破产时，如果职工已经依据其他法律法规领取与破产欠薪保障基金同等水平的保护，则不能享受多重保护；第三，除了前述离职补偿，破产企业职工还能收到该机构支付的最后3个月全部工资。[②] 至此，意大利全面转化破产欠薪保障基金指令的进程，才算正式完成。

德国的破产欠薪保障基金被称为破产津贴。按照沃尔夫冈·多伊普勒的介绍，在德国破产程序启动后，破产企业职工可以向劳动事务所申请破产前3个月内的待付薪酬；劳动事务所在接到请求后，即会按照《社会保险法》第165条来支付破产津贴。[③] 破产津贴能够覆盖的领域包括：企业实际支付的工资和职工所主张工资之间的差额、职工对企业的损害赔偿请求权等，其上线等于法定养老保险缴费基数的上限。[④]

在英国2020年最终完成“脱欧”程序前，也需要转化该指令。按照英国1986年《破产法》规定，企业破产时，职工未支付的工资属于优先债权之一；但这一优先债权，会受到一些技术性限制，比如只限于企业破产前4个月的薪水，而且其总额还需要在法定额度以内。[⑤] 而按照1996年英国《雇佣权利法》规定，在企业破产时，职工可以直接向国家保险基金（National

① ［意］T. 特雷乌：《意大利劳动法与劳资关系》，刘艺工、刘吉明译，商务印书馆2012年版，第127~128页。

② ［意］T. 特雷乌：《意大利劳动法与劳资关系》，刘艺工、刘吉明译，商务印书馆2012年版，第128页。

③ ［德］沃尔夫冈·多伊普勒：《德国劳动法》（第11版），王倩译，上海人民出版社2016年版，第315页。

④ ［德］沃尔夫冈·多伊普勒：《德国劳动法》（第11版），王倩译，上海人民出版社2016年版，第315页。

⑤ ［英］史蒂芬·哈迪：《英国劳动法与劳资关系》，陈融译，商务印书馆2012年版，第153页。

Insurance Fund）获得部分企业欠薪，具体包括：（1）8 周内的应付薪酬；（2）法律最短通知期限内的通知金；（3）6 周内的休假补偿；（4）遣散费等。① 在国家保险基金直接支付职工后，国务大臣即获得代位权，可以代替职工向破产企业寻求救济。②

（二）欧洲破产欠薪保障基金实施状况

2011 年，欧洲委员会发布其有关实施《第 2008/94/EC 号指令》的官方报告。在报告结尾，有 4 份被称为“技术性附件”的表格：请求破产欠薪保障基金介入的案件数量、破产欠薪保障基金全额或者部分支付职工未受清偿债权的职工人数、破产欠薪保障基金支付的总金额以及 2006 ~ 2008 年跨境破产案件情况。详情如表 8 所示：③

表 8　欧盟破产欠薪保障基金运作情况（2006 ~ 2009 年）

数据（年）	案件数量	雇员人数（人）	支付的总金额（欧元）
2006	101, 155	761, 209	3, 905, 308, 001
2007	97, 557	687, 529	3, 539, 645, 194
2008	101, 285	748, 007	3, 784, 140, 235
2009	120, 622	1, 201, 453	6, 498, 438, 266
合计	420, 619	3, 398, 198	17, 727, 531, 696
跨境案件	239	1158	10, 828, 924

根据该报告，从 2006 年到 2009 年，整个欧盟范围内，共有 420, 619 起破产案件，要求各个成员国的破产欠薪保障基金为破产企业职工待付薪酬履

① ［英］史蒂芬·哈迪：《英国劳动法与劳资关系》，陈融译，商务印书馆 2012 年版，第 153 页。

② ［英］史蒂芬·哈迪：《英国劳动法与劳资关系》，陈融译，商务印书馆 2012 年版，第 153 ~ 154 页。

③ Commission of the European Communities，“Report from the Commission to the European Parliament and the Council on the implementation and application of certain provisions of Directive 2008/94/EC on the protection of employees in the event of the insolvency of their employer”，Brussels，28. 2. 2011，*COM*（2011）84 *final*，p. 9 – 12.

行清偿义务。这里面，德国案件数量最多，为146,673起；马耳他最低，只有2起。共有3,398,198名职工从不同成员国的破产欠薪保障基金获益，其中法国职工人数最多，为953,887人；马耳他人数最少，为49人。关于付款金额，从2006年至2009年四年里，总计花费177.2亿欧元，法国付款金额也是最高，为64.3亿欧元；而马耳他全部只有57,878欧元。①

在该报告中，欧洲委员会指出，从2006年至2009年的四年里，“平均每起案件的工人人数为8人，国内破产欠薪保障基金向每个工人支付的平均金额为5187欧元”。由于2007年之后的全球金融危机的负面影响，在2008年与2009年案件数量（+19%）和工人人数（+61%）及支付的款项（+72%），都有较大增长。②

（三）欧盟各成员国对《第2008/94/EC号指令》的转化

据上述报告，《第2008/94/EC号指令》适用于根据成员国国内法被视为职工的所有人员。捷克共和国有一项规定，即受委托签订合同履行某项特定工作任务的职工，被排除在转化该指令的捷克法律之外，欧洲委员会将以该例外违反欧盟指令，对捷克展开调查。报告还确认，在转化《第2008/94/EC号指令》时，所有兼职职工、具有固定期限合同的职工以及具有临时劳动关系的职工，均包括在成员国的国内法中。由于《第2008/94/EC号指令》第2（3）条禁止规定工人有资格获得保护的最低劳动关系期限，因为塞浦路斯的国内法规定，“职工在企业破产之日前，必须至少为该破产企业持续工作26个月，才有资格获得付款”。塞浦路斯被认为违反

---

① Annex 3, Commission of the European Communities, Report from the Commission to the European Parliament and the Council on the implementation and application of certain provisions of Directive 2008/94/EC on the protection of employees in the event of the insolvency of their employer, Brussels, 28.2.2011, *COM* (2011) 84 *final*, p.9, p.10, and p.11.

② Commission of the European Communities, Report from the Commission to the European Parliament and the Council on the implementation and application of certain provisions of Directive 2008/94/EC on the protection of employees in the event of the insolvency of their employer, Brussels, 28.2.2011, *COM* (2011) 84 *final*, p.7.

《第2008/94/EC号指令》。①

欧盟确认，在下述情况下，成员国可以相应地特别排除对某些类别的职工：（1）有关人员已经获得与《第2008/94/EC号指令》第1（2）条同等保护水平的其他形式的保障；（2）自然人聘用的国内帮佣在《第2002/74/EC号指令》生效之日已经存在，即使他们被《第2002/74/EC号指令》和《第2008/94/EC号指令》排除在外。

另外据该报告，成员国已经向欧洲委员会确认，除少数例外，属于《第2008/94/EC号指令》范围的国内破产程序类型，已经列入欧洲理事会《跨境破产规章（第1346/2000号）》的附件A中。② 欧盟委员会官方网站上，列有各成员国破产欠薪保障基金的机构名称、地址、电话、传真、电子邮箱、官方网站的信息。③

根据欧洲委员会报告，商务欧洲（BUSINESSEROPE）下属的七个协会和UEAPME认为，《第2008/94/EC号指令》“已经达到在企业破产的情况下，确保对职工的最低程度的保护，以及第4（3）条项下最高金额，不低于与该指令社会目标相一致且社会可接受水平的目标”。④ 但是欧洲工会联合会（European Trade Union Confederation）认为，《第2008/94/EC号指令》还有几个缺陷，包括成员国根据《第2008/94/EC号指令》第4（2）与4（3）

① Commission of the European Communities, Report from the Commission to the European Parliament and the Council on the implementation and application of certain provisions of Directive 2008/94/EC on the protection of employees in the event of the insolvency of their employer, Brussels, 28.2.2011, *COM*（2011）84 *final*, pp. 2－3.

② Commission of the European Communities, Report from the Commission to the European Parliament and the Council on the implementation and application of certain provisions of Directive 2008/94/EC on the protection of employees in the event of the insolvency of their employer, Brussels, 28.2.2011, *COM*（2011）84 *final*, pp. 3－4.

③ 参见https：//ec.europa.eu/social/BlobServlet？docId＝2792&langId＝en，2020年7月28日最后更新，最后访问日期：2021年3月10日。

④ Commission of the European Communities, Report from the Commission to the European Parliament and the Council on the implementation and application of certain provisions of Directive 2008/94/EC on the protection of employees in the event of the insolvency of their employer, Brussels, 28.2.2011, *COM*（2011）84 *final*, pp. 7－8.

条规定的“最低金额”和“非常短的时间”。报告指出：

欧洲工会联合会指出，许多成员国已经表达由于工人人数众多，未支付的工资会超过国内法设置的限额的深深忧虑。另外，欧洲工会联合会强调，第4（2）和4（3）条的措辞特别模糊，给成员国推卸其按照在《第2008/94/EC号指令》下的义务，提供巨大的裁量空间。因此，欧洲工会联合会认为，应当考虑修订这些条款。欧洲工会联合会担心的另一个问题是指令的适用范围，特别是对“尚未清偿的债权”的理解，因为许多成员国使用的是报酬的狭义概念（例如，不包括离职补偿金、奖金、报销安排等）。欧洲工会联合会认为，这可能导致许多债权得不到履行。①

尽管有上述瑕疵，结合上述报告整体来看，在《第80/987/EEC号指令》颁布30余年后，《第2008/94/EC号指令》在欧盟内部市场为破产企业职工权益提供最低限度保障层面，确定“欧盟标准”，发挥了十分关键的作用，应该得到充分肯定。这也是欧盟委员会上述报告的整体基调。② 有可能是因为其在《第2008/94/EC号指令》刚颁布3年实施状况良好，也有可能是因为在此后无暇他顾，在上述报告之后，欧洲委员会迄今未再进一步从官方层面关注和研究该指令的转化和实施状况。

五、欧洲法院对欧盟破产欠薪保障基金指令所做解释

欧洲法院是欧洲司法机构。其通过司法裁定，确保欧盟的基础法和欧盟各机构所通过的各类法律规范都能得到遵守，同时对欧洲理事会、欧盟委员会和欧洲央行所通过的法令、欧洲议会和欧洲理事会等所有机构和组织所通

---

① Commission of the European Communities, Report from the Commission to the European Parliament and the Council on the implementation and application of certain provisions of Directive 2008/94/EC on the protection of employees in the event of the insolvency of their employer, Brussels, 28. 2. 2011, *COM* (2011) 84 *final*, p. 8.

② Commission of the European Communities, Report from the Commission to the European Parliament and the Council on the implementation and application of certain provisions of Directive 2008/94/EC on the protection of employees in the event of the insolvency of their employer, Brussels, 28. 2. 2011, *COM* (2011) 84 *final*, p. 8.

过的针对第三方具有法律效力的法令，开展合法性监督。[①] 显而易见，欧洲法院对《第 80/987/EEC 号指令》《第 2002/74/EC 号指令》和《第 2008/94/EC 号指令》转化情形和具体条款的解释，对于我们进一步深入了解欧盟破产欠薪保障基金指令的内涵，具有十分重要的作用。

从 1987 年开始，欧洲法院就不断就破产欠薪保障基金指令的转化和执行情况、具体制度的理解和适用等，在个案审理中做出澄清或者重新解释。从 1987 年到 2012 年，欧洲法院已经在 39 个案件中做出裁定。其中意大利提交的案件最多，高达 9 个；[②] 西班牙次之，为 8 个；[③] 瑞典 4 个；[④] 法国 3 个；[⑤] 英国、荷兰和德国各 2 起；[⑥] 丹麦、希腊、奥地利、爱尔兰、保加利亚和葡萄牙各 1 个。[⑦] 当然，上述案例检索的时间覆盖范围并不完整，尤其是未特别关注最近十多年欧洲法院有关《第 2008/94/EC 号指令》所作出的解释，但目前的样本基本可以作为我们分析欧盟司法机构在破产欠薪保障基金指令上的司法理念，提供必要的标本。这些判例，为我们了解欧盟司法机构在破产欠薪保障基金相关问题上的司法理念，提供了第一手的资料和重要载体。

如同在其他领域一样，在欧洲一体化进程中，欧洲法院所做判决很有担当，居功至伟，逐渐形成了联邦化的欧洲司法体制；但其 1957～1990 年诸多非常大胆的判决，也不无争议，甚至也影响到其后续日趋保守和稳妥的司法

① ［法］奥利维耶·科斯塔、娜塔莉·布拉克：《欧盟是怎么运作的》，潘革平译，社会科学文献出版社 2016 年版，第 164～165 页。

② Case C－22/87；Joined Casess C－6/90 and C－9/90；Joined Cases C－140/91，C－141/91，C－278/91 & C－279/91；Case C－479/93；Joined Cases C－94/95 and C－95/95；Case C－261/95；Case C－373/95；Joined Cases C－19/01，C－50/01 & C－84/01；Case C－69/08.

③ Case C－334/92；Case C－442/00；Case C－520/03；Case C－81/05；Case C－175/05；Case C－246/06；Case C－498/06；Case C－6/07.

④ Case C－321/97；Case C－441/99；Case C－310/07；Case C－30/10.

⑤ Case C－235/95；Case C－9/07；Case C－477/09.

⑥ 其中英国提交的案件是 Case C－198/98；Case C－278/05；荷兰提交的案件是 Case C－125/97；Case C－435/10；德国提交的案件是：Case C－125/01；Case C－160/01。

⑦ 其中丹麦提交的案件是 Case C－117/96；希腊提交的案件是 Case C－53/88；奥地利提交的案件是 Case C－201/01；爱尔兰提交的案件是：Case C－398/11；保加利亚提交的案件是 Case C－247/12；葡萄牙提交的案件是：Case C－309/12。

理念。[①] 对于破产欠薪保障基金指令相关的问题，以欧洲议会所通过的法律文本为基础，做出了精确的阐释，迄今为止并未见到有明显争议。

结合上述案例案情及待答复问题分析，欧洲法院所应对的涉及欧盟破产欠薪保障基金指令相关的案件，大体可以分为如下几种类型：

（一）成员国未能及时转化和执行破产欠薪保障基金指令

成员国未能将《第 80/987/EEC 号指令》转化成国内法并予以执行，是欧洲法院处理的涉及的《第 80/987/EEC 号指令》主要一类案件。在《第 80/987/EEC 号指令》通过之初，提交给欧洲法院的大多数案件，都是关于该指令的转化的。[②] 比如在 Case C－22/87 和 Case C－53/88 中，虽然案件的具体事实不一样，但希腊和意大利均被欧洲法院裁定，这两个国家未能在规定的期限内，采取必要措施把《第 80/987/EEC 号指令》转化成国内法，履行为该国破产企业职工权益保护提供最低限度清偿的义务。[③] 而在 Case C－9/07 中，法国被欧洲法院认定未能在截止日期前转化《第 2002/74/EC 号指令》。[④]

在 Case C－81/05 中，欧洲法院需要答复的问题之一与修订后的《第 80/987/EEC 号指令》的临时适用有关。[⑤] 在《第 2002/74/EC 号指令》对《第 80/987/EEC 号指令》作出修订后，所有成员国均应当将该修订转化为国内法，并确保“能够使国内法与该指令一致”。之前已经存在的国内立法，应当从该修订生效之日被视为属于该修订的范围。[⑥] 在该案件中，欧洲法院

---

① ［法］奥利维耶·科斯塔、娜塔莉·布拉克：《欧盟是怎么运作的》，潘革平译，社会科学文献出版社 2016 年版，第 165～171 页。

② 根据笔者的研究，与未能转化和执行该指令的案件有：Case C－22/87；Case C－53/88；Joined Case C－6/90 & C－9/90；Case C－140/91；Case C－141/91；Joined Case C－278/91 & C－279/91；Case C－334/92；Case C－479/93；Case C－321/97；Case C－441/99；Case C－278/05；Case C－6/07；Case C－9/07；Case C－398/11.

③ Para. 38，Case C－22/87；Para. 31，Case C－53/88.

④ 该判决的文本只有法语版本，参见 Para. 1－13，Case C－9/07. 但是另一个英文案件中引用了该判例。参见 Para. 20，Case C－477/09。

⑤ Para. 26，Case C－81/05.

⑥ Para. 29，Case C－81/05.

明确强调，根据《第2002/74/EC号指令》第2（1）条，国内立法“在通过时必须包含指向该指令的引用，或者在该立法正式颁布时附上该引用”，[①] 它“不能导致《第2002/74/EC号指令》期望实现的工人保护遭到减损”。[②] 欧洲法院认为：“……如果在《第2002/74/EC号指令》生效之前，某个成员国已经就企业破产时，向职工授予由破产欠薪保障基金提供关于劳动合同终止报酬的法定保护权，则该立法适用于在该指令生效后发生的企业破产案件，属于经修订的《第80/987号指令》的范围。”[③]

在第C－117/05号案件中，欧洲法院需要对《第2002/74/EC号指令》转化成西班牙国内法的问题作出裁定。[④] 按照Case C－520/03确定的方法，[⑤] 欧洲法院认为：“……如果根据有关成员国法，必须将判决或者行政决定授予的对不公正解雇的赔偿视为指令第3（1）条范围内的劳动关系终止离职金，那么在司法调解程序中确定的同类补偿，即当前主程序中的争议赔偿，也必须视为该条款范围内的离职金。成员国法官必须将该赔偿排除在该指令中规定的‘离职金’概念之外，而不得使用违反公平原则的立法。”[⑥]

那么，如果成员国还没有转化经《第2002/74/EC号指令》修订的《第80/987/EEC号指令》，该指令第3（1）条是否具有直接效力？在Case C－246/06中，欧洲法院答复了这个问题。[⑦] 欧洲法院引用判例法并重申，“只有在规定的将指令转化成国内法的期限届满后，指令才具有直接效力”。[⑧] 但是，它在判例中进一步认定，指令可能具有的直接效力，只能援引在“该日期之后发生的破产案件”中。[⑨] 欧洲法院的结论是：“……《第2002/74/EC

---

① Para. 33，Case C－81/05.
② Para. 33，Case C－81/05.
③ Para. 34，Case C－81/05.
④ Para. 19－23，Case C－117/05.
⑤ Para. 20，23，26，27 &28，Case C－117/05.
⑥ Para. 30，Case C－117/05.
⑦ Para. 22，Case C－246/06.
⑧ Para. 25，Case C－246/06.
⑨ Para. 27，Case C－246/06.

号指令》的条款只能拥有在将该指令转化成国内法之后（包括在转换的截止日期之前）发生的破产，或者如果没有转化，只能适用于在该截止日期之后发生的破产。”[①]

上述案例检索，因为关键词、检索时间等因素，肯定并不完整。比如罗杰·布兰潘在其《欧洲劳动法》一书第2卷中，就提及几个并不包含在上述判例索引中的案件。[②] 但无论如何，欧洲法院在较长时间内的判决整体呈现的立场和意见，没有根本性、实质性的变化。

（二）“破产状态”概念的认定

由于欧盟《跨境破产规章（第1346/2000号）》没有对“破产”概念作出定义，欧洲法院根据《第80/987/EEC号指令》作出的解释受到学者们的欢迎。[③] 为了对第2条关于企业被视为处于“破产状态”的规定作出澄清，欧洲法院宣布：从第2条的规定可以看出，为使企业被视为处于破产状态，需要达到4个要求：（1）需要有关成员国的法律、法规和行政规章规定，将企业的资产用于集体清偿债权人的程序；（2）在该程序中，需要处理由于劳动合同或者劳动关系发生的职工债权；（3）已经提出启动该程序的请求；以及（4）上述国内法规定的机构，已经决定启动程序，或者已经确定企业的营业或者业务已经关闭，并且可以获得的资产不足以保证程序的启动。[④] 这些关于“破产状态”的定义，被欧洲法院广泛用于其他案件中。[⑤]

（三）个人权利

对于欧盟指令来说，如果未能将其如期转化成国内法，自然会产生一个

---

① Para. 29, Case C－246/06.

② ［比］罗杰·布兰潘：《欧洲劳动法》（第2册），付欣、马庆林、黄文军等译，商务印书馆2017年版，第601～605页。

③ Stefania Bariatti, “Recent Case－Law Concerning Jurisdiction and the Recognition of Judgments under the European Insolvency Regulation”, *RabelsZ Bd.* 73 (2009) S. p. 632.

④ Para 18, Case C－479/93.

⑤ For example, Joined Cases C－94/95 and C－95/95, Case C－373/95 and Case C－117/96. See at: Footnote 17, Stefania Bariatti, “Recent Case－Law Concerning Jurisdiction and the Recognition of Judgments under the European Insolvency Regulation”, *RabelsZ Bd.* 73 (2009) S. p. 632.

问题：如果成员国在规定的期限内未采取执行措施，利益受损的职工，能否在国内法院主张他们在《第 80/987/EEC 号指令》下本应享有从破产欠薪保障基金获得清偿的权利？

在 Joined Casess C－6/90 and C－9/90 的裁定中，欧洲法院回答了这个问题。第 C－6/90 号与第 C－9/90 号合并案件是由个人针对成员国未能将《第 80/987/EEC 号指令》转化成国内法提出的。佐审官（Advocates－General）Mischo 在其意见书的开篇，指出这个合并案件的有意思之处："在法院（欧洲法院）处理的案件中，很少有像这起案件一样，由于成员国未能执行指令，给个人造成如此令人震惊的负面后果。"① 显而易见，在该案件中，欧洲法院面对一个有趣的问题：

> 根据现行欧共体法律，在欧洲法院的判决已经确认成员国未能转化《第 80/897 号指令》的前提下，如果个人由于成员国未能转化该指令而受到不利影响，那么该个人是否有权直接向违反条约的该成员国，主张其依据该指令本应享有的权利，要求该成员国向其赋予该"无条件且足够精确"指令条款效力，以便获得该成员国应当提供的保障，并且在任何情形下，主张由于不享有该权利而遭受的损害赔偿？②

欧洲法院将该问题进一步分成两个小问题："确定职工权益的指令条款的直接效力"和"成员国由于违反在欧共体法律下的义务，应当承担的损害赔偿责任及其范围"。③ 很明显，关于"确定职工权益的该指令条款是否必须被解释为：如果成员国没有在规定的期限内采取执行措施，相关个人能否对该成员国行使该权利"，在该案中至关重要。④

在回答这些问题时，欧洲法院首先引用它在先前的判例法中确立的"无条件和足够精确"标准，检验确定职工权益的《第 80/987/EEC 号指令》的

① Para. 1，Opinion of Joined Case C－6/90 & C－9/90.

② Para. 7，Joined Case C－6/90 & C－9/90.

③ Para. 9，Joined Case C－6/90 & C－9/90.

④ Para. 10，Joined Case C－6/90 & C－9/90.

条款，是否符合“无条件和足够精确”的标准。① 欧洲法院提及，该检验过程中，应当考虑的三点：“有权获得所提供保障的人员的身份、保障的内容、负责提供保障的人员的身份。”② 在分析《第80/987/EEC号指令》第1、2两条后，欧洲法院确认：“这些条款是足够精确和无条件的，因此国内法院能够确认一个人是否应当被视为享有该指令提供的利益的人。”③ 在引用前述Case C－22/87和Case C－53/88后，欧洲法院认定：“国内法院只需要验证有关个人是否是国内法律所规定的职工，以及他是否被排除在该指令的范围之外……然后确认是否存在指令第2条所规定的某一种破产情形。”④ 欧洲法院在后来的案件中也引用这种方法。⑤

另外，欧洲法院认定，《第80/987/EEC号指令》第3条项下的“与给定日期之间的期限的付款有关的……偿付”，具有三个可能的意思：“（a）企业破产开始之日；（b）由于企业破产向有关的职工发出解雇通知之日；（c）企业破产开始之日或者由于企业破产而终止与有关的职工的劳动合同或者劳动关系之日。”⑥ 在检视《第80/987/EEC号指令》第4条后，欧洲法院总结，第3条“允许成员国在确定必须确保付款开始之日时行使裁量权”。⑦ 考虑到前述判例法确定的原则，成员国的该项非强制性权力“并不禁止个人可以在国内法庭上，仅仅依据指令的条款，执行其内容足够精确的权利”。⑧

欧洲法院确认，《第80/987/EEC号指令》第4条项下的裁量权，“不影响《第80/987/EEC号指令》的精确性和无条件性”，“在企业破产时职工的未受清偿的债权，将会得到支付保障”。⑨ 在逻辑上，欧洲法院认定，《第80/

① Para. 11 & 12, Joined Case C－6/90 & C－9/90.

② Para. 12, Joined Case C－6/90 & C－9/90.

③ Para. 13 & 14, Joined Case C－6/90 & C－9/90.

④ Para. 14, Joined Case C－6/90 & C－9/90.

⑤ For instance, para. 17, Case C－479/93.

⑥ Para. 15, Joined Case C－6/90 & C－9/90.

⑦ Para. 16 & 17, Joined Case C－6/90 & C－9/90.

⑧ Para. 17, Joined Case C－6/90 & C－9/90.

⑨ Para. 18, Joined Case C－6/90 & C－9/90.

987/EEC 号指令》第 3、4 条的措辞“总是可以根据成员国选择的数据（如果成员国已经转化指令的话），确定该指令规定的成员国能够减少的保障的范围”。[①] 按照前述判例确定的方法，欧洲法院重申其立场，即“如果成员国未能履行转化指令的义务，则该成员国不能依赖它在已经采取必要措施执行该指令的情况下，可以行使的限制保障数量的选择权，对抗指令为了个人的利益而创设的权利”。[②] 因此，欧洲法院总结认为，“关于保障的内容，争议的条款是无条件的和足够精确的”。[③]

另外，欧洲法院还尝试将《第 80/987/EEC 号指令》第 5 条解释为，它让成员国保留了“关于破产欠薪保障基金的组织、运行和融资的广泛的裁量权”，这意味着，“根据指令的规定，该系统可能是完全由公共机构提供融资的，但并不意味着成员国应当被当做对未清偿债权负责的人。付款义务是破产欠薪保障基金承担的，它仅仅行使组织该保障系统的权力，成员国可能规定破产欠薪保障基金完全是由公共机构提供融资的。在这些情形下，成员国并不承担原则上不属于自己的义务”。[④] 欧洲法院在后来的其他案件中，广泛引用了该论证思路。[⑤] 欧洲法院总结：“争议中的指令条款关于确认有权获得保障的人员以及该保障的内容，是足够精确和无条件的，但这些因素并不足以使个人在国内法庭上援引这些规定。”[⑥]

在第 C－140/91 号、第 C－141/91 号、第 C－278/91 号与第 C－279/91 号合并案件中，意大利未能将《第 80/987/EEC 指令》转化成意大利法律，引出另一个问题：“职工能否在国内法庭上援引《第 80/987/EEC 号指令》，以便撤销意大利《第 297/82 号法律》规定的临时条件——只有在劳动关系终止和破产或执行程序发生在该法律生效之后，该法律所设立的破产欠薪保

① Para. 20, Joined Case C－6/90 & C－9/90.
② Para. 21, Joined Case C－6/90 & C－9/90.
③ Para. 22, Joined Case C－6/90 & C－9/90.
④ Para. 25, Joined Case C－6/90 & C－9/90.
⑤ Para. 17 & 22, Case C－334/92; Para. 33 &34, Case C－441/99.
⑥ Para. 26, Joined Case C－6/90 & C－9/90.

障基金才发放所规定的福利——从而获得该基金支付的该法律规定的离职金。"① 但是，由于争议的劳动关系终止发生在《第80/987/EEC号指令》规定的转化期限之前，欧洲法院直接宣布："职工不得援引该指令的规定，撤销国内法某些条款的适用。"②

（四）公平原则

在Case C-479/93中，欧洲法院需要答复一个关于职工的公平待遇问题，即"只有在企业进入需要用其资产集中清偿债权人的程序时，该指令才对职工进行保护，考虑到公平待遇原则，该指令是否有效"。③ 在对该问题作出回应时，欧洲法院首先考察它在先前判例中，通过对"公平待遇"作出的定义，并重新确认欧洲经济共同体条约下的原则，④ 接着指出如下事实："在通过该指令之前，已经有好几个成员国设立破产欠薪保障基金，尽管具体制度千差万别，但大体能够在企业破产的情况下，为职工债权提供保障；但在其他一些成员国，却没有设立这类机构。"⑤ 欧洲法院认定，在这种情况下，"按照指令第2（1）条的定义，将在企业破产时向职工债权提供保障的机构扩大到所有成员国，毫无疑问是在整个欧共体向改善工作条件和更好的生活标准，以及关于设立破产欠薪保障基金义务法律的逐渐协调前进了一步"。⑥ 基于此，欧洲法院认为："在这些情形下，考虑到很难找到能够明确地适用于各个不同的成员国的破产概念（这些成员国的法律制度是千差万别的），必须认为，在指令向职工提供保护的背景下，根据破产企业是否进入需要用其资产集中清偿债权人债权的程序对职工区分，是以本身具有客观标准的破产概念为前提的，而且由于前面提到的法律协调的巨大困难，它也是正当

---

① Para. 10, Joined Cases C-140/91, C-141/91, C-278/91 & C-279/91.

② Para. 12A, Joined Cases C-140/91, C-141/91, C-278/91 & C-279/91.

③ Para. 22, Case C-479/93.

④ Para. 23-25, Case C-479/93.

⑤ Para. 26, Case C-479/93.

⑥ Para. 27, Case C-479/93.

的。”[①] 基于这些分析，欧洲法院裁定，考虑到《第 80/987/EEC 号指令》的目的，它“没有因为公平待遇原则出现影响其效力的情况”。[②]

而在 Case C－442/00 中，欧洲法院被要求对下面问题作出初步裁定：“如果除司法判决确定的债权之外，立法以歧视性的方式将其他与‘终止薪水’有关的债权请求，排除在指令第 2（2）条定义的‘报酬’概念之外，它在主要程序中是否有权撤销这类国内立法?”[③] 在推理中，欧洲法院指出：“如果（成员国）确立了与欧共体法律相违背的歧视，并且没有采取措施恢复公平待遇，则只有向处于不利地位的一类人赋予与享有有利地位的一类人同样的利益，才能确保平等原则得到遵守。”[④] 因此，欧洲法院在其判例法的基础上裁定：“国内法院必须撤销国内法的任何歧视性条款，而不需要请求或者等待该立法先被废除，并且将其他工人享有的安排，同样适用于处于不利地位的人群。”[⑤] 作为总结，欧洲法院确认：“如果国内立法违反公平原则，将在法院监督和批准的和解程序中约定的与‘终止薪水’有关的债权请求，排除在指令第 2（2）条定义的‘报酬’概念之外，则国内法院必须撤销该国内立法；如果部分职工的同一类型的债权，根据国内对‘报酬’的定义，属于指令的范围，则国内法院必须将这些职工享有的有效安排适用于由于歧视处于不利地位的职工。”[⑥]

在 Case C－520/03 中，平等和无歧视原则再次成为激烈争议的主题。[⑦] 在该案件的推理中，上述 Case C－442/00 发挥了影响作用。[⑧] 欧洲法院确认：“《第 80/987/EEC 号指令》与参考期限的报酬支付有关的事实，并不能排除它对不公正解雇的赔偿金的适用。该认定是从经《第 2002/74/EC 号指令》

---

① Para. 28, Case C－479/93.

② Para. 29, Case C－479/93.

③ Para. 41, Case C－442/00.

④ Para. 42, Case C－442/00.

⑤ Para. 43, Case C－442/00.

⑥ Para. 44, Case C－442/00.

⑦ Para. 29, Case C－520/03.

⑧ Para. 30, 31, 34, 36 &37, Case C－520/03.

修订的该指令第3条得出的，虽然它保留与该参考期限的联系，但明确提到由于劳动关系终止的赔偿金。”① 因此，欧洲法院首先承认应当由国内法针对不公正解雇赔偿金的范围，对“报酬”作出定义，“如果它作了定义，则该等赔偿金属于《第80/987/EEC号指令》（在它被《第2002/74/EEC号指令》修订前）的范围”。② 另外，欧洲法院确认：“被不公正地解雇的工人，如果没有被恢复工作，同样有权获得赔偿金。”③ 在提到Case C－442/00的方法之后，欧洲法院总结：“关于判决或者行政决定作出的与不公正解雇赔偿金有关的债权请求，和解程序中确定的与不公正解雇赔偿金有关的债权请求，没有任何有说服力的理由，可以论证它们之间有区别对待的合理性。”④ 欧洲法院得出结论认为：“……如果，根据有关的国内立法，与判决或者行政决定裁定的不公正解雇赔偿金有关的债权请求，符合‘报酬’的定义，则在本案情形中，所争议的和解程序中确定的相同债权，也必须视为由于劳动合同或者劳动关系引起的职工债权，并且与《第80/987/EEC号指令》所述的报酬有关。国内法院必须撤销违反平等原则，而将后一项债权排除在‘报酬’定义之外的国内法。”⑤

在Case C－81/05中，欧洲法院需要处理的问题是基于欧共体的平等待遇和非歧视原则，法院判决作出的合同终止补偿金与职工和破产企业在法院的监督和批准下达成的协议约定的补偿金，应当以同样的方式处理的问题。⑥ 根据第C－442/00号和第C－177/05号案件确定的方法，⑦ 欧洲法院裁定，“……在经修订的《第80/987/EEC号指令》范围内，欧共体法律秩序确认的平等原则要求，如果根据主要程序中所涉及的国内规则，判决确定的劳动合同终止时应付的法定赔偿金在企业破产时应有破产欠薪保障基金支付，则

---

① Para. 32，Case C－520/03.
② Para. 33，Case C－520/03.
③ Para. 35，Case C－520/03.
④ Para. 37，Case C－520/03.
⑤ Para. 38，Case C－520/03.
⑥ Para. 26，Case C－81/05.
⑦ Para. 35，37，38 and 40，Case C－81/05.

职工与破产企业在法院的监督和批准下达成的协议所确定的同等性质的补偿金也必须以同等方式处理。”①

在 Case C－246/06 中，欧洲法院也被问到关于《第 2002/74/EC 号指令》第 3（1）条可能违反公平待遇原则的效力问题。② Case C－442/00 中的主要认定，被认为是回答这个问题的依据。③ 欧洲法院认为：“……如果国内法的规则属于《第 80/987/EEC 号指令》的范围，则关于在《第 2002/74/EC 号指令》生效之日，到该指令被转化成国内法的截止之日之间发生的破产状态，国内法院应当确保这些国内法规则的适用，应当与欧共体法所确认的非歧视原则相一致。”④

（五）国家义务

Joined Casess C－6/90 and C－9/90 与欧共体法律的另一个基本问题有关，即有关成员国因为违反欧共体法律的义务，进而引起的损害以及国家责任问题。在该案中，第二个问题是：“《第 80/987/EEC 号指令》第 3、4 两条合起来，能否被解释为如果成员国没有选择制定第 4 条项下的限定，成员国本身应当根据第 3 条的规定，清偿职工的债权？”⑤ 欧洲法院试图“根据条约的一般制度及其基本原则”，从更一般的视角回答这个问题，⑥ 该回答被分为两个部分：“原则上存在国家责任”和“国家责任的条件”。⑦

关于国家责任的存在，欧洲法院引用之前的判例，⑧ 然后确认，“在欧共体法律保护的个人权利，由于成员国违反欧共体法律而受到侵害时，如果被侵害的个人得不到救济，将会损害欧共体规则的有效性，并且这些欧共体法

① Para. 42，Case C－81/05.
② Para. 31，Case C－246/06.
③ Para. 31，32，36，38，Case C－246/06.
④ Para. 39，Case C－246/06.
⑤ Para. 7，Joined Casess C－6/90 and C－9/90.
⑥ Para. 30，Joined Casess C－6/90 and C－9/90.
⑦ Para. 31－37 & Para 38－45，Joined Casess C－6/90 and C－9/90.
⑧ Para. 31 &32，Joined Casess C－6/90 and C－9/90.

律授予的权利也会减弱”。[①] 因此，“成员国应当向由于其违反欧共体法律而遭受损害的个人承担责任”的原则，是条约的内在要求。[②] 本案中确认的由于违反欧共体法律而承担的国家责任的原则，被认为有标志性意义。[③]

关于国家责任的条件，欧洲法院列出3个必须同时满足的条件：“第一个条件，是指令规定的结果，应当包括向个人授予权利。第二个条件，是根据指令的条款，应当能够确定权利的内容。最后，第三个条件，是成员国违反义务与受害人遭受的损害之间，存在因果联系。”[④] 基于此，欧洲法院认为，“这些条件成就时，个人就有权直接根据欧共体法律确定的权利，获得救济”。[⑤] 在考虑到先例的支持性裁决后，[⑥] 欧洲法院总结说，“国内法院必须根据国内的责任规则，支持职工由于未能将指令转化成国内法遭受损害时，主张的救济权”。[⑦]

在另一个案件中，欧洲法院也总结提出类似的规则：“根据国内法关于责任的规则，成员国必须为它造成的损害后果提供救济；另外，国内法为损害救济设定的条件，不得次于与类似的国内诉讼请求有关的条件，并且也不得导致几乎不可能或者极难获得救济。”[⑧] 因此，“成员国应当为由于未能将《第80/987/EEC号指令》转化成国内法，而遭受损害的个人提供救济”。[⑨]

后来，Joined Casess C－6/90 and C－9/90 的原告，通过意大利法院向欧洲法院还提出另一个案件Case C－479/93，同样涉及国家责任问题。提出的问题是：“该指令是否应当被解释为，只有在破产企业进入了需要用其资产集中清偿债权人债权的程序时，才能适用于该破产企业的职工。”[⑩] 在推理

---

① Para. 33, Joined Casess C－6/90 and C－9/90.
② Para. 35, Joined Casess C－6/90 and C－9/90.
③ For example, para. 46, Joined Cases C－94/95 and C－95/95; para. 24, Case C－261/95.
④ Para. 39 &40, Joined Casess C－6/90 and C－9/90.
⑤ Para. 41, Joined Casess C－6/90 and C－9/90.
⑥ Para. 42－44, Joined Casess C－6/90 and C－9/90.
⑦ Para. 45, Joined Casess C－6/90 and C－9/90.
⑧ Para. 49, Joined Cases C－94/95 and C－95/95.
⑨ Para. 46, Joined Casess C－6/90 and C－9/90.
⑩ Para. 12, Case C－479/93.

中，欧洲法院首先再次检视《第80/987/EEC号指令》的序言（1）-（3）和第1~3条的措辞,[①] 然后引用Joined Casess C-6/90 and C-9/90的第14段。[②] 接下来，欧洲法院将《第80/987/EEC号指令》第2条，分4点做了解释："从（《第80/987/EEC号指令》）第2条的规定可以清楚地看出，确定企业是否被视为处于破产状态：首先，需要有关成员国的法律、法规和行政规章规定，将企业的资产用于集中清偿债权人债权的程序；其次，在该等程序中，可以考虑由于劳动合同或者劳动关系发生的职工的债权；再次，已经提出启动该程序的请求；最后，上述国内规定项下的当局已经决定启动程序，或者已经确定企业的营业或者业务已经确实关闭，且可以获得的资产不足以保证程序的启动。"[③] 该解释作为欧洲法院对《第80/987/EEC号指令》第2条的标志性解释，它在其他案件中经常被引用。[④]

基于上述背景，欧洲法院认为："欧共体法律已经明确限制了指令的范围，因此，如果破产企业根据有关成员国的有效规定，不能进入集中清偿债权人的债权的程序，则与该破产企业有劳动合同或者劳动关系的职工，不能援引该指引规定的权利。"[⑤] 欧洲法院进一步确认："该企业不属于指令具体规定的'破产状态'。"[⑥] 欧洲法院进一步解释："虽然指令第2条的字面解释可能意味着，指令提供的保护，可能由于各个成员国关于集中清偿债权人债权的程序千差万别，也会在各个成员国之间有所不同，但不能根据序言第1条中规定的目的对它反驳。虽然立法认为，一般而言，在企业破产时有必要向职工提供保护，它也将行动的具体目的，限制在减小成员国之间关于职工保护的差别。因此，该字面解释与指令追求的部分协调是一致的。"[⑦] 在结论中，欧洲法院确认，《第80/987/EEC号指令》适用于"除该指令附件中列

① Para. 13-16, 18, Case C-479/93.
② Para. 17, Case C-479/93.
③ Para. 18, Case C-479/93.
④ Para. 34, Joined Cases C-94/95 and C-95/95; Para. 44, Case C-373/95.
⑤ Para. 19, Case C-479/93.
⑥ Para. 19, Case C-479/93.
⑦ Para. 20, Case C-479/93.

出的类别之外的所有职工，如果他们的破产企业根据适用的国内法律，可能进入需要用其资产集中清偿债权人的程序”。①

关于成员国由于未能将《第 80/987/EEC 号指令》转化成国内法，应当向个人损害赔偿的问题，在 Joined Cases C－94/95 and C－95/95 中再次被提出来。在该案件中，欧洲法院被要求解释《第 80/987/EEC 号指令》第 4（2）条，是否能被解释为“意味着成员国保留限制破产欠薪保障基金责任的权利，如果该等限制将因为雇佣期间均不在该条款规定的参考期间内，导致有关职工的任何保障利益被剥夺，即使他们对该情形并没有任何责任。如果是这样，在第二个问题中，法院被要求根据公平对待原则，评估指令第 4（2）条的效力”。② 欧洲法院在推理中，首先确认“指令第 3（2）条和第 4（2）条中的企业破产程序的开始，是否实际上与指令第 2（1）条中提及的启动向债权人集中清偿债权的日期一致”，因为“考虑到提出启动向债权人集中清偿债权的程序的请求，和决定启动该程序之间的时间间隔，可能关系到这种一致对职工的不利后果”。③ 基于前述 Case C－479/93 中对《第 80/987/EEC 号指令》第 2 条的支持性解释，④ 欧洲法院强调：“该指令适用取决于两个已经存在的事实：首先，必须已经向有关的国家当局提出启动集中向债权人清偿债权的程序申请；其次，必须已经作出启动该等程序的决定，或者已经认定该营业由于没有足够的可用资产而已经关闭。”⑤ 欧洲法院进一步指出：“虽然《第 80/987/EEC 号指令》第 2（1）条中提及的这两个事实，是指令中规定的保障开始运作的先决条件，但是不能用它们来认定符合保障要求的未清偿债权。该问题受《第 80/987/EEC 号指令》第 3 条和第 4 条约束，在它们提及的某个日期之前，必须已经完成这些条款中指定的参考期间。”⑥

---

① Para. 21，Case C－479/93.

② Para. 30，Joined Cases C－94/95 and C－95/95.

③ Para. 33，Joined Cases C－94/95 and C－95/95.

④ Para. 34，Joined Cases C－94/95 and C－95/95.

⑤ Para. 35，Joined Cases C－94/95 and C－95/95.

⑥ Para. 36，Joined Cases C－94/95 and C－95/95.

该案件中确定的两步法，已经在其他案件中再次引用。[①] 在逻辑上，欧洲法院确认《第80/987/EEC号指令》第3条向成员国提供了几种关于“未清偿报酬将会获得保障的最后截止日期”的确定方式。[②] 考虑到意大利法律的规定，[③] 欧洲法院进一步澄清：“……虽然适用该指令规定的保护职工的制度，需要根据有关成员国的立法启动集中清偿债权人债权的程序，并且作出关于启动该等程序的正式决定，但是，由指令保障的未清偿债权，应当根据第3（2）条第一项和第4（2）条关于企业破产程序的开始的规定进行认定，该破产程序的开始日期与决定的日期，并不一定相同。”[④]

欧洲法院进一步确认，“关于启动集中清偿债权人债权的程序的决定……可能在提出启动程序申请，或者与未支付的报酬有关的雇佣期间终止之后很久，才会作出”，[⑤] 因此，欧洲法院提出：“……如果企业破产的开始，需要满足《第80/987/EEC号指令》第2（1）条中规定的条件，在给定第4（2）条中提及的临时限制的条件下，报酬的支付可能会由于与职工行为完全无关的原因，而无法获得指令的保障。最终的后果，可能违背指令的目的，即其序言第一条中明确叙述的，在企业破产的情况下向欧共体内的职工提供最低程度的保护。”[⑥] 欧洲法院总结说：“但是，企业破产的开始不能单纯地、简单地……与停止支付报酬的日期画等号。”[⑦] 因此，考虑到《第80/987/EEC号指令》的社会目的及该立法项下建立准确的参考期限的要求，“企业破产的开始”被解释为：“指要求启动集中清偿债权人债权的程序之日，因为在决定启动该程序，或者认定业务已经确实因为可以获得的资产不足而关闭之前，不能提供保障。”[⑧] 但是，该定义不能“禁止成员国……选择适用或

① Para. 45, Case C－373/95; Para. 21, Case C－117/96; Para. 42, Case C－321/97.

② Para. 37, Joined Cases C－94/95 and C－95/95.

③ Para. 38, Joined Cases C－94/95 and C－95/95.

④ Para. 39, Joined Cases C－94/95 and C－95/95.

⑤ Para. 40, Joined Cases C－94/95 and C－95/95.

⑥ Para. 40, Joined Cases C－94/95 and C－95/95.

⑦ Para. 41, Joined Cases C－94/95 and C－95/95.

⑧ Para. 42, Joined Cases C－94/95 and C－95/95.

者引入对职工更有利的条款，特别是将之后期间内的未支付报酬，包括在申请启动集中清偿债权人债权的请求中”。[①] 欧洲法院总结说：“因为《第80/987/EEC号指令》第3（2）条和第4（2）条中的破产开始，是和请求启动集中清偿债权人债权的程序的日期一致的，而不是和决定启动该程序的日期一致，在本案件中，宣告企业破产的判决日期，也就是国内法院作出判决的日期，没有涉及第一个问题的第一部分和第二个问题。”[②] 欧洲法院确定的关于破产开始日期的规则，即申请启动集中清偿债权人债权的程序的日期，在其他案件中被广泛引用。[③]

欧洲法院接着回答另外一个问题：“在对由于延迟转化指令而遭受损害的职工进行赔偿时，成员国是否有权将延迟通过的执行措施，溯及既往地适用于该等职工，包括指令第4（2）条中规定的诉讼时效。”[④] Joined Casess C－6/90 and C－9/90中所援用的推理方法和得出的结论，在本案件中再次被欧洲法院广泛引用。[⑤] 很明显，上面提及的Joined Casess C－6/90 and C－9/90，已经确定了由于违反欧共体法给个人造成损害的国家赔偿责任原则。[⑥]

关于“成员国影响对造成的损害进行赔偿的条件”，欧洲法院的判例法已裁定，它必须符合三个要求：（1）“所违反的法律规则，必须已经向个人授予权利”；（2）“违反是足够严重的”；以及（3）“成员国违反义务与受害人遭受损害之间，必须有直接因果关系”。[⑦] 判决指出，“这些条件的适用应当根据各类具体情形”，[⑧] 并且“成员国对于违反欧共体法，应当承担的赔偿金额”“必须与遭受的损害相对应”，这意味着“确保个人受到损害的权利得

---

① Para. 43, Joined Cases C－94/95 and C－95/95.

② Para. 44, Joined Cases C－94/95 and C－95/95.

③ Para. 52, 54, Case C－373/95; Para. 22, 47, Case C－160/01.

④ Para. 45, Joined Cases C－94/95 and C－95/95.

⑤ Para. 46, 49 & 50, Joined Cases C－94/95 and C－95/95.

⑥ Para. 46, Joined Cases C－94/95 and C－95/95.

⑦ Para. 47, Joined Cases C－94/95 and C－95/95.

⑧ Para. 47, Joined Cases C－94/95 and C－95/95.

到有效保护”。[①] 在 Joined Casess C－6/90 and C－9/90 中，欧洲法院也认定了这样的规则：“根据国内法关于责任的规则，成员国必须为它造成的损害后果提供救济；另外，国内法为损害救济设定的条件，不得次于与类似的国内诉讼请求有关的条件，并且也不得导致几乎不可能或者极难获得救济。”[②] 在这种情形中，欧洲法院总结指出：“有关成员国应当为未能在规定期限内转化指令给个人造成的损害进行赔偿。”[③] 根据该逻辑，欧洲法院总结说：“关于由于该不作为引起的损害的救济范围，应当注意的是溯及既往地将执行指令的措施适用于由于延迟转化造成损害的职工，原则上可以使由于违反欧共体法造成的有害后果得到补救，如果指令已经被适当转化的话。该等适用应当具有为职工应当享受的权利提供保障的效果，如同指令已经在指定的期限内转化一样。”[④]

根据欧洲法院对本条款的注释，Case C－373/95 也采用了这种方法，这个案件和 Joined Casess C－94/95 and C－95/95 是同一天作出裁决的。[⑤] 欧洲法院宣布：“溯及既往地适用执行指令的措施，基本上意味着也根据指令第 4（2）条的规定适用对破产欠薪保障基金的责任限制，如果成员国在将指令转化成国内法时已经实际作出该选择。”[⑥] 它进一步提示：“但是，关于欧洲法院判例法确立的原则，国内法院在处理案件时，应当根据本判决第 46～49 段的叙述，确保受益人遭受的损害获得足够的救济。溯及既往并适当地适用执行指令的措施将会充分实现该目的，除非受益人证明他们由于未能在适当的时间获得指令所保证的经济利益而遭受了附属损失，则该等损失也必须予以赔偿。”[⑦]

在 Case C－261/95 中，欧洲法院需要对下面问题作出初步裁定：“欧共

① Para. 48，Joined Cases C－94/95 and C－95/95.

② Para. 49，Joined Cases C－94/95 and C－95/95.

③ Para. 50，Joined Cases C－94/95 and C－95/95.

④ Para. 51，Joined Cases C－94/95 and C－95/95.

⑤ Para. 39－42，Case C－373/95.

⑥ Para. 52，Joined Cases C－94/95 and C－95/95.

⑦ Para. 53，Joined Cases C－94/95 and C－95/95.

体法是否禁止成员国要求在指令转化成国内法之日起的一年诉讼时效内，提起由于延迟转化指令而造成的损害赔偿救济之诉?”① 在回答该问题时，欧洲法院遵照 Joined Casess C－6/90 and C－9/90 的方法，② 这种方法在第 C－94/95 号和第 C－95/95 号案件也被使用过，或者说几乎照搬同样的段落。③ 然后，欧洲法院接着讨论本案件的具体事实和问题。欧洲法院确认，“规定合理的提起程序的诉讼期间，原则上是满则该项要求的，因为它符合法律确定性的基本原则”。④ 欧洲法院进一步宣布：“另外，一年的时间期限，从将指令转化成国内法的措施生效之日开始，不仅能使受益人能够确定他们的权利范围，而且明确了他们由于延迟转化而遭受的损害能够得到赔偿的条件，因此，不能认定它使提起救济请求变得非常困难或几乎不可能的。”⑤

按照这种逻辑，欧洲法院再次确认如下原则：“国内法是否保障以保护欧共体法向个人授予权利为目的的程序规则，应由国内法院确定，特别是对由于成员国原因，使个人因违法欧共体法造成的损害进行赔偿。遵照等价原则，本案件的某些方面为本法院（欧洲法院）作出下面的评论提供了依据”，⑥ 欧洲法院确认该案中的具体事实是：“……法令中包含的执行指令的措施所追求的目标，与该法令中确定的赔偿方案是不同的。前者旨在通过为尚未偿付的报酬，提供特定的付款保证方式，在企业破产情况下，向职工提供欧共体法下的保护；后者则是，按照其定义，为指令的受益人由于成员国延误转化指令而遭受的损害，作出充分的赔偿。”⑦ 在这种情况下，欧洲法院同一天在其他案件公布的规则中确认：“……救济不能总是通过溯及既往地、适当地适用执行指令的措施得到保证。国内法院应当确保受益人遭受的损害救济是充分的。溯及既往并适当地适用执行指令的措施，将会充分实现该目

---

① Para. 23, Case C－261/95.

② Para. 24－27, Case C－261/95.

③ Para. 46－50, Joined Cases C－94/95 and C－95/95.

④ Para. 28, Case C－261/95.

⑤ Para. 29, Case C－261/95.

⑥ Para. 33, Case C－261/95.

⑦ Para. 34, Case C－261/95.

的。如果受益人证明，他们由于未能在适当的时间获得指令所保证的经济利益，而遭受附属损失，那么这些损失必须予以赔偿。”[①] 欧洲法院由此认为，它不需要“对比适用于它们的程序规则”，[②] “根据国内法，确实能够获得除退休金之外的社会保险利益”。[③] 由于缺乏充分的信息，欧洲法院让国内法院审查程序，[④] 最终，欧洲法院得出结论认为，欧共体法“并不禁止成员国要求任何主张对由于延迟转化指令而遭受的损害进行救济的诉讼，必须在指令转化成国内法之日起的一年诉讼时效内提出，如果该程序要求没有比关于国内类似诉讼程序要求更严苛”。[⑤]

在与 Joined Cases C－94/95 and C－95/95 同日公布的 Case C－373/95 中，欧洲法院也采用这种思路，认定延迟转化《第 80/987/EEC 号指令》的国家责任。[⑥]

在第 C－19/01 号、第 C－50/01 号与第 C－84/01 号合并案件中，欧洲法院再次面对关于成员国在执行《第 80/987/EEC 号指令》时的裁量权问题，即“指令第 3（1）条和第 4（3）条第一分段，是否应当被解释为：它们允许成员国将破产欠薪保障基金的责任，限制在满足有关职工基本需要的金额，并且从中扣除破产企业在保障涵盖的期限内支付的金额?”[⑦] 在推理中，欧洲法院检视《第 80/987/EEC 号指令》的有关条文，[⑧] 并回顾了关于确认《第 80/987/EEC 号指令》社会目标的判例法，[⑨] 然后指出：

虽然成员国有权设定未清偿债权的最大责任限额，它们应当确保在该限

① Para. 35, Case C－261/95; Also see at: Para. 53, Joined Cases C－94/95 and C－95/95; Para. 41, Case C－373/95.

② Para. 36, Case C－261/95.

③ Para. 37, Case C－261/95.

④ Para. 38 & 39, Case C－261/95.

⑤ Para. 40, Case C－261/95.

⑥ Para. 34－42, Case C－373/95.

⑦ Para. 32, Joined Cases C－19/01, C－50/01 and C－84/01.

⑧ Para. 33－34, Joined Cases C－19/01, C－50/01 and C－84/01.

⑨ 它包括：Para. 50, Case C－373/95; Para. 20, Case C－125/97; Para. 26, Case C－441/99; Para. 38, Case C－201/01. 参见 Para. 35, Joined Cases C－19/01, C－50/01 and C－84/01。

额内的所有未清偿债权得到支付。

在确定尚未清偿的债权范围时，有关职工在保障期间受到的与他们的债权有关的部分付款必须从中扣除。

另一方面，根据反累加规则，在保障期间内向职工支付的报酬，必须直接从成员国为未清偿债权设定的限额中扣除，该规则损害了指令提供的最低保护原则。

另外，虽然指令第10条允许成员国采取必要措施避免滥用，案卷中的内容没有任何说明可能存在该等滥用的论述。主要程序中的反累加规则，正旨在避免该滥用。①

最后，欧洲法院总结说，第3（1）条和第4（3）条“不允许成员国将破产欠薪保障基金的责任，限制在满足有关职工基本需要的金额，并且从中扣除破产企业在保障涵盖的期限内支付的金额”。② 按照第C－442/号案件的方法，③ 欧洲法院在Case C－81/05中总结到：“……如果国内规则违反欧共体法律秩序所确认的平等原则，并禁止有资格的破产欠薪保障基金，支付职工和破产企业在法院的监督和批准下签订的协议所确定的合同终止赔偿金，国内法院不得适用该国内规则。”④

整体来看，对于国家责任问题，通过上述判例，欧洲法院特别强调了确保联盟法“完全有效性”（full effectiveness）的问题。欧洲法院指出，《欧洲联盟运行条约》创设联盟自己的法律秩序，而条约的规定应并入各成员国的法律体系之内，条约既适用于各成员国，也适用于各成员国的公民；基于此，各成员国法院有义务在相关领域承担责任，确保联盟法的完全生效，“假如个人权利因为成员国违反联盟法而导致其受到侵害，却又无法获得赔偿，那

---

① Para. 36－39，Joined Cases C－19/01，C－50/01 and C－84/01.

② Para. 40，Joined Cases C－19/01，C－50/01 and C－84/01.

③ Para. 45，46，Case C－81/05.

④ Para. 47，Case C－81/05.

么这就会损害联盟法的完全有效性及该法所赋予的全力保障”。[①] 这也就是说，如果成员国未能及时把该指令转化成国内法，进而导致破产企业职工权益未能得到有效保护，那么国家应该承担赔偿的义务。[②]

（六）范围

在《第 87/164/EEC 号指令》将《第 80/987/EEC 号指令》的适用扩大到西班牙和葡萄牙后，欧洲法院不得不再回答来自西班牙和葡萄牙法院的关于《第 80/987/EEC 号指令》的争议。

在 Case C－334/92 中，其中一个争议问题是：“由于指令附件的第 I 节中不包括高级管理人员，在企业破产时，他们是否被排除在指令的范围之外?”[③] 该案件的难点在于，《第 80/987/EEC 号指令》中有两个似乎相互矛盾的条款：第 1（2）条授权成员国以附件中所附的列表，将“某些类型的职工排除在《第 80/987/EEC 号指令》之外”，但根据第 2（2）条，它明确规定，“‘职工’的定义是国内法的问题”。[④] 从这两个条款，可以得出下面的结论：《第 80/987/EEC 号指令》“应该适用于成员国国内法中规定的所有类型的职工，但指令附件中所列的除外”。[⑤]

在该案中，西班牙要求将附件中所列的自然人雇佣的国内帮佣，排除在指令的适用范围之外，但没有要求排除对高级管理人员的适用，[⑥] 因此，欧洲法院认定，西班牙在执行《第 80/987/EEC 号指令》时不得排除高级管理人员。[⑦] 在这种情况下，还有另外一个问题需要明确：“高级管理人员是否有权根据有关企业破产的指令，要求国内法为其他类型的职工设立的破产欠薪

① ［比］罗杰·布兰潘：《欧洲劳动法》（第 2 册），付欣、马庆林、黄文军等译，商务印书馆 2017 年版，第 601 页。

② ［比］罗杰·布兰潘：《欧洲劳动法》（第 2 册），付欣、马庆林、黄文军等译，商务印书馆 2017 年版，第 601～605 页。

③ Para. 9，Case C－334/92.

④ Para. 10，11，Case C－334/92.

⑤ Para. 12，Case C－334/92.

⑥ Para. 13，Case C－334/92.

⑦ Para. 14，Case C－334/92.

保障基金支付向他们拖欠的薪水？如果不行，他们是否有权要求有关成员国赔偿他们因未能执行指令而遭受的损害？”① 欧洲法院重申先例。在第 C－6/90 号与第 C－9/90 号合并案件中，欧洲法院第一次提到成员国在转化《第 80/987/EEC 号指令》时的裁量权，并进一步澄清《第 80/987/EEC 号指令》“并不要求成员国为所有类型的职工设立统一的破产欠薪保障基金，以致将高级管理人员纳入为其他类型的职工设立的破产欠薪保障基金的范围”，“第 3（1）条允许成员国，采取必要的措施，确保破产欠薪保障基金为支付职工的未清偿债权提供保障”。② 基于这些原则，欧洲法院裁定：“高级管理人员不能基于指令，要求为其他类型职工设立的破产欠薪保障基金，支付拖欠他们的薪水。”③ 但是，成员国应赔偿未能执行指令，而使高级管理人员造成的损害。④

在 Case C－441/99 中，欧洲法院面对的第一个问题是：“……指令附件的第 I 条第 G 项，是否应当被解释为：允许瑞典王国将近亲属在申请破产前的六个月内，只有破产企业至少 20% 股份的职工，排除在享有指令提供的工资支付保障的人群之外，即使这些职工自己并没有持有该公司的任何股份？”⑤ 欧洲法院引用 Case C－22/87 对《第 80/987/EEC 号指令》的排除做出“严格”解释，⑥ 做出下面的裁定：“除非对上述欧共体法的明确用语作出错误的解释，该排除不能延伸到仅其亲属拥有该企业的部分股份的职工。”⑦ 也就是说，对所提出的问题，欧洲法院作出了否定性回答。⑧

在第二个问题中，欧洲法院被要求回答下面的问题：“尽管该成员国的立法已经违反指令，并明确将近亲属拥有公司的至少 20% 股份但本人并不拥

① Para. 15，Case C－334/92.
② Para. 18，Case C－334/92.
③ Para. 19，Case C－334/92.
④ Para. 22，23，Case C－334/92.
⑤ Para. 21，Case C－441/99.
⑥ Para. 26，Case C－441/99.
⑦ Para. 25，Case C－441/99.
⑧ Para. 28，Case C－441/99.

有公司任何股份的职工，排除在保障涵盖的人群之外，那么，如果成员国已经指定自己履行指令规定的清偿受保障工资债权的义务，以公司所有者的配偶身份雇佣的职工，是否有权向国内法院主张由有关成员国付款的权利？”[①]在回答该问题时，欧洲法院援引第 C－6/90 号与第 C－9/90 号合并案件以及 Case C－334/92 中确立的规则，[②] 然后裁定：“必须接受的是，成员国在执行指令时，已经充分利用了它根据指令第 3（1）条和第 5 条享有的裁量权。”[③]欧洲法院进一步指出：“如果一个成员国已决定不设立破产欠薪保障基金并因此确定该等机构的组织、融资和经营……而是选择直接从公共基金中融资，则不能再认为该成员国必须采取措施执行指令的第 5 条。”[④] 根据这种思路，欧洲法院确认，在第 C－441/09 号案件中，“瑞典王国不是根据它在指令项下设立、组织、融资和安排破产欠薪保障基金的裁量权，而将配偶是破产企业所有人的职工，排除在公司保护保障范围的”。[⑤] 欧洲法院认识到，在这种情形下，成员国享有的裁量权，“不用被有效地用来防止 Gharehveran 女士在国内法院……主张指令所保障工资请求权”。[⑥] 最后，欧洲法院强调，如果成员国已经充分使用该指令其他条款所赋予的裁量权，而个人不能有效地行使该指令向个人授予的权利的唯一原因，是成员国未执行该等其他条款，个人必须能够援引指令中明确并且无条件地向其授予受益人地位的规定。[⑦]

在 Case C－442/00 中，欧洲法院被要求澄清：“与‘终止薪水’有关的债权，是否以及在什么情况下，包括在指令第 1（1）条中提及的由于劳动合同或者劳动关系引起的职工债权中？”[⑧] 在检视《第 80/987/EEC 号指令》以

① Para. 29，Case C－441/99.

② Para. 33，34，36，37 &38，Case C－441/99.

③ Para. 40，Case C－441/99.

④ Para. 41，Case C－441/99.

⑤ Para. 42，Case C－441/99.

⑥ Para. 43，Case C－441/99.

⑦ Para. 44，Case C－441/99.

⑧ Para. 25，Case C－442/00.

及西班牙法律后,[1] 欧洲法院将该问题转换成："国内法指定破产欠薪保障基金支付某些报酬，是否受到欧共体法的要求的限制？在定义指令第2（2）条中的'报酬'时，西班牙王国是否遵守了这些要求？"[2] 在审查与欧共体法和国内法下基本权利的相互关系有关的判例后,[3] 欧洲法院总结说，根据西班牙国内法，"如果企业破产，则工人法典第33（1）条向被解雇的工人提供了差别待遇，即要求Fogasa支付与'终止报酬'有关的债权，仅在司法决定确定的范围内才得到承认",[4] "只有在能客观地证明其公正性的时候，才可以接受这种做法"。[5] 在此基础上，欧洲法院拒绝了西班牙政府提出的说法——西班牙政府认为，该差异是为了避免滥用《第80/987/EEC号指令》第10条的辩解。[6] 相应地，欧洲法院指出："……必须认定的是，没有足够的理由证明，普通报酬债权与司法决定认可的'终止报酬'债权之间的差别待遇是公正的，一方面，'终止报酬'债权是因为和解程序而得到承认的，另一方面，是为了将后一项债权排除在指令的范围之外。"[7] 欧洲法院进一步总结到："如果根据有关的国内立法，在司法决定确认时，该等债权将引起破产欠薪保障基金承担的义务，并且不能客观地证明对和解程序中确认的同类债权给予差别待遇的公正，那么，与'终止报酬'有关的债权，必须被视为指令第1（1）条和第3（1）条规定的，由于劳动合同或者职工关系引起的职工债权，无论它们是在什么程序中确定的。"[8]

Case C－201/01也和成员国执行《第80/987/EEC号指令》的裁量权有关。[9] 在该案中，欧洲法院面对的问题是确认"奥地利判例法关于股东贷款

① Para. 26－28, Case C－442/00.
② Para. 29, Case C－442/00.
③ Para. 30－32, Case C－442/00.
④ Para. 33, Case C－442/00.
⑤ Para. 34, Case C－442/00.
⑥ Para. 35－38, Case C－442/00.
⑦ Para. 39, Case C－442/00.
⑧ Para. 40, Case C－442/00.
⑨ Para. 29－40, Case C－201/01.

作为资本投入的处理……是否构成《第80/987/EEC号指令》第10（a）条中规定的滥用?"[①] 欧洲法院认为，在奥地利，第一个反对的理由是，"在股东职工应当知道雇佣他的公司不再有良好信用之日起60日内，他并没有真正地寻求与他的报酬有关的债权偿付"，第二个反对的理由则是，"在股东职工知道公司不再具有良好信用之后，他并没有因为不支付他的工资而辞职"。[②] 在这种情形下，欧洲法院认为，"在职工应当知道公司的危急情形之后，仍然继续维持劳动关系，将构成对破产欠薪保障基金产生不利影响的滥用行为，因为它造成需要根据《第80/987号/EEC号指令》，向企业破产的受害人提供保护的状况"。[③] 在这个问题上，欧洲法院强调了下面的事实："在非股东的职工由于未支付工资而辞职之后，股东职工在同样的情形下仍然维持劳动关系，可以作为他有滥用意图的间接证据"，[④] 因此，拒绝向股东职工提供保障权利，可以被视为《第80/987/EEC号指令》项下的反滥用措施。[⑤] 但是，欧洲法院也强调，"在非股东的职工已经因为未支付工资而辞职之后，股东职工仍然维持劳动关系，这一事实并不自动意味着存在滥用行为"。[⑥] 欧洲法院进一步确认，"推定……非股东的职工在期限届满之前，将会因为未支付工资而辞职，并不符合《第80/987/EEC号指令》的目标。"[⑦]

在Case C－278/05中，欧洲法院被要求确认：已经产生的退休金权利，是否必须由成员国提供资金支持以及因企业破产而补充退休金或者公司间退休金计划的资产不足时，是否必须为它们提供全额资金支持?[⑧] 在回答中，欧洲法院强调，《第80/987/EEC号指令》第8条的"应当确保""并非要成

① Para. 41，Case C－201/01.
② Para. 42－45，Case C－201/01.
③ Para. 46，Case C－201/01.
④ Para. 47，Case C－201/01.
⑤ Para. 48，Case C－201/01.
⑥ Para. 49，Case C－201/01.
⑦ Para. 50，Case C－201/01.
⑧ Para. 32，Case C－278/05.

员国自己为指令所保护的利益提供资金支持”,[①] 而应当“留给成员国一些空间”。[②] 因此，成员国有权规定“破产企业应当承担投保或者根据破产欠薪保障基金制定的具体规则，向破产欠薪保障基金缴费的义务，而不是由当局提供资金”。[③] 另外，欧洲法院强调，《第80/987/EEC号指令》“旨在协调职工的利益和经济与社会平衡发展的需要”,[④] 因此，“涉及到补充退休金计划项下的养老金利益的保障，指令的第8条不能被解释为该权利的足额保障”。[⑤]

但是，在回答主要程序中的保障制度与《第80/987/EEC号指令》第8条是否一致时，欧洲法院表达了否定的结论。[⑥] 欧洲法院认为，事实上职工只能得到他们应当享有的利益的20%和49%。[⑦] 欧洲法院确认：“无论是指令的第8条，还是任何该指令的其他规定，均没有为保护补充退休金计划项下的利益，建立所需要的最低水平的保护。”[⑧] 职是之故，它当然不能被认为已经落入《第80/987/EEC号指令》的范围。[⑨]

在Case C－69/08中，欧洲法院要回答的问题是确认“《第80/987/EEC号指令》第3条与第4条，是否必须被解释为：禁止国内立法以职工的未清偿债权被基金所保障为由，将它们重新划分为社会保险利益”。[⑩] 在回答该问题时，欧洲法院以支持案例法的方式表达如下立场：国内法应当在界定上述情形的法律性质方面，发挥作用。[⑪] 另外，欧洲法院指出，《第80/987/EEC号指令》“也没有规定在企业破产时适用于职工债权的司法程序和诉讼时效

① Para. 35, Case C－278/05.
② Para. 36, Case C－278/05.
③ Para. 37, Case C－278/05.
④ Para. 39, Case C－278/05.
⑤ Para. 42, Case C－278/05.
⑥ Para. 47, Case C－278/05.
⑦ Para. 54, Case C－278/05.
⑧ Para. 56, Case C－278/05.
⑨ Para. 57, 59 &62 Case C－278/05.
⑩ Para 25, Case C－69/08.
⑪ Para 29, Case C－69/08.

规则”。[①] 在该案例中，将“职工与薪水有关的初始债权，仅仅作为确定通过基金干预所保障利益的比较基础”，也是国内法的范围。[②]

在 Case C－398/11 中，欧洲法院被要求确认《第 2008/94/EC 号指令》是否适用于“前职工根据破产企业设立的补充退休金计划，享受退休福利”。[③] 欧洲法院强调，《第 2008/94/EC 号指令》向成员国施加有利于职工的特定义务，[④] 爱尔兰的职工在企业破产时，未能在主要程序中得到很好的保护，[⑤] 因此得出结论，《第 2008/94/EC 号指令》适用于“前职工根据破产企业设立的补充退休金计划，享受退休福利”。[⑥] 但是，在进一步回答《第 2008/94/EC 号指令》第 8 条是否也应当被理解为“在评估成员国是否遵守了该条款规定的义务时，可以考虑国家退休金福利”，[⑦] 欧洲法院拒绝将该条款解释为确保“职工根据补充职业退休金计划享有的退休福利受到保护”，从而表明了它的消极立场。[⑧] 欧洲法院得出的结论是，在评估成员国是否履行前述义务时，不应当考虑国家退休金福利，[⑨] 除非它“将与关于补充职业退休金计划所要求的实际效果相反”。[⑩]

（七）期间

Case C－125/97 中的问题是关于《第 80/987/EEC 号指令》第 4（2）条下通知日期之前的劳动合同或者劳动关系中，“最后三个月内的与报酬有关的未受清偿债权”的解释。[⑪] 在推理中，欧洲法院重申了破产欠薪保障基金的目的，指出破产欠薪保障基金应当确保职工的未受清偿债权的支付，“但

---

① Para 30，Case C－69/08.

② Para 35，Case C－69/08.

③ Para. 22，Case C－398/11.

④ Para. 25，Case C－398/11.

⑤ Para. 26，Case C－398/11.

⑥ Para. 27，Case C－398/11.

⑦ Para. 28，Case C－398/11.

⑧ Para. 29，Case C－398/11.

⑨ Para. 30，Case C－398/11.

⑩ Para. 32，Case C－398/11.

⑪ Para. 16，17 & 19，Case C－125/97.

是根据《第 80/987/EEC 号指令》第 4（2）条的规定，成员国可以选择将该支付义务限制在某个给定期间，从而减轻破产欠薪保障基金的义务”。① 欧洲法院将主要程序的事实定义为：“如果在主要程序中，工人拥有于参考期间之前的雇佣期间有关的未清偿债权，则尽管存在较早的债权，破产企业在参考期间内清偿债权的直接后果，将会损害指令提供的最低保护。在这种情况下，指令的该条款将取决于破产企业在参考期间内偶然或者故意作出的支付或者不支付某些款项的决定。”② 欧洲法院接着总结，如果工人在上述情形中无权“享受关于他在参考期间已经失去的工资的保障”，这将不符合《第 80/987/EEC 号指令》的目的。③ 对提出的问题的答案是：“……如果工人同时对破产企业拥有与该条款规定的参考期间之前的雇佣期间有关的债权，以及与参考期间有关的债权，则破产企业在后一个期间内支付的工资必须优先抵偿前一个期间的债权。”④

在 Case C－125/01 中，欧洲法院再次被问到类似的问题⑤在推理中，欧洲法院首先确认，《第 80/987/EEC 号指令》“并不包括任何关于成员国是否有权为职工获得破产赔偿的支付，根据指令规定的具体规则提出的申请设置时间期限的规定”。⑥ 在检视第 4、5、9 条和第 10 条后，⑦ 欧洲法院得出结论认为，成员国基本上“可以自由地在国内法中，为职工获得破产赔偿的支付，根据指令规定的具体规则，对提出的申请设置时间期限。但是，该规定应当遵守欧共体法的一般原则”。⑧ 另外，欧洲法院强调，根据其判例法：“国内法中规定的时间期限，不得劣于管辖类似国内申请的期限（等价原

---

① Para. 20，Case C－125/97.
② Para. 21，Case C－125/97.
③ Para. 22，Case C－125/97.
④ Para. 23，Case C－125/97.
⑤ Para. 21，Case C－125/01.
⑥ Para. 30，Case C－125/01.
⑦ Para. 31 &32，Case C－125/01.
⑧ Para. 33，Case C－125/01.

则），并且不得导致事实上不可能行使欧共体法授予的权利（有效原则）。”[①]相应地，欧洲法院澄清，“设置合理的时间期限是法律确定性原则的应用，基本上符合有效原则”，在主要程序中，“企业破产后经过的时间越多，就越难以确认付款请求的真实性，这可能会损害法律的确定性”。[②] 欧洲法院进一步强调，“规定的时间期限不能太短，否则如果相关个人不能遵守该时间期限，则不能获得《第80/987/EEC号指令》的保护”。[③] 根据该逻辑，欧洲法院拒绝德国政府提出的理由，[④] 并总结说《第80/987/EEC号指令》：“……并不禁止将国内法规定的时间期限，应用于职工为了获得破产赔偿的支付。……但是，该时间期限，不得短于类似的国内申请期限（等价原则），且不得导致事实上不可能行使欧共体法授予的权利（有效原则）。”[⑤] 在这种情况下，欧洲法院进一步指出，“如果国内法院认定规定该时间期限的国内条款与欧共体法的要求是不相容的，并且不可能对该条款作出相容的解释”，国内法院应当拒绝适用有关的条款。[⑥]

Case C－160/01事关保障期限的计算。[⑦] 因为判例法已经明确《第80/987/EEC号指令》第3（2）条和第4（2）条项下的“企业破产程序的开始”的日期，是指“申请启动集中清偿债权人债权的程序的日期”，[⑧] 欧洲法院的结论明确禁止德国法的规定。[⑨]

在Case C－69/08中，欧洲法院被要求确认《第80/987/EEC号指令》是否禁止引入劣于适用于同类债权的诉讼时效的规则。[⑩] 欧洲法院承认，该

---

① Para. 34, Case C－125/01.

② Para. 36, Case C－125/01.

③ Para. 37, Case C－125/01.

④ Para. 40－45, Case C－125/01.

⑤ Para. 46, Case C－125/01.

⑥ Para. 49, Case C－125/01.

⑦ Para. 19－45, Case C－160/01.

⑧ Para. 42, 44, Jonied Case C－94/95 and Case C－95/95; Para. 52, 54, Case C－373/95. 参见Para. 22, 47, Case C－160/01。

⑨ Para. 48, Case C－160/01.

⑩ Para. 36, Case C－69/08.

指令对此没有任何规定。[①] 基于判例法，[②] 欧洲法院总结，该指令未对一年的诉讼时效期间作出规定，但是国内法院需要“检查它是否导致事实上不可能行使欧共体法确认的权利（有效原则）”。[③]

在 Case C－30/10 中，欧洲法院被要求确认，“《第 2008/94/EC 号指令》第 12（c）条，是否必须被解释为：禁止国内法基于职工在申请宣告破产之前六个月内，单独或者与近亲属拥有企业或者业务的重大部分，并且对其活动有相当程度的影响，排除该职工享有对职工未清偿债权的付款保障权利？”[④] 在回答中，欧洲法院确认《第 2008/94/EC 号指令》第 3 条项下的义务，但可以根据第 12（c）条，拒绝该义务。[⑤] 欧洲法院澄清，第 12（c）条中没有任何规定表明，“任何期间内拥有有关企业的重大部分并对其活动有相当程度的影响，必须导致拒绝或者减轻该义务”，因此欧洲法院在回答前述问题时，有必要检查该条款的方案和目标。[⑥] 再次阅读序言（7）和第 12 条后，欧洲法院确认，《第 2008/94/EC 号指令》为成员国在某些案件中限制破产欠薪保障基金的责任，提供了足够的自由空间，[⑦] 但是，正如判例法所确认的那样，它应当考虑到该立法的社会目标。[⑧] 欧洲法院认定：“国内法将被排除在未受清偿债权的付款保障权之外的职工类型，限制在申请企业破产程序之前六个月时间内，持有该企业的重大部分并对其活动有相当程度的影响的职工，没有损害《第 2008/94/EC 号指令》第 12（c）条的目的和该指令的社会目标。事实上，在该等情形下，无法想象被拒绝享有该保障权的职工，可能对有关企业的破产负责。”[⑨]

---

① Para. 37，Case C－69/08.
② Para. 38，39，43，44，45，46，Case C－69/08.
③ Para. 47，Case C－69/08.
④ Para. 21，Case C－30/10.
⑤ Para. 22，Case C－30/10.
⑥ Para. 23，Case C－30/10.
⑦ Para. 24，Case C－30/10.
⑧ Para. 25 &26，Case C－30/10.
⑨ Para. 27，Case C－30/10.

Case C－435/10 要求确认《第 80/987/EEC 号指令》是否禁止“职工在企业破产时，需要求职人员登记，才能完全主张他们对尚未清偿的工资债权的付款请求权（例如主要程序中的工资债权）”的国内规则。[①] 在案件中，申请人进行求职人员登记的时间较晚，因此根据国内法被拒绝完全支付与通知期间有关的工资。[②] 在回答这个问题时，欧洲法院再次澄清《第 80/987/EEC 号指令》第 3、4 条的含义以及它们之间的关系，[③] 然后确认，荷兰“没有为报销规定一个上限，因此不属于《第 80/987/EEC 号指令》第 4（3）条规定的选择范围”。[④] 在这种情形下，欧洲法院强调判例法中“严格遵守指令的社会目标”的解释哲学，[⑤] 指出“……如果对《第 80/987/EEC 号指令》的解释……导致作为主要程序申请人的职工——由于没有在主要程序中，按照有关国内法规定的期限，履行求职人员登记义务——被自动‘一刀切’地减少工资债权的偿还，并且因此无法就他事实上失去的工资获得保障，这将违反该指令的目标”。[⑥] 欧洲法院进一步强调：“在主要程序中固定期限内进行求职人员登记的义务，就其性质而言，与提交破产福利申请的时间期限是不相容的，如果不履行该义务将导致支付的破产利益的减少。”[⑦] 因此，它进一步确认，“如果发生企业破产，自动‘一刀切’地减少工资债权的偿还的国内规则……直接损害《第 80/987/EEC 号指令》追求的最低水平的保护。”[⑧] 在这种情况下，引用《第 80/987/EEC 号指令》第 10 条是不适当的，因为“该登记义务旨在防止这种滥用，所咨询的命令不包括任何说明存在滥用的情况”。[⑨] 最后，欧洲法院总结，《第 80/987/EEC 号指令》禁止“职工在企业

---

① Para. 26, Case C－435/10.

② Para. 29, Case C－435/10.

③ Para. 30－32, Case C－435/10.

④ Para. 30, Case C－435/10.

⑤ Para. 34, Case C－435/10.

⑥ Para. 35, Case C－435/10.

⑦ Para. 36, Case C－435/10.

⑧ Para. 37, Case C－435/10.

⑨ Para. 38, Case C－435/10.

破产时需要进行求职人员登记，才能完全主张他们对尚未清偿的工资债权的付款请求权（例如主要程序中的工资债权）的国内规则”。[①]

在 Case C－247/12 中，欧洲法院被问到下面的问题：《第 2008/94/EC 号指令》是否要求成员国，“在企业破产程序的每个阶段都向职工债权提供保障，特别是，它是否禁止成员国，仅向在启动破产程序的决定记录在公司注册系统之前发生的职工债权提供保障，即使该决定没有命令破产企业终止活动?”[②] 欧洲法院认为“破产”是否由启动破产程序的决定引发的，以及“基于该指令的第 3、4 条，是否有可能将启动破产程序的决定记录在公司登记系统的日期，作为职工债权获得保障的参考日期”，是回答该争议问题的最重要的因素。[③] 在主要程序中，根据保加利亚法律，破产程序包括两个连续的决定，一个是启动破产程序的决定，另一个是终止活动的决定。[④] 按照第 C－94/95 号与第 C－95/95 号合并案件以及 Case C－373/95 的观点，[⑤] 欧洲法院确认：“……从《第 2008/94/EC 号指令》第 2（1）条的实际用词可以清楚地看出，为了认定企业处于破产状态，需要根据成员国的法律、法规和行政规章提出启动基于企业破产的集中程序申请，其中涉及破产企业财产部分或者全部丧失管理权并指定清算人或者履行类似职务的人，并且该规定下的当局已经决定启动程序，或者已经确定破产企业的营业或者业务已经确实关闭，并且可以获得的资产不足以保证程序的启动。”[⑥] 另外，欧洲法院还认定该规则：“……为了适用《第 2008/94/EC 号指令》提供的保障，必须满足两个条件：首先，必须已经基于企业的破产提出启动程序的申请；其次，必须已经作出启动程序的决定，或者如果可以获得的资产不足以保证该等程序的启动，必须已经确定破产企业的营业或者业务已经确实关闭。”[⑦] 欧洲法院表示，如

① Para. 39，Case C－435/10.
② Para. 27，Case C－247/12.
③ Para. 28，Case C－247/12.
④ Para. 29，Case C－247/12.
⑤ Para. 30，Case C－247/12.
⑥ Para. 31，Case C－247/12.
⑦ Para. 32，Case C－247/12.

果已经作出该等决定，则没有必要要求导致破产企业停止《第 2008/94/EC 号指令》第 2（1）条下活动的集中程序，① 序言（4）也支持该观点。②

在回答该问题的第二部分时，欧洲法院提出，在《第 2002/74/EC 号指令》修订前的原始版本，仅允许成员国在三个参考日期之间作出选择，但在修订后，成员国则可以自由确定适当的日期。③ 为了保护职工，成员国还可以自由选择引入更有利的规则，如延长保障期限。④ 欧洲法院总结到，《第 2008/94/EC 号指令》不要求成员国“在企业破产程序的每个阶段，均为职工提供保障。特别是，它并不禁止成员国仅向在启动破产程序的决定被记录在公司登记系统之前发生的职工债权提供保障，即使该决定没有命令破产企业终止活动”。⑤

在 Case C－309/12 中，葡萄牙法院请求欧洲法院确认《第 2008/94/EC 号指令》是否禁止“对在寻求宣告企业破产的诉讼开始时至少六个月前已经到期的工资债权不予保障的国内立法，即使工人为了确定该债权的金额，并获得清偿该债款的执行令，已经在该六个月期限开始之前向破产企业提起法律程序”。⑥ 因为《第 2008/94/EC 号指令》仅准许“以确定参考期间或者保障期间和/或设置支付上限的方式限制义务”，⑦ 考虑到判例法，⑧ 欧洲法院强调，该指令“不禁止成员国将参考期间的开始日期，作为宣告企业破产的诉讼程序开始日期”。⑨ 在这种情形下，成员国有权制定其他规则，但对该规则必须严格解释，⑩ 解释它不能“剥夺已经明确授权成员国对支付义务作出限

① Para. 33，Case C－247/12.
② Para. 34，Case C－247/12.
③ Para. 41，Case C－247/12.
④ Para. 42，Case C－247/12.
⑤ Para. 43，Case C－247/12.
⑥ Para. 18，Case C－309/12.
⑦ Para. 22，Case C－309/12.
⑧ Para. 20，24，25，29，Case C－309/12.
⑨ Para. 27，Case C－309/12.
⑩ Para. 31，Case C－309/12.

制的有效性”。①

（八）技术问题

根据《第80/987/EEC号指令》，成员国有义务通知欧洲委员会，“如果成员国作出这种选择，它们应当向委员会通知设置上限所使用的方法”。② 它可能导致一个问题：如果没有通知委员会，转化《第80/987/EEC号指令》的法律将会有什么后果？在Case C－235/95中，欧洲法院被要求对该问题作出初步裁定。③

该问题更关注欧盟法层面，而不仅是《第80/987/EEC号指令》本身。因此，欧洲法院也通过分析《欧洲经济共同体条约》第177条和先前的判例得出结论，④ 然后再次检视《第80/987/EEC号指令》第4（3）条，关于成员国向委员会告知设置对职工未受清偿债权的责任上限所使用的方法的要求，认定它“并不意味着通知委员会的义务，会引起委员会对成员国选择的方法进行监督的程序，或者成员国选择设置上限，需要委员会的明示或者默示同意”。⑤ 另外，欧洲法院确认，“有关条款的措辞和目的，均没有说明‘成员国未遵守事先通知的义务，将会导致所设置的上限无效’这种观点的正当性”。⑥ 从技术上讲，欧洲法院的解释，是该义务“仅仅是向委员会通知成员国是否行使了前一分段中提及的选择，如果行使了，是以何种方式行使的”。⑦ 再次援引《第80/987/EEC号指令》第11（2）条后，欧洲法院澄清：“它涉及到成员国与委员会之间的关系，没有向任何个人授予任何权利，如果成员国未能提前向委员会通知第4（3）条中提及的设置上限所使用的方法，也不可能侵犯任何个人的权利。”⑧ 在结论中，欧洲法院指出，“如果成员

① Para. 32，Case C－309/12.
② Art. 4，Directive 80/987/EEC.
③ Para. 20，21 &34，Case C－235/95.
④ Para. 22－28，Case C－235/95.
⑤ Para. 29，Case C－235/95.
⑥ Para. 30，Case C－235/95.
⑦ Para. 31，Case C－235/95.
⑧ Para. 32，Case C－235/95.

国未能向委员会通知设置该上限所使用的方法。指令第4（3）条和第11条并不禁止适用规定……对有关职工未受清偿的债权的付款保障设置上限”。[①]

Case C－321/97 提出另一个技术问题：按照第C－6/90号与第C－9/90号合并案件确立的原则：“根据EEA协议，后来成为欧盟成员国的EFTA国家，是否会因为未能将《第80/987/EEC号指令》转化成国内法而给个人造成的损害承担赔偿责任。”[②] 本质上，该问题涉及《第80/987/EEC号指令》对非欧共体成员国是否有约束力。

该案件中需要回答的第一个问题，是确认欧洲法院对该案件是否有管辖权，各个方面对该问题有着激烈的争论。[③] 欧洲法院确认，它对EEA协议的解释有充分的管辖权，但对于EEA协议适用于EFTA国家的解释，则没有管辖权。[④] 但是，欧洲法院认定，它可以回答这个问题：“在EFTA国家加入欧盟后，个人是否可以在该新成员国的国内法院和仲裁庭，主张他们直接从《第80/987/EEC号指令》获得的权利？如果主要程序中的争议事实发生在加入日期之前，该成员国是否需要就未能正确地转化指令给个人造成的损害承担责任？”[⑤] 欧洲法院指出，《加入议定书》第168条已经规定，从加入日期起，遵守指令的必要措施将适用于新成员国，“除非附件中已经规定时间期限”。[⑥] 欧洲法院确认，“因为加入议定书中没有为转化《第80/987/EEC号指令》规定时间期限，新成员国应当在加入日期，转化该指令”。[⑦] 在这种情况下，欧洲法院再次引用前面提到的“两步法”，[⑧] 考察了该案件的具体事实，[⑨] 然后得出结论：“欧共体法不能使个人在已经加入欧盟的EFTA国家的

---

① Para. 33, Case C－235/95.

② Para. 23, Case C－321/97.

③ Para. 24－26, Case C－321/97.

④ Para. 27－33, Case C－321/97.

⑤ Para. 35, Case C－321/97.

⑥ Para. 40, Case C－321/97.

⑦ Para. 41, Case C－321/97.

⑧ Para. 42, Case C－321/97.

⑨ Para. 43－45, Case C－321/97.

国内法院和仲裁庭，主张他们直接从《第 80/987/EEC 号指令》获得的权利，并且如果主要程序中引起指令中规定的保障的事实，发生在加入日期之前，也不能使该成员国就未能正确地转化指令给个人造成的损害承担责任。”①

在 Case C－498/06 中，欧洲法院被问到，“如果赔偿金是在司法外调解协议中确认的，那么将不公正解雇赔偿金排除在《第 80/987/EEC 号指令》第 3 条第一段中规定的破产欠薪保障基金的付款保障之外，是否可以客观地将其认定为该指令第 10（a）条为避免滥用采取的必要措施？”② 欧洲法院参照它在类似情形中的判例法，③ 审查了西班牙法律，④ 然后指出：“司法外调解协议中确认的赔偿金，不能为避免滥用提供足够的保证，它不像在司法机构进行的调解程序中达成的赔偿金，因为破产欠薪保障基金在该程序中有权干涉。”⑤

第三节 欧盟在破产欠薪保障基金之外对破产企业职工的保护

当然，在欧盟层面对破产企业职工权益的保护，不仅涉及上述规章和指令，还有其他诸多指令，共同形成保护破产企业职工权益的“组合拳”。这里必须提及的指令有 2 个：（1）《第 2001/23/EC 号指令》，聚焦于企业、营业或者企业或营业的一部分发生转移时对职工权益的保护；（2）《第 98/59/EC 号指令》，聚焦于集体裁员时对职工权益的保护。

在本节中，笔者将在破产欠薪保障基金之外，结合欧盟的最新立法和判例，简要介绍上述指令的基本机制和其在涉及企业破产时对职工权益的特别

① Para. 46，Case C－321/97.
② Para. 27，Case C－498/06.
③ Para. 29－33，Case C－498/06.
④ Para. 34－39，Case C－498/06.
⑤ Para. 40，Case C－498/06.

保障。鉴于上述指令的适用领域并不以破产为核心，本章仅涉及这两个指令中与企业、营业或者企业或营业的一部分发生转移及集中裁员情形下与企业破产有关的部分。

一、欧盟企业因破产而全部或部分转让时职工权益保护

通常情况下，破产程序中的企业职工，会面临至少3种选择：一种是劳动合同直接解除；另一种是劳动合同维持但降低薪资待遇，或者直接提供一份新合同降低薪资待遇；还有一种是破产企业部分或者全部转让，由新的接收方负责处理随企业一并转让的劳动合同，此时新的接收方是否受既有劳动合同的约束，就因时而异、因地而异或因人而异了。[①]

2015年更新的《第2001/23/EC号指令》，是对《第77/187/EEC号指令》和《第98/50/EC号指令》的升级和修订。“转让指令”的本身，是为了“确保职工的反对（以及公众可能对该等反对的同情），不会对企业的重组造成不良影响”。[②] 但是，这种对于职工反对权的重视以及制度倾向性设计，也在事实上强化了企业破产情形下涉及转让时对职工权益的保护。

（一）《第98/50/EC号指令》与破产

《第77/187/EEC号指令》中，没有关于破产的任何直接规定。[③] 1998年，《第98/50/EC号指令》修订《第77/187/EEC号指令》，并加入新的第1－7b条。[④]

---

① International Labour Office, *Protection of Workers' Claims in the Event of the Insolvency of Their Employer*, Report Ⅴ（1）, fith item on the agenda, International Labour Conference 78th Session, 1991, p. 14.

② Mark Jeffery, "European Labor Laws relating to Business Restructuring", 24 *Comp. Lab. L & Pol'y. J.*, 2002－2003, pp. 670－671.

③ 但也有观点认为，该指令所处理的企业转让，对于是否与破产相关或因破产引起，在所不问。无论如何需要确认的是，该指令文本中确实没有任何字样明示或者暗示破产因素。See at: International Labour Office, *Protection of workers' claims in the event of the insolvency of their employer*, Report Ⅴ（1）, fith item on the agenda, International Labour Conference 78th Session, 1991, p. 14.

④ Paul Davis在其文章中，已经就《第98/50/EC号指令》对《第77/187/EEC号指令》的修订做了清晰的报告，为了简洁起见，本文在此不再复述修订的内容。参见Paul Davies, "Amendments to the Acquired Rights Directive", *Industrial Law Journal*, Vol. 27, No. 4, December 1998, pp. 365－373。

但是，《第98/50/EC号指令》中有一些实质性修订，特别是下面两点，对于破产情形尤为重要：首先，这次修订考虑在《第77/187/EEC号指令》下的某些复杂的商业交易中，包括“破产的转让人作出的转让”，“更好地表示《第77/187/EEC号指令》创设的个人权利”。① 其次，《第98/50/EC号指令》授权成员国在转化该指令时，作出多项选择。② 例如，新增加的第4a条（关于破产的转让人作出的转让）“允许成员国选择完全适用该等转让的基本个人权利，也可以在适用该原则时作出一些修订”，它与一般性的允许成员国引入对职工更有利的条款有很大区别，因为它允许成员国在文字层面，采取“对职工保护较弱”的法律措施。③

关于与企业转让有关的破产程序，《第98/50/EC号指令》中有一些重要的新条款值得重视。在序言中，与《第77/187/EEC号指令》不同，该指令在一开始就提到破产：

鉴于1989年12月9日通过的《工人基本社会权利共同体宪章》，特别是第7条、第17条和第18条，规定：内部市场的实现，必须导致欧共体内工人的生活和工作条件的改善。如果需要，改善必须包括制定某些方面的雇佣法规，例如集中裁员的程序和破产的程序。考虑到各个成员国现在实行的惯例，必须沿着适当的路径发展工人的知情权、获取意见权和参与权。该等知情权、获取意见权和参与权，必须在预定的时间执行，特别是关于企业的重组操作和对工人的雇佣有影响的并购案件中。④

另外，《第98/50/EC号指令》强调，“考虑到确保破产企业的生存，应当明确允许成员国将《第77/187/EEC号指令》第3条和第4条，适用于在

① Paul Davies, “Amendments to the Acquired Rights Directive”, *Industrial Law Journal*, Vol. 27, No. 4, December 1998, p. 365.

② Paul Davies, “Amendments to the Acquired Rights Directive”, *Industrial Law Journal*, Vol. 27, No. 4, December 1998, p. 366.

③ Paul Davies, “Amendments to the Acquired Rights Directive”, *Industrial Law Journal*, Vol. 27, No. 4, December 1998, p. 366.

④ Recital (1), Directive 98/50/EC.

破产程序框架中生效的转让，并且在破产程序背景中生效的转让案件中，应当允许对指令的一般条款作出某些减损”。[①] 另外，《第 98/50/EC 号指令》也规定：“如果成员国为鼓励陷入财务困境的公司继续生存制定了特别程序，也应当允许该成员国作出相应的减损。”[②]

在正文部分，《第 98/50/EC 号指令》加入了新的第 4a 条。[③] 另外，《第 98/50/EC 号指令》第 5 条（关于转让、资不抵债和破产中的职工代表）再次提到企业破产情形：“如果转让人卷入破产程序，或者任何类似的旨在清算转让人的资产并受当局（可能是公共机构收取的破产执业人员）监督的破产程序，则成员国可以采取必要的措施，保证在选出或者任命新的职工代表之前，被转让的职工有适当的代表。”[④]

（二）《第 2001/23/EC 号指令》与破产

《第 2001/23/EC 号指令》的修订，前后花了 4 年；这与《第 98/50/EC 号指令》9 个月修订期限相比，确实要长得多。[⑤] 有学者指出，由于与商业有关，欧洲劳动立法机构对于监管程度的争论通常充满政治化色彩，而且不同的利益群体不得不做大量妥协，如果比较最终文本和最初建议，我们“常常会惊讶地发现，最初的建议在立法过程中被消解掉了”。[⑥]《第 2001/23/EC 号指令》的修订中，“特意使用了更广义的概念”。[⑦] 例如，《第 77/187/EEC 号指令》的关键词提到“在并购、接管和合并情形中”的职工权益，但是后来

---

① Recital（7），Directive 98/50/EC.

② Recital（8），Directive 98/50/EC.

③ 后来该条成为《第 2001/23/EC 号指令》的第 5 条；后文中将会引用该条款。参见 Art. 4a, Directive 98/50/EC；Art. 5，Directive 2001/23/EC。

④ Art. 5（1），Directive 98/50/EC.

⑤ Mark Jeffery, “European Labor Laws relating to Business Restructuring”, 24 *Comp. Lab. L & Pol'y. J.*, 2002 – 2003, p. 674.

⑥ Mark Jeffery, “European Labor Laws relating to Business Restructuring”, 24 *Comp. Lab. L & Pol'y. J.*, 2002 – 2003, p. 682.

⑦ Mark Jeffery, “European Labor Laws relating to Business Restructuring”, 24 *Comp. Lab. L & Pol'y. J.*, 2002 – 2003, pp. 682 – 683.

被修订为“企业、营业或者营业的一部分被转让”。[①] 但无论如何，《第2001/23/EC号指令》基本实现了使“转让指令”更为清晰、更为合理的目标。[②]

由于《第2001/23/EC号指令》已造成破产转让人的转让发生很大的变化，[③] 有必要在这里完整地复述《第2001/23/EC号指令》第5条（《第98/50/EC号指令》第4a条）：

第5条

1. 除非成员国另有规定，第3条和第4条不适用于企业、营业或者企业或者营业的一部分的任何转让，如果转让人进入破产程序，或者任何类似的旨在清算转让人的资产，并受有权的公共机构（可能是公共机构授权的破产执业人员）的监督的破产程序。

2. 如果第3条和第4条适用于已经启动的与转让人有关的破产程序中发生的转让（无论启动该程序是否旨在清算转让人的资产），并且该程序受有权的公共机构（可能是公共机构收取的破产执业人员）的监督，则成员国可以规定：

（a）如果按照该成员国的法律，该程序将会引发至少与《第80/987/EEC号指令》涵盖的情形中所规定的同等程度的保护，那么，尽管有第3（1）条中的规定，转让人由于任何劳动合同或者劳动关系而发生的且在转让之前，或者启动破产程序之前，应当支付的债务，不得转让给受让人。

（b）只要当前的法律或者惯例允许，受让人、转让人或者执行转让人职能的人作为一方，职工的代表作为另一方，可以对雇佣条款和条件作出变更

① Footnote 47, Mark Jeffery, “European Labor Laws relating to Business Restructuring”, 24 *Comp. Lab. L & Pol'y. J.*, 2002－2003, p. 683.

② ［比］罗杰·布兰潘：《欧洲劳动法》（第2册），付欣、马庆林、黄文军等译，商务印书馆2017年版，第550页。

③ 需要指出的是，由于《第2001/23/EC号指令》是《第98/50/EC号指令》的加强版，因此，关于《第98/50/EC号指令》的大多数文献在研究《第2001/23/EC号指令》时仍然可以使用。参见Paul Davies, “Amendments to the Acquired Rights Directive”, *Industrial Law Journal*, Vol. 27, No. 4, December 1998, p. 367。

的约定，从而保障职工的雇佣机会，保证该企业、营业或者企业或者营业的一部分继续生存。

3. 如果该情形由有权的公共机构宣告的并接受司法监督，且该条款已经存在于1998年7月17日的国内法中，成员国可以将第20（b）段，适用于转让人在国内法所定义的严重经济危机情形下发生的任何转让。

委员会应当在2003年7月17日前，提交关于该条款的效力的报告，并且应当向理事会提交任何适当的建议。

4. 成员国应当采取适当的措施，防止破产程序的滥用，以致职工被剥夺本指令规定的权利。①

这一规定简单点说，就是强调，除非成员国法律另有规定，否则该指令并不适用于因为破产程序而引发转让的企业，尤其是比如债权人针对债务人向法院提出破产申请。② 据披露，本条是以“通过采纳欧洲法院在破产企业的清算和其他处理方式之间作出的区分”开始的；《第2001/23/EC号指令》第5（1）条规定的原则，曾引起学者的担心，“因为该区分的困难在于，无论是通过清算还是其他方式，如果营业的关键部分被出售（这是任何处理破产处理程序的核心特征），它关注转让人的最终命运，而不是职工和受让人的地位”。③

《第2001/23/EC号指令》第5（2）条，向成员国提供2个选项。第一个选项，允许成员国选择免除破产转让人的受让人，需要履行“转让人由于任何劳动合同或者劳动关系而发生的，且在转让之前或者启动破产程序之前应当支付的债务”的要求。④ 学者保罗·戴维斯（Paul Davies）认为，该方案的优势在于：“如果转让人破产，很明显在转让时由于未支付的工资、节

---

① Art. 5，Directive 2001/23/EC.

② ［比］罗杰·布兰潘：《欧洲劳动法》（第2册），付欣、马庆林、黄文军等译，商务印书馆2017年版，第570页。

③ Paul Davies，“Amendments to the Acquired Rights Directive”，*Industrial Law Journal*，Vol. 27，No. 4，December 1998，pp. 367 – 368.

④ Art. 5（2）（a），Directive 2001/23/EC.

假日工资、佣金、奖金等原因，存在未偿还债务的可能性是很大的；除非选择该方案，劳动合同的强制转让原则，将会导致必须转让这些债务（目前就是这种状况）。这个方案实际上是规定受让人‘仅对未来’承担合同义务，因此，在破产案件中，它将很大地激励受让人接受破产转让人的义务。”①

当然，这个方案并非尽善尽美。布兰潘就指出，如果转让相关的诉讼程序引起破产的后果，那么转让前或者破产前企业应该向职工承担的劳动合同或者劳动关系，就不应该转让。② 因为“它仅仅是将财富从职工转让给转让人的债权人”，因此，如果它“免除了应向职工支付的债务”，“业务在受让人手中更有价值，所以转让人能够将它卖到更高的价格，这都是对保障债权人有利的”。③ 这就是为什么《第 2001/23/EC 号指令》要求成员国应当引入与《第 80/987/EEC 号指令》“……至少等价的”措施，④ 即使《第 80/987/EEC 号指令》的保护水平“很低是众所周知的”，因为“它允许成员国通过时间和支付水平两方面，限制破产基金的责任”。⑤

《第 2001/23/23 号指令》第 5（2）（b）条项下的第二个选项，允许破产企业和职工“对雇佣条款和条件作出变更的约定，从而保障职工的雇佣机会，保证该企业、营业或者企业或者营业的一部分继续生存”。⑥ 这一方案它原则性问题不大，但实践中问题不少，尤其是包括转让人、受让人和职工代表在内的“三方协议”，一般而言，它是在触发转让之前达成的。⑦ 保罗·戴

---

① Paul Davies, "Amendments to the Acquired Rights Directive", *Industrial Law Journal*, Vol. 27, No. 4, December 1998, p. 368.

② ［比］罗杰·布兰潘：《欧洲劳动法》（第 2 册），付欣、马庆林、黄文军等译，商务印书馆 2017 年版，第 570 页。

③ Paul Davies, "Amendments to the Acquired Rights Directive", *Industrial Law Journal*, Vol. 27, No. 4, December 1998, p. 368.

④ Art. 5（2）（a）, Directive 2001/23/EC.

⑤ Paul Davies, "Amendments to the Acquired Rights Directive", *Industrial Law Journal*, Vol. 27, No. 4, December 1998, p. 368.

⑥ Art. 5（2）（b）, Directive 2001/23/EC.

⑦ ［比］罗杰·布兰潘：《欧洲劳动法》（第 2 册），付欣、马庆林、黄文军等译，商务印书馆 2017 年版，第 570 页。

维斯认为，“协议的实质是按工人的现有条款和条件，对强制转让劳动关系的原则作出修改”，它“对受让人的利益不是关于‘继承的’债务，而是在不确定的未来持续发生的债务”，这“可能是非常重要的”。[①]

关于转让和破产，草案中有一个“措辞怪异的条款”，“允许当事人就工人的解雇达成协议，以便保证企业的生存”。也许是因为《第2001/23/EC号指令》第4（1）条中的“经济、技术或者组织防御”足以涵盖这类情形下的解雇，所以最终它被删除了。[②]

作为结论，由于上面讨论的两个方案，“都可以增加营业对转让人的价值，正在考虑转让的转让人有进入破产的激励，——或者，更现实地说，在转让之前——让某个子公司进入破产”，[③] 这也就是为什么《第2001/23/EC号指令》第5（4）条特别强调，成员国应当采取适当的措施，防止滥用破产程序，以致剥夺《第2001/23/EC号指令》中规定的职工权益，[④] 虽然“发出这样的禁令，比知道如何操作要容易得多”。[⑤] 但对于各成员国来说，无论该宣示是否过于原则，在把该指令转化成国内法时，必须要采取适当措施，避免企业通过滥用破产程序，而剥夺该赋予职工的保护。[⑥]

《第2001/23/EC号指令》还有个条款涉及破产，亦即破产企业被转让职工的代表权问题。这一条显然远不如前述条款那么引人注目。其第6条规定，如果转让人是破产企业或者类似于破产清算程序中的主体，并且在政府主管部门或者其授权人员的监督下，那么成员国可以采取必要的措施，确保被转

---

① Paul Davies, “Amendments to the Acquired Rights Directive”, *Industrial Law Journal*, Vol. 27, No. 4, December 1998, p. 369.

② Paul Davies, “Amendments to the Acquired Rights Directive”, *Industrial Law Journal*, Vol. 27, No. 4, December 1998, p. 369.

③ Paul Davies, “Amendments to the Acquired Rights Directive”, *Industrial Law Journal*, Vol. 27, No. 4, December 1998, p. 370.

④ Art. 5 (4), Directive 2001/23/EC.

⑤ Paul Davies, “Amendments to the Acquired Rights Directive”, *Industrial Law Journal*, Vol. 27, No. 4, December 1998, p. 370.

⑥ ［比］罗杰·布兰潘：《欧洲劳动法》（第2册），付欣、马庆林、黄文军等译，商务印书馆2017年版，第570页。

让的职工在选出正式的职工代表前，有恰当的代表权。[①]

（三）成员国对《第2001/23/EC号指令》的转化

在既有研究中，已有学者对荷兰、德国、比利时和英国破产企业职工权益保护问题，站在破产涉及部分或全部转让时职工权益保护的角度，展开深入的比较和分析。[②]

需要说明的是，对于企业转让与破产交叉时职工权益的保障，在成员国层面可能还会有一定差异。比如在荷兰，作为一项基本原则，当企业的一部分或者全部转让时，通常情形下，转化本指令后的《荷兰民法典》第7编第662～666条，会为被转让部分与职工的共进退提供国内法规范，原则上职工与新企业的关系与职工与转让前企业的劳动关系相比，并无根本性的差别；也正因如此，企业部分或者全部被转让时，也不会影响职工领取养老金的权利，更不会纠结于劳动合同究竟是口头还是书面，集体合同的条款也不会因为转让而发生变动。但是在破产情形下，如果企业宣告破产，那么营业转让法将不再适用。[③] 或许需要在未来针对荷兰破产法和劳动法的交叉，展开更进一步的研究。而在意大利，该指令由《民事程序法典》转化成意大利法。该法特别强调，如果企业因为经济危机而受影响，或者因为企业正经历破产程序或类似受控制的管理时，那么将限制适用劳动关系继续存在这一原则。[④]

在德国，该指令通过《德国民法典》第613a条转化成德国法，未明显

---

① ［比］罗杰·布兰潘：《欧洲劳动法》（第2册），付欣、马庆林、黄文军等译，商务印书馆2017年版，第597页。

② Roger Blanpain & A. T. J. M. Jacobs, *Employee Rights in Bankruptcy: A Comparative – Law Assessment*, Kluwer Law International, 2002, pp. 45 – 53.

③ ［荷］费迪南德·B. J. 格拉佩豪斯、莱昂哈德·G. 费尔堡：《荷兰雇佣法与企业委员会制度》，蔡人俊译，商务印书馆2011年版，第13页。

④ ［意］T. 特雷乌：《意大利劳动法与劳资关系》，刘艺工、刘吉明译，商务印书馆2012年版，第113页。

规定破产引发全部或部分转让时职工权益的保障问题。[①] 通常情况下，就企业部分或全部转让来说，无论是转让方还是接收方，都无法解除劳动关系。但是，如果企业部分或全部转让是实质性的、决定性的，比如面临破产的企业基于重整计划而做出解除劳动合同的决定，则因为解除劳动合同是因为追求企业重整而非企业转让，并不违反《德国民法典》第613a条，也不能因此提出异议。[②] 但需要留意的是，上述劳动合同的存续，是指个别劳动合同，集体劳动合同的权利义务只有在按照《第77/187/EEC号指令》解释《德国民法典》上述规定时，才能确认个别劳动合同和集体劳动合同都能在转让时有效存续，德国在这个问题上的规则基本上承袭了欧洲法院的判决。[③]

（四）欧洲法院对破产引起转让时对职工权益保护的解释

围绕《第77/187/EEC号指令》及其后续修改，成员国已经向欧洲法院提出了多个要求作出初步裁定的案件，但在本节中，作者仅关注与企业破产有联系且涉及《第77/187/EEC号指令》（经过《第98/50/EC号指令》与《第2001/23/EC号指令》修订）的案例。

在第C-135/83号案件中，欧洲法院被要求解释《第77/187/EEC号指令》是否适用于破产情形。[④] 根据欧洲法院的解释，该案件中提出的问题："旨在确定该定义，是否包括企业的转让人已经被裁定破产，或者已经被授予surséance van betaling，并且有关企业构成破产转让人的一部分，或者被surséance van betaling所涵盖。"[⑤] 欧洲法院在开始推理时，先界定《第77/187/EEC号指令》的范围。通过复述其第1（1）条之后，欧洲法院"基于有关事项确定该指令的范围"，确认"该指令仅适用于法律转让或者合并引

---

① ［德］沃尔夫冈·多伊普勒：《德国劳动法》（第11版），王倩译，上海人民出版社2016年版，第299~310页。

② ［德］雷蒙德·瓦尔特曼：《德国劳动法》，沈建峰译，法律出版社2014年版，第307~308页。

③ ［德］曼弗雷德·魏斯、马琳·施米特：《德国劳动法与劳资关系》，倪斐译，商务印书馆2012年版，第155页。

④ Para. 7, Case C-135/83.

⑤ Para. 8, Case C-135/83.

起的转让，后者与本案无关”。①

比较有趣的是，在本案件中，不同成员国对与破产有关的《第 77/187/EEC 号指令》的范围有不同的意见。荷兰政府坚持认为：“该指令的荷兰语版本中，使用的‘法律转让’（overdracht krachtens overeenkomst）术语，表明它的范围仅限于基于当事人自愿达成协议的转让，而不包括由于旨在集中、强制清算债务人资产，或者为了避免清算而克服债务人的财务困难的法律程序，而引起的转让。”② 相反，丹麦政府主张，该条款并没包含任何“据以推定该指令，不包括由于清算人或者债务人向被授予 surséance van betaling 的人出售资产发生的转让”。③

欧洲法院承认该条款涉及企业转让时，不同语言版本比较而产生的术语差异。④ 欧洲法院强调：“非常明显的是，合意转让的概念，在不同国家的破产法中是不同的。虽然某些成员国认为，在某些情况下，在清算程序中实现的销售是正常的合意销售，虽然司法干预是签订这种合同的先决要求，在其他法律制度中，该销售在某些情况下，则被视为因为公共机构采取的措施而发生的。”⑤ 在这种情况下，欧洲法院意识到，仅仅基于文本解释，不可能评估《第 77/187/EEC 号指令》的范围，因此，有必要根据《第 77/187/EEC 号指令》与破产法的关系，对其范围作出界定。⑥

在第二步推理中，欧洲法院首先强调：“破产法以权衡各种不同利益（特别是各个类别的债权人）的特殊程序为特征；因此，在所有的成员国都有特定的规定，限制（至少部分限制）具有一般性质的其他规则（包括社会法的规则）。”⑦ 另外，欧洲法院认为，破产法的特色在欧共体法中也得到了

---

① Para. 8, Case C – 135/83.
② Para. 9, Case C – 135/83.
③ Para. 10, Case C – 135/83.
④ Para. 11, Case C – 135/83.
⑤ Para. 12, Case C – 135/83.
⑥ Para. 13, Case C – 135/83.
⑦ Para. 15, Case C – 135/83.

确认（如《第75/129/EEC号指令》与《第80/987/EEC号指令》）。[①] 基于这些区别，并且基于“不同成员国的破产程序和类似程序的规则可能有很大差异”的事实，由此可以得出“破产法在成员国的法律制度中，以及在欧共体法律秩序中都是特殊规则”的结论。欧洲法院总结认为：“如果指令有意适用于在该程序中进行的企业转让，则在指令中，应当对此作出明确规定。”[②]

在第三步中，欧洲法院首先界定，如果《第77/187/EEC号指令》适用于清算或者类似程序，“其社会和经济影响，究竟是增进还是损害职工的利益”。[③] 由于丹麦政府持肯定意见，而荷兰政府持否定意见，双方分歧很大，[④] 欧洲法院总结认为，这种意见分歧已经表明，“在当前的经济发展阶段，关于企业破产时企业转让对劳动力市场的影响，以及为了确保对工人利益的最佳保护而采取的适当措施，有很大的不确定性”。[⑤] 然后，欧洲法院明确总结说：“因此，如果该破产程序是为了在司法机构的监督下清算转让人的资产而提起的，不能认为《第77/187/EEC号指令》使成员国负有将该指令中规定的规则，扩展适用于破产程序中发生的企业、营业或者营业的一部分的转让。”[⑥] 另外，欧洲法院还讨论了荷兰的 surséance van betaling 程序，确认它是对中止偿还债务的司法许可。[⑦]

针对另一个争议问题，是“因清算人出售发生的转让”程序是否必须遵守销售规则，[⑧] 欧洲法院确认：“……与 surséance van betaling 有关的程序，与清算程序有某些共同特征，特别是因为两类程序都具有司法性质。它们与清算程序的区别在于，法院对该类程序的开始和过程实施的监管更有限。另

① Para. 16, Case C－135/83.

② Para. 17, Case C－135/83.

③ Para. 19, Case C－135/83.

④ Para. 20 &21, Case C－135/83.

⑤ Para. 22, Case C－135/83.

⑥ Para. 23, Case C－135/83.

⑦ Para. 25, Case C－135/83.

⑧ Para. 26 &27, Case C－135/83.

外，该类程序的目标，主要是保护破产企业的资产及在可能的时候，集中中止清偿债务，并达成确保企业在将来能够继续经营的和解协议，使企业继续经营。如果不能达成和解协议，像当前案件中这样，这些程序将会导致债务人进入清算过程。”[①] 换言之，欧洲法院确认《第 77/187/EEC 号指令》，适用于荷兰的 surséance van betaling 程序。[②]

在第 C－19/83 号案件中，欧洲法院再次被要求确认《第 77/187/EEC 号指令》是否适用于企业的转让人被裁定破产，或者被适用于 surséance van betaling 的情形。[③] 由于该案件的判决和第 C－135/83 号案件同一天发布，它直接引用后一个案件的结论。[④] 在第 C－19/83 号案件中，欧洲法院被要求确认：《第 77/187/EEC 号指令》是否要求成员国“制定关于企业的受让人，向在转让日期没有被企业雇佣的职工，承担支付节假日报酬和补偿义务的条款”。[⑤] 在该案件中，有关的公司处于破产状态，[⑥] 因此引起《第 77/187/EEC 号指令》关于破产情形的潜在问题。基于上述第 C－135/83 号案件的结论，[⑦] 在回答该问题时，欧洲法院在对第 3（1）条的不同语言版本作了对比后，得出否定的结论。[⑧]

对于《第 77/187/EEC 号指令》在转化为荷兰法后，究竟是否适用于破产程序，欧洲法院的态度已约略如上述。荷兰学者雅各布对此评述到：

《荷兰民法典》中有关企业转让的规定如何适用于企业破产程序，这一点在 20 世纪 80 年代成为争论的焦点。许多荷兰法院向欧洲法院提出申请，要求后者提出指导性意见。欧洲法院在 1985 年裁决认为，欧盟《第 77/187/EEC 号指令》不适用于与破产相关的企业转让。荷兰最高法院在之后的一项

① Para. 28，Case C－135/83.
② Para. 30，Case C－135/83.
③ Para. 5，Case C－179/83.
④ Para. 6－8，Case C－179/83.
⑤ Para. 9，Case C－19/83.
⑥ Para. 4，Case C－19/83.
⑦ Para. 10，Case C－19/83.
⑧ Para. 13，17，Case C－19/83.

判决中认为，如果企业被宣告破产，且转让的企业属于破产财产的一部分，那么《荷兰民法典》中有关企业转让的条文不适用于破产企业的转让。在《荷兰民法典》第七编有关劳动法规定的重新编撰过程中，荷兰最高法院的上述观点已经被采纳为目前的《荷兰民法典》第七编第666条。因此，根据目前的荷兰法律规定，破产企业的接收方可以自主决定是否接纳原企业的雇员以及选择接纳哪些雇员。对原企业的职工与破产企业之间的权利义务关系，接收方也没有义务继续履行。总而言之，在涉及破产企业的转让中，接收方享有完全的自主权。企业可能滥用法律规定的权利，即故意通过宣告企业破产从而裁减企业人员的规模。然而，《破产法》第17条a款对此作了限制性的规定（第153段）。①

雅各布还指出，《荷兰民法典》第七编第662~668条，也适用于按照荷兰法所进行的重整程序："该程序相当于一种'破产前'的状态（荷兰语中成为'sueseanance van betaling'，即法院裁定中止债务清偿。"②

在第C-362/98号案件中，欧洲法院被要求确认《第77/187/EEC号指令》是否适用于意大利法律下的特殊管理。③ 在讨论该问题时，欧洲法院强调，Case C-135/83的判决是一个必要的参考，④ 并得出"决策性测试是有关程序的目的"的结论。⑤ 在下面的两个段落里，欧洲法院总结了意大利法律下"特殊管理程序"的双重效果，第一个效果是它"实质上具有与破产程序相同的效果"，另一个效果是它"还可能授权企业在根据法律细则确定的期限内，在审计师的监管下继续从事贸易"。⑥ 欧洲法院总结说，意大利法律规定的"特殊管理程序"，"具有不同的特征，这取决于裁定强制性管理清算

---

① ［荷］安托内·T. J. M. 雅各布：《荷兰劳动法》，蔡人俊译，商务印书馆2018年版，第105~106页。

② ［荷］安托内·T. J. M. 雅各布：《荷兰劳动法》，蔡人俊译，商务印书馆2018年版，第106页。

③ Para. 6，21，Case C-362/89.

④ Para. 22-25，Case C-362/89.

⑤ Para. 26，Case C-362/89.

⑥ Para. 27-29，Case C-362/89.

的法令，是否授权该企业继续从事贸易”。[①] 如果没有决定，“特殊管理程序”的效果，与 Case C－135/83 的结论所依据的因素是相容的。[②] 但是，如果存在授权企业在审计师的监督下继续经营的决定，欧洲法院澄清说：“该程序的首要目的，是使企业具有一定的稳定性，允许它在未来的活动得到保护。”[③] 意大利法院关于“特殊管理程序”目的的澄清，使该结论更加明显：“……程序的目的，是挽救企业的部分优质业务，在特殊管理下的企业，可以为了继续经营和补充工厂、土地和工业设备，而获得由国家提供还款保障的贷款。最终在特殊管理程序下，债权人利益的保护没有清算程序那么广泛，特别是债权人不参与关于企业的继续经营的决定。”[④] 因此，欧洲法院总结说，《第 77/187/EEC 号指令》“不适用于意大利关于强制性管理清算的法律（1979 年 4 月 3 日关于危难的大型企业的特别管理的法律）规定的，作为债权人和解程序一部分的企业转让。但是，如果根据法律正文（如关于危难的大型企业的特别管理的法律），已经决定企业在决定生效期间内继续进行贸易，则适用该指令的条款。”[⑤]

在 Case C－29/91 中，针对与《第 77/187/EEC 号指令》和破产有关的问题，欧洲法院接到请求，希望对“法律转让”和“企业、业务或者业务的一部分的转让”作出解释，并进一步界定《第 77/187/EEC 号指令》的范围，因为它们可能导致解释的困难。[⑥] 在定义“法律转让”时，欧洲法院引用第 C－135/83 号案件及其他判例法的结论，[⑦] 然后界定“问题是政府通过补贴向致力于为吸毒人员提供支持的基金会的活动提供资金，由于市政府决定中止该补贴，导致该基金会停止活动，并将它们转让给从事同样活动的另

---

① Para. 30，Case C－362/89.
② Para. 31，Case C－362/89.
③ Para. 32，Case C－362/89.
④ Para. 33，Case C－362/89.
⑤ Para. 34，Case C－362/89.
⑥ Para. 9，Case C－29/91.
⑦ Para. 10－14，Case C－29/91.

一家基金会”。[①] 欧洲法院确认，国内法院的问题是确认“转让决定是由公共机构单方面作出的，而不是由它和被补贴机构签订协议的结果，该事实是否导致该指令不适用于本案件?”[②] 由于该案件中几个事实裁定，欧洲法院持否定的观点，[③] 并总结说，术语“法律转让”包括“公共机构决定终止向另一个法人支付的补贴，因此导致该法人的活动完全并确定性地终止，并将其转让给另一个具有类似目的的法人”的情形。[④]

在第 C－319/94 号案例中，比利时法院要求确认在“自愿或者被法院解散的”企业转让时，《第 77/187/EEC 号指令》是否适用。[⑤] 虽然该问题与事实及主要程序的标的并没有关系，而且欧洲法院在通常情况下没有必要对该案件作出回应，[⑥] 但欧洲法院还是选择面对这个案件。基于前面提及的 Case C－135/83、Case C－362/89 和 Case C－472/93 的结论，[⑦] 欧洲法院对比利时的程序进行了如下审查：“比利时法院对公司进行解散程序的目的是公司自身及任何债权人的利益清算公司的资产。公司的负债超过资产，不是将公司推入清算程序的条件。虽然清算可能是破产之前的一个阶段，但是，它在……股东不想继续合作时也可能发生。”[⑧] 欧洲法院进一步确认：“虽然法院解散的目的，可能与破产程序类似，但并非总是这样，因为任何时候想终止公司的活动，也无论由于什么原因，都可以使用清算程序。”[⑨] 但是，欧洲法院认为，它有必要详细审查解散程序，因为有关清算的标准，并不是结论性的。[⑩] 根据欧洲法院关于法院主持解散程序的总结，欧洲法院认为：“在清算的情形中，清算人虽然是法院任命的，但他是公司的一个机关，他在大会

① Para. 15，Case C－29/91.
② Para. 16，Case C－29/91.
③ Para. 17－20，Case C－29/91.
④ Para. 21，Case C－29/91.
⑤ Para. 18，Case C－319/94.
⑥ Para. 19 &20，Case C－319/94.
⑦ Para. 21－25，Case C－319/94.
⑧ Para. 26，Case C－319/94.
⑨ Para. 27，Case C－319/94.
⑩ Para. 28，Case C－319/94.

的监督下出售资产；在法院的监督下确认债务并没有特别的程序；债权人通常可以对公司执行债务，并获得法院的判决。相反，在破产情形中，因为管理人是代表债权人的，相对公司而言是第三方，并且在法院的监督下变现资产；公司的债务是根据特别程序确认的，并且禁止个别执行程序。"① 然后，欧洲法院回到主要程序，表明"企业在由法院解散时，继续从事贸易"，在该案件中，"企业被转让时，保证了业务的持续性"，因此，欧洲法院得出结论："因此，没有正当理由剥夺指令根据其规定的条款向职工提供保障的权利。"② 最后，欧洲法院澄清，如果"被法院解散的企业继续交易"，《第 77/187/EEC 号指令》适用于该企业的转让情形。③

在 Case C－13/95 中，欧洲法院被要求评估"如果一个企业终止与一个外部企业的合同，以便将其转让给另一个外部企业"，"《第 77/187/EEC 号指令》是否适用?"④ 在重新阅读《第 77/187/EEC 号指令》第 1（1）条后，⑤ 欧洲法院引用 Case C－29/91 和 Case C－392/92 的结论，⑥ 然后将该问题转换成，"如果一个人已经将场地清洁工作委托给第一个企业，在他与后者终止合同之后，为了履行类似的工作，又与第二个企业签订了一份新合同，其中没有任何将有形或者无形的业务资产，从一个企业转让给另一个企业的附随转让条款，该指令是否也适用于这种情形?"⑦ 对此，欧洲法院确认，《第 77/187/EEC 号指令》的目标是"确保一个经济实体内的劳动关系的连续性，而不论所有权发生的任何变化"，在这种情况下，"确定是否存在转让的决定性标准……是有关实体是否保持自己的身份，包括它的经营事实上在继续或者已经恢复的事实"。⑧ 基于 Joined Cases C－171/94 and C－172/94 的

① Para. 29，Case C－319/94.
② Para. 31，Case C－319/94.
③ Para. 32，Case C－319/94.
④ Para. 6，Case C－13/95.
⑤ Para. 7，Case C－13/95.
⑥ Para. 8，Case C－13/95.
⑦ Para. 9，Case C－13/95.
⑧ Para. 10，Case C－13/95.

结论，欧洲法院确认《第 77/187/EEC 号指令》是适用的："……在合同关系的背景下，负责经营业务并且对企业的职工承担企业义务的自然人或者法人发生变化。因此，为了适用该指令，转让人与受让人之间，不需要有任何直接的合同关系：转让通过作为中介的第三方（如股东或者投资人）可以分两步进行。"① 在这种情况下，有必要要求"转让必须与一个稳定的经济实体有关，它的活动不限于履行某一个具体的服务合同"。② 根据欧洲法院的判例法，确定该条件需要"……考虑表明有关交易特征的所有事实，包括（特别是）企业或者业务的类型、它的有形资产（如建筑或者动产）是否转让、转让时无形资产的价值、它的多数职工是否被新企业接收、它的客户是否被转让、转让之前和之后从事的活动的相似程度以及这些活动被中止的期间（如果有）。但是，所有这些情况都仅仅是整体评估中的一个因素，因此，它们不能被隔离开来单独考虑。"③

欧洲法院注意到，"仅仅从原合同当事人和新合同当事人提供的服务类似这个事实，不能得出经济实体已经被转让的结论"，因为"一个实体不能沦为它所从事的活动。它的身份还体现为其他因素，例如它的劳动力、它的管理人员、它的工作的组织方式、它的经营方法，或者（在适当的时候）它可以利用的经营资源"。④ 另外，欧洲法院还提及："因此，仅仅服务合同被竞争对手获得这一个事实，不能表明发生了指令中所说的转让。在这种情况下，失去一个客户后，之前通过合同委托的服务工作并不是因此完全消失了，而且属于它的业务或者一部分业务，不能视为已经转让给新的合同当事人。"⑤ 欧洲法院还注意到，基于判例法，"虽然资产的转移，是国内法院在裁定企业是否已经发生转移时应当考虑的标准之一，没有该等资产，也不必

① Para. 12, Case C－13/95.
② Para. 13, Case C－13/95.
③ Para. 14, Case C－13/95.
④ Para. 15, Case C－13/95.
⑤ Para. 16, Case C－13/95.

然妨碍该等转让的存在”。[①] 在这种情况下，国内法院在审查具体案件事实时，应当考虑企业或者有关业务的类型等情况。[②] 基于其判例法的支持，欧洲法院进一步澄清：“应当牢记的是，在确定是否满足转让的条件时，需要考虑的事实情况包括，特别是，除了在转让之前和之后从事的活动的相似性和有关企业或者业务的类型外，还有新企业是否接收大多数职工的问题。”[③] 基于 Case C－48/94 的支持，欧洲法院进一步陈述：“因为在某些劳动密集型行业，长期共同参与一项活动的一群工人，可以构成一个经济实体；必须确认的是，如果新企业不仅从事有关的活动，而且就职工的人数和技能而言，还接收了他的前任为该项工作指派的大多数职工，则该实体在被转让之后能够维持自己的主体身份。在这种情形下……新企业接收了一个资产集合体，从而使其能够正常地从事转让人企业的活动或者某些活动。”[④] 因此，欧洲法院总结认为，国内法院应当决定该情况下是否发生了转让，[⑤] 因为《第 77/187/EEC 号指令》确实适用于上述情形。[⑥]

在 Case C－399/96 中，欧洲法院需要澄清，“如果一个自愿清算中的公司将其全部或者部分资产转让给另一个公司，之后工人从后一个公司得到将由清算中公司执行的指令”，则该指令是否适用。[⑦] 参照 Case C－135/83、Case C－362/89、Case C－472/93 和 Case C－319/94 等判例，[⑧] 欧洲法院确认，法院主持的解散程序不是结论性的，因此，有必要详细审查该程序的形式。[⑨] 在推理中，Case C－319/94 的规则在欧洲法院得出结论的过程中，发挥了重要作用。[⑩] 欧洲法院进而确认：“……自愿清算与法院主持的解散基本

① Para. 17，Case C－13/95.
② Para. 18，Case C－13/95.
③ Para. 20，Case C－13/95.
④ Para. 21，Case C－13/95.
⑤ Para. 22，Case C－13/95.
⑥ Para. 23，Case C－13/95.
⑦ Para. 21，26，Case C－399/96.
⑧ Para. 27－29，Case C－399/96.
⑨ Para. 30，Case C－399/96.
⑩ Para. 31，32 &35，Case C－399/96.

类似，区别在于它是由股东大会（而不是法院）作出解散公司的决定、任命清算人并决定他们的职权。只有在大多数股东不能召集会议时，公司才必须向法院申请关于公司进入清算的宣告。然后，法院根据公司章程或者股东大会决议指定清算人，除非由于股东之间的分歧，很明显地不能作出股东大会决议，这时才由法院自行指定清算人。”[①] 欧洲法院承认：“至少在某些程序方面，和法院主持的解散相比，自愿清算与破产的共同点较少。”[②] 接着，欧洲法院总结说，《第77/187/EEC号指令》适用于“如果一个自愿清算中的公司，将其全部或者部分资产转让给另一个公司，之后工人从后一个公司得到将由清算中公司执行的指令”的情形。[③]

在《第2001/23/EC号指令》修订《第77/187/EEC号指令》后，欧洲法院在第C－561/07号案件中，面临的问题是：在根据意大利法律已被宣告处于危难状态的企业的转让情形下，《第2001/23/EC号指令》第5条关于该指令的适用性究竟该怎么办。[④] 根据欧洲法院的解释，从《第2001/23/EC号指令》第5（2）（a）条的措辞，“尽管有本指令第3（1）条的规定，成员国可以规定在本指令第5（2）（a）条规定的情形中，转让人的某些债务不转让给受让人”。[⑤] 欧洲法院进一步确认，《第2001/23/EC号指令》第5（2）（a）条“允许成员国在某些情形中，不将该指令第3条和第4条提及的某些保障适用于企业的转让，如果已经启动破产程序，并且该程序由有权的公共机构监管”。[⑥] 欧洲法院引用Case C－472/93的裁定意见，鉴于该程序“旨在促进企业的持续营业及其在今后的复苏，不涉及任何司法监督或者企业的资产受到管理的任何程序，也没有规定任何付款的中止”，因而重申《第2001/23/EC号指令》适用于被宣告处于危难状态的企业的转让。[⑦] 欧洲法院

① Para. 33, Case C－399/96.
② Para. 34, Case C－399/96.
③ Para. 36, Case C－399/96.
④ Para. 12, Case C－561/07.
⑤ Para. 37, Case C－561/07.
⑥ Para. 38, Case C－561/07.
⑦ Para. 38, Case C－561/07.

还强调，“CIPI仅仅宣告企业处于危难状态，该宣告使企业能够让CIGS暂时承担向其全部或者部分职工支付报酬的责任”。[①] 按照该逻辑，欧洲法院总结认为，企业被宣告处于危难状态的程序，“不能被视为追求与《第2001/23/EC号指令》第5（2）条提及的破产程序类似的结果，也不能视为处于该条提及的公共机构的监督下”。[②] 因此，在该程序中，没有满足《第2001/23/EC号指令》第5（2）（a）条的适用条件。[③] 欧洲法院进一步强调，通过“系统地阅读”该条款，可以进一步强化该解释，因为“如果欧共体立法意图排除《第2001/23/EC号指令》第3条和第4条的适用，它将明确规定该等排除，因为从指令第5（1）条的措辞可以很明显地看出，如果转让人卷入破产程序，或者任何类似的旨在清算转让人的资产的破产程序，则除非成员国另有规定，第3条和第4条不适用于该企业的任何转让”。[④] 欧洲法院进一步解释，《第2001/23/EC号指令》第5（3）条，“允许成员国规定，如果处于严重经济危机的转让人转让企业（但是该情形应由有权的公共机构宣告并受司法监督），根据指令第5（2）（b）条的规定，可以变更雇佣条款和条件”。[⑤] 因此，欧洲法院进一步陈述：“从指令条文可以看出，假设企业被宣告处于危难状态的情形，可以被视为构成严重经济危机状态，《第2001/23/EC号指令》第5（3）条允许成员国规定，对雇佣条款和条件作出变更的约定，从而保障职工的雇佣机会，保证该企业的继续生存，但不得剥夺《第2001/23/EC号指令》第3条和第4条规定的职工权益。”[⑥] 根据欧洲法院的澄清，《第2001/23/EC号指令》第5（3）条“使有关程序的启动接受司法监督”。

二、欧盟企业破产引发集体裁员时职工权益的保护

鉴于财务困境可能会迫使用人单位压缩生产、降低开支，裁员成为开源

① Para. 38，Case C－561/07.
② Para. 39，Case C－561/07.
③ Para. 40，Case C－561/07.
④ Para. 42，Case C－561/07.
⑤ Para. 43，Case C－561/07.
⑥ Para. 44，Case C－561/07.

节流的常规举措，因此，企业破产给予职工带来的首要的也是最基本的影响，就是对其工作的威胁。① 无论是债务人企业管理层还是法院指定的托管人，可能都不得不通过解聘职工来缓解财务压力；在不同国家的破产法律构造中，尤其诸如欧洲的芬兰、西班牙、荷兰等国，可能会适度限制托管人在破产程序启动后解除劳动合同的时间，也可能会设定前置的破产裁员行政审批程序，但不会根本性否认该项职责的存在。②

早在 1972 年 5 月 16 日，欧共体委员会就将制定一部关于集中裁员的指令的事宜，提上立法日程。在当天，委员会在提交给理事会的报告中，就启动关于根据《第 8754/2/70 号文件》制定有利于面临解雇职工的条款。③ 1975 年 2 月 17 日通过的《第 75/129/EEC 号指令》对成员国关于集中裁员的问题作了规定。④

按照比利时学者罗杰·布兰潘的观点，《第 75/129/EEC 号指令》通过的根源，是此前欧洲法院审理的阿克苏（Akzo）案：阿克苏作为一家德国、荷兰合资的跨国企业，在 1973 年时不得不重组，需要裁减 5000 名职工；由于阿克苏在欧共体成员国设有若干家子公司，因此给了阿克苏机会来比较不同国家集体裁员的成本，并因此决定在成本最低的国家裁员；这一策略在欧共体内部引起公愤，欧共体成员要求在欧洲层面制定相关规范，来抑制这种明目张胆的投机策略，对于欧共体范围内的集体裁员，设定最低限度的保护标准。⑤

① International Labour Office, *Protection of Workers' Claims in the Event of the Insolvency of Their Employer*, Report Ⅴ (1), fith item on the agenda, International Labour Conference 78th Session, 1991, pp. 12 – 13.

② International Labour Office, *Protection of Workers' Claims in the Event of the Insolvency of Their Employer*, Report Ⅴ (1), fith item on the agenda, International Labour Conference 78th Session, 1991, p. 13.

③ Commission Proposal (08/11/1972), p. 2.

④ Direcitve 75/129/EEC.

⑤ ［比］罗杰·布兰潘：《欧洲劳动法》（第 2 册），付欣、马庆林、黄文军等译，商务印书馆 2017 年版，第 531 ~ 532 页。

（一）《第75/129/EEC号指令》与破产

《第75/129/EEC号指令》第1（2）（d）条明确陈述：“本指令不适用于：……（d）由于司法判决导致营业机构终止活动而受到影响的工人。”①显然，破产事务是被排除在该指令的范围以外。

（二）《第92/56/EEC号指令》与破产

1992年6月24日颁布的《第92/56/EEC号指令》，对《第75/129/EEC号指令》作了第一次修订。1989年12月9日，11个成员国首脑在斯特拉斯堡通过的《工人基本社会权利共同体宪章》是引起该修订的一个重要因素。而罗杰·布兰潘指出，修订的另一个重要原因则是因为由企业所提出的终止劳动合同的其他形式应该也被视为裁员；另外，企业应该告知职工代表并征求其意见。这些内容《第75/129/EEC号指令》对此并未明确。②

关于带有资不抵债或者破产因素的集中裁员问题，《第92/56/EEC号指令》改变了其在《第75/129/EEC号指令》中的立场。通过引用《工人基本社会权利共同体宪章》第7条，《第92/56/EEC号指令》序言第3条陈述：“应当规定，《第75/129/EEC号指令》原则上也应适用于由于司法判决导致营业机构终止活动而发生的集中裁员。”③

（三）《第98/59/EC号指令》与破产

为了加强裁员理由的清晰化与合理化程度，进一步明确《第75/129/EEC号指令》和《第92/56/EEC号指令》的基本框架，1998年7月20日该指令迎来第3次全面修订。④

《第98/59/EC号指令》继承《第92/56/EEC号指令》，并在序言（7）中规定：

---

① Art. 1（2）（d），Directive 75/129/EEC.

②［比］罗杰·布兰潘：《欧洲劳动法》（第2册），付欣、马庆林、黄文军等译，商务印书馆2017年版，第532页。

③ Recital（3），Directive 92/56/EEC.

④［比］罗杰·布兰潘：《欧洲劳动法》（第2册），付欣、马庆林、黄文军等译，商务印书馆2017年版，第532页。

鉴于1989年12月9日，11个成员国首脑在斯特拉斯堡召开的欧洲理事会会议上通过的《工人基本社会权利共同体宪章》在第7条第1款第1句和第2款、第17条第1款和第18条第3项中规定：

7. 内部市场的实现必须导致欧共体内工人的生活和工作条件的改善……

如果需要，改善必须包括制定某些方面的雇佣法规，例如集中裁员的程序和破产的程序。①

另外，《第98/59/EC号指令》序言（9）规定："鉴于应当规定，本指令原则上也应当适用于由于司法判决导致营业机构终止活动而发生的集中裁员。"② 罗杰·布兰潘也指出，《第98/59/EC号指令》适用于因法院裁定企业破产清算后终止运营的情形，在这种情形下，可以终止劳动合同并立即生效；但是，在法院做出宣告破产的裁定前，企业法律人格并未终止，涉及大规模裁员依然需要履行《第98/59/EC号指令》第2、3条规定的义务。尤其是如果该企业的经营管理层继续留存的话，哪怕其经营管理权限已经受到极大限制，但其依然应该履行企业义务；只有在企业由管理人接管后，这一义务才由管理人代替履行。③

（四）成员国对《第98/59/EC号指令》的转化及实施

前文已述及，已有学术研究对于破产涉及裁员时职工权益保护问题，从破产程序中的裁员可能性、对于破产程序中裁员的司法控制、固定期限合同和对于裁员的特别禁令、通知期限、裁员补偿与遣散费用、集体裁员等几个方面，就荷兰、比利时、德国、英国的相关制度和实践，展开了详细的比较研究。④ 由于该研究时间较早，不见得能够完全体现上述4个国家在处理这

---

① Recital（7），Directive 98/59/EC.

② Recital（9），Directive 98/59/EC.

③ ［比］罗杰·布兰潘：《欧洲劳动法》（第2册），付欣、马庆林、黄文军等译，商务印书馆2017年版，第534页。

④ Roger Blanpain & A. T. J. M. Jacobs, *Employee Rights in Bankruptcy: A Comparative – Law Assessment*, Kluwer Law International, 2002, pp. 23 – 43.

个问题上的制度和经验，在这里，笔者拟结合相对新近的既有中英文文献，对欧盟部分成员国破产程序中涉及裁员时对职工权益的保护，展开更进一步的分析和评介。

1. 德国

在德国，在具有社会正当性的情况下，企业可以基于合理理由，正常解聘部分职工；社会正当性除企业、职工因素外，还包括经济危机等外部原因和企业采取新技术或合理改革措施等。① 而跟部分职工解除劳动关系累积到一定程序，就演变成集体性裁员，不仅需要遵守个别解除劳动关系的要求，也需要遵守更严苛的程序和要求。② 裁员可以分为正常裁员和非正常裁员：如果要在30天内裁员，以行政审批为前提，即当企业计划解聘一定数量的职工时，负有向劳动署报告的义务；报告后开始计算阻滞期限，该期限内如果劳动署不同意就不能裁员，而在该期限内劳动署也会为改善企业的雇佣能力做出各种改进和优惠措施。③ 而且这种需要报告的裁员，有数量和比例要求：20～60人的企业，裁员5人以上算集体裁员；60～500人的企业，解雇10%或25人以上算集体裁员；500人以上的企业，解雇30人以上才能算集体裁员。④ 但需要特别注意的是，劳动行政机构对企业裁员与否，实质性的影响很有限。⑤

在德国，为了避免企业在困境时期裁员，在劳动法体系中引入了短时工作制，以便一方面帮助职工保住工作，另一方面也帮助企业更加灵活地使用

---

① ［德］曼弗雷德·魏斯、马琳·施米特：《德国劳动法与劳资关系》，倪斐译，商务印书馆2012年版，第136～140页。

② ［德］曼弗雷德·魏斯、马琳·施米特：《德国劳动法与劳资关系》，倪斐译，商务印书馆2012年版，第151页。

③ ［德］曼弗雷德·魏斯、马琳·施米特：《德国劳动法与劳资关系》，倪斐译，商务印书馆2012年版，第152～154页；［德］雷蒙德·瓦尔特曼：《德国劳动法》，沈建峰译，法律出版社2014年版，第290～291页。

④ ［德］曼弗雷德·魏斯、马琳·施米特：《德国劳动法与劳资关系》，倪斐译，商务印书馆2012年版，第151页。

⑤ ［德］曼弗雷德·魏斯、马琳·施米特：《德国劳动法与劳资关系》，倪斐译，商务印书馆2012年版，第152～153页。

熟悉、可靠的职工。① 这一短时工作制将每周36小时工作制，调整为20小时、10小时甚至更低，在应对2008年经济危机过程中得到检验，在应对经济形势短暂下滑时效果明显；当然，此举也会带来职工收入的成比例下跌，除了企业提供的短时工作津贴外，还需要劳动事务所报销部分费用。②

而除上述短时工作制的缓冲外，德国管理人通常可以提前3个月通知并解除所有权的企业协议，轻而易举就能取消这些协议给职工带来的特别保护，进而实现裁减工作岗位并降低劳动标准的目的。③

在这个时候，如果管理人的计划构成企业重大变动，比如规模性裁员或企业停产，管理人必须及时、全面地向企业职工委员会告知相关信息，并且按照《企业组织法》与企业职工委员会就利益平衡约定问题展开协商。为防止企业职工委员会无限期拖延，管理人只负有在3周内协商的义务。如果超过3周且无法达成一致时，管理人可以根据《破产法》向劳动法院申请，如果获得劳动法院的批准，那么管理人即可无须继续协商而实施企业的重大变动。如果管理人与企业劳动委员会达成一致，那么管理人即可实施利益平衡约定，甚至可以包含解除劳动关系的职工名单；在这种情况下，职工如果对解聘不满，除非管理人严重偏离原则，否则职工基本不可能获得胜诉。④

2. 荷兰

在荷兰，在通常情形下，如果需要集体裁员，即群体性解除劳动合同，那么需要事先报告给就业与收入服务中心，在经历一个月的等待期后，方可执行裁员计划；但是在破产情形下，这一规定即不再适用，除非就业与收入服务中心有明确要求，那么集体解除劳动合同不需要报告给就业与收入服务

---

① ［德］沃尔夫冈·多伊普勒：《德国劳动法》（第11版），王倩译，上海人民出版社2016年版，第311页。

② ［德］沃尔夫冈·多伊普勒：《德国劳动法》（第11版），王倩译，上海人民出版社2016年版，第311~314页。

③ ［德］沃尔夫冈·多伊普勒：《德国劳动法》（第11版），王倩译，上海人民出版社2016年版，第315页。

④ ［德］沃尔夫冈·多伊普勒：《德国劳动法》（第11版），王倩译，上海人民出版社2016年版，第316页。

中心；在实践中，就业与收入服务中心也极少因为集体裁员问题，而介入破产程序。①

（五）欧洲法院对裁员指令与破产企业职工权益保护所做的解释

关于《第75/129/EEC号指令》（经过《第92/56/EEC号指令》和《第98/59/EC号指令》的修订）的转化和解释，欧洲法院已作出许多判决。但是，很难找到涉及资不抵债或者破产因素的集中裁员问题的任何判决。

在Case C－284/83中，被告公司H. Nielsen & Søn，Maskinfabrik A/S处于破产中，它已经通知丹麦破产法院终止支付债务；1980年3月25日，公司被基于自己的申请宣告资不抵债，所有的工人都在1980年3月26日收到解雇的通知。② 在该案件中，欧洲法院需要回答两个问题：首先，职工在这种情况下，终止劳动合同能否被视为《第75/129/EEC号指令》项下的企业解雇？③ 其次，如果企业已经考虑集中裁员，但由于公司经济状况很差而没有实行，《第75/129/EEC号指令》是否适用。④ 欧洲法院首先从指令的措辞开始作出回答，认定“集中裁员”系指《第75/129/EEC号指令》第1（1）（a）条项下企业作出的解雇，“指令中没有任何规定，支持将其范围扩展到职工终止合同”。⑤ 在此基础上，欧洲法院得出结论：“在企业宣布停止支付债务后，工人终止劳动合同不能被视为《第75/129/EEC号指令》项下的企业解雇。”⑥ 为了回答第二个问题，欧洲法院选择《第75/129/EEC号指令》第2（1）条和第3（1）条，“证明对第二个问题肯定性回答的合理性”，认定“企业在‘考虑’裁员时，必须和工会协商，在‘准备’裁员时，必须通知公共机构”。⑦ 接着，欧洲法院总结说，《第75/129/EEC号指令》“仅适用

---

① ［荷］安托内·T. J. M. 雅各布：《荷兰劳动法》，蔡人俊译，商务印书馆2018年版，第137页。

② Para. 3，Case C－284/83.

③ Para. 7，Case C－284/83.

④ Para. 12，Case C－284/83.

⑤ Para. 8，Case C－284/83.

⑥ Para. 11，Case C－284/83.

⑦ Para. 13，Case C－284/83.

于企业已经考虑集中裁员，或者已经制定集中裁员计划的情形”。[①]

在 Case C－250/97 中，欧洲法院需要澄清《第 92/56/EC 号指令》是否适用于“企业在提交解散申请，并终止企业活动的同一天集中裁员，而有管辖权的法院随后根据该申请批准解散命令”。[②] 在回答中，欧洲法院强调：“……该指令第 3（1）条第二分款和第 4（4）条的措辞，明确地表明营业机构活动的终止和集中裁员，不得在司法判决之前发生，其中的司法判决，包括解散命令（如主要程序中的情形）。国内立法规定的解散的某些效力，溯及解散申请提出日期这一事实，对该结论没有影响。”[③] 在重新检视《第 92/56/EEC 号指令》序言（1）后，欧洲法院总结说，该指令的目的也确认了上面的解释。[④] 在此基础上，欧洲法院对所提出的问题作出否定的回答。[⑤]

在 Joined Cases C－235/10 to C－239/10 中，欧洲法院面对的第一个问题，是确认“尽管国内立法规定在企业的机构终止活动后，劳动合同的终止立即生效，那么《第 98/59/EC 号指令》是否必须被解释为，其适用于由于司法判决以资不抵债为由命令清算和解散导致企业的机构终止活动?”[⑥] 在推理中，欧洲法院首先回顾了《第 75/129/EEC 号指令》和《第 92/56/EEC 号指令》（关于指令对由于司法判决使机构终止活动而引起的集中裁员的适用性）的立法历史。[⑦] 接着，欧洲法院重新检视《第 92/56/EEC 号指令》第 3（1）条和第 4（4）条，[⑧] 确认它们对指令的范围没有作出限制，[⑨] 而《第 98/59/EC 号指令》沿用了这两个条款，而未作出任何修订。[⑩] 在此基础上，欧洲法院总结说，《第 98/59/EC 号指令》包括“由于司法判决使机构终止活动而引起的集

---

① Para. 17, Case C－284/83.
② Para. 15, Case C－250/97.
③ Para. 18, Case C－250/97.
④ Para. 19, Case C－250/97.
⑤ Para. 20, Case C－250/97.
⑥ Para. 29, Joined Cases C－235/10 to C－239/10.
⑦ Para. 30－32, Joined Cases C－235/10 to C－239/10.
⑧ Para. 33－36, Joined Cases C－235/10 to C－239/10.
⑨ Para. 37, Joined Cases C－235/10 to C－239/10.
⑩ Para. 39－42, Joined Cases C－235/10 to C－239/10.

中裁员”,[①] 如果该判决“以资不抵债为由命令企业清算和解散”。[②]

而在第 C－235/10 号至第 C－239/10 号合并案件中，欧洲法院面对的第二个问题，是澄清《第 98/59/EC 号指令》第 1～3 条是否能够被解释为：“管理人或者清算人被视为与考虑集中裁员的企业一样，而且能够为此目的实施该指令第 2 条与第 3 条中提及的行为，并执行该等裁员？”[③] 接着对上面第一个问题的回答,[④] 欧洲法院强调：“在破产中，已经被司法判决命令清算和解散的营业机构的法律人格，仅在（特别是）为了程序的要求等有限的目的，在终结清算程序而公告账目之前仍然存在。但是，在最终确定地失去法律人格之前，该等机构应当履行企业在《第 98/59/EC 号指令》第 2 条和第 3 条项下负担的义务。”[⑤] 另外，欧洲法院强调，如果企业的管理层仍然在岗，无论他们的职权是否受到限制，管理层仍然承担《第 98/59/EC 号指令》项下的企业义务。[⑥] 如果管理权已经转让给清算人，则“清算人必须履行《第 98/59/EC 号指令》项下的义务”。[⑦] 欧洲法院要求国内法官根据《第 98/59/EC 号指令》的措辞与目标，对国内法进行解释，因为没有任何人承担前面提到的义务。[⑧] 欧洲法院对其推理作出总结：“……已经被命令清算和解散的营业机构在失去法律人格之前，必须履行《第 98/59/EC 号指令》第 2 条和第 3 条项下的义务。这些条款中规定的企业的义务，必须由有关营业机构的管理层履行，如果该管理层仍然在岗，即使它对营业机构只有有限的管理权；如果营业机构的管理已经完全由清算人接管，则应由清算人履行企业义务。”[⑨]

---

① Para. 43, Joined Cases C－235/10 to C－239/10.
② Para. 49, Joined Cases C－235/10 to C－239/10.
③ Para. 27, Joined Cases C－235/10 to C－239/10.
④ Para. 52, Joined Cases C－235/10 to C－239/10.
⑤ Para. 53, Joined Cases C－235/10 to C－239/10.
⑥ Para. 54, Joined Cases C－235/10 to C－239/10.
⑦ Para. 55, Joined Cases C－235/10 to C－239/10.
⑧ Para. 57, Joined Cases C－235/10 to C－239/10.
⑨ Para. 58, Joined Cases C－235/10 to C－239/10.

结　　语

在本章中，笔者首先在第一节对国际劳工组织在企业破产情形下对职工保护的政策，以及欧洲劳动法在过去四十年中的变迁，作了基本的历史研究，从而为我们探讨欧盟在企业破产时保护职工权益方面的制度设计及司法实践，提供基本的坐标。在第二节，笔者着重探讨了《第2008/94/EC号指令》的历史、基本机制和欧洲法院对其所作的解释，从而明白欧盟在企业破产时的职工权益保护问题上的基本制度设计、实践中的问题及欧洲法院的解释理念。在第三节，鉴于破产程序中有时会涉及关于继受权利的《第2001/23/EC号指令》和关于集中裁员的《第98/59/EC号指令》，笔者特意介绍这两个指令的基本机制，尤其是详细介绍了其中牵涉到破产程序的部分内容，在此基础上，笔者也专门研究欧洲法院判例法对这两个指令的解释。

毫无疑问，无论是否涉及破产，欧洲劳动法对职工权益的保护还是比较全面系统的。《第2001/23/EC号指令》与《第98/59/EC号指令》影响重组流程（包括营业转让、破产和裁员）的方式有很多种，例如在重组中发生的转让营业，或者在大规模裁员中，“职工代表有权向有关的企业获取信息并进行协商”，并且“单个职工可以向新企业主张雇佣保护权”。[①] 有评论进一步认为，《第2001/23/EC号指令》项下保护的职工权益，可以被解读为“旨在保护职工的和特定企业有关的人力资源”，它本质上是“向职工提供针对企业的类似财产的请求权”。[②] 另外，有观点认为“该请求权与企业的所有权结构是独立的，是按照破产法中为保护债权人利益所使用的资产隔离的机

---

① John Armour & Simon Deakin, “Insolvency and Employment Protection: the Mixed Effects of the Acquired Rights Directive”, *International Review of Law and Economics*, Vol. 22, 2003, p. 444.

② John Armour & Simon Deakin, “Insolvency and Employment Protection: the Mixed Effects of the Acquired Rights Directive”, *International Review of Law and Economics*, Vol. 22, 2003, p. 445.

制……运行的。”[①] 另有学者指出，基于将职工分为能够持续发展或者能够被“挽救”的营业或者营业的一部分所雇佣的职工以及由于不能存活或者可能无法存活而关闭的营业或者营业的一部分所雇佣的职工，《第2001/23/EC号指令》“旨在帮助尚能挽救的破产企业的职工”，而《第2008/94/EC号指令》“旨在向由于企业破产而失去工作的第二类职工提供帮助”。[②]

这三个指令中，关于企业破产情形下职工权益保护的几个要点：首先，关于破产保护的《第2008/84/EC号指令》，很明显针对企业破产时，为职工的未受清偿债权在欧盟范围内提供最低程度的保护。它可以被看作欧盟关于保护破产企业职工权益的最重要的法律框架。随着立法文本的进化以及欧洲法院的司法解释的发展，该指令在此领域发挥着基础性的作用。其次，关于继受权利的《第2001/23/EC号指令》涉及企业、营业或者营业的一部分被转让时，提供对职工权益的保护，由于其可能涉及破产中企业的转让，这个对职工保护的法律框架亦不能忽视。最后，关于集中裁员的《第98/59/EC号指令》向职工及国内相关机构当局规定了必要的知情权和参与权；从涉及破产因素的集中裁员角度看，它是对职工的法律权利的进一步保护，虽然欧洲法院在欧洲层面尚未对它作出进一步解释。

---

① John Armour & Simon Deakin, “Insolvency and Employment Protection: the Mixed Effects of the Acquired Rights Directive”, *International Review of Law and Economics*, Vol. 22, 2003, p. 445.

② Malcolm Sargeant, “Protecting Employees with Insolvent Employers”, *Industrial Law Journal*, Vo. 32, No. 1, March 2003, p. 53.

第四章

破产企业职工权益保护：合同、范围与顺位

导　　语

万涓成水，终究汇流成河。在本书前三章，笔者分别评介了破产企业职工权益保护的3种模式：（1）以我国内地破产企业职工权益保护模式为代表的优先权模式；（2）以香港特别行政区破产欠薪保障基金为代表的破产欠薪保障基金模式；（3）以欧盟为代表的混合模式，即破产欠薪保障基金指令以及成员国对破产企业职工权益的特别保护模式。在前3章，笔者结合3种模式特定的政经背景、制度框架、运行情况和相关判例，对不同模式分别做了展示和探索。这即本书副标题所示的模式。

上述3种模式，都是在破产清算程序中进行，而且也都是在非跨境破产程序下进行。显而易见，上述评介对于本书所要讨论的话题是必要的，但绝对不够。单纯评介任何一种模式，都不足以最大限度地展示出每一种模式的特点、魅力以及可能存在的不足。前述三种模式如果不放在一起比较，那么每一种模式都将在封闭的视角中孤芳自赏。如果我们试图对破产企业职工权益保护模式做出比较和选择，那就必须要把这些模式放在同一个舞台上展示和比较。正如新冠肺炎疫苗，不管是哪种技术路线，都需要通过对新型冠状病毒有致命杀伤力或者控制力，并且在充分实验、安全有效的前提下，才能获批上市。对于破产企业职工权益保护模式，我们也需要结合破产企业职工权益保护这一核心“用户”，从不同角度和方位展开比较，在比较中评选出

优良中差。在这个意义上，如果把破产企业职工权益保护这一难题视为我们需要攻克的病毒，那么前述三种模式就是三种代表着不同技术路线的疫苗。只有通过实证分析和比较，针对每一种的有效性、持续周期、后果等做出客观评析，才能既提高理论研究对实务问题的分析能力、回应能力，也可为实务决策和制度升级提供醒目可见的参照。

在本章中，笔者将在非跨境破产情境下，通过如下3个核心问题，进一步深入比较不同模式下破产企业职工权益保护体系。在第一节，笔者拟详细考察在前述3种模式下，破产程序对劳动合同的影响。在第二节，笔者拟特别聚焦于职工债权的范围。而在第三节，笔者拟从职工债权的顺位以及破产企业职工对破产程序中的实质性参与，作为比较上述3种模式的切入口。在此基础上，我们或许能够结合3种模式在非跨境破产情境下破产清算程序中的实际表现，对上述3种模式的优缺点做出客观的结论。

第一节　破产程序与劳动合同

合同问题是破产程序中必须要处理的情况之一，金融合同更为复杂。①但毫无疑问，劳动合同在破产企业要处理的所有合同类型中，因为其公共属性和社会保障属性，具有明显的特色性，也亟待特殊规则。

通常情况下，破产法都把破产企业职工当作债权人，与其他债权人并无二致，而缺乏对其作为职工的权益给予特殊保护。② 如何在破产程序中处理好劳动合同，是处理破产企业职工权益保障问题的关键问题之一。传统情况

① 联合国国际贸易法委员会：《贸易法委员会破产法立法指南》，联合国2006年版，第109～122页、第140～143页。

② International Labour Office, *Protection of workers' claims in the event of the insolvency of their employer*, Report Ⅴ (1), fith item on the agenda, International Labour Conference 78th Session, 1991, p. 12.

下，破产程序的启动意味着企业将因为清算退出市场，劳动合同也会自动终止。① 部分国家也不乏因为破产而允许直接终止劳动合同的情形。② 联合国国际贸易法委员会《破产法立法指南》特别强调了劳动合同的重要性：

这些合同不仅在重整中至关重要，而且在清算中当破产管理人试图将债务人企业作为一个营运资产出售时，也关系重大。如果破产管理人能够解除麻烦的劳工合同，或对债务人的员工进行必要的裁减，那么便可能获得较高的售价。但是，雇员与企业之间的关系在破产法中引起一些最困难的问题。保护雇员地位的不单单是合同本身（合同实质上和其他合同一样并未解除），而且通常还有其他法律的强制性规定……由于这些原因，一些国家采用特别制度处理破产程序中雇员债权的保护问题，并且为了避免破产程序被当作解除对雇员保护的一种手段，这些法律还特别限制破产管理人否决劳动合同的能力。③

但现在，这种情况已经不复存在。一般来说，比较主流的观点是认为，“破产法应尽可能维持债务人在清偿能力正常时的劳动权利义务关系”。这种观点，为在破产程序中维系劳动合同关系，以及确保职工在破产程序启动之后通过各种必要的方式和途径参与破产程序，提供了理论基础。④ 不同国家的制度变革方向，是更多独立考察企业实际关闭需要或削减劳动力本身的需求，而不是由破产本身或者破产程序来解决劳动合同终止与否的问题。⑤ 有

① International Labour Office, *Protection of Workers' Claims in the Event of the Insolvency of Their Employer*, Report V (1), fith item on the agenda, International Labour Conference 78th Session, 1991, p. 13.

② Edward Yemin & Arturo S. Bronstein, *The Protection of Workers' Claims in the Event of the Employer's Insolvency*, Labour – Management Relation Series No. 76, International Labour Office, 1991, p. 10.

③ 联合国国际贸易法委员会：《贸易法委员会破产法立法指南》，联合国2006年版，第118页。

④ ［美］杰伊·劳伦斯·韦斯特布鲁克、［美］查尔斯·布斯等：《商事破产：全球视野下的比较分析》，王之洲译，中国政法大学出版社2018年版，第149页。

⑤ Edward Yemin & Arturo S. Bronstein, *The Protection of Workers' Claims in the Event of the Employer's Insolvency*, Labour – Management Relation Series No. 76, International Labour Office, 1991, p. 10.

学者进一步指出：集体劳动合同是破产企业职工在债务人拯救中所发挥作用的另一个侧面，尽管绝大多数法域都会在重整程序中维系该合同的有效性，但对职工权益的保护往往会降低或削弱，因此，如何一方面保护职工作为债权人在破产程序中享有的权益，另一方面加强职工全体对债务人重整的影响，则显得十分重要。① 在破产实务中，破产程序本身不会带来直接终止劳动合同的效果，尽管债务人或者管理人基于财务困境和商业考虑，选择性地终止部分或者全部劳动合同是更为常见的操作。② 在萨拉2008年完成的62个法域破产企业职工权益保护机制比较研究中，特别比较了不同法域在破产情况下对集体劳动合同的处理：按照其研究结论，在62个法域中，破产申请时集体劳动合同继续有效的占比有76%，而在公司拯救中，有84%的法域维持集体劳动合同继续有效。③ 这种国际范围的概括比较，或许可以为我们比较3种模式下破产清算程序对职工权益的影响，提供基本的背景。

一、我国破产程序的劳动合同

（一）“政策性破产”中的制度设计

正如本书第1章所介绍，在我国《企业破产法》颁布和实施之前，“政策性破产”一直发挥着比1986年《企业破产法（试行）》更大的影响。甚至可以说，有关“政策性破产”的两个文件，在国企企业改革中发挥着远比1986年《企业破产法（试行）》更重要的影响。

前文已谈及，“政策性破产”的实质，便在于对国企职工的绝对保护。这种绝对保护是通过国企职工安置的优先性来实现的。按照1994年“第59号通知”规定，“企业破产时，企业依法取得的土地使用权，应当以拍卖或

---

① ［美］杰伊·劳伦斯·韦斯特布鲁克、［美］查尔斯·布斯等：《商事破产：全球视野下的比较分析》，王之洲译，中国政法大学出版社2018年版，第151页。

② Edward Yemin & Arturo S. Bronstein, *The Protection of Workers' Claims in the Event of the Employer's Insolvency*, Labour – Management Relation Series No. 76, International Labour Office, 1991, pp. 10 – 11.

③ Janis Sarra, *Employee and Pension Claims During Company Insolvency: A Comparative Study of 62 Jurisdictions*, Thomson Canada Limited, 2008, pp. 108 – 122.

者招标方式为主依法转让，转让所得首先用于破产企业职工的安置；安置破产企业职工后有剩余的，剩余部分与其他破产财产统一列入破产财产分配方案”。[①] 这意味着，甚至连担保债权在内，都次于企业职工，更不用说其他无担保债权人。这种机制显然是法外机制，与1986年《企业破产法（试行）》本身乃至世界范围内的破产经验都大相径庭，只能说是中国在转型时期的权宜之计。

在《企业破产法》通过之前，对于“政策性破产”究竟何去何从，各方争议很大。《企业破产法》第133条按照新老划断的方式，专门就“政策性破产”适用问题做出规定：“在本法施行前国务院规定的期限和范围内的国有企业实施破产的特殊事宜，按照国务院有关规定办理。”[②] 这也就是说，“政策性破产”并不是在《企业破产法》施行后戛然而止。这一精神，在《企业破产法》实施时发布的司法解释中也得到延续和明确。根据2007年最高人民法院发布的《关于〈中华人民共和国企业破产法〉施行时尚未审结的企业破产案件适用法律若干问题的规定》，《企业破产法》施行后，破产企业的职工依据《企业破产法》第132条的规定主张权利的，人民法院应予支持。[③]

（二）《企业破产法》对劳动合同的规范

作为基本原则，我国《企业破产法》第6条规定：“人民法院审理破产案件，应当依法保障企业职工的合法权益，依法追究破产企业经营管理人员的法律责任。”[④] 这一基本原则，奠定了《企业破产法》保障劳动合同的基础。

---

① 国务院《关于在若干城市试行国有企业破产有关问题的通知》（国发〔1994〕59号，1994年10月25日发布）第2条。

② 2006年《企业破产法》第133条。

③ 最高人民法院《关于〈中华人民共和国企业破产法〉施行时尚未审结的企业破产案件适用法律若干问题的规定》（2007年4月23日最高人民法院审判委员会第1425次会议通过，法释〔2007〕10号，2007年6月1日施行）第14条。

④ 2006年《企业破产法》第6条。

1. 劳动合同的选择履行

按照联合国国际贸易法委员会的建议，处理包括养恤金在内的职工及其权利和待遇，是破产程序中管理人必须履行的职责之一。[①] 我国《企业破产法》并未明确、单独规定管理人对于劳动合同的处理，而是笼统规定，管理人在接管企业之后有权选择履行双方均未履行完毕的合同。《企业破产法》特别规定：

> 人民法院受理破产申请后，管理人对破产申请受理前成立而债务人和对方当事人均未履行完毕的合同有权决定解除或者继续履行，并通知对方当事人。管理人自破产申请受理之日起二个月内未通知对方当事人，或者自收到对方当事人催告之日起三十日内未答复的，视为解除合同。
>
> 管理人决定继续履行合同的，对方当事人应当履行；但是，对方当事人有权要求管理人提供担保。管理人不提供担保的，视为解除合同。[②]

前文已述及，破产程序中的待履行合同的选择履行是个复杂的问题。国内的相关研究主要聚焦于融资租赁公司合同、知识产权合同、房产交易合同等特殊类型的合同在破产程序中的处理。[③] 而对于劳动合同尤其是集体劳动合同，是不是属于待履行合同的范畴，应该说还是有一定争议。不过从实务角度，大部分情况下管理人都不会贸然行使合同选择履行权，选择解除劳动合同。

---

① 联合国国际贸易法委员会：《贸易法委员会破产法立法指南》，联合国2006年版，第161页。

② 2006年《企业破产法》第18条。

③ 代表的成果如董涛：《破产程序中知识产权许可协议“法律待遇”问题研究——美国的经验及对中国的启示》，载《政治与法律》2008年第10期，第154～161页；王华：《论破产程序中商标使用许可合同的处理——以管理人为主要视角》，载《中国石油大学学报》（社会科学版）2012年第6期，第64～68页；李永军：《论破产管理人合同解除权的限制》，载《中国政法大学学报》2012年第6期，第69～77页；张钦昱：《论融资租赁中的破产》，载《政法论坛》2013年第5期，第59～68页；任一民：《期房交易合同在破产法上的效力研究》，载《法律适用》2016年第5期，第93～100页；徐家力：《企业破产中的知识产权许可合同处理方法研究》，载《中州学刊》2017年第5期，第48～56页。

2. 破产申请、职工安置与劳动合同

在中国现行破产机制中，《企业破产法》对于债权人申请破产和债务人申请破产时，需要提交的涉及职工权益的要求不完全一样。

如果债务人申请破产，则申请人在应当提交《企业破产法》第8条载明的基本材料外，还应当额外提交一份“职工安置预案、支付职工工资和社会保险费用缴纳情况”的说明。[①] 如果债权人申请破产，则债务人应当在收到法院破产裁定15日内，提交一份“职工工资支付和社会保险费用缴纳情况”的说明。[②] 在这两种情形中，如果债务人违反《企业破产法》的规定，拒不提交相关材料或者提交虚假材料，人民法院可以对直接责任人依法处以罚款。[③]

根据这种规定，我们或许可以推定，如果债务人申请破产，必须要对破产企业职工有所安排，同时要提交职工安置预案、支付职工工资和社会保险费用的缴纳情况的说明，一定程度上意味着劳动合同的事实性延长。

二、香港清盘与破产中的劳动合同

我国香港当前的破产法律体系，主要是适用于公司破产的《公司（清盘及杂项条文）条例》（第32章）和《破产条例》（第6章）。但这两部法律中，均无明确规定破产程序启动对劳动合同的影响或者处理。

而《雇佣条例》中，也回避了劳动合同问题。该条例中仅有一个条款涉及在破产等情况下假日薪酬等的支付：“就《破产条例》（第6章）第38条及《公司（清盘及杂项条文）条例》（第32章）第265条而言，凡雇员有权获得的任何假日薪酬、年假薪酬、年终酬金或部分年终酬金、产假薪酬、侍产假薪酬或疾病津贴，不论该雇员何时享有该权利，须当作是上述第38条或第265条或《公司（清盘及杂项条文）条例》（第32章）第79条（ 视属何情况而定 ）所订明的有关期间内所提供服务的工资。”[④] 按照《雇佣合同》

① 2006年《企业破产法》第8条。
② 2006年《企业破产法》第11条。
③ 2006年《企业破产法》第127条。
④ 《雇佣条例》（第57章）第43条。

的规定，有一些和破产欠薪保障基金相关的项目支付，比如第 6 条规定的“以通知终止合约的情况”、第 7 条规定的“以代通知金终止合约的情况”等，均能够产生劳动合同终止的后果。对于我国香港特别行政区破产程序中劳动合同的处理，还需要进一步研究和梳理，才能有十分确定的结论。

三、企业破产与劳动合同：欧盟规则与成员国制度设计

在欧盟，鉴于欧盟作为超国家政治实体，它在诸多方面由欧盟与成员国分享相应的权利。在成员国层面，问题复杂，传统各异，体现出丰富性与多元性。曾有研究特别聚焦于破产程序中的职工参与，对荷兰、德国、比利时、英国的相关机制做了深入的比较分析。① 整体来看，每个成员国都基于欧盟法和国内法，对于劳动合同的处理都规定了特殊规则。

（一）欧盟层面的准据法规则

对于上述事实，《欧盟跨境破产规章（第 1346/2000 号）》及《欧盟跨境破产规章（第 2015/848 号）》的规定在准据法规则中，也表达了在企业破产时对劳动合同的存废与承继，支持成员国法律的立场。

1. 《欧盟跨境破产规章（第 1346/2000 号）》

《欧盟跨境破产规章（第 1346/2000 号）》曾就职工问题，专门在序言中做了解释：“为了保障职工和就业，破产程序对劳动关系的继续或终止，以及与劳动有关其他各方的权利和义务的效果，必须由根据冲突法的基本原则确定的适用于劳动合同的法律决定。任何其他破产法相关问题，比如职工债权是否受优先保护及该优先权的状态，这些问题都将由破产程序启动国的法律决定。”② 而继承此原则，《欧盟跨境破产规章（第 1346/2000 号）》在正文中，曾就劳动合同问题，专门做了规定：“破产程序对劳动合同和关系的效力，完全取决于适用于该劳动合同的成员国法律。”③

---

① Roger Blanpain & A. T. J. M. Jacobs, *Employee Rights in Bankruptcy: A Comparative - Law Assessment*, Kluwer Law International, 2002, pp. 55 - 62.

② Recital (28), Regulation No. 1346/2000.

③ Art. 10, Regulation No. 1346/2000.

另外，鉴于在欧盟跨境破产法律机制中，其核心因素“主要利益中心”（centre of main interests）十分重要但又缺乏清晰定义，在实践中非常难以确定，曾有学者建议，大多数资产所在的成员国、多数债权人所在的成员国，以及债务人从事业务活动的所在地，例如生产场所或者办公地点所在地，或者多数职工所在地等等，都可以被视为是“主要利益中心”。①

2.《欧盟跨境破产规章（第2015/848号）》

在新修订的《欧盟跨境破产规章（第2015/848号）》中，有关职工问题的主要制度设计，基本上遵从《欧盟跨境破产规章（第1346/2000号）》所定的传统，但在一定程度上略有细化。

在其序言第22条中，《欧盟跨境破产规章（第2015/848号）》强调，由于各成员国之间的破产法实质性的巨大差异，在欧盟范围内推动破产程序的普遍效果是不实际的。在这种情况下，如果不对启动程序成员国的法律有所例外，必然会频繁地出现问题。《欧盟跨境破产规章（第2015/848号）》随后指出几个各成员国法律差异的领域，诸如以各成员国在担保权上的规定，债权人在不同破产法下享有天壤之别的优先权，欧盟很有必要在欧盟层面规范职工的优先权。根据该序言，欧盟在未来将从两个方面健全法律：第一，为包括对物权和劳动合同在内的特殊权利和法律关系，规定特别的准据法规则；第二，严格限定成员国国内的破产程序只对位于该程序启动国的资产有效的规定，应该与主破产程序的普遍效力并行不悖。②

而在序言第72条，几乎完整复制《欧盟跨境破产规章（第1346/2000号）》序言第28条：

为了保障职工和就业，破产程序对劳动关系的继续或终止，以及与雇佣有关其他各方的权利和义务的效果，必须由根据冲突法的基本原则确定的适

① Andre J. Berends, “The *Eurofood Case*: One Company, Two Main Insolvency Proceedings: Which One is the Real One?,” *Netherlands International Law Review*, Vol. 53, Issue 02, August 2006, pp. 339 – 340.

② Recital (28), Regulation No. 1346/2000.

用于劳动合同的法律决定。另外，如果劳动合同的终止需要法院或者行政机构的许可，债务人产业所在地成员国保留对该许可的管辖权，即便没有破产程序在该成员国启动。何其他破产法相关问题，比如职工债权是否受优先保护及该优先权的状态，除了企业基于本规章规定而规避辅破产程序的启动外，这些问题都将由破产程序启动国（主破产程序或辅破产程序）的法律决定。[①]

在上引第72条序言中，下画线部分为《欧盟跨境破产规章（第1346/2000号）》中所没有而《欧盟跨境破产规章（第2015/848号）》新增加的。另外，《欧盟跨境破产规章（第2015/848号）》第13条关于劳动合同的规定，也在《欧盟跨境破产规章（第1346/2000号）》基础上，进一步规定如下：

1. 破产程序对劳动合同和关系的效力，完全取决于适用于该劳动合同的成员国法律。

2. 辅破产程序启动国的法院，对本条规定的劳动合同的终止或者修改的批准，保留管辖权，即便没有破产程序在该国启动。

上述条文亦适用于依据国内法批准终止或者修改本条所涉劳动合同的相应行政机构。[②]

相比较而言，《欧盟跨境破产规章（第2015/848号）》的规定增加了第2段，相当于对在第72条序言中新增加的内容，在该法律主体中又进一步做了强化。

另外，在《欧盟跨境破产规章（第2015/848号）》第36条，还有涉及职工的规定。该条文主要列举可以允许一个企业避免辅破产程序的情形，其中第11条规定，基于本条的目的，位于辅破产程序启动国且有义务在《第2008/94/EC号指令》下保障职工应付薪酬的机构，如果该国内法规定，可

① Recital（72），Regulation No. 2015/848.

② Art. 13，Regulation No. 2015/848.

以被视为当地债权人。[①]

（二）成员国制度设计

依据前述《欧盟跨境破产规章（第2015/848号）》规定的框架，对于劳动合同在破产程序中的规定，都取决于欧盟成员国自身的法律。在本节，笔者将择取欧盟部分成员国的相关规定略加介绍。

1. 德国

作为一项基本原则，《德国破产法》明确，破产本身不能作为劳动合同终止的理由，破产也不必然带来自动终止劳动合同的效果。[②] 根据1999年《德国破产法》第113条，管理人在接管企业后，可以在提前3个月通知破产企业职工后，在第3个月的月末，正式解除劳动合同。在这种情形下，原来法律规定、集体合同或者劳动合同中约定的更长的劳动合同解除通知期，都不再适用，职工因为服务年限而在破产企业享受的“不得正常解雇”特权地位也将因之而丧失。[③]

如何平衡职工利益和破产管理人迅速清算、重整或以转让型重整出让企业之间的利益，是德国新破产法需要直面的问题。[④] 作为基本原则，《德国破产法》第108条规定，债务人的劳动关系在破产程序启动后，继续存在，且效力及于破产财团。[⑤] 该条文第1款在处理涉及长期债务关系的延续中提及：“……债务人的劳动关系，以对破产财产具有效力的方式延续。”[⑥] 按照波克教授的解读，在这种情况下，破产管理人必须要继续雇用债务人的职工，并

---

① Art. 36（11）, Regulation No. 2015/848.

② ［德］曼弗雷德·魏斯、马琳·施米特：《德国劳动法与劳资关系》，倪斐译，商务印书馆2012年版，第154页。

③ ［德］沃尔夫冈·多伊普勒：《德国劳动法》（第11版），王倩译，上海人民出版社2016年版，第315～316页。

④ ［德］莱因哈德·波克：《德国破产法导论》（第6版），王艳柯译，北京大学出版社2014年版，第94页。

⑤ ［德］莱因哈德·波克：《德国破产法导论》（第6版），王艳柯译，北京大学出版社2014年版，第94页。

⑥ 《德国破产法》第108（1）条。

以破产财团支付他们的工资和报酬；但欠付的破产程序启动前的工资只以简单债权的方式存在。[①] 波克教授认为，这一有损于职工权益的规定，将通过依据《社会保障法》，而由劳工局通过破产金（欠付职工的三个月薪酬）的方式支付；而债务人承诺的养老金或退休金，则由养老保险协会承担；如果破产管理人拒绝支付职工的工资和报酬，那么职工可以从劳工局领取失业金。[②]

但是，在《德国破产法》规定的机制下，在破产程序启动后，职工和破产管理人之间可以解除劳动关系。《德国破产法》第113条规定："对债务人为雇用人的雇用关系，可以由破产管理人和由对方当事人不考虑约定的合同期限，或对排除规范的预告解除权的约定而预告解除。以没有规定更短期限为限，预告解除期限为三个月直至月底。破产管理人预告解除的，对方当事人可以因雇用关系提前结束而作为破产债权人要求损害赔偿。"[③] 波克教授认为，这一规定的缺陷在于未提及解雇理由，而只是约定了解雇期限；在这种情况下，法定的解约阻止情形在破产时仍然适用，孕妇、残疾人等特殊群体依然会受到解约阻止条款的保护。[④]

显然，德国企业破产时职工享有"解雇保护"，已经事实上成为约束管理人解除劳动关系的重要障碍。《德国破产法》规定：

以对企业经营变更做出计划、且破产管理人和企业委员会之间的利益补偿协议——其中列有被解雇的雇员姓名——也已成立的，依照下列标准适用《解雇保护法》第1条：

i. 推定解除列出姓名雇员的劳动关系系因企业紧急需要而决定，此种需要不允许该企业急需雇佣或不允许以不变的工作条件继续雇用列名雇员；

① ［德］莱因哈德·波克：《德国破产法导论》（第6版），王艳柯译，北京大学出版社2014年版，第94页。

② ［德］莱因哈德·波克：《德国破产法导论》（第6版），王艳柯译，北京大学出版社2014年版，第94～95页。

③ 《德国破产法》第113条。

④ ［德］莱因哈德·波克：《德国破产法导论》（第6版），王艳柯译，北京大学出版社2014年版，第95～96页。

ii. 对于选择雇员的社会性考虑，只能从在该企业工作时间的长短、年龄和生活费给付义务方面予以考察，且以此为限只考察重大失误；能够维持或建立人员结构均衡的，即应认为没有重大失误。[①]

对于解雇保护的裁定，《德国破产法》也规定了裁定程序。按照《德国破产法》第126条的规定，该规定主要由破产管理人向劳动法院提出申请，“要求确认解除在申请中列名的雇员的劳动关系，系因企业紧急需要而决定且从社会性方面考虑也具有理由”。并按照《劳动法院法》关于裁定程序的规定而做出判决，“当事人为破产管理人、企业委员会和被列名雇员，以其不同意解除劳动关系或变更工作条件为限”。[②]

除了这些《德国破产法》规范性限制外，波克教授特别强调，即便法律允许破产管理人解除雇员的雇用关系，但法定的解约理由依然适用，破产程序并不能构成肆无忌惮的解约理由。[③] 在这种情况下，雇员有权利提起诉讼。按照《德国破产法》的规定，“要求确认劳动关系不因预告解雇而解除或工作条件变更从社会性方面考虑不具有理由的”，前述管理人申请的程序发生的既判力的裁决，对各方当事人均有约束力。[④] 而在前述程序中，雇员在前述程序中发生既判力裁决之前即以提起诉讼的，“破产管理人申请之后，可以将审理延展至该时刻”。[⑤]

管理人在解除劳动合同时，必须遵守《解雇保护法》的规定，如果计划出让企业，或者已经开始与可能的买受方洽谈，那么管理人就不能基于“紧迫的经营需求”解除劳动合同；此外，还需要遵守《解雇保护法》规定的社会性挑选的基本原则，并注意企业重大变动框架下裁员特殊规则。[⑥]

① 《德国破产法》第125（1）条。

② 《德国破产法》第126条。

③ ［德］莱因哈德·波克：《德国破产法导论》（第6版），王艳柯译，北京大学出版社2014年版，第96页。

④ 《德国破产法》第127条。

⑤ 《德国破产法》第127条。

⑥ ［德］沃尔夫冈·多伊普勒：《德国劳动法》（第11版），王倩译，上海人民出版社2016年版，第315页。

2. 法国

司法观察是法国破产法模仿美国重整制度建立的法国式重整制度。在司法重整期间内，按照《法国商法典第六卷 ·困境企业》的规定，在“因经济原因的解雇呈现紧急、不可避免及必不可少的特点时，特聘法官可以准许司法管理人实施此种解雇”。[①] 这可以视为对职工权益在重整期间的限制。

在这种情况下，司法管理人实施解雇权，需要经过严苛的程序。按照《法国商法典第六卷 ·困境企业》的规定，司法管理人在向特派法官申请批准之前，还需要根据劳动法典的要求，征求企业委员会或职工代表的意见，并在此后通知主管行政机关；在这些过程中收集的意见，要一并交给法官作为参考。[②]

3. 荷兰

在荷兰，破产程序的设计与其他国家类似。当法院宣告债务人企业破产之后，债务人企业即丧失对企业事务管理处置的权力，而破产管理人将在法院的监督下，接管企业并享有包括对部分合同选择履行的权利。

对于荷兰破产程序与职工权益保护问题，荷兰学者雅各布认为：“总而言之，荷兰劳动者在企业清算、破产或者企业出现支付不能情形下的保障十分薄弱。在过去，大量的劳动者在遭遇企业突然破产时被迫离开工作岗位，并且得不到任何经济补偿。”[③] 而在荷兰的破产程序中，有关解除劳动合同的限制性规定，在实践中绝大多数规定对于破产企业职工并不适用。[④]

对于劳动合同，破产程序的启动并不必然意味着劳动合同的终止，破产自身也不是必然导致破产企业职工被立即解聘。但是，有别于非破产程序中解除劳动关系需要就业与收入服务中心事先许可，在破产程序中，管理人可

---

① 《法国商法典第六卷 ·困境企业》第 621 – 37 条。

② 《法国商法典第六卷 ·困境企业》第 621 – 37 条。

③ ［荷］安托内 · T. J. M. 雅各布：《荷兰劳动法》，蔡人俊译，商务印书馆 2018 年版，第 138 页。

④ ［荷］安托内 · T. J. M. 雅各布：《荷兰劳动法》，蔡人俊译，商务印书馆 2018 年版，第 138 页。

以不需要就业与收入服务中心事先许可，就解除破产企业与职工的劳动关系，避免因为按照职工债权或者共益债务继续支付职工工资而给债务人财产造成的巨大负担；通常情况下，法官也会完全支持管理人解除劳动关系的申请。[①]但是，管理人也可以根据具体情况有所选择，如果确定部分职工继续维持劳动关系更有利于保全债务人财产，那么也可以选择继续履行劳动合同。[②] 在荷兰，破产程序启动后，职工和管理人可以根据双方约定或者法定的期限要求，在最长不超过6周的通知期限内，通知解除劳动合同；这一通知期限并不会因为破产程序而获得延长。[③]

但在上述原则性规定之下，对于管理人解除破产企业与职工的劳动合同，荷兰法律依然有一些特别规定：第一，在职工产假期间，不得解除劳动合同；第二，按照有关反歧视的法律，管理人在破产程序中也不能有选择性地针对部分符合反歧视法律规制范畴的职工，解除劳动关系，而应除因为破产程序之需而继续维持部分职工劳动合同外，确保解除劳动关系平等、一体适用于所有破产企业的职工。[④]

荷兰法律的另外一个特色之处在于，鉴于管理人在破产程序中解除劳动关系后支付经济补偿，事实上将会损及其他债权人的利益，所以在破产程序中，管理人不得主动或者根据个别劳动合同、集体劳动合同的约定，而向破产企业职工因为解除劳动合同而提供经济补偿。[⑤] 管理人无须这么做，反过来破产企业职工也不能因此而起诉管理人。

上文已述及，法院通常不会拒绝管理人解除破产企业与职工劳动合同的

---

① ［荷］安托内·T. J. M. 雅各布：《荷兰劳动法》，蔡人俊译，商务印书馆2018年版，第137页。

② ［荷］安托内·T. J. M. 雅各布：《荷兰劳动法》，蔡人俊译，商务印书馆2018年版，第137页。

③ ［荷］安托内·T. J. M. 雅各布：《荷兰劳动法》，蔡人俊译，商务印书馆2018年版，第137页。

④ ［荷］安托内·T. J. M. 雅各布：《荷兰劳动法》，蔡人俊译，商务印书馆2018年版，第137页。

⑤ ［荷］安托内·T. J. M. 雅各布：《荷兰劳动法》，蔡人俊译，商务印书馆2018年版，第138页。

请求，但按照《荷兰民法典》第七编第681条的规定，法院依然可以对该解除劳动合同的行为展开事后审查。审查的范围则包括：解除劳动合同的行为是否符合程序、管理人在解除劳动合同过程中是否遵守非歧视性规定、是否遵守论资排辈规则等。如果法院认为管理人有违反上述情形的行为，该解除劳动合同的行为则会被视为“明显不合理”，法院可以裁令要求管理人通过破产费用（boedeschuld）或者共益债务，在优先顺位中向被解除劳动关系的职工支付赔偿金。①

另外还需要注意的是，在荷兰，如果债务人企业最终并未被法院宣告破产，那么管理人在破产程序进行期间解除劳动合同的行为，则自始不发生法律效力。②

总体而言，劳动合同涉及方方面面，破产程序中对劳动合同的处理也因地而异、因时而异。而且，在破产程序中处理劳动合同，不仅涉及劳动合同究竟是继续履行还是解除的问题，也涉及维持劳动合同前提下对薪资、劳动条件等细节的改变。按照国际劳工组织在1991年的研究，似乎很少有法律对在破产程序中继续履行劳动合同的前提下，就如何降低薪资、改变劳动条件等劳动合同的内容改变做出规定；实务中更常见的是破产程序中的用人单位向职工提供一份降低待遇的新合同，职工只能要么接受、要么走人，职工代表与用人单位之间展开的集体谈判往往会对最终结果产生实质性影响。③

第二节　职工债权的范围

在破产清算中尽可能赋予职工债权优先权，基本上成为各国共识。英国

---

① ［荷］安托内·T. J. M. 雅各布：《荷兰劳动法》，蔡人俊译，商务印书馆2018年版，第138页。

② ［荷］安托内·T. J. M. 雅各布：《荷兰劳动法》，蔡人俊译，商务印书馆2018年版，第138页。

③ International Labour Office, *Protection of Workers' Claims in the Event of the Insolvency of Their Employer*, Report Ⅴ (1), Fith Item on the Agenda, International Labour Conference 78th Session, 1991, p. 14.

曾发布过一份《英国破产法律与实践报告》（UK Report on Insolvency Law and Practice），其中就指出，在破产程序中赋予职工债权优先权，最初只是基于社会福祉考虑的措施，而这一考虑背后的原动力，则是缓解因为企业破产给原本相对贫穷与无助的职工群体所带来的经济困难，“别忘了，在破产法出台早期，福利国家尚未成形，职工工资水平也很低”。[①] 显而易见，破产程序中对于职工权益的特别优待，充满了人文色彩。

一、我国破产程序中职工债权的范围

根据《企业破产法》第48条，职工在申报债权中享有很高的优先地位：

债务人所欠职工的工资和医疗、伤残补助、抚恤费用，所欠的应当划入职工个人账户的基本养老保险、基本医疗保险费用，以及法律、行政法规规定应当支付给职工的补偿金，不必申报，由管理人调查后列出清单并予以公示。职工对清单记载有异议的，可以要求管理人更正；管理人不予更正的，职工可以向人民法院提起诉讼。[②]

很明显，在这种规定下，职工债权的范围还是比较清晰，破产人所欠职工的工资和医疗、伤残补助、抚恤费用，所欠的应当划入职工个人账户的基本养老保险、基本医疗保险费用以及法律、行政法规规定应当支付给职工的补偿金，都可以列入这个范畴。

当然，在实务中，职工债权在破产清算中，无论是主体范围还是职工债权的范围，都有着方方面面的争议。试举2例如下：

（1）劳务派遣的职工是否属于职工债权顺位的主体？比如在李某涛与鸿诠电子科技（昆山）有限公司破产债权确认纠纷案中，李某涛于2013年4月8日由昆山世纪星劳务派遣有限公司派遣至鸿诠电子公司工作。2013年5月9日李某涛在上班途中，发生非本人主要责任交通事故而受伤，被认定为工

---

① ［美］杰伊·劳伦斯·韦斯特布鲁克、查尔斯·布斯等：《商事破产：全球视野下的比较分析》，王之洲译，中国政法大学出版社2018年版，第152页。

② 2006年《企业破产法》第48条。

伤。2015 年 12 月 3 日，昆山市人民法院裁定受理鸿诠电子公司的破产清算申请。根据劳动仲裁委的相关裁决，李某涛向破产管理人申报职工债权。管理人审定金额 1, 111, 776 元，但认为就李某涛申报债权而言，鸿诠电子公司承担的是连带责任，故认为该债权非职工债权，应属普通债权。李某涛认为系职工债权，破产清算中应优先，请求法院予以确认。江苏省昆山市人民法院审理后认定，本案原、被告双方对原告主张事实没有争议，作为经审理查明的内容予以确认。而就争议涉及的债权顺位问题，鉴于生效民事判决已确认鸿诠电子公司承担连带责任，故李某涛既可以要求世纪星劳务公司承担付款义务，也可以要求鸿诠电子公司承担付款义务。李某涛系由世纪星劳务公司派遣至鸿诠电子公司工作，享有与鸿诠电子公司的劳动者同工同酬的权利。同工同酬的原则，当然包括在鸿诠电子公司破产清算的程序中受同等保护的内容。李某涛的诉讼请求的实质在于确认其债权受偿的顺序。2016 年 8 月 8 日，江苏省昆山市人民法院依据《企业破产法》第 6、113 条及《劳动合同法》第 63 条，判决确认原告李某涛对被告鸿诠电子科技（昆山）有限公司的债权 1, 111, 776 元，属于《企业破产法》第 113 条第 1 款第 1 项顺序受偿的债权。①

（2）董事补贴是否属于职工债权的范畴？在 2020 年最高人民法院作出的判决中，有这样一个案件：麦达斯轻合金与孙某祥之间存在事实上的劳动合同关系。2017 年 7 月 20 日，孙某祥被麦达斯控股调任其全资子公司麦达斯轻合金董事长兼法定代表人，月薪税后 7 万元。自此，孙某祥既作为麦达斯轻合金的董事、董事长参加董事会行使公司法赋予的职权，同时还作为麦达斯轻合金的法定代表人参与公司日常经营管理。孙某祥虽未与麦达斯轻合金签订书面劳动合同，但其被任命为董事长的同时，还担任公司法定代表人，负责公司融资、对外协调及财务管理等大量具体经营管理事务，受公司规章制度管理和约束，麦达斯轻合金按月向其支付工资并委托外服公司代缴“五

① 案件编号：（2016）苏 0583 民初 6963 号。

险一金”费用。故孙某祥因担任法定代表人而从事除董事职权以外的公司其他具体业务，并以工资为主要生活来源等事实，符合劳动关系的构成要素，足以认定麦达斯轻合金与孙某祥同时形成委任关系和事实上的劳动合同关系。基于此，公司行使任意解除权解聘董事后，为平衡双方利益，应综合考虑解聘原因、董事薪酬、剩余任期等因素，确定是否补偿及补偿的合理数额。因麦达斯轻合金在诉讼期间已经被宣告破产，根据《企业破产法》第113条第3款“破产企业的董事、监事和高级管理人员的工资按照该企业职工的平均工资计算”之规定，麦达斯轻合金按被宣告破产时职工月平均工资向孙某祥支付6个月的补偿金，该补偿金债权应按照职工债权顺序在破产程序中进行清偿。①

鉴于这类争议实务中出现的较多，与职工债权相关问题的争议也呈现不同的维度和面向，篇幅所限，这里不再特别展开。

另外，《企业破产法》还规定：

> 本法施行后，破产人在本法公布之日前所欠职工的工资和医疗、伤残补助、抚恤费用，所欠的应当划入职工个人账户的基本养老保险、基本医疗保险费用，以及法律、行政法规规定应当支付给职工的补偿金，依照本法第一百一十三条的规定清偿后不足以清偿的部分，以本法第一百零九条规定的特定财产优先于对该特定财产享有担保权的权利人受偿。②

根据《企业破产法》，担保债权在与职工债权的对弈中占了上风。③ 但是，《企业破产法》第113条中关于“破产财产不足以清偿同一顺序的清偿要求的，按照比例分配”的规定，即所谓“新人新办法，老人老办法”，还是有一定争议。④ 关于这种安排，支持者们认为，它将会对国有企业大规模

---

① 案件编号：(2020) 最高法民再50号

② 2006年《企业破产法》第132条。

③ Charles D. Booth, “The 2006 PRC Enterprise Bankruptcy Law: The Wait is Finally Over”, Vol. 20, *S. Ac L. J.*, 2008, pp. 309–310.

④ Lijie Qi, “The Corporate Reorganization Regime under China’s New Enterprise Bankruptcy Law”, Vol. 17, *Int. Insolv. Rev.*, 2008, p. 24.

破产造成的社会失业潮提供基本保障；但反对者则认为，这种对担保债权人不利的安排，将会破坏市场经济的基本秩序，严重损害银行业的利益。① 麦克·法尔克（Mike Falke）还指出，该规定“至少对转型时期是适用的。只有等到不存在法律颁布之前形成的遗留职工债权时，担保债权人的权利才不会受到侵害”。他认为该规定与市场平等的原则是违背的，因为在破产过程中，担保债权失去债权人顺位中的优先地位。②

二、香港破产及清盘中的职工债权

（一）公司清盘中职工债权的范围

《公司（清盘及杂项条文）条例》（第32章）第265条进一步规定优先偿付事宜。长达9页的第265条规定了优先偿付的诸多细节。其中特别规定，根据《破产欠薪保障条例》由破产欠薪保障基金向雇员支付。③ 该条法律列举公司清盘时应当由破产欠薪保障基金偿付的债务：

（1）任何根据《破产欠薪保障条例》（第380章）第18条，就任何文员或受雇人向公司提供服务而应得的工资及薪金或两者之一，在清盘开始前4个月期间内，从破产欠薪保障基金拨付的款项；及任何文员或受雇人在有关期间内向公司提供服务而应得的工资及薪金（包括佣金，但其款额在有关日期必须是固定或可确定的），而连同根据第（i）节作出的任何付款，以不超过3000港元为限。④

（2）任何根据《破产欠薪保障条例》（第380章）第18条，就任何劳工或工人向公司提供服务而应得的工资（无论按时计或按件计），在清盘开始前4个月期间内，从破产欠薪保障基金拨付的款项；及任何劳工或工人在有

① Lijie Qi, “The Corporate Reorganization Regime under China’s New Enterprise Bankruptcy Law”, Vol. 17, *Int. Insolv. Rev.*, 2008, p. 24.

② Mike Falke, “China’s New Law on Enterprise Bankruptcy: A Story with a Happy End?” Vol. 16, *Int. Insolv. Rev*, 2007, p. 72.

③ 《公司（清盘及杂项条文）条例》（第32章）第265条。

④ 《公司（清盘及杂项条文）条例》（第32章）第265（1）（b），（1A），（1B），（2）条。

关期间内向公司提供服务而应得的工资（无论按时计或按件计），而连同根据第（i）节作出的任何付款，以不超过3000港元为限。①

（3）根据《雇佣条例》（第57章）须支付予雇员的任何遣散费，以每名雇员不超过6000港元为限。②

（4）根据《雇佣条例》（第57章）须支付予雇员的任何长期服务金，以每名雇员不超过8000港元为限。③

（5）就《雇员补偿条例》（第282章）所指的补偿或支付补偿的法律责任而欠下的任何款额，而该项补偿或支付补偿的法律责任是在有关日期前产生的。④

（6）根据《雇佣条例》（第57章）须支付予雇员的任何代通知金，以每名雇员不超过一个月薪金或2000港元为限，两者以较小的数额为准。⑤

（7）凡在清盘令作出前或清盘决议通过前，或因清盘令或清盘决议的效力，终止雇用任何文员、受雇人、工人或劳工，则指须支付予该人（如该人去世，则须支付予享有其权利的任何其他人）的所有累算的假日薪酬。⑥

（8）根据《雇员补偿援助条例》（第365章）第IV部从雇员补偿援助基金中拨付的款项，而该项付款代表公司就有关日期前根据《雇员补偿条例》（第282章）产生的补偿或支付补偿的法律责任而欠下的款额。⑦

（9）按照《职业退休计划条例》（第426章）第73（1）（n）条之下订立的规则而计算的任何未付供款的款额或当作未付供款的款额，而该款额是正进行清盘的公司按照该条例所指的职业退休计划的条款而在清盘开始前应已支付的：但如就某名雇员而须支付的该款额超过50,000港元，则占超出额

① 《公司（清盘及杂项条文）条例》（第32章）第265（1）（c），（1A），（1B），（2）条。
② 《公司（清盘及杂项条文）条例》（第32章）第265（1）（ca）条。
③ 《公司（清盘及杂项条文）条例》（第32章）第265（1）（caa）条。
④ 《公司（清盘及杂项条文）条例》（第32章）第265（1）（cb）条。
⑤ 《公司（清盘及杂项条文）条例》（第32章）第265（1）（cc）条。
⑥ 《公司（清盘及杂项条文）条例》（第32章）第265（1）（cd）条。
⑦ 《公司（清盘及杂项条文）条例》（第32章）第265（1）（ce）条。

50%的款额不得根据本款优先于所有其他债项予以偿付。①

（10）（在以不损害任何信托下的权利或法律责任为原则下）正进行清盘的公司为向《职业退休计划条例》（第426章）所指的任何职业退休计划的基金就该等雇员作出供款，而自其雇员薪金中扣除但又未曾拨付予该等基金的任何款额的薪金。②

（11）在《强制性公积金计划条例》（第485章）下或按照该条例计算的款额，而该款额是正进行清盘的公司按照该条例的条文而在清盘开始前应已支付的：但如就某名雇员而须支付的该款额超过50,000港元，则占超出额50%的款额不得根据本款优先于任何其他债项予以偿付。③

（12）正进行清盘的公司为向《强制性公积金计划条例》（第485章）所指的注册计划的核准受托人就该等有关雇员作出供款，而自其有关雇员的有关入息中扣除但又未曾拨付予该核准受托人的任何款额。④

（13）根据《强制性公积金计划条例》（第485章）第17（7）条须支付予强制性公积金计划管理局的任何款项及其利息。⑤

（14）凡正进行清盘的公司是保险人，则指根据《雇员补偿援助条例》（第365章）第IV部从雇员补偿援助基金中拨付的款项，该项付款代表公司就任何根据或按照一份为施行《雇员补偿条例》（第282章）第IV部发出的保险合约而提出的申索（要求退回保费的申索除外）须支付予某人的款项，而该份保险合约乃该保险人所达成，是其在香港或从香港经营的一般业务的一部分；但如根据该份合约或在通常业务运作中，该笔款项须在公司保有其资产的香港以外地方支付，而根据该地方的法律，在清盘之时，就该等资产而言，导致该笔款项须予支付的申索，相对于根据该份合约或在通常业务运

① 《公司（清盘及杂项条文）条例》（第32章）第265（1）（cf）条。
② 《公司（清盘及杂项条文）条例》（第32章）第265（1）（cg）条。
③ 《公司（清盘及杂项条文）条例》（第32章）第265（1）（ch）条。
④ 《公司（清盘及杂项条文）条例》（第32章）第265（1）（ci）条。
⑤ 《公司（清盘及杂项条文）条例》（第32章）第265（1）（cj）条。

作中须在任何其他地方支付的申索，是具有优先权的。①

《公司（清盘及杂项条文）条例》（第32章）进一步规定，上述全部优先偿付债务优先于公司向政府承担的12个月内到期应付法定债务，彼此具有同等偿还顺序；且除财产不足外应全额偿付，财产不足时应按同比例偿付。②处理此事的基本原则是，在保留需用以支付清盘的费用及开支款项后，以上各债项须在有关资产足以应付该等债项的范围内，立即予以清偿。③《公司（清盘及杂项条文）条例》（第32章）还进一步规定："就某段假期或某段因病或其他好的因由缺勤的期间而应得的薪酬，须当作在该段假期或缺勤期间内向公司提供服务而应得的工资。"④

在财经事务局及库务局讨论完善公司的清盘程序时，有两个提案建议删除第228条程序，理由是该程序属于自愿清盘的一种形式，受到影响的雇员，首先需要向法院申请将其变为法院清算程序，以便能够从破产欠薪保障基金中获得优惠偿付，这将费时费力。⑤该意见没有被财经事务局及库务局接受。⑥

此外，还有建议将拖欠雇员的工资，列为最优先偿付的债务，代替现有的雇员的债权劣于清盘人和被担保债权人，以保护雇员的利益。

需注意的是，一般普通法法域（例如英国、澳大利亚及新加坡）的公司破产法的基本原则为：（1）有抵押债权人就其抵押品的所有权权利不应受清盘程序干扰，及其所有的抵押品并不构成用以产生资金以分派予无抵押债权人的资产的一部分；以及（2）清盘人的收费及清盘开支一般而言应优先于

① 《公司（清盘及杂项条文）条例》（第32章）第265（1）（ea）条。

② 《公司（清盘及杂项条文）条例》（第32章）第265（3）条。

③ 《公司（清盘及杂项条文）条例》（第32章）第265（4）条。

④ 《公司（清盘及杂项条文）条例》（第32章）第265（5）（C）条。

⑤ The Financial Services and the Treasury Bureau, *Improvement of Corporate Insolvency Law Legislative Proposals*, *Consultation Conclusions*, published on 28 May 2014, Annex Ⅲ, p. 5.

⑥ The Financial Services and the Treasury Bureau, *Improvement of Corporate Insolvency Law Legislative Proposals*, *Consultation Conclusions*, published on 28 May 2014, Annex Ⅲ, p. 5.

其他申索，并从公司的已变现资产拨付。事实上，根据我们的现行法例，在所有无抵押债权人之中，雇员的债项已获赋予最高优先权，更先于其他优先债项（如在银行清盘中的存款及政府的法定债项）获得偿付。①

还有建议提出，为保护雇员利益，相对应地向上调整该等优先偿付债务在破产欠薪保障基金的顺序。但是财经事务局及库务局指出："如把有关未偿付的雇员应得款项的付款上限调高，会减少可分发予其他债权人的已变现资产，以致影响他们的权益。我们应权衡各方的意见，不宜在未经考虑其他持份者的意见下作出任何改动。"②

此外，有建议公司在申请清盘时（特别是自愿清盘的申请），应同步以书面方式有效通知雇员，否则即属违法。但财经事务局及库务局认为，在公司在清盘时，没有偿付雇员的工资，雇员即成为公司的债权人，因此在强制清盘或自愿清盘中关于申请人的公开要求，已能保证雇员与其他债权人同时被通知的权利。③

（二）个人破产中职工债权的范围

与《公司（清盘及杂项条文）条例》（第32章）关于优先偿付债务的安排相似，香港《破产条例》（第6章）也规定了职工债权的范围。

《破产条例》（第6章）第38条列举了将由破产欠薪保障基金向职工支付的职工债权范围：

（1）任何根据《破产欠薪保障条例》第18条，就任何文员或受雇人向破产人提供服务而应得的工资及薪金或两者之一，在提交呈请书当日之前4个月期间内，从破产欠薪保障基金拨付的款项；及任何文员或受雇人在下述

① The Financial Services and the Treasury Bureau, *Improvement of Corporate Insolvency Law Legislative Proposals*, *Consultation Conclusions*, published on 28 May 2014, Annex Ⅲ, p. 64.

② The Financial Services and the Treasury Bureau, *Improvement of Corporate Insolvency Law Legislative Proposals*, *Consultation Conclusions*, published on 28 May 2014, Annex Ⅲ, p. 64.

③ The Financial Services and the Treasury Bureau, *Improvement of Corporate Insolvency Law Legislative Proposals*, *Consultation Conclusions*, published on 28 May 2014, Annex Ⅲ, pp. 64 – 65.

期间内向破产人提供服务而应得的工资及薪金（包括佣金，但其款额在有关日期必须是固定或可确定的）：（A）自紧接提交呈请书当日之前4个月期间的首日起计，至作出破产令当日止的一段期间；如任何文员或受雇人已根据《破产欠薪保障条例》第15（1）条申请特惠款项，则自紧接该条例第16（4）条所指的服务的最后一天之前4个月期间的首日起计，至该服务的最后一天止的一段期间，两者以较早的期间为准，而所拨付款项连同根据第（i）节拨付的款项，以不超过300港元为限。①

（2）任何根据《破产欠薪保障条例》第18条，就任何劳工或工人向破产人提供服务而应得的工资（无论按时计或按件计），在提交呈请书当日之前4个月期间内，从破产欠薪保障基金拨付的款项；及任何劳工或工人在下述期间内向破产人提供服务而应得的工资（无论按时计或按件计）：（A）自紧接提交呈请书当日之前4个月期间的首日起计，至作出破产令当日止的一段期间；或如任何劳工或工人已根据《破产欠薪保障条例》（第380章）第15（1）条申请特惠款项，则自紧接该条例第16（4）条所指的服务的最后一天之前4个月期间的首日起计，至该服务的最后一天止的一段期间，两者以较早的期间为准，而所拨付款项连同根据第（i）节拨付的款项，以不超过100港元为限。②

（3）根据《雇佣条例》（第57章）须支付予雇员的任何遣散费，以每名雇员不超过6000港元为限。③

（4）根据《雇佣条例》（第57章）须支付予雇员的任何长期服务金，以每名雇员不超过8000港元为限。④

（5）就《雇员补偿条例》（第282章）所指的补偿或支付补偿的法律责任而欠下的任何款额，而该项补偿或支付补偿的法律责任是在破产令的日期

① 《破产条例》（第6章）第38（1）（b），（2B）条。
② 《破产条例》（第6章）第38（1）（c），（2B）条。
③ 《破产条例》（第6章）第38（1）（ca）条。
④ 《破产条例》（第6章）第38（1）（caa）条。

前产生的；如该项补偿属按期付款，则就该项补偿而欠下的款额，须视为在根据《雇员补偿条例》（第282章）提出的赎回该按期付款的申请中可用作赎回该按期付款（如属可赎回者）的整笔款额；但如破产人须向某雇员支付补偿或承担支付补偿的法律责任，并已就其根据《雇员补偿条例》（第282章）须对该雇员意外身体受伤承担的法律责任，与任何在香港经营意外保险业务的人订立合约，则本段不适用于就该项补偿或支付补偿的法律责任而须支付的款额。①

（6）根据《雇佣条例》（第57章）须支付予雇员的任何代通知金，以每名雇员不超过一个月薪金或2000港元为限，两者以较小的数额为限。②

（7）凡在破产令作出前或因破产令而终止雇用任何文员、受雇人、工人或劳工，则只须支付给该人（如该人去世，则须支付给享有其权利的任何其他人）的所有累算的假日薪酬。③

（8）根据1991年《雇员补偿援助条例》（第365章）第IV部从雇员补偿援助基金中拨付的款项，所付款项代表破产人就破产令日期前根据《雇员补偿条例》（第282章）产生的补偿或支付补偿的法律责任而欠付的款额。④

（9）按照《职业退休计划条例》（第426章）第73（1）（n）条之下订立的规则而计算的任何未付供款的款额或当作未付供款的款额，而该款额是破产人按照该条例所指的职业退休计划的条款而在破产开始前应已支付的：但如就某名雇员而须支付的该款额超过50,000港元，则占超出额50%的款额不得根据本款优先于任何其他债项予以偿付。⑤

（10）（在以不损害任何信托下的权利或法律责任为原则下）破产人为向《职业退休计划条例》（第426章）所指的任何职业退休计划的基金就该等雇员作出供款，而自其雇员薪金中扣除但又未曾拨付予该等基金的任何款额的

① 《破产条例》（第6章）第38（1）（cb）条。
② 《破产条例》（第6章）第38（1）（cc）条。
③ 《破产条例》（第6章）第38（1）（cd）条。
④ 《破产条例》（第6章）第38（1）（ce）条。
⑤ 《破产条例》（第6章）第38（1）（cf）条。

薪金。①

(11) 在《强制性公积金计划条例》(第485章) 下或按照该条例计算的款额，而该款额是破产人按照该条例的条文而在破产开始前应已支付的：但如就某名雇员而须支付的该款额超过50,000港元，则占超出额50%的款额不得根据本款优先于任何其他债项予以偿付。②

(12) 破产人为向《强制性公积金计划条例》(第485章) 所指的注册计划的核准受托人就该等有关雇员作出供款，而自其有关雇员的有关入息中扣除但又未曾拨付予该核准受托人的任何款额。③

(13) 根据《强制性公积金计划条例》(第485章) 第17 (7) 条须支付予强制性公积金计划管理局的任何款项及其利息。④

该条进一步规定，上述全部优先偿付债务，优先于公司向政府承担的12个月内到期应付法定债务，彼此具有同等偿还顺序；且除财产不足外，应全额偿付，财产不足时应按同比例偿付。这种偿付的基本原则是在保留需用以支付清盘的费用及开支的款项后，以上各债项，须在有关资产足以应付该等债项的范围内，立即予以清偿。⑤《破产条例》进一步规定，在符合第37条的规定下，并在保留需用以支付行政费用或其他费用的款项后，以上各债项，须在债务人的财产足以应付该等债项的范围内，立即予以清偿。⑥

《破产条例》强调，就某段假期或某段因病或其他合理理由缺勤期间应得的薪酬，应该认定为相关假期或者缺勤期间向破产的雇主提供服务而应得的工资。⑦

在香港特别行政区，由于破产程序的多样性，对拖欠雇员薪酬的处理，

---

① 《破产条例》(第6章) 第38 (1) (cg) 条。
② 《破产条例》(第6章) 第38 (1) (ch) 条。
③ 《破产条例》(第6章) 第38 (1) (ci) 条。
④ 《破产条例》(第6章) 第38 (1) (cj) 条。
⑤ 《破产条例》(第6章) 第38 (1) (d), (3) 条。
⑥ 《破产条例》(第6章) 第38 (4) 条。
⑦ 《破产条例》(第6章) 第38 (5C) 条。

也有不同的解决方法（见表9）：[①]

表9　香港破产和清盘程序中雇员欠薪保障机制比较

案件类型	强制清盘	债权人自愿清算	破产接收（receivership）	临时监督	可选建议[②]
金额	从破产欠薪保障基金最高获得36,000港元	作为优先债权人，根据第265条最高获得8000港元	作为优先债权人，根据第79条最高获得8000港元	全部债务（无限制）	在临时监管时，作为雇员最高获得36,000港元
时制	欠薪不超过4个月	欠薪不超过4个月	欠薪不超过4个月	无时间限制	欠薪不超过4个月

三、欧盟成员国破产程序中的职工债权

依据前述《欧盟跨境破产规章（第2015/848号）》规定的框架，对于雇员在破产程序中实体权利和优先权利的规定，都取决于欧盟成员国自身的法律。在本节，笔者将择取欧盟部分成员国的相关规定略加介绍。

（一）德国

德国在1994年大幅度革新了其破产法。[③] 这次改革不仅统一了程序，还加强促进重整的因素，强化了债权人自治，另外还引入了个人破产和剩余债务豁免机制。[④] 据郑冲介绍，《德国破产法》在1994年改革之前，曾规定职工的破产优先权和工资债权；这两类权利在破产财产中享有特权。但是《德国破产法》在1994年修改之后，取消了这两类特权，而只保留了破产程序中

---

① Philip Smart & Charles D. Booth, "Provisional Supervision and Workers' Wages: An Alternative Proposal", *Hong Kong Law Journal*, 2001, v. 31 n. 2, p. 194.

② Philip Smart & Charles D. Booth, "Provisional Supervision and Workers' Wages: An Alternative Proposal", *Hong Kong Law Journal*, 2001, v. 31 n. 2, pp. 195–198.

③ 笔者参考的中文译本由郑冲翻译，参见《德国破产法》，郑冲译，载李飞主编：《当代外国破产法》，中国法制出版社2006年版，第12~133页。

④ ［德］莱因哈德·波克：《德国破产法导论》（第6版），王艳柯译，北京大学出版社2014年版，第5~9页。

社会保障体系的规范。[①]

在因破产引发的企业变动或转让中，前述《德国破产法》第 113 条依然是保护雇员的黄金条款，在破产引起的企业变动或企业转让中，都会成为雇员维护自己权益的法律基础。[②]

在德国，破产企业职工可以受到“社会计划”的保护，获得相关的补助。按照“社会计划”确定的补偿总额，职工最终拿到的补助款，不能超过两个半月的工资，而且补偿总额不能超过债务人财产总额的 1/3。[③]

（二）法国

在法国，按照该国的立法体系，破产是作为商法的一部分，以《司法重整与司法清算法》的名义，规定在《法国商法典第六卷 ·困境企业》中。在过去几十年间，《法国商法典第六卷 ·困境企业》中的破产部分，经历了多次重大改革；根据 2006 年全国人大常委会法工委编译的成果，法国破产法在 2004 年经历了最近的一次修改。[④]

那么，法国的“工资债权”包含哪些实质内容呢？工资债权的内容由《法国劳动法典》规定。根据李萍的介绍，工资债权包括如下内容：

第一，雇员与学徒的工资；第二，可得到职业入门培训与学徒培训的人最后 60 天工作与学徒培训的补偿金；第三，旨在对因为已存在的男女职业不平等状况的补偿金；第四，雇主在解雇前未遵守预告期限的补偿金；第五，因工作岗位改变，解除劳动合同的补偿金；第六，如缔结临时工作合同的雇

① 郑冲：《德国破产法简介》，载李飞主编：《当代外国破产法》，中国法制出版社 2006 年版，第 7 页；［德］莱因哈德 · 波克：《德国破产法导论》（第 6 版），王艳柯译，北京大学出版社 2014 年版，第 8 ~ 9 页。

② ［德］莱因哈德 · 波克：《德国破产法导论》（第 6 版），王艳柯译，北京大学出版社 2014 年版，第 96 ~ 98 页。

③ ［德］沃尔夫冈 · 多伊普勒：《德国劳动法》（第 11 版），王倩译，上海人民出版社 2016 年版，第 316 页。

④ 在中文中，金邦贵翻译的《法国商法典》由中国法制出版社于 2000 年出版，鉴于法国破产法已于 2004 年修订，该译本失之陈旧，显然不可参考。笔者所参照的法国破产法条文，源于李萍 2006 年翻译的版本。参见《法国商法典第六卷 ·困境企业》，李萍译，载李飞主编：《当代外国破产法》，中国法制出版社 2006 年版，第 351 ~ 434 页。

员在其工作后，不能立即得到同工者订立的不定期劳动合同，雇员处于不稳定状态的补偿金；第七，雇员带薪假期的补偿金；第八，超过法定假期，雇主仍关闭企业未能开展企业生产经营活动，雇员的补偿金；第九，海员和推销代表的工资，或者支付工资的期限超过90天。[①]

按照法国的工资保障保险，将覆盖如下几方面的款项：第一，破产宣告之日雇主所欠雇员的款项；第二，在法国破产法下所谓司法观察期内，重整方案裁定一个月或者清算裁定半个月后，以及在司法机构裁定维持企业的前提下，因解除劳动合同而产生的债权；第三，在清算裁定15日内，职工代表以职工代表机构行使职权时应付薪酬和维持企业经营时应付薪酬。[②]

通过工资保障保险制度，法国职工的工资债权在其破产程序中具有超级优先权，在所有顺位的债权中排在第一位。[③] 从程序上来说，如果管理人手头拥有相应的资金，那么工人在司法重整和司法清算程序开始10天内，即可由管理人根据相关裁定而给付；即便数额尚未确定，破产管理人也可自由裁量，而预付职工一个月未支付工资金额的预付款；如果破产管理人手头缺乏资金，那么其收到的第一笔资金应该优先支付工资债权。[④]

另外，法国劳动法典下规定的工资保障保险，也是法国保护破产企业职工权益的重要制度之一。在该制度中，商人、手工业者、农业经营者或者其他法人，只要有职工，就负有对职工投放工资保障保险的义务，借此保障破产程序中职工劳动所得能够免于血本无归之忧。[⑤] 为实施这一制度，法国还

---

① 李萍：《法国破产法律制度简介》，载李飞主编：《当代外国破产法》，中国法制出版社2006年版，第347页。

② 李萍：《法国破产法律制度简介》，载李飞主编：《当代外国破产法》，中国法制出版社2006年版，第347~348页。

③ 李萍：《法国破产法律制度简介》，载李飞主编：《当代外国破产法》，中国法制出版社2006年版，第346页。

④ 李萍：《法国破产法律制度简介》，载李飞主编：《当代外国破产法》，中国法制出版社2006年版，第347页。

⑤ 李萍：《法国破产法律制度简介》，载李飞主编：《当代外国破产法》，中国法制出版社2006年版，第347页。

专门设立了全国职工债权保险制度管理协会。

（三）荷兰

在荷兰，按照《荷兰破产法》第40条的规定，破产企业职工在完成既定工作任务后，有请求破产企业支付工资的权利；而且，这一权利被定位为优先共益债务，可以在破产程序中优先清偿。①

而在债务人企业被宣告破产后，破产企业的职工债权则被置于优先顺位清偿。② 而职工的工资债权，主要包括两类：（1）当年或者之前的工资；（2）因为劳动关系解除而享有的权利，无论合同解除是在破产程序启动前就符合约定解除条件，还是说合同解除发生在破产程序启动以后，这些权利是在普通债权顺位前优先清偿。③

但需要注意的是，尽管按照荷兰破产法和民法典，职工债权享有优先顺位，但其并不是绝对优先。雅各布指出，排在其之前的债权，包括债券持有人债权、担保债权、共益债务、破产费用、税收及社保债权等，“实际上，这意味着，在97%的案件中，无论其清偿顺位为何，此项破产宣告前的工资债权根本无法获得清偿，所以这项雇员工资优先权通常毫无意义”。④

第三节　职工对破产程序的参与及其顺位

对于任何一种制度，主体对程序参与与否以及参与的深度，基于参与机

① ［荷］安托内·T. J. M. 雅各布：《荷兰劳动法》，蔡人俊译，商务印书馆2018年版，第79页。

② ［荷］安托内·T. J. M. 雅各布：《荷兰劳动法》，蔡人俊译，商务印书馆2018年版，第79页。

③ ［荷］安托内·T. J. M. 雅各布：《荷兰劳动法》，蔡人俊译，商务印书馆2018年版，第79页。

④ ［荷］安托内·T. J. M. 雅各布：《荷兰劳动法》，蔡人俊译，商务印书馆2018年版，第79页。

会而带来的信息交换和博弈空间，会使主体的程序性权利和实体性权利都深受影响。正是基于此，本节将以破产企业职工对破产程序的参与机会和参与深度作为主线，对破产企业职工权益保护的优先权模式、优先权加保障基金模式以及破产机构模式做出比较。

职工在破产清算中的实体权利，主要涉及两个方面的内容。一个是实体权利的内容，即职工在企业破产时除了程序上的参与和表决外，在清算中享有哪些实体权利；另一个是这些实体权利的期限限制，亦即职工可就某项实体权利，在多长时间内享有。

联合国国际贸易法委员会发布的《贸易法委员会破产法立法指南》也指出，在大多数国家，给予职工职权一定程度的优先级别，无论是高于担保债权、税收债权，还是与担保债权、税收债权持平甚至低于这些债权类型，这与破产法领域中在其他地方对于职工的特别保护是一致的，也沿袭了国际惯例和共识。①

在本节，笔者将对我国、我国香港特别行政区、欧盟乃至其部分成员国的破产法中规定的职工实体权利做一简单评述。

一、我国职工在破产程序中的实体权利

（一）职工及其代表的知情权、参与权

根据《企业破产法》第59条，债权人会议应当有债务人、职工和工会代表参加，对有关事项发表意见。② 该规定明显保障债务人职工和工会的代表参加债权人会议并对有关事项发表意见的权利。

关于债权人委员会的组成，也有类似的规定。③ 如果债权人会议决定设立债权人委员会，则可以选任不超过九名债权人委员会成员，其中至少应当

---

① 联合国国际贸易法委员会：《贸易法委员会破产法立法指南》，联合国2006年版，第241～242页。

② 2006年《企业破产法》，第59条。

③ 2006年《企业破产法》，第67条。

包括一名债务人的职工代表或者工会代表。[①]

根据《企业破产法》第86条，作为单独的一组，如果职工债权对重整方案不满意，可以否决重整计划。[②] 但是，如果债务人或者管理人同未通过重整计划草案的表决组协商后，再次表决仍未通过重整计划草案，或者如果未通过重整计划草案的表决组拒绝再次表决。[③]

（二）债务人企业继续营业时职工工资的共益债务顺位

另外，按照破产法的基本原理，在破产程序启动后，如果债务人企业维持其运营，那么会产生继续支付工资的问题。按照国际劳工组织的看法，这部分工资与债务人企业进入破产程序前最大的差别即在于其是债务人财产所欠付的债务，获得共益债务清偿顺位。[④] 按照我国《企业破产法》规定，为债务人继续营业而应支付的劳动报酬和社会保险费用以及由此产生的其他债务，属于共益债务之一。[⑤] 这也就是说，无论破产程序启动后管理人是否解除劳动合同，只要职工在岗，那么其工资就应该分为两部分：一部分是破产程序启动前所拖欠的报酬，属于职工债权，按照优先顺位清偿；另一部分是破产程序启动后所拖欠的职工报酬和社会保险费用，属于共益债务，比按照职工债权更为优先的共益债务顺位清偿。

除此之外，在我国，企业破产之后，职工还可以向社会保险机构领取一定的失业保险金。根据我国国务院1998通过的《失业保险条例》，失业保险基金由“（一）城镇企业事业单位、城镇企业事业单位职工缴纳的失业保险费；（二）失业保险基金的利息；（三）财政补贴；（四）依法纳入失业保险

---

① 2006年《企业破产法》，第67条。

② 2006年《企业破产法》，第86条。

③ 2006年《企业破产法》，第87条。

④ International Labour Office, *Protection of Workers' Claims in the Event of the Insolvency of Their Employer*, Report Ⅴ (1), fith Item on the Agenda, International Labour Conference 78th Session, 1991, p. 10.

⑤ 2006年《企业破产法》，第42条。

基金的其他资金”等构成。[①] 而对于失业保险费的缴纳比例，《失业保险条例》规定，“城镇企业事业单位按照本单位工资总额的百分之二缴纳失业保险费。城镇企业事业单位职工按照本人工资的百分之一缴纳失业保险费”。[②] 按照《失业保险条例》规定，破产企业的职工可以从失业保险基金中，领取如下项目：“（一）失业保险金；（二）领取失业保险金期间的医疗补助金；（三）领取失业保险金期间死亡的失业人员的丧葬补助金和其供养的配偶、直系亲属的抚恤金；（四）领取失业保险金期间接受职业培训、职业介绍的补贴，补贴的办法和标准由省、自治区、直辖市人民政府规定；（五）国务院规定或者批准的与失业保险有关的其他费用。”[③] 同时，破产企业的职工在满足如下条件，方可以领取失业保险金：“（一）按照规定参加失业保险，所在单位和本人已按照规定履行缴费义务满 1 年的；（二）非因本人意愿中断就业的；（三）已办理失业登记，并有求职要求的。”[④] 根据是我国《失业保险条例》的规定，破产企业职工领取失业保险金的期限，与相关破产企业和职工个人缴纳失业保险费的期限息息相关：“失业人员失业前所在单位和本人按照规定累计缴费时间满 1 年不足 5 年的，领取失业保险金的期限最长为 12 个月；累计缴费时间满 5 年不足 10 年的，领取失业保险金的期限最长为 18 个月；累计缴费时间 10 年以上的，领取失业保险金的期限最长为 24 个月。重新就业后，再次失业的，缴费时间重新计算，领取失业保险金的期限可以与前次失业应领取而尚未领取的失业保险金的期限合并计算，但是最长不得超过 24 个月。”[⑤]

尽管按照前述规定，我国破产企业的职工可以按照国务院《失业保险条例》的规定，在满足前述各条件的前提下，在企业破产之后向社会保险机构

---

① 1998 年《失业保险条例》第 5 条。
② 1998 年《失业保险条例》第 6 条。
③ 1998 年《失业保险条例》第 10 条。
④ 1998 年《失业保险条例》第 14 条。
⑤ 1998 年《失业保险条例》第 17 条。

领取一定的失业保险金。[①] 然而根据《企业破产法》第113条，尽管“破产人所欠职工的工资和医疗、伤残补助、抚恤费用，所欠的应当划入职工个人账户的基本养老保险、基本医疗保险费用，以及法律、行政法规规定应当支付给职工的补偿金”等费用在破产清算中享有绝对优先权，[②] 但是这里面并未提及失业保险。也就是说，如果企业在破产前未履行缴纳失业保险的义务，或者缴纳但未满一年，那么破产企业的职工则无法申请失业保险金。

（三）清偿顺位

按照我国《企业破产法》第113条，破产企业中职工的实体权利共有拖欠工资、拖欠保险费用、拖欠保险费用以及拖欠补偿金四类。[③] 在破产清算程序中，职工债权在《企业破产法》中被列为第一顺位的债权。该法规定：

> 破产财产在优先清偿破产费用和共益债务后，依照下列顺序清偿：
>
> （一）破产人所欠职工的工资和医疗、伤残补助、抚恤费用，所欠的应当划入职工个人账户的基本养老保险、基本医疗保险费用，以及法律、行政法规规定应当支付给职工的补偿金；
>
> （二）破产人欠缴的除前项规定以外的社会保险费用和破产人所欠税款；
>
> （三）普通破产债权。
>
> 破产财产不足以清偿同一顺序的清偿要求的，按照比例分配。
>
> 破产企业的董事、监事和高级管理人员的工资按照该企业职工的平均工资计算。[④]

由于在我国没有破产欠薪保障基金来承担相应功能，破产企业职工权益主要通过参与破产清算，进而在破产财产分配中通过优先权来保障职工权益的方式补偿。

---

① 1998年《失业保险条例》，第6、10、14条。

② 2006年《企业破产法》，第113条。

③ 2006年《企业破产法》，第113条。

④ 2006年《企业破产法》，第113条。

二、香港破产企业职工在清盘中的权利

1. 债权人的地位

《公司（清盘及杂项条文）条例》（第32章）第177条规定了在香港公司被法院清盘的几种情形。一种情形，就是公司“无能力偿付其债项”(inability to pay its debts)。[①]《公司（清盘及杂项条文）条例》（第32章）第178条，规定了“无能力偿付债项”的定义。其规定如下：

如公司欠下2名或多于2名的债权人的未付工资、代通知金、遣散费、未放法定假日薪酬或未放年假薪酬（视属何情况而定）的总额超过第（1）（a）款所提述的款额，则第（1）（a）款适用于该等债权人或所有或任何该等债权人，犹如该等债权人是单独一名的债权人一样；而根据该款发出的要求书，如由任何一名或多于一名的该等债权人签署，即属有效。[②]

对其偿付债务能力的测试规定在另一条，金额为10,000港元。[③] 显而易见，根据《公司（清盘及杂项条文）条例》（第32章）第178条第2款，如果用人单位拖欠2名或多于2名的债权人的未付工资、代通知金、遣散费、未放法定假日薪酬或未放年假薪酬的总额，超过第178条第（1）（a）款所提述的款额，那么即具备债权人地位。

2. 破产欠薪保障应该支付的特惠款项

按照《公司（清盘及杂项条文）条例》（第32章）第265条和香港《破产条例》第38条，在用人单位破产时，职工享有为数不少可以由破产欠薪保障基金支付的特惠款项，具体包括：4个月工资、4个月服务工资、每人6000港元之内的遣散费、每人800港元之内的长期服务费、每人不超过2000港元或者1个月工资的代通知金、假日薪酬等。[④] 对于这两个条款的详细内

① 《公司（清盘及杂项条文）条例》（第32章）第177（1）（d）条。

② 《公司（清盘及杂项条文）条例》（第32章）第178（2）、178（5）条。

③ 《公司（清盘及杂项条文）条例》（第32章）第178（3）条。

④ 《公司（清盘及杂项条文）条例》（第32章）第265条；《破产条例》（第6章）第38条。

容，上一节已有引用，此处不赘。

《破产条例》还规定，上述全部优先偿付债务，优先于公司向政府承担的12个月内到期应付法定债务，彼此具有同等偿还顺序；且除财产不足外，应全额偿付，财产不足时应按同比例偿付。这种偿付的基本原则，是在保留需用以支付清盘的费用及开支的款项后，以上各债项，须在有关资产足以应付该等债项的范围内，立即予以清偿。①《破产条例》进一步规定，在符合第37条的规定下，并在保留需用以支付行政费用或其他费用的款项后，以上各债项，须在债务人的财产足以应付该等债项的范围内，立即予以清偿。②

三、欧盟成员国职工对破产程序的参与和实体权利

依据前述《欧盟跨境破产规章（第2015/848号）》规定的框架，破产企业职工在破产程序中的实体权利，取决于欧盟成员国自身的法律。在本节，笔者将择取欧盟部分成员国的相关规定，管窥各个成员国破产企业职工对破产程序的参与和实体权利。

（一）德国

德国破产法在1994年前后经历了巨大的改革。从实体权利角度，德国职工的权利主要由《解雇保护法》来规范，该法律为职工提供基本保护，同时也规定了职工的破产薪酬补偿费以及在企业转让时强制转让职工的劳动关系。③

1. 破产程序对因劳动关系所产生薪酬的处理

《德国破产法》第114条专门规定了因劳动关系所产生的薪酬：

（1）债务人在破产程序开始之前，让与一项针对以后时间的要求支付因劳动关系所生的薪酬，或取代此种薪酬的定期薪酬的债权或在其上设质的，

---

① 《破产条例》（第6章）第38（1）（d），（3）条。

② 《破产条例》（第6章）第38（4）条。

③ 郑冲：《德国破产法简介》，载李飞主编：《当代外国破产法》，中国法制出版社2006年版，第7页。

此项处分仅以其所涉及的薪酬，系破产程序开始时正在进行的那个日历月结束后二年届满之前的那段时间的薪酬为限而为有效。

（2）对要求支付本条第1款所称期间的薪酬的债权，义务人可以以其对债务人所享有的债权与之抵消……

（3）在破产程序开始前通过强制执行对以后时间的薪酬作出处分的，此项处分仅涉及破产程序开始时，正在进行的那个日历月的薪酬为限而为有效。破产程序在该日历月的第十五日之后开始的，处分也对下一个日历月有效……①

而对于以“社会计划”为核心的破产欠薪保障机制，《德国破产法》规定：“在破产程序开始后编制的社会计划中，为补偿或减少雇员因计划进行企业经营变更而遭受的经济上的损害，可以规定一笔总额不超过被解雇雇员二个半月的月薪。”② 关于“社会计划”与职工权益的关系，《德国破产法》规定：“雇员在破产程序开始前，因在被撤回的社会计划中享有债权而获得的给付，不得因撤回社会计划而请求返还。编制新社会计划的，在计算第123条第1款规定的不超过二个半月的月薪的社会计划债权总额时，应当向被解雇雇员扣除此种给付。”③

按照德国相关法律规范，破产计划所列的补偿，属于破产费用；管理人经法院批准后，就可以分期付款。④

2. 职工作为债权人对破产程序的实质性参与

据郑冲介绍，德国1994年新修订的破产法规定，职工作为债权人可以提出破产申请，并且可以以其破产债权，参与破产程序并在债权人会议中享有相应的表决权。另外，在企业重整过程中，职工的破产债权达到一定份额之

---

① 《德国破产法》第114条。

② 《德国破产法》第123（1）条。

③ 《德国破产法》第124（3）条。

④ ［德］沃尔夫冈·多伊普勒：《德国劳动法》（第11版），王倩译，上海人民出版社2016年版，第316页。

后，可以组成独立的债权人小组参与表决。[①]

在一个德国联邦最高法院裁定的典型判例中，债务人在重整计划分组中，把职工债权和德国联邦劳工署的债权分在一起，就被认为违反了《德国破产法》第 222 条第 3 款第 1 句的规定，即如果职工债权数额不菲，则应该单独设立职工债权组；本案中有 12 位职工债权人，其中 1 位职工债权的数额较大，应该设立独立的职工债权组。德国联邦最高法院判决指出，尽管债务人对分组缺乏说明，但不言而喻，该分组标准不会产生实质性损害，债务人将职工工资保障金债权并入该组，亦可以接受，符合职工工资保障金制度提高就业率、优化就业环境的目的。[②]

在职工向破产事务所请求支付破产薪酬后，职工债权不再享受优先受偿的特殊待遇。[③] 但是，在破产程序启动以后，如果债务人企业继续维持运营且需要职工继续工作，那么此时破产企业职工的债权，则属于《德国破产法》所规定的破产费用，可以从破产财产中获得最优先顺位的清偿；在极端情形下，如果债务人财产不足以清偿破产费用，那么破产程序启动后的职工债权也只能按比例获得清偿。[④]

3. 无产可破情形下职工债权的处理

在德国，无产可破案件的比例变化明显。在整个 20 世纪八九十年代，约有 3/4 以上的企业破产属于无产可破的案件，破产程序往往难以为继；但在 2003 年之后，随着法院对破产程序启动前审查标准趋于严格，因为无产可破而导致破产程序终结的比例不到 1/3，2008 年破产程序为 21, 359 例，因为无

---

① 郑冲：《德国破产法简介》，载李飞主编：《当代外国破产法》，中国法制出版社 2006 年版，第 7～8 页。

② 何旺翔：《德国联邦最高法院典型判例研究：破产法篇》，法律出版社 2019 年版，第 95～96 页。

③ ［德］沃尔夫冈·多伊普勒：《德国劳动法》（第 11 版），王倩译，上海人民出版社 2016 年版，第 315 页。

④ ［德］沃尔夫冈·多伊普勒：《德国劳动法》（第 11 版），王倩译，上海人民出版社 2016 年版，第 315～316 页。

产可破而终结的则只有7923例。[①] 如果法院裁定因为无产可破而驳回破产申请，那么困境企业职工只能申请获得破产津贴。[②]

在涉及和解或者重整，如果债务人企业与债权人等利益相关者达成协议，最终实现企业的重整，避免债务人企业被破产清算，那么这种情形下，重整计划确定的给予职工的补偿额度，则不受法律限制，而由债务人企业与利益相关者自行商定。[③]

4. 老年非全日制的提前退休权益在破产程序中的处理

在德国，涉及破产企业职工权益保护，还有一种特殊情形，那就是老年非全日制的提前退休。对于年龄超过55周岁的职工，65岁之前，可以与企业达成协议，即将其工作时间缩短到一半左右，而将其待遇提高20%，同时提高养老保险费。这种情况下，企业额外付出的工资和养老保险费，如果其雇用失业者或者接收学徒，可以从联邦劳动事务所获得补助；即便无法获得补助，也能够就额外多支付的工资和养老保险费享受免税待遇。[④]

在企业破产的情形下，老年非全日制职工依旧会受到损失。因此，按照《老年非全日制法》第8a条的要求，企业要在健康时，就为该笔支付采取必要的保障措施；如果企业未改进，职工可以要求企业限期答复甚至将其银行担保或有价证券提存，否则在企业破产时职工只有损害赔偿请求权以及追究企业有事务执行权股东个人责任的权限。[⑤] 通常情形下，老年非全日制协议有终止期限，不存在正常解雇的可能性，但是在企业破产情形下，则构成对

---

① ［德］沃尔夫冈·多伊普勒：《德国劳动法》（第11版），王倩译，上海人民出版社2016年版，第317页。

② ［德］沃尔夫冈·多伊普勒：《德国劳动法》（第11版），王倩译，上海人民出版社2016年版，第317页。

③ ［德］沃尔夫冈·多伊普勒：《德国劳动法》（第11版），王倩译，上海人民出版社2016年版，第316～317页。

④ ［德］沃尔夫冈·多伊普勒：《德国劳动法》（第11版），王倩译，上海人民出版社2016年版，第398～403页。

⑤ ［德］沃尔夫冈·多伊普勒：《德国劳动法》（第11版），王倩译，上海人民出版社2016年版，第403～404页。

不能正常解雇的例外，前述保护失去效力。①

另外，对于企业补充养老保险，由于企业或者该基金破产，可能会导致职工企业补充养老保险权利和权益落空，不利于保护破产企业职工权益，所以《德国企业养老金法》专门规定了破产保障：

企业破产的，雇员退休时可以向所谓的企业养老保险金保险协会主张权利。企业养老保险金保险协会是一个经过登记的协会，由所有提供企业补充养老保险的雇主共同资助。根据《企业养老金法》第7条第2款，不可废弃的可期待权益和已经实际到期的权利享受同等待遇：即使雇员在企业破产时还没有获得实际的退休金请求权而仅有不可废弃的可期待权益，等他到达法定退休年龄的时候，还是可以基于该权益向企业养老保险金保险协会提出支付要求。②

对此，雷蒙德·瓦尔特曼也特别指出："工厂退休金请求权享有特别破产保障。如果退休金请求权因针对雇主财产的破产程序或其他雇主支付不能的情况而无法得到实现，则可以针对破产保险承担人主张该请求权。破产保险承担人是由雇主们设立的'退休金保险协会'。"③ 如果忽略两个文献译者对同一法律和制度在译法上的细微差别，我们可以确认的是，在德国，退休金债权即便在用人企业破产时，因为设有破产保险，依然可以获得必要的保障。

按照《德国企业养老金法》，为了抵御通货膨胀风险，企业应该每隔三年就审查并自由裁量养老保险权利数额的调整，以便弥补购买力损失；但是，如果企业破产，职工向企业养老保险金协会主张权利，因为此时已经长期、

① ［德］沃尔夫冈·多伊普勒：《德国劳动法》（第11版），王倩译，上海人民出版社2016年版，第404页。

② ［德］沃尔夫冈·多伊普勒：《德国劳动法》（第11版），王倩译，上海人民出版社2016年版，第410～411页。

③ ［德］雷蒙德·瓦尔特曼：《德国劳动法》，沈建峰译，法律出版社2014年版，第237页。

不可逆地陷入困境，那么就不能调整企业补充养老保险金了。①

（二）法国

在法国，如前所述，法国破产法作为商法的一部分，规定在《法国商法典第六卷 ·困境企业》中。而按照其关于优先权的顺位规定，法国工人的“工资债权”在清偿顺位中具有绝对优先权。

1. 职工代表在破产程序中的参与

关于职工代表在破产程序中的参与，《法国商法典第六卷 ·困境企业》规定：

因劳动合同发生的债权清单，由债权人代表提交第 621 –8 条所指的雇员代表进行审核。债权人代表应向雇员代表提供一切必要的材料和信息。遇到困难时，雇员代表可以报告司法管理人；必要时，可以诉诸特派法官。雇员代表必须遵守劳动法典第 L. 432 –7 条规定的保守秘密的义务。特派法官确定的雇员代表用于履行其职责的时间，自动视为工作时间，并根据情况，由雇主、司法管理人或者清算人按正常期限支付报酬。②

按照法国破产法的制度设计，职工代表参与破产程序的权利在每个步骤中得到了保障。《法国商法典第六卷 ·困境企业》规定：“法庭要求企业委员会、或者在未设立企业委员会的情况下，要求职工代表、或者未设职工代表的，企业全体职工在企业中指定一名职工代表。企业职工以一轮单名无记名投票方式选举职工代表。”③ 而如果未能指明任何职工代表，企业主将有义务制作缺席笔录；如果企业委员会或者职工代表缺席时，职工代表行使企业委员会或职工代表的职责。④

对于职工代表的资格，《法国商法典第六卷 ·困境企业》还特别规定：

---

① ［德］沃尔夫冈·多伊普勒：《德国劳动法》（第 11 版），王倩译，上海人民出版社 2016 年版，第 411 页。

② 《法国商法典第六卷 ·困境企业》第 621 –36 条。

③ 《法国商法典第六卷 ·困境企业》第 621 –8 条。

④ 《法国商法典第六卷 ·困境企业》第 621 –8 条。

"雇员代表及参加雇员代表选举的全体雇员不应受过选举法典第 L. 5 条和第 L. 6 条规定的处罚的记录，雇员代表应年满 18 周岁。有关任命雇员代表的争议案件，由初审法庭受理，并由其作出终审判决。"①

另外，关于职工代表的更换，《法国商法典第六卷 ·困境企业》规定只有企业委员会或者全体职工（在未设立企业委员会的情况下要求职工代表或者无职工代表的情况下），可以替换职工代表。②

2. 职工债权的清偿顺位

按照《法国司法重整与司法清算法》清算顺位，破产财产清偿的顺序分别为：第一，工资债权；第二，诉讼费；第三，给予雇主或者公司管理层及其家庭的日用补贴；第四，享有特别优先权、质权或抵押权的担保债权或者一般优先权的债权；第五，其他顺位的债权。③ 基于上述规定，法国职工的工资债权享有绝对优先权，自无须多言。

事实上，李萍的上述介绍并不确切，法国商法典关于职工工资债权优先性的规定要分好几层。第一，按照《法国商法典第六卷 ·困境企业》第 621 –32 条的规定，劳动法典下的第 L. 143 – 10、L. 143 – 11、L. 742 – 6、L. 751 – 15 条的优先保障权，不受企业重整与否影响，享有绝对优先权；第二，在司法清算中，劳动法典第 L. 143 – 10、L. 143 – 11、L. 742 – 6、L. 751 – 15 条规定的优先保障权，也不受清算与否的影响。④ 所以，按照《法国商法典第六卷 ·困境企业》本身非文本，其债权顺序如下：（1）未根据劳动法典第 L. 143 – 11 – 1 条至第 L. 143 – 11 – 3 条规定提前支付的工资债权；（2）诉讼费；（3）信贷机构的贷款以及暂缓支付合同产生的债权；（4）已根据劳动法典第 L. 143 – 11 – 1 条第 3 项规定予以预付的款项；（5）其他按其顺序排列

① 《法国商法典第六卷 ·困境企业》第 621 –9 条。

② 《法国商法典第六卷 ·困境企业》第 621 – 10 条。

③ 李萍：《法国破产法律制度简介》，载李飞主编：《当代外国破产法》，中国法制出版社 2006 年版，第 346 页。

④ 《法国商法典第六卷 ·困境企业》第 621 –32（1）&（2）条。

的债权。[①] 另外，根据《法国商法典第六卷 ·困境企业》的规定："劳动法典第 L. 143 －11 －4 条所指的协会根据该法典第 L. 143 －11 －1 条至第 L. 143 －11 －3 条规定支付的所有款项，应向税务机关进行申报。"[②]

（三）荷兰

在荷兰，如果破产程序启动后，职工依然为破产企业完成工作，那么其报酬权可以作为共益债务处理。根据具体的个案，这里因为完成工作任务而享有的权利还包括：提出辞职至获得准许期间享有的工资、差旅费、社保缴费支出中应由劳动者个人承担的部分；其他各项基金缴费；因企业破产而导致职工无法享有年休假对应的补偿金。[③]

鉴于职工债权在荷兰破产法中并不具有绝对优先顺位，对于破产企业职工权益的实质性保障来说，荷兰转化《第 2008/94/EC 号指令》并按照荷兰国内法建立的破产欠薪保障基金（Algemeen Werkloosheidsfonds），发挥着更为重要的作用。该基金由企业和职工各出资 50% 设立。通过该基金，破产企业职工可以从中获得部分工资的清偿，进而由社保局代理职工进入破产程序代位求偿。[④]

结　语

在本章中，笔者分别从破产程序对劳动合同的影响、职工债权的范围以及职工对破产程序的参与权和清偿顺位等角度，详细评析了三种模式对这几个破产企业职工权益保护关键问题的制度回应。

---

① 《法国商法典第六卷 ·困境企业》第 621 －32（3）条。

② 《法国商法典第六卷 ·困境企业》第 621 －38 条。

③ ［荷］安托内 · T. J. M. 雅各布：《荷兰劳动法》，蔡人俊译，商务印书馆 2018 年版，第 79 页。

④ ［荷］安托内 · T. J. M. 雅各布：《荷兰劳动法》，蔡人俊译，商务印书馆 2018 年版，第 80 页。

综上简要比较，站在破产企业职工权益保障的角度，以我国内地为代表的破产优先权模式、以我国香港特别行政区为代表的破产欠薪保障基金模式及以欧盟为代表的保障基金模式，对破产程序中职工权益的设计各有千秋。在我国内地，破产中的职工的权利主要通过破产程序中的参与权和优先权来实现；而在香港和欧盟，除了职工在破产过程中的程序性权利外，在这两个地方，职工实体权利的维护主要是通过破产欠薪保障基金或者其他类似的破产欠薪保障基金来实现。通过比较研究不难发现，不管在哪种模式下，对于破产企业职工权益都尽可能给予特别保护，基本是3种模式下的公约数。尽管在我国内地、香港特别行政区和欧盟，都有着各具特色的破产企业职工权益保护机制，但其实体性权益差别十分明显。尤其是破产欠薪保障基金制度存在与否，使职工债权的实现更具有可预期性，对于破产企业职工能否在破产程序之外就先行获得清偿，具有十分重要的意义。

第五章

重整程序中的职工权益保护

导　语

20 世纪 70 年代以来，世界范围的破产法发展出现两大明显趋势：一个趋势是以美国 1978 年《破产法》为代表，重整制度成为破产法律制度的核心制度，公司拯救受到广泛关注并取得长足发展；① 另一个趋势是 20 世纪 70 年代开始在西欧兴起的设立破产欠薪保障基金的浪潮，这种模式逐渐有机会取代传统的以破产优先权为核心的模式，成为保护破产企业职工权益的新兴且主流形式。② 那么，当公司拯救浪潮与破产企业职工权益保护模式的更新换代合流，会摩擦出什么样的火花呢？

较之传统的破产清算制度，以重整制度为核心的企业拯救体系，被视为破产法是否现代化的核心。究竟是站在债务人的角度还是站在债权人的角度构建重整制度，成为各国重整体系构建表面相似，实际不同的根本因素。③ 而有关重整制度的诸多理论中，公司利益相关人理论尤其为我们理解重整程序对职工权益的保护提供了指引：作为债务人企业的“选民”之一，破产企

① 哈维·米勒：《破产重整五十年（1960－2010）回溯》，张钦昱译，载李曙光、郑志斌主编：《公司重整法律评论》（第 1 卷），法律出版社 2011 年版，第 402～413 页。

② International Labour Office, *Protection of Workers' Claims in the Event of the Insolvency of Their Employer*, Report V (1), Fith Item on the Agenda, International Labour Conference 78th Session, 1991, p. 40.

③ 何旺翔：《破产重整制度改革研究》，中国政法大学出版社 2020 年版，第 11～14 页。

业职工与其他诸如股东、债权人、社区、供应商、消费者等“选民”一道，在重整这个特殊的舞台上来实现自身权益的保护；这里面的部分“选民”，在缺乏有效的财产请求权时，破产法则会提供特殊请求权来弥补这些“选民”之前对债务人企业的有形或无形投入。①

尤其是在重整制度构建中，一方面因为利害攸关，破产企业职工对于参与重整十分积极；另一方面因为有单独成组并可能否决重整计划的特权，破产企业职工对于重整程序和结果的影响越来越明显。② 因此，站在企业破产重整控制权配置的角度，鉴于重整制度本身具有的现存利益共同实现机制，一方面需要确认重整制度很有必要为包括职工在内的所有利益相关者提供控制权参与机制，另一方面也需要意识到职工权益保护方式在破产清算语境和重整语境下有着较大差别。③ 在这一背景下，探讨破产企业职工权益保护问题，既需要关注对于破产企业职工的保护是否有利于促进重整制度价值目标的实现，也需要关注重整制度究竟是否有利于保护破产企业职工权益。

需要留意的是，重整程序对于职工债权人的特别关照，与传统的破产重整理论基础尤其是债权人协商理论之类大相径庭。按照齐砺杰的看法：“职工利益受到特殊保护是国家为了社会公共利益而强制性规定的，很难想象是全体债权人协商出来的结果。”④ 这一提醒，对于我们准确理解重整机制的张力与职工债权保护的强制性，提供了重要的坐标轴。

---

① 齐砺杰：《破产重整制度的比较研究——英美视野与中国图景》，中国社会科学出版社 2016 年版，第 50～51 页。

② ［美］杰伊·劳伦斯·韦斯特布鲁克、查尔斯·布斯等：《商事破产：全球视野下的比较分析》，王之洲译，中国政法大学出版社 2018 年版，第 151 页。

③ 贺丹：《破产重整控制权的法律配置》，中国检察出版社 2010 年版，第 2 页、第 4 页。

④ 齐砺杰：《破产重整制度的比较研究——英美视野与中国图景》，中国社会科学出版社 2016 年版，第 38 页。

第一节　我国重整制度下职工权益保护机制

管理人制度和重整制度的引入，是我国2006年《企业破产法》的两个重大创新。[①] 讨论破产企业职工权益保护与重整问题的交叉，需要首先结合破产企业职工权益保护问题，对我国《企业破产法》有个整体的观察。

一、我国重整程序中职工享有的知情权、参与权和制衡权

从学术角度，已有学者对我国重整程序中的职工权益保护做出评析。韦忠语认为，破产重整制度在发挥其正面价值的同时，却通过各种各样的方式，使重整企业职工权益受到极大的损害。按照作者分析，有如下原因：第一，破产重整程序控制人的自利化本能，促使其将破产重整的成本外部化；第二，追求保壳式重整成功的政绩思想，使重整的司法价值观被大大扭曲，对职工权益保障趋于淡化；第三，重整程序中信息不对称，职工无法有效参与；第四，破产法对重整程序的设计中，对于职工权益保障不够，几乎完全排除了职工参与。韦忠语建议，应该通过如下方式来为企业重整过程中权利受损的职工提供救济：第一，建立由职工代表参与的破产重整监督机制；第二，建立破产重整程序的信息披露机制；第三，建立破产企业重整时职工就业优先权保障机制；第四，废除或者修改《劳动合同法》第41条，防止将破产重整作为终结劳动合同的手段。[②]

从实务角度，重整程序中涉及职工权益的案例比比皆是，传统劳动密集型行业和企业尤其如此。在沈阳机床集团及下属8家公司重整案中，“历史包袱沉重”本身就是导致沈机集团陷入困境的原因之一：“经过几十年发展，沈机集团合并口径在职员工总数为15,000人，冗员比例超过40%，有限的

① 李曙光：《新破产法九大制度创新与突破》，载《法制日报》2006年9月5日，第10版。

② 韦忠语：《论破产重整中职工劳动权益的保护》，载《中国劳动》2017年第5期，第19～24页。

现金流及高额的职工安置成本造成公司无法彻底解决冗员问题。此外，企业还需负担15,000名离退休职工每年的采暖费等费用3000万元，退养职工费用常年居高不下。”[①] 而这些在职职工在给沈机集团带来沉重负担的同时，也成为其重整价值的重要体现之一：沈阳机床的人才队伍以完备成熟著称，上万名职工除少数管理岗位外，大部分都在研发、制造、加工、装配等一线岗位，这些职工如果流落到社会则会成为社会负担，而聚集在一起则成为宝贵的财富。[②] 正因如此，不仅需要必要的制度供给专门解决重整程序中的职工权益保护问题，也需要在实务中结合法律规定予以更为灵活的处理。

我国《企业破产法》的架构对于破产企业职工权益的特别关照，体现在两个方面：

（一）重整程序中职工的知情权、参与权

我国《企业破产法》中的职工权益保护体系，更多体现在知情、参与和优先三个层面，这一点重整程序与破产清算、和解程序相比，除了清偿顺位属于特殊性规定外，并无明显差别。

比如前文所提及的有关职工债权的重要规定：（1）对于破产企业职工权益保护性原则的强调。[③]（2）债务人在申请启动破产程序时，要求提供职工安置预案以及职工工资的支付和社会保险费用的缴纳情况。[④]（3）债权人在申请启动破产程序并由法院受理后，债务人应在15日内向法院提交职工工资的支付和社会保险费用的缴纳情况，否则需要承担相关责任。[⑤]（4）债权申报阶段，破产企业职工不需要专门申报债权，而是由管理人列出清单予以公示。[⑥]（5）职工和工会的代表有权利参加债权人会议，对有关事项发表意

---

① 郑志斌、张婷：《东北大型企业重整案例报告》，人民日报出版社2020年版，第125页。

② 郑志斌、张婷：《东北大型企业重整案例报告》，人民日报出版社2020年版，第127～128页。

③ 2006年《企业破产法》，第6条。

④ 2006年《企业破产法》，第8条。

⑤ 2006年《企业破产法》，第11、127、131条。

⑥ 2006年《企业破产法》，第48条。

见。[①]（6）债权人委员会构成中，应该有一名职工或工会代表。[②]（7）破产清算中，职工债权享有高于税收债权和普通债权的优先权。[③] 在《企业破产法》颁布之前享有的职工债权，在按照优先权不能清偿的部分，可以按照优先于担保债权的顺位清偿。[④]

整体来看，上述制度设计重点围绕职工债权优先这一思路，兼顾了破产企业职工在破产程序中的知情权、参与权。

（二）重整程序中职工制衡权

随着破产法的发展，目前各国破产法发展的主流，除了常规的破产清算程序之外，更多都将发展重心放在破产重整程序中。正如有学者所指出，随着职工在公司治理中的作用越来越明显，那么在困境公司拯救中，职工权益保护同样十分重要。[⑤]

按照贺丹的总结，职工在重整程序中具有多方面的利益基础：第一，在债务人企业拖欠工资的情况下，职工具备债权人身份；第二，在职工持股情形下，职工具有出资人身份。[⑥] 在这种情况下，破产程序中参与各方关注的重点，不再是优先权问题，而是在重整后的企业中占有多少优先权的问题；或者进一步说，是职工对企业拥有较大权益的情形下，重整计划的权益调整究竟如何安排才能够尽可能兼顾各方利益。[⑦] 那么，在这种情况下，明确职工在破产程序中是否因为前述利益基础而享有某种特殊权利，以及相应制度如何构造，就成为研究重整程序中破产企业职工权益保护时最重要的问题之一。

毋庸讳言，重整制度的兴起一定程度上也是为了实现防止职工因为企业

① 2006年《企业破产法》第59条。

② 2006年《企业破产法》第67条。

③ 2006年《企业破产法》第113条。

④ 2006年《企业破产法》第132条。

⑤ ［美］杰伊·劳伦斯·韦斯特布鲁克、查尔斯·布斯等：《商事破产：全球视野下的比较分析》，王之洲译，中国政法大学出版社2018年版，第160页。

⑥ 贺丹：《破产重整控制权的法律配置》，中国检察出版社2010年版，第156页。

⑦ 贺丹：《破产重整控制权的法律配置》，中国检察出版社2010年版，第160页。

破产清算而失业的目标。[①] 在世界范围内来看，不仅类似法国1985年困境企业重整立法特别强调维持就业的立法宗旨，在美国为数不少的重整案例中，比如联合航空公司、克莱斯勒公司和通用公司的重整中，跟其他权益主体相比，职工权益在发达的工会体系和集体谈判能力的襄助下，可以说都是大获全胜。[②]

在企业重整程序中，“债务人所欠职工的工资和医疗、伤残补助、抚恤费用，所欠的应当划入职工个人账户的基本养老保险、基本医疗保险费用，以及法律、行政法规规定应当支付给职工的补偿金”被列为四类债权中的第二类债权，与对债务人的特定财产享有担保权的债权、债务人所欠税款、普通债权等三类债权，由债权人会议依债权分类，分组对重整计划草案表决。[③] 按照我国《企业破产法》，在重整程序中，上述《企业破产法》赋予职工的知情权、参与权得到沿袭，而保障权、优先权则通过独立成组、分组表决机制，得到极大程度的强化。按照我国重整制度的构造，职工债权要独立成组，分组表决重整计划。[④] 按照《企业破产法》第86、87条设定的机制，在重整计划表决中，各组都是独立表决，而且对于重整计划通过与否，有一组否决权。[⑤] 这一规定实质性地赋予了破产企业职工对于重整计划的表决权。显而易见，如何解决重整程序中的“钳制”和“搭便车”问题，实现重整程序效率和效益的双丰收，始终是学者们绞尽脑汁想要找到答案的话题。[⑥] 而要论及重整程序的“钳制”问题，职工债权组对破产程序的“钳制”是个绕不开的话题。

---

① 贺丹：《破产重整控制权的法律配置》，中国检察出版社2010年版，第158页。

② 贺丹：《破产重整控制权的法律配置》，中国检察出版社2010年版，第160～161页；马克·罗伊、大卫·斯基尔：《克莱斯勒破产案评论》，载李曙光、郑志斌主编：《公司重整法律评论》（第1辑），法律出版社2011年版，第270页；贺丹：《通用公司重整模式的破产法分析》，载李曙光、郑志斌主编：《公司重整法律评论》（第2辑），法律出版社2012年版，第31页。

③ 2006年《企业破产法》第82条。

④ 2006年《企业破产法》第82条。

⑤ 2006年《企业破产法》第86、87条。

⑥ 何旺翔：《破产重整制度改革研究》，中国政法大学出版社2020年版，第21～23页。

职工债权在重整程序的核心作用，是独立成组，参与重整计划的表决。由于重整计划实行分组表决、一组表决制。① 这就意味着，职工除了像其他债权人一样正常参与破产程序之外，职工债权组也同其他诸如担保债权组、税收债权组、普通债权组、小额债权组和出资人组一样，都有否决重整计划通过的权利。只要职工债权组未表决通过重整计划，那么在二次表决依然未通过后，将会导致要么法院强制批准重整计划，要么重整失败、债务人企业转入破产清算程序的境地。② 正因如此，无论是从上市公司角度，还是非上市公司角度，目前可以获得的文献中，重整程序中的职工债权基本都获得全额清偿。比如吉林昊融集团的重整中，旗下昊融集团、大黑山钼业、吉恩镍业等 3 家企业的职工债权，在重整计划中都以现金方式获得 100% 的满足。③

这里我们可以以我国上市企业重整为例。截至 2018 年 12 月，我国《企业破产法》实施后，共有 54 个上市企业重整案例。在已经完成重整的 43 个案例中，职工债权的债权比例和清偿比例，表现出明显的反差（见表 10)：④

表 10　43 家重整上市公司各类债权数额及所占比例

债权分组	职工债权	税收债权	担保债权	普通债权
债权数额（亿元）	34.99	12.64	219.83	1157.16
所占比例（%）	2.46	0.89	15.43	81.23

但在所有 54 个上市重整企业的清偿比例中，职工债权和税收债权几乎清一色都获得 100% 的清偿。⑤ 考虑到职工债权的比例及其“大获全胜”的成功，职工债权组在重整程序中的博弈能力不容忽视。显而易见，在这种情况

① 2006 年《企业破产法》第 82、86 条。

② 2006 年《企业破产法》第 87、88 条。

③ 郑志斌、张婷：《东北大型企业重整案例报告》，人民日报出版社 2020 年版，第 50～51 页。

④ 李曙光、郑志斌主编：《公司重整法律评论：上市公司重整专辑》（第 5 卷），法律出版社 2019 年版，第 89 页。

⑤ 李曙光、郑志斌主编：《公司重整法律评论：上市公司重整专辑》（第 5 卷），法律出版社 2019 年版，第 100～110 页。

下，职工债权组往往有足够的实力和机会影响重整前景，进而也可能在重整中获得足够的利益。这一点，无论是在美国还是中国，并没有实质性的区别，可以获得很多实证案例的支撑。关于美国通用公司和克莱斯勒重整中，职工债权组“大获全胜”的事例，本书导论部分已有提及，此处不赘。①

无论如何，重整程序是包括职工在内多元利益主体共存、冲突、协调、让步和平衡的过程。② 这一制度赋予了职工群体在重整程序中的议价能力，实证结果也证明绝大部分情况下，尤其是上市企业重整中，职工债权都能得到百分之百的满足。但在非上市企业重整中，由于尚缺乏进一步的实证资料，职工债权能否维持战无不胜的结论，笔者持怀疑态度。

另外，换个角度看，在重整程序中，职工权益的限制和削减往往也被视为完成重整的必要条件。尤其是在被认为“最具侵略性”的美国重整程序中，债务人企业的经营管理层往往利用该机制，以企业无法继续承担先前承诺的职工工资和福利待遇为由，撤销先前达成的集体劳动合同。③ 根据目前的文献，能够揭示我国重整实务中撤销集体劳动合同的案例，并不多见。

二、重整程序中的职工权益保护问题及解决方案

重整程序中涉及的职工问题，可能体现在方方面面。尤其是从实务角度，重整程序中的职工债权至少涉及：（1）职工债权要不要给予特殊处理？如何维持不偏颇清偿原则与保持重整期间职工队伍的平衡？（2）如何在重整中既修复集团上层的资产负债表，同时又在下层“一揽子”安置好职工，解决投资人的后顾之忧？（3）重整后企业究竟是全员留用原有职工，还是允许部分裁员？（4）职工安置方案表决程序如何与债权人会议职工债权组表决衔接？（5）在职工安置中政府发挥什么作用？如何恰当发挥作用？（6）如何处理员

① 马克·罗伊、大卫·斯基尔：《克莱斯勒破产案评论》，载李曙光、郑志斌主编：《公司重整法律评论》（第1辑），法律出版社2011年版，第270页；贺丹：《通用公司重整模式的破产法分析》，载李曙光、郑志斌主编：《公司重整法律评论》（第2辑），法律出版社2012年版，第31页。

② 贺丹：《破产重整控制权的法律配置》，中国检察出版社2010年版，第133页。

③ ［美］杰伊·劳伦斯·韦斯特布鲁克、查尔斯·布斯等：《商事破产：全球视野下的比较分析》，王之洲译，中国政法大学出版社2018年版，第162页。

工持股问题？如何兼顾职工权益的维护和债权人利益的平衡？（7）如何针对实务中用工类型的多样性，维护特殊类型职工权益并解决安置问题？尤其是如何解决那些无法纳入职工债权、不在劳动合同职工的权益保障问题？……显然，在不同的重整案例中，职工债权很有可能会显示出富有个案特色的形态，因此也难于一言以蔽之。①

重整实务中涉及的职工债权问题，千变万化，因案而异。如何在掌握《企业破产法》精神的同时，结合我国国情和传统，妥善解决职工权益保护问题，既对于重整程序本身意义重大，对于重整程序结束后重整企业的正常新生也利害攸关。从制度改进的角度，无论是强化破产企业职工权益保护还是促进重整，有几个问题还有改进空间：

（一）重整中的集体劳动合同和裁员问题

前文已讨论过破产清算程序中解除劳动合同问题。无论英美法系，还是大陆法系，对于重整程序中的裁员问题都有共同且严苛的规定：一方面，债务人企业裁员要有充分的理由，同时要给职工一定且及时的补偿；另一方面，程序设计上有严苛限制，从管理人、法官、职工代表、职工委员会、工会、政府机构等都有涉及，不仅必须遵循法定程序，还明确严禁任意裁减职工，公共利益考量超越重整参与方的权益考量。②

这一点在美国破产法改革中也广受各方关注。现行《美国破产法》第1113条规定：

第1113条　对集体谈判协议的拒绝

（a）经管债务人或按照本章相关条款指定的托管人，而非本章第4节及《铁路劳工法》（Railway Labor Act）第1编案件指定的托管人，只能根据本条相关条款，承认或者拒绝集体谈判协议。

（b）（1）在提交破产申请后、提出拟对集体谈判协议的拒绝前，经管债

① 郑志斌、张婷：《东北大型企业重整案例报告》，人民日报出版社2020年版，第177～182页。

② 王福强：《破产重整中的营业保护机制研究》，法律出版社2015年版，第245～246页。

务人或托管人（以下本条中提及的“托管人”，均包括经管债务人），应——

(A) 基于能够获取的最完整且最可靠的信息，对该协议所涉及职工们的授权代表提出建议；相关建议应规定为允许对债务人的重整而对职工利益和福利做出的必要调整，且保证所有债权人、债务人及所有影响到的利益相关方，都受到公平且公正地（fairly and equitably）对待；且

(B) 除第（d）(3）款另有规定外，为职工们的代表提供评估该建议时必要的相关信息。

(2) 从根据第（1）段规定提出建议开始之日起，到根据第（d）(1）款规定举行听证之日止，为达到双方均满意的对协议的修订，托管人应在适当的时间，基于善意与授权代表会面。

(c) 法院只有在发现如下情形时，才应批准对集体谈判协议拒绝的申请——

(1) 在听证之前，托管人已提出建议，且满足第（b）(1）款的要求；

(2) 在缺乏正当理由的情形下，职工们的授权代表已拒绝接受该建议；且

(3) 股权报表（balance of the equities）明显倾向于拒绝该协议。

(d) (1) 在拒绝申请提出后，法院应在该申请提出14日内安排听证。所有的利益相关方都应出席该听证并发表意见。在听证至少10日前，应为各方提供充分通知。基于案件的具体情况及正义（interests of justice）的考量需要延长，或者托管人和代表均同意额外延长时间，法院可以在不多于7日的范围内，延长听证开始的时间。

(2) 在听证开始之日起30日内，法院应就该拒绝申请做出裁定。为了正义，法院可以在托管人和职工们的代表可能同意的期限内，额外延长做出裁定的时间。如果法院未在听证开始之日起30日内做出裁定，或者未在托管人和职工们的代表可能同意的期限内做出裁定，托管人可以在法院对该申请做出裁定前，终止或者改变集体谈判协议中的任何条款。

(3) 为必要地防止给代表们提供信息的泄露，尤其是当该泄露可能会损

及该行业竞争对手影响下债务人的地位时，根据职工授权代表评估托管人建议和拒绝申请的需要，法院可以发布保护性命令。

(e) 在集体谈判协议生效期间，如果有必要继续债务人的营业，或者为防止对债务人财产产生不可挽回的损害，在通知和听证后，法院可以授权托管人临时变更集体谈判协议的条款、条件、薪酬、利益或工作规则等内容。本段涉及的任何听证，应根据托管人的需要安排。临时变更的执行，不影响拒绝申请的提出。

(f) 在遵守本条前，本法不应视为允许托管人单方面地终止或改变集体谈判协议的任何条款。

据分析，《美国破产法》通过的背景，就是为了回应美国联邦最高法院裁定的 N. L. R. B. v. Bildisco 案。在该案中，美国联邦最高法院确认，集体劳动合同在性质上属于待履行合同，托管人或经管债务人可以按照《美国破产法》第 365 条予以挑选履行。而《美国破产法》第 1113 条的通过，则是国会在联邦最高法院判例之外所作出的例外规定，即在重整程序中，无论是托管人还是经管债务人试图变更集体劳动合同或者干脆拒绝继续履行集体劳动合同，都需要满足特定的标准并适用严苛的程序：一方面，集体劳动合同拒绝继续履行或者变更，必须要得到法院批准才能解除，而且拒绝继续履行必须以变更为前提，只有变更无果才能继续履行；另一方面，在法院审查变更或者终止集体劳动合同动议之前，经管债务人应和受到影响的职工代表谈判。①

而按照《美国破产法》第 1113（c）条对法院批准变更或拒绝继续履行劳动合同的标准设定，法院批准该动议也需要满足复杂的条件：（1）在听证之前，托管人已提出建议，且满足第（b）（1）款的要求；（2）在缺乏正当理由的情形下，职工们的授权代表已拒绝接受该建议；且（3）股权报表（balance of the equities）明显倾向于拒绝该协议。

① ［美］美国破产法协会：《美国破产重整制度改革调研报告》，何欢、韩长印译，中国政法大学出版社 2016 年版，第 184～186 页。

对于上述规定，美国破产法协会的关注点及改革建议，主要聚焦于如下方面：（1）对于设有工会的债务人来说，如何处理集体劳动合同是第 11 章案件中最重要也最复杂的问题之一，集体劳动合同既代表着公司对职工的义务，也是企业和职工关系的重要内容；正因为如此，即便法院批准托管人或者经管债务人拒绝继续履行集体劳动合同，但债务人企业与职工代表协商合同条款变更的义务并未当然免除。（2）继续谈判的过程本身和截止期限设定令人担忧，谈判过程本身可能过场化，从《美国破产法》第 1113 条立法目标看，重点还是在于重整程序中集体合同变更时，对谈判的鼓励，诉讼只是最后办法；职是之故，美国破产法协会建议，应避免将谈判程序和诉讼程序平行放置，而应予以明确区分。（3）应该寻求鼓励协商与允许诉讼之间的平衡，案件管理程序的“最佳实践”可能比法定进度要求更符合各界预期。（4）信息交换和谈判模式建立，应该采取更加结构化的程序，可以考虑在个案基础上援用调解人制度。（5）首次进度会议中，当事各方应围绕谈判时间表、经管债务人对变更方案所做的信息披露、谈判中可能阻碍各方善意且深入交流的潜在障碍等问题，坦诚交换意见，法律也不应该对协商设定截止期限。（6）对于允许经管债务人就解除集体劳动合同提起诉讼的前提性标准，美国破产法学会认为以劳动法为基础的僵局标准，即要求债务人企业采取单方面行动之前，劳资双方的谈判已经陷入僵局，这一标准可能会无限期阻碍重整进程，进而损及经管债务人和其他利害关系人利益，因此，应该对经管债务人拒绝继续履行集体劳动合同设定 180 日的外部时间标准。（7）对于其他利害关系如何参与《美国破产法》第 1113 条程序以及多大程度上参与，美国破产法学会认为，应该允许官方债权人委员会参与到谈判中，对债务人企业拒绝继续履行集体劳动合同的商业相关事宜，展开调查。（8）对于拒绝继续履行集体劳动合同的后果，美国破产法学会在研读判例后，形成如下共识：对集体劳动合同的拒绝继续履行，构成违约行为，集体劳动合同的相对方即职工，可以主张损害赔偿债权。①

---

① ［美］美国破产法协会：《美国破产重整制度改革调研报告》，何欢、韩长印译，中国政法大学出版社 2016 年版，第 187～193 页。

（二）职工对重整计划提交权的参与和分享

目前看来，我国重整程序中职工权益保护基本都通过重整计划体现，而大多数情况下，重整企业的职工债权基本都能以现金方式全额清偿。[①] 但从对于重整计划提交权的角度，似乎还有更进一步改建的空间。

尽管我国《企业破产法》赋予职工职权组对重整计划的否决权，但并未赋予其提出重整计划的权利，这对于破产企业职工群体在重整程序中保护其权益，会有实质性的影响。美国学者泰步曾指出，在重整程序中，只有真正有权提交重整计划并寻求法院批准的主体，才具有积极影响案件最终结果的实际能力；不享有重整计划提出权的主体，可能通过否决权行使对重整结果产生消极影响，但终究还是无法直接实现自身的目的。[②]

未来制度革新中，在平衡各方利益的同时，适度允许债权人群体，提出竞争性重整计划草案的机会，对于提高重整效率可能有促进作用。[③] 这一建议，对于重整程序中破产企业职工债权权益保护，尤其是那些劳动密集型行业和领域的破产企业拯救，无疑会有积极促进作用，也更容易实现企业得以拯救、职工债权得到保障且就业得到维持的整体目标。

（三）重整程序中的专业参与

前文已述及，我国《企业破产法》赋予职工的知情权、参与权在重整程序中继续适用，而保障权、优先权则通过独立成组、分组表决机制，在重整程序中得到极大程度的强化。在我国重整程序中，包括金融机构债权人呈现越来越专业、谈判能力和组织化程度越来越强的趋势。[④] 如果说金融机构债权人已经实现从猿猴到人类的进化，相比之下，职工债权人在破产程

---

① 郑志斌、张婷：《东北大型企业重整案例报告》，人民日报出版社2020年版，第51~52页、第68页、第107页、第131页。

② ［美］查尔斯·泰步：《美国破产法新论》（下册），韩长印、何欢、王之洲译，中国政法大学出版社2017年版，第1203页。

③ 何旺翔：《破产重整制度改革研究》，中国政法大学出版社2020年版，第64~70页。

④ 2021年1月15日，为提高金融服务实体经济质效，完善市场主体退出制度，维护金融机构债权人合法权益，银保监会会同发展改革委、人民银行、证监会制定了《关于印发金融机构债权人委员会工作规程的通知》，对金融机构债权人委员会在破产程序中的参与和履职做出十分详细的规定。

序中依旧属于爬行动物。

通过工会或者其他专业代表参与重整程序中的谈判，是职工参与重整过程、控制重整进程的重要方式和经验：一方面，如果重整涉及裁员，工会或者职工委员会必须要介入并实质性参与谈判；另一方面，重整计划中职工债权在转换成股权时，也需要工会或者专业代表来参与谈判。①

考虑到我国长期以来工会机制和职工代表机制有欠发达的状况，我国未来的重整制度重构可以适当参考美国债权人委员会制度。② 就具体思路而言，可以考虑在官方债权人委员会之外，允许并鼓励职工设置职工债权人委员会，但同时给予其类似官方债权人委员会的特权，通过破产费用优先支付的方式，鼓励职工债权人以聘请法律、财务、会计、管理等领域专业顾问或职工代表的方式，参与到重整程序中，真正提高职工债权人在破产程序中的“参政议政”能力。

（四）职工“警告债权”的优先顺位

在美国重整程序中，涉及一种与职工有关的“警告债权”（WARN claims）。“警告”债权来源于《美国员工调整和再培训通知法》（Worker Adjustment and Retraining Notification Act，WARN）；因为该法首字母为WARN，与“警告”（warn）一句双关，故可以称为“警告债权”。

按照《美国员工调整和再培训通知法》规定，用人单位在关闭工厂、大规模裁员或者其他触发原因前，必须要至少提前60日向被裁职工发出通知以为被裁职工及其家庭提供必要的缓冲期和过渡时间；如果用人单位未遵循这一条，则对于构成违反的天数，则需要以60日为限，承担职工的工资与福

---

① 贺丹：《破产重整控制权的法律配置》，中国检察出版社2010年版，第161页；马克·罗伊、大卫·斯基尔：《克莱斯勒破产案评论》，载李曙光、郑志斌主编：《公司重整法律评论》（第1辑），法律出版社2011年版，第270页；贺丹：《通用公司重整模式的破产法分析》，载李曙光、郑志斌主编：《公司重整法律评论》（第2辑），法律出版社2012年版，第31页；贺丹：《破产重整控制权的法律配置》，中国检察出版社2010年版，第161页。

② ［美］查尔斯·泰步：《美国破产法新论》（下册），韩长印、何欢、王之洲译，中国政法大学出版社2017年版，第1161～1168页。

利。如果重整程序具备上述触发原因才启动，那么破产程序启动后职工基于《员工调整和再培训通知法》所享有的债权，应该视为重整程序启动后成立，应当享有与破产费用一致的优先顺位。①

美国破产法学会对此建议，导致“警告债权”成立的时间，是《员工调整和再培训通知法》下的触发事件所导致的劳动关系的解除，而不是应当通知的时间，因此，只有用人单位未提供符合《员工调整和再培训通知法》所要求的通知就关闭工厂或者大规模裁员，才会构成对该规定的违反。因此，权益受损职工享有的“警告债权”，可以列入破产费用的优先清偿顺位，但其前提是职工的“警告债权”本身就符合《员工调整和再培训通知法》的规定。②

（五）职工持股与重整中出资人权益调整

职工持股是我国近年来《公司法》改革的方向之一。在这一背景下，职工具有三种身份：既是破产企业职工，又是破产企业债权人，同时还是破产企业出资人。重整程序中，出资人权益并不能适用绝对清零。恰恰相反，按照《企业破产法》规定，如果涉及出资人权益调整，需要设定单独的出资人组表决重整计划。③ 这使得重整程序中涉及职工权益的出资人权益调整时，问题更为复杂。按照贺丹的看法，职工能否在重整中发挥控制作用，直接取决于职工在重整过程中所拥有的权益份额，一部分是职工债权额度，另一部分则是重整计划对职工权益调整的幅度。④

究竟是限制还是鼓励职工出资人在重整程序中参与出资人组的表决，对表决结果和重整计划通过与否影响甚大，还需要进一步寻求共识。

① ［美］美国破产法协会：《美国破产重整制度改革调研报告》，何欢、韩长印译，中国政法大学出版社2016年版，第202~205页。

② ［美］美国破产法协会：《美国破产重整制度改革调研报告》，何欢、韩长印译，中国政法大学出版社2016年版，第206页。

③ 2006年《企业破产法》第85条。

④ 贺丹：《破产重整控制权的法律配置》，中国检察出版社2010年版，第162页。

（六）重整程序启动后的解除劳动关系补偿金优先顺位

作为劳动法的基本原则，在职工无过错情形下，用人单位如果要因为各种因素调整或者解除劳动合同，那么必然有义务向职工支付补偿金。在重整程序中，也可能会涉及这一问题。

在美国重整程序体系中，各界对于经管债务人支付解除劳动关系补偿金的义务，没有争议，争议的是该补偿金应该属于普通债权，还是作为破产费用或者共益债务优先清偿。《美国破产法》第 503 条对于破产费用的规定，破产程序启动后对职工所提供服务的工资、薪水和佣金可属于破产费用的规定，为这一争议埋下伏笔：解除劳动关系补偿金显然不在上述条款中，但能否做出扩大解释？美国破产法学会有部分成员认为，解除劳动关系补偿金本身属于对解除劳动关系本身的赔偿，而不属于之前提供服务的报酬，其制度目标在于缓解劳动关系解除后给职工带来的艰辛；而另一种观点则认为，以服务期为基础计算的解除劳动关系补偿金应理解成职工所赚取的收入，有必要将其划分为破产程序启动前和破产程序启动后两部分，按照《美国破产法》的整体目标，破产费用优先顺位必须要以对债务人财产创造价值为前提。基于这种分歧，美国破产法学会并未提出明确建议，只是认为应当对划分规则予以成文化。①

（七）债转股重整与职工权益保护

在德国学界，对重整程序中的债转股有积极评价：一方面，债转股有助于免除债务，同时停止计算和支付利息；另一方面，非自有资本转化成自有资本，实现对债务人企业资本结构的改变，提升企业净资产，财务运作空间亦大幅度提升。② 而我国各界亦十分看重债转股的积极作用，在过去二十多年间，债转股作为一种政策工具，大体上受到决策者的青睐和市场的欢迎。尤其是 2016 年 10 月 10 日，国务院发布《关于积极稳妥降低企业杠杆率的意

① ［美］美国破产法协会：《美国破产重整制度改革调研报告》，何欢、韩长印译，中国政法大学出版社 2016 年版，第 206～209 页。

② 转引自何旺翔：《破产重整制度改革研究》，中国政法大学出版社 2020 年版，第 220 页。

见》及《关于市场化银行债权转股权的指导意见》，“债转股”新政悄然启航。[①] 债转股政策在时隔多年后重出江湖，在破产法领域也引发广泛关注和讨论。[②]

按照德国学者的看法，尤其是债务人企业职工的劳动债权债转股，不仅可以产生债务减免的客观效果，理论上也会加强职工与债务人企业的紧密联系。[③] 而从地方政府层面看，债转股有助于减少职工失业，也可能成为地方政府积极推动债转股的考量因素，甚至不惜因此违反法治化、市场化的原则。[④] 显而易见，对于重整程序中如何通过债转股策略保护破产企业职工权益，在理论层面基本能够自洽，实务层面亦可值得更多探索。尤其是在涉及职工债权债转股的重整计划的草拟和谈判中，工会或者职工代表，一定要非常专业化地参与到谈判进程中。[⑤]

在我国重整实践中，也有债转股重整中职工权益处置问题。在首钢通钢重整过程中，由于该项目未引进重整投资人，在预重整及重整过程中，主要采取债转股方式。而在重整过程中，除了出资人权益调整之外，主要解决的问题则是债权清偿方案和资产重组方案。据披露，该企业重整中，职工债权、应划入统筹账户的养老保险未做调整，依照相关法律和政策执行；而改制遗留费用，则根据相关政策和实际情况予以支付。[⑥] 据此来看，这一债转股方案并未实质性地涉及职工债权的债转股。但在管理人团队的工作经验总结中，妥善解决职工关切、积极与职工沟通成为该重整案例成功的第一大原因：

---

① 陈夏红：《“债转股”：法治为体，市场为用》，载《法制日报》2016 年 11 月 23 日，第 12 版。

② 相关讨论如王欣新：《企业重整中的商业银行债转股》，载《中国人民大学学报》2017 年第 2 期，第 2～11 页；韩长印：《破产法视角下的商业银行债转股问题——兼与王欣新教授商榷》，载《法学》2017 年第 11 期，第 52～65 页；王欣新：《再论破产重整程序中的债转股问题——兼对韩长印教授文章的回应》，载《法学》2018 年第 12 期，第 119～129 页。

③ 转引自何旺翔：《破产重整制度改革研究》，中国政法大学出版社 2020 年版，第 220 页。

④ 王欣新：《企业重整中的商业银行债转股》，载《中国人民大学学报》2017 年第 2 期，第 6、10 页。

⑤ 贺丹：《破产重整控制权的法律配置》，中国检察出版社 2010 年版，第 160 页。

⑥ 郑志斌、张婷：《东北大型企业重整案例报告》，人民日报出版社 2020 年版，第 66～69 页。

"一方面，认真调查职工费用，在重整计划中依法保障职工群体合法权益；另一方面，积极与职工监督委员会、职代会展开座谈和宣讲，接受职工群体的监督，倾听职工诉求并耐心解释相关法规和政策。管理人和企业先后召开多次职工代表座谈会及全体干部大会，职工宣传手册人手一份。经过大量努力，广大职工对通过司法重整方式实施债务优化工作表示理解和支持，对企业后续发展充满信心，重整期间，职工队伍保持稳定。"①

（八）职工退休福利与重整

对于破产企业职工的退休福利，前文在讨论职工债权的内涵外延时，已约略有所涉及，我国《企业破产法》第113条已有相对清晰的界定。但是在重整程序中，究竟如何安排、调整重整企业职工的退休待遇问题，现有制度并未明确说明。

按照美国破产法学会的梳理，《美国破产法》第1114条的通过主要是为了回应LTV Steel公司破产案。该案中，经管债务人提出在破产程序启动后，将立即停止支付70,000名职工的退休福利。该案之后，如何处理重整程序中涉及退休职工这一极具复杂性和挑战性的问题，就摆在立法者和实务界面前，也使该问题具有极强的政策偏向。② 对于重整企业职工退休福利问题，《美国破产法》第1114条有十分详细的规定：

第1114条　退休职工的保险福利支付

（a）就本条而言，"退休福利"（retiree benefits）即为给退休职工及其配偶和其他家属报销用于医疗、外科手术或医院护理福利，或提供疾病、事故、死亡或死亡相关福利，在提出本章案件申请前，由任何债务人整体或部分地维持或建立计划、基金或项目（通过购买保险或其他），而对任何单位或个人的支付。

（b）（1）就本条而言，"授权代表"（authorized representative）即根据

① 郑志斌、张婷：《东北大型企业重整案例报告》，人民日报出版社2020年版，第71页。

② ［美］美国破产法协会：《美国破产重整制度改革调研报告》，何欢、韩长印译，中国政法大学出版社2016年版，第194～195页。

第（c）款为集体谈判协议下应获得退休福利的职工，或根据第（d）款在集体谈判协议之外应获得退休福利的职工，而指派的授权代表。

（2）为实现本法第1114条和第1129（a）（13）条的目的，由法院依据本条指定的退休职工委员会（Committees of retired employees），与本法第1102、1103条指定的委员会，享有同样的权利、权力和义务；另外，经法院批准，在与退休福利相关时，退休职工委员会亦有权行使退休职工权益。

（c）（1）就本条而言，在劳工机构（labor organization）签署的任何集体谈判协议中，除非（A）该劳工机构未被退休职工选为授权代表，或（B）根据任何利益相关方的动议，法院在通知和听证后，裁定退休职工们的其他代表更为合适，劳工机构应成为应获得退休福利的职工们的授权代表。

（2）如果第（1）段提及的劳工机构，未在其签署的任何集体谈判协议中，被应获得退休福利职工们选为授权代表，或者如果法院根据第（1）段，认为退休职工们的其他代表更合适，根据任何利益相关方的动议，法院在通知和听证后，如果债务人寻求修改或者拒付退休福利，或如果法院决定在退休职工中指定其他合适人选作为本条中退休职工们的代表，法院应指定退休职工委员会。

（d）根据任何利益相关方的动议，法院在通知和听证后，如果债务人寻求调整或者拒付退休福利，或如果法院认为应该为本条中未被集体谈判协议覆盖的退休职工们指定授权代表，法院应指定退休职工委员会。美国破产署可以指定任何类似委员会。

（e）（1）尽管有本法其他条款，经管债务人或按照本章规定被指定的托管人（本条中以下“托管人”应包括经管债务人），应及时且不折不扣地支付退休福利，除非——

（A）按照托管人或者授权代表的动议，法院在通知和听证后，根据本条第（g）款和第（h）款，裁令调整该退休福利；或

（B）托管人和退休金受益者的授权代同意调整该支付，并在之后由托管人支付调整后的退休福利。

（2）任何在根据本法第1129条强制裁定重整计划生效前应支付的退休福利，与本法第503条所允许的管理费用（administrative expense）地位等同。

（f）（1）在破产申请提交后、调整退休福利申请提交前，托管人应——

（A）根据当时可以获得的最完整和最可靠信息，向退休职工的授权代表提出建议，尤其应提及，对退休福利的必要调整，对于允许债务人重整，并保障所有债权人、债务人及所有受影响方得到平等和公正对待，都是必要的；且

（B）在符合第（k）（3）款的情形下，退休职工的代表应获得评估该建议必要的相关信息。

（2）从第（1）段规定建议提出之日起，到第（k）（1）款规定听证结束之日止，托管人应在合理的时间内，与授权代表会面，并诚恳地寻求使双方都满意的对退休福利的调整方案。

（g）如法院认定如下情况，法院应裁令规定对退休福利支付的调整——

（1）在听证之前，托管人已提交符合第（f）款要求的建议；

（2）没有正当理由，退休职工们的授权代表拒绝接受该建议；且

（3）无论是对于允许债务人重整，还是保障所有债权人、债务人及所有受影响方得到平等和公正对待，该调整都是必要的，而且该方案明显受到出资人青睐。作为例外，在任何情况下，法院都不得裁令，将退休福利调整到低于受托人在法院认为已符合本款及第（f）款前提下所提出的水平。但在裁令调整退休福利后的任何时间，或者在托管人和退休福利受益者的授权代表就调整退休福利事宜达成协议之后的任何时间，授权代表可以向法院申请，裁令提高退休福利；如果提高退休福利的申请符合第（3）段所列标准，法院应批准该申请。另外，对于本款规范的调整，无论是托管人还是授权代表，只能提出一次动议。

（h）（1）在法院根据本条第（g）款发布最终裁令之前，如果有必要继续债务人的营业，或者为防止对债务人财产不可修复的损害，法院在通知和

听证后，可以授权托管人临时调整退休福利。

（2）本款所指听证，应结合托管人的需要安排。

（3）托管人对退休福利的临时调整，不提供修订动议（the motion for modification moot）。

（i）无论该待付福利的请求，是基于还是出于未来的待付福利权，或者根据本条规定所允许的调整的结果，如果从提出申请到重整计划按照本法第1129条批准生效时，未支付的退休福利，都应从任何未付福利请求所允许的数额中，或者从与待付福利相关的重整计划中所应支付的数额中，抵扣或者抵销。

（j）退休福利的请求权，不受本法第502（b）（7）条限制。

（k）（1）在调整退休福利申请的提出后，法院应在该申请提交之日起14日内，安排该听证。所有利益相关方，都可出席该听证并表态。这些利益相关方，应在听证开始至少10日前接到充分通知。基于案件情况或者公正利益（interests of justice）需要展期，在不多于7日的范围内，法院可以推迟听证开始的时间；或者在托管人和授权代表同意的前提下，额外推迟一定期限。

（2）在听证开始90日内，法院应就调整申请做出裁定。出于公正利益，法院可以在托管人和授权代表同意情况下，额外延长做出裁定的期限。如果法院在听证开始90日内，或者在托管人和授权代表同意情况下延长的额外期限内，未就该申请做出裁定，托管人可以在法院对该申请裁定未决情况下，实施提议的调整。

（3）为必要地防止给代表们提供信息的泄露，尤其是当该泄露可能会损及该行业竞争对手影响下债务人的地位时，为了防止信息泄露，在与退休职工授权代表对评估托管人建议和调整申请的需要一致时，法院可以发布保护令。

基于利益相关方的动议，除非法院认为出资人明显倾向于该调整，否则在通知和听证后，法院可以发布命令，将退休福利复原到调整之日，相关福利在调整之日前有效。

（m）如果退休职工在破产申请前一年 12 个月的净收入，等于或者超过 25 万美元，除非该退休职工能够向法院证明，比照用人单位按照本法提出申请之日所提供的保险，其不能为其本人、配偶和亲属，获得健康、医疗、生命和残疾等否则应由用人单位提供的保险，本条不适用于上述退休职工、配偶和亲属。

对于在重整程序中处理职工退休福利问题，作为一项基本原则，那就是经管债务人或者托管人在对职工退休福利做出任何改变之前，必须履行通知、信息披露和协商等义务。① 而在《美国破产法》框架下，对重整企业退休福利的调整，和对重整企业集体劳动合同的调整，除了应该组建退休职工代表组成的委员会参与谈判之外，其他制度设计基本大同小异。②

美国破产法协会对于《美国破产法》第 1114 条的改革，提出如下建议：（1）《美国破产法》第 1114 条程序能否适用于所有申请前的退休福利，判例法意见各异，美国破产法协会整体上倾向重整债务人在破产后仍然可以行使其合同权利或者非破产权利的立场，实务界担心重整债务人会任意行使其变更或者合同解除权，进而侵犯重整企业退休职工的权益。（2）《美国破产法》第 1114 条程序的目标和价值，不仅在于为退休职工参与重整程序并发表意见提供机会，也能够确保经管债务人对退休福利的任何调整或变更都不会变成"突然袭击"，因此《美国破产法》第 1114 条程序应予以坚守，经管债务人对于退休福利的任何变更或解除，都应该遵守《美国破产法》第 1114 条程序。③

---

① ［美］美国破产法协会：《美国破产重整制度改革调研报告》，何欢、韩长印译，中国政法大学出版社 2016 年版，第 193 页。

② ［美］美国破产法协会：《美国破产重整制度改革调研报告》，何欢、韩长印译，中国政法大学出版社 2016 年版，第 193 ~ 194 页。

③ ［美］美国破产法协会：《美国破产重整制度改革调研报告》，何欢、韩长印译，中国政法大学出版社 2016 年版，第 194 ~ 196 页。

（九）重整期间职工薪酬的支付

作为破产法的基本理念，包括职工薪酬在内，进入破产程序后所有有利于债务人财产保值增值的债务，都可以列入共益债务优先清偿。在重整程序中，如何开拓财源，积极稳妥支付职工薪酬，对于重整程序的顺畅进行有重要作用。在大连机床集团重整中，管理人团队所采取的办法就是通过危困企业投资基金，引入共益债务，不仅实现东北首单重整共益债务融资的签约，而且重整融资的到位对于维持大连机床集团的正常经营和职工思想的稳定，起到关键作用；尤其是重整期间职工工资正常发放，稳定了职工情绪和工作积极性，也为该重整案例后期按照主业、非主业、程序外公司分步实施职工安置，打下坚实的基础。[①] 在该案例的重整计划中，职工债权最终也实现当年一次性以现金方式全额优先清偿。[②]

当然，如何在我国破产程序中兼顾促进重整制度价值目标的实现和保护破产企业职工权益，是一个开放的话题，远非上述9个方面所能尽述。贺丹指出，破产企业职工对重整控制权的参与程度，不仅取决于不同国家的文化传统和原始公司的治理模式，下列3项因素也会发挥十分重要的影响：第一，破产之外，劳动法的不完善成为职工参与重整的重要因素，劳动合同制度的落实状况、集体谈判能力等都会对职工参与重整程序产生此消彼长的影响；第二，破产程序中对破产企业职工债权的清偿程度，也会对重整控制权分配产生影响，如果职工债权能够得到较好保障，那么破产法在重整程序设计中将不会对职工赋予太多控制权；第三，社会保障机制的完善程度，也会影响职工对破产重整程序的参与，社会保障机制越健全，职工在企业破产中所受到创痛越小，在重整程序中保护职工权益的要求也必然会进一步降低，职工在重整程序中的参与权也必然会相对较少。[③] 显而易见，重整程序中的职工权益保护问题还需要各界同行共同努力做出探索。

---

① 郑志斌、张婷：《东北大型企业重整案例报告》，人民日报出版社2020年版，第89页。

② 郑志斌、张婷：《东北大型企业重整案例报告》，人民日报出版社2020年版，第107页。

③ 贺丹：《破产重整控制权的法律配置》，中国检察出版社2010年版，第162～164页。

第二节　职工问题与香港公司拯救制度的构建

人们普遍认为，在企业破产时，全力以赴拯救企业，这是对职工最为有利的结果。[①] 也正是因为这种共识，构建香港特别行政区公司拯救机制，一直是最近二三十年来香港破产法改革的核心问题。香港的破产法改革，自1990年以来已持续近三十年。遗憾的是，除1996年对《破产条例》的修订之外，三十多年的努力并未产生多少成果。[②]

自2000年以来，香港破产法改革中最受公众关注的话题之一，就是香港公司拯救程序的构建。在过去二十多年，随着立法进程的停停进进，这个话题一再刷上头条。香港公司拯救机制构建困难重重，与破产欠薪保障基金的特别要求紧密相关。甚至可以说，香港破产欠薪保障基金的特别要求，是香港构建公司拯救程序困难重重的重要因素。

一、1996年香港法律改革委员会报告

1995年6月，香港法律改革委员会无力偿债问题小组开启公司拯救程序的改革序幕。[③] 1996年10月，香港法律改革委员会发布《企业拯救及无力偿债情况下营商研究报告书》。据此报告书，法律改革委员会建议修改《公司（清盘及杂项条文）条例》（第32章）第166条，增设公司无力偿债时的暂停进行法律程序，同时又认为，公司如使用建议中的程序，但程序终止时仍未能达成自愿偿债安排，仍可适用《公司（清盘及杂项条文）条例》（第32

① Anneli Loubser,"The Interaction between Corporate Rescue and Labour Legislation: Lessons to be drawn from the South African Experience", *International Insolvency Review*, Volume 14, Issue 1, Spring 2005, p. 57.

② Charles D Booth,"Corporate Reorganization in Hong Kong: Can Provisional Liquidation Come to the Rescue?", *Journal of Restructuring Finance*, Vol. 2, No. 2 (2005), pp. 183 – 184.

③ Charles D Booth,"Corporate Reorganization in Hong Kong: Can Provisional Liquidation Come to the Rescue?", *Journal of Restructuring Finance*, Vol. 2, No. 2 (2005), pp. 183 – 184.

章）第166条。[①]

本次对第166条修改的意见，是提议在香港引入临时监管制度。[②] 法律改革委员会罗列5条理由，支持临时监管，包括坚实的基础、弹性架构、出庭费用的控制、防止霸道债权人的诉讼威胁和确定性。[③]

法律改革委员会同时指出，对破产企业职工来说，维持就业至关重要，显然在公司可以维持的情况下，破产企业职工将比普通程序获得更好的待遇。[④] 通常来说，当公司破产时，破产企业职工将从破产欠薪保障基金获得一份偿付，然后破产欠薪保障基金根据《公司（清盘及杂项条文）条例》（第32章）第265条，行使在清盘中的优先代位权。[⑤] 但是，如果公司没有进行清盘，被拖欠待遇的职工，将失去向破产欠薪保障基金申请偿付的机会。[⑥] 考虑到该不足，法律改革委员会建议，破产企业职工的未偿付款项优先于一切债权。[⑦] 据此，法律改革委员会建议，相关立法将清盘前4个月作为临时监管期限。[⑧] 在这4个月中，被临时监管人解雇的职工，可从破产欠薪保障基金申请款项。[⑨]

在1998年年初，法律改革委员会进一步建议，允许被解雇的破产企业职

① LRC of Hong Kong, *Report on Corporate Rescue and Insolvent Trading*, submitted in October 1996, para. 1.4, p. 7.

② LRC of Hong Kong, *Report on Corporate Rescue and Insolvent Trading*, submitted in October 1996, para. 1.6, p. 8.

③ LRC of Hong Kong, *Report on Corporate Rescue and Insolvent Trading*, submitted in October 1996, para. 1.7.

④ LRC of Hong Kong, *Report on Corporate Rescue and Insolvent Trading*, submitted in October 1996, para. 1.20 – 22.

⑤ LRC of Hong Kong, *Report on Corporate Rescue and Insolvent Trading*, submitted in October 1996, para. 5.40 – 41.

⑥ LRC of Hong Kong, *Report on Corporate Rescue and Insolvent Trading*, submitted in October 1996, para. 5.42.

⑦ LRC of Hong Kong, *Report on Corporate Rescue and Insolvent Trading*, submitted in October 1996, para. 5.43, p. 43.

⑧ LRC of Hong Kong, *Report on Corporate Rescue and Insolvent Trading*, submitted in October 1996, para. 5.45, pp. 43 – 44.

⑨ LRC of Hong Kong, *Report on Corporate Rescue and Insolvent Trading*, submitted in October 1996, para. 5.46 – 47, pp. 44.

工就其在公司拯救程序中所享有的待付薪酬和其他待遇，向破产欠薪保障基金申请款项。① 1998 年 12 月，《企业拯救及破产欠薪保障基金咨询文件》正式公布，征求公众意见。② 这份文件的关键问题是如何在公司拯救程序中，保障破产企业职工的权益。③ 该问题受到高度重视，咨询文件提供四个选项，例如破产欠薪保障基金支付、企业支付、豁免延期支付程序中全部职工以及破产欠薪保障基金首先支付并根据自愿安排中享有优先权追回全部款项。④

有学者认为，公司应当向职工全额支付工资和其他待遇，或者在进入临时监管程序前，将足够的资金存入一个信托账户。⑤ 但是实际情况是，大多数陷入财务困境的公司，根本无力在进入临时监管程序前，全额支付拖欠的工资、遣散费、长期服务金等。⑥ 此种要求被认为是“对临时监管应用的巨大限制”。⑦

很明显，只有向法院提出对公司清盘时，才会激活破产欠薪保障基金的申请与偿付。在破产欠薪保障基金现有覆盖范围内，处于临时监管程序中的破产企业的职工无法申请破产欠薪保障基金。⑧ 实际上，法律改革委员会的建议扩大了破产欠薪保障基金的覆盖范围。⑨ 现在，雇主和职工均不同意变更破产欠薪保障基金的覆盖范围，因为他们担心不良雇主，可能首先故意拖

① Brief of CB 2000, See CB2000, para. 17, p. 5 – 6.

② Consultation Paper on CR and PWIF (2000), attached in the PDF document of CB2000 with its own pages mark.

③ Consultation Paper on CR and PWIF (2000), p. 1.

④ Consultation Paper on CR and PWIF (2000), pp. 4 – 10.

⑤ Charles D. Booth, “Recent Development in Corporate and Cross – border Insolvency Law in Hong Kong”, presented in the Global Forum on Insolvency Risk Management sponsored by World Bank in Washington DC in 2003, p. 5.

⑥ Charles D. Booth, “Recent Development in Corporate and Cross – border Insolvency Law in Hong Kong”, presented in the Global Forum on Insolvency Risk Management sponsored by World Bank in Washington DC in 2003, p. 5.

⑦ Charles D. Booth, “Recent Development in Corporate and Cross – border Insolvency Law in Hong Kong”, presented in the Global Forum on Insolvency Risk Management sponsored by World Bank in Washington DC in 2003, p. 5.

⑧ Consultation Paper on CR and PWIF (2000), p. 3.

⑨ Brief of CB 2000, See CB2000, para. 17, p. 5 – 6.

欠职工的工资，然后再将负担推卸给破产欠薪保障基金。[①] 自然地，劳工顾问委员会和破产欠薪保障基金委员会均对法律改革委员会的该项建议，表示其强烈的保留意见。[②]

二、不同时期的公司条例草案

（一）《2000年公司条例草案》

早在2000年1月，上述建议就进入立法程序，成为《2000年公司条例草案》的主要内容。但由于在解决职工应付薪酬问题上，相关各方存在不可避免的争议，法律改革委员会改变其立场。

在《2000年公司条例草案》中规定，处于拯救程序中的公司，将如同继续经营一样，有责任清偿所有拖欠的工资、遣散费和职工的其他法定权益。[③] 法律改革委员会认为，这种方式可以使职工利益受到全面保护，有助于防止在公司拯救过程中滥用破产欠薪保障基金。[④] 然而，如前所述，陷入财务困境中的公司根本不可能拿出一大笔钱来付清拖欠职工的应付薪酬后，再进入公司拯救程序，这一改革建议弊端显而易见，也始终停留在草案层面，未能受到进一步讨论。

（二）《2001年公司条例草案》

2001年5月15日，修改后的《2001年公司条例草案》被送交立法会，香港公司拯救机制建设工作重新起航。

关于未偿付的职工应得款项，该草案建议，陷入财务困境的公司在启动临时监管前，必须符合下列某一项条件：（1）在临时监管程序开始前，付清拖欠其前职工的所有欠薪、遣散费及《雇佣条例》下的其他法定应付款项，以及拖欠其现有职工截至临时监管展开为止的所有欠薪；或（2）开立特定信托户口，支付在临时监管展开前拖欠其前职工的所有欠薪、遣散费及《雇

① Brief of CB 2000, See CB2000, para. 19, p. 6.
② Brief of CB 2000, See CB2000, para. 19, p. 6.
③ Brief of CB 2000, See CB2000, para. 20, p. 6.
④ Brief of CB 2000, See CB2000, para. 20, p. 6.

佣条例》下的其他法定应付款项以及拖欠其现有职工截至临时监管展开为止的所有欠薪，然后由临时监管人在临时监管展开后、债权人会议讨论前，在切实可行的范围内，尽快从信托基金拨款向职工支付款项。①

该草案在立法会基本得到认同。然而，也有不少意见认为，要求处于经济困境中的公司留出足够资金，去清偿所有拖欠的工资、遣散费和职工的其他法定权益，难度极大。② 有些商业及专业团体亦在征集意见中反馈，筹集足够的大笔资金以清付职工应得款项的规定，除会对陷入财务困境的公司造成过重的负担外，还会对临时监管本身构成重大障碍。此外，也有意见反对职工的待遇较其在公司清盘时所得者为佳，因为有关建议并没有就职工的应得款项数额设定上限。③

很显然，与《2000 年公司条例草案》相比，《2001 年公司条例草案》在企业拯救程序中职工保护机制方面，并没有什么进步。④ 该建议再次由于对职工的过度保护而不了了之。⑤

《2001 年公司条例草案》并未对在临时监管前提前足额清偿职工到期债务的要求作出任何改变，看上去似乎比《2000 年公司条例草案》更为退步。⑥ 按照查尔斯·布斯的观点，除非企业已经提前全额清偿拖欠职工的应付薪酬，或者在合格的银行内开设信托账户，留下充分的资金，全额清偿对其职工甚至包括前职工在内所欠的所有工资，以及依据《雇佣条例》规定的

① The Financial Services and the Treasury Bureau, *Review of Corporate Rescue Procedure Legislative Proposals*, *Consultation Paper*, published in October 2009, para. 4. 1.

② Brief of CB 2001, para. 5, p. 2.

③ The Financial Services and the Treasury Bureau, *Review of Corporate Rescue Procedure Legislative Proposals*, *Consultation Paper*, published in October 2009, para. 4. 2.

④ Philip Smart & Charles D. Booth, "Corporate Rescue: Hong Kong Developments", 10 *Am. Bankr. Inst. L. Rev.* 41, 2002, p. 42.

⑤ Charles D. Booth, "Recent Development in Corporate and Cross – border Insolvency Law in Hong Kong", presented in the Global Forum on Insolvency Risk Management sponsored by World Bank in Washington DC in 2003, p. 3.

⑥ Charles D Booth, "Corporate Reorganization in Hong Kong: Can Provisional Liquidation Come to the Rescue?", *Journal of Restructuring Finance*, Vol. 2, No. 2 (2005), p. 185.

其他法定应付款项，否则不能启动临时监管程序。[1]“前雇员”一词定义广泛，不仅包括了已经被解雇了的职工，而且也包括在临时监管开始的时候，或者在临时监管开始之后将要被解雇的职工。[2]《2001 年公司条例草案》对职工权利的过度保护，显而易见，已成为香港构建公司拯救机制的主要障碍。[3]

正如法案委员会所建议的那样，亦有意见咨询劳工顾问委员会和破产欠薪保障基金委员会，请求他们对清偿公司所有到期的职工债项的要求，提供一定的灵活性。[4]《2001 年公司条例草案》附件 C《香港法定公司拯救程序介绍——关于灵活清偿所欠到期的工资和其他债项的咨询性文件报告》长达十多页，是法案委员会与劳工顾问委员会和破产欠薪保障基金委员会协商成果的概要。[5]考虑到劳工顾问委员会和破产欠薪保障基金委员会的反对，法案委员会最终决定，不再坚持其提出的灵活性建议。[6]但是，法案委员会采纳原来设计的一个务实的方式，来平衡处于困境中的企业、债权人与职工之间的利益。[7]

破产欠薪保障基金委员会表达了对《2001 年公司条例草案》的支持："原则上来看，筹设中的企业拯救机制的精神和观念，可以给处于财务困境

---

① Charles D. Booth, "Recent Development in Corporate and Cross – border Insolvency Law in Hong Kong", presented in the Global Forum on Insolvency Risk Management sponsored by World Bank in Washington DC in 2003, p. 5.

② Schedule 2, para. 3 (d), Brief of CB 2001; Charles D. Booth, "Recent Development in Corporate and Cross – border Insolvency Law in Hong Kong", presented in the Global Forum on Insolvency Risk Management sponsored by World Bank in Washington DC in 2003, pp. 5 – 6.

③ Charles D. Booth, "Recent Development in Corporate and Cross – border Insolvency Law in Hong Kong", presented in the Global Forum on Insolvency Risk Management sponsored by World Bank in Washington DC in 2003, p. 6.

④ See at: Brief of CB 2001, para. 20, p. 2.

⑤ Brief of CB 2001, para. 21, p. 6. The full text of annex C could be seen at PDF of Brief of CB 2001, pp. 109 – 115, with its own independent pages from pp. 1 – 7.

⑥ Brief of CB 2001, para. 6, p. 2.

⑦ Brief of CB 2001, para. 22, p. 6.

中的企业，一个好转的机会。”①

破产欠薪保障基金委员会同样也支持《2001年公司条例草案》引入的“终止破产交易”（termed insolvent trading），即相关人员将对公司处于无力清偿状态时交易而产生的任何债务负责。② 破产欠薪保障基金委员会认为，该建议“将对工人有利，并且将对破产欠薪保障基金的经济地位，产生积极的影响”：首先，他们认为相关责任人员将会更好地履行其职责，从而防止公司过早破产，这将有助于保留他们职工的工作。其次，他们认为临时监管制度将杜绝相关人员在企业经营无望的情况下，制造更多债务。最后，由于依据清盘人的申请，相关责任人员可能会对公司的债务承担个人责任，相关的职工在从公司剩余资产中追加他们到期债项的过程中，可处于更好的地位。③ 通过行使其代位权，委员会将有能力在公司拯救程序中，为职工提前作出更高比例的优惠清偿。④

此外，破产欠薪保障基金委员会认为，公司应当清偿所欠职工的所有工资债务，或者是在信托账户中，预留足够的资金，用以支付在企业拯救程序开始之前就积累的工资债务。⑤

然而，破产欠薪保障基金委员会表达其反对意见。因为依据《2001年公司条例草案》，允许破产企业和职工在公司拯救程序开始前，就延期支付的工资达成协议，或者是将到期的工资债项打折。在这样的情形下，依据现行的劳工法律，可能会降低对职工的保护程序。⑥

但不幸的是，由于许多原因，即使获得破产欠薪保障基金委员会的支持，《2001年公司条例草案》在立法程序中，也未能走得更远。

---

① PWIF Board's Comment on CP2001, p. 1.
② PWIF Board's Comment on CP2001, pp. 1 – 2.
③ PWIF Board's Comment on CP2001, pp. 1 – 2.
④ PWIF Board's Comment on CP2001, p. 2.
⑤ PWIF Board's Comment on CP2001. p. 2.
⑥ PWIF Board's Comment on CP2001, p. 2.

（三）《2002 年公司条例草案》

2002 年 9 月，香港特别行政区财经事务及库务局局长发布一份《关于依据〈公司（拯救）法案〉设立信托账户安排的咨询文件》。[①]

在该文件中，财经事务及库务局提出，在公司进入临时监管程序之前，设定公司需要支付职工应付薪酬或者公司放入信托账户中资金的限额或者上限，而不是要求公司必须提前全额清偿其职工应付薪酬或设立拥有相应数额的信托账户。[②] 该限额应接近破产欠薪保障基金在企业进入强制清盘时所支付的金额，即 278, 500 港元。然而，2003 年末咨询程序结束后，该立法未能获得进一步推进。[③]

在实践中，从 2002 年 Re Keyview Technology（BVI）Ltd.，［2002］2 HKLRD 290 案件以来，临时清盘程序在实务中已越来越流行。在 Re Keyview Technology（BVI）Ltd. 案中，临时清盘人将所有公司债权人的协议都涵盖在一个重组建议中，并且向法院申请扩大他们的权力，批准其参加重组。该申请得到法院的支持，并且将该做法适用于其他一些案件中。在查尔斯·布斯看来，香港法院对临时清盘自由化的使用，可能会促使更加正式的企业拯救制度的诞生。[④]

（四）2003 年建议

2003 年 9 月，香港特别行政区政府进一步提出限制信托账户内资金数额

① Charles D. Booth，“Recent Development in Corporate and Cross – border Insolvency Law in Hong Kong”，presented in the Global Forum on Insolvency Risk Management sponsored by World Bank in Washington DC in 2003，p. 6.

② Charles D. Booth，“Recent Development in Corporate and Cross – border Insolvency Law in Hong Kong”，presented in the Global Forum on Insolvency Risk Management sponsored by World Bank in Washington DC in 2003，p. 6；Charles D Booth，“Corporate Reorganization in Hong Kong：Can Provisional Liquidation Come to the Rescue?”，*Journal of Restructuring Finance*，Vol. 2，No. 2（2005），p. 186.

③ Charles D Booth，“Corporate Reorganization in Hong Kong：Can Provisional Liquidation Come to the Rescue?”，*Journal of Restructuring Finance*，Vol. 2，No. 2（2005），p. 186.

④ Charles D Booth，“Corporate Reorganization in Hong Kong：Can Provisional Liquidation Come to the Rescue?”，*Journal of Restructuring Finance*，Vol. 2，No. 2（2005），p. 187.

的修订方案，向破产欠薪保障基金的限额看齐。这有助于确保职工将不会比在公司进入破产清盘的情况下获得更差的待遇。[①] 该建议提出，在自愿安排中要加入条款，明确规定自批准自愿安排之日起12个月内，必须支付任何超越上限的公司职工（包括前职工）欠款。根据公众反馈，该建议得到泛泛支持，保留意见也不少。持保留意见的公众认为，该建议仍然会妨碍临时监管制度的适用。[②]

三、2009年财经事务及库务局咨询文件

（一）总体方案

2009年，财经事务及库务局再次启动在香港引入企业拯救制度的工作。财经事务及库务局强调，临时监管的目的是公司的全部或部分业务，能作为持续经营的企业存续，公司财产能够保值增值，至少优于公司清盘后各方的收益，也能更多甚至偿还公司全部或部分债务。[③] 财经事务及库务局特别强调，职工获得的保障，一般不应少于他们在公司因无力偿债而清盘时所得。[④] 在这样的背景下，未偿付的职工应得款项，自然被列为公众咨询的重点。[⑤]

（二）替代方案

1. 2003年建议

在财经事务及库务局的咨询文件中，第四章职工到期应付债权，专门规定了职工权益的保护。在该咨询中，除了依据《2001年公司条例草案》方式

① The Financial Services and the Treasury Bureau, *Review of Corporate Rescue Procedure Legislative Proposals*, *Consultation Paper*, published in October 2009, para. 4. 3.

② The Financial Services and the Treasury Bureau, *Review of Corporate Rescue Procedure Legislative Proposals*, *Consultation Paper*, published in October 2009, para. 4. 3.

③ The Financial Services and the Treasury Bureau, *Review of Corporate Rescue Procedure Legislative Proposals*, *Consultation Paper*, published in October 2009, paras. 1. 10, 1. 11.

④ The Financial Services and the Treasury Bureau, *Review of Corporate Rescue Procedure Legislative Proposals*, *Consultation Paper*, published in October 2009, para. 1. 13.

⑤ The Financial Services and the Treasury Bureau, *Review of Corporate Rescue Procedure Legislative Proposals*, *Consultation Paper*, published in October 2009, para. 1. 14.

提出的2003年建议外，财经事务及库务局咨询文件根据职工的待遇不应低于其在公司清盘时所得这个原则，还提议了两个替代方案。对于有经济困难的公司来说，两个方案取代开立信托账户可能是较易实行的安排。[①]

2. 方案A

在方案A中，对于被拖欠工资或因公司裁员或其他理由而令其法定应得款项到期未支付的任何现职或前职工，该方案豁免其受暂止期的限制，即保留其权利，即使临时监管已展开，他也可向法院提出公司清盘的呈请。[②] 该方案旨在鼓励公司寻找资金，以清偿职工的所有欠薪和应得款项。

毋庸置疑，该方案的不利影响在于，它可能会带来很多不明朗因素，或者给予个别职工特殊的谈判权力，对受暂停期限影响的其他债权人来说，这显然不公平。[③] 此外，该方案虽然有助于加强对职工的保障，但是可能会相对增加临时监管的不明朗因素，令扭转公司形势的计划更难取得成功。[④] Charles D. Booth 及 Trevor N. Lain 认为，从职工的视角来看，他们在强制清盘中所得更好，因此他们有动力去干扰临时监管所致力于达成的重组；这种制度安排将产生更多的不确定性，甚至可能吓跑新资金的注入，进而破坏拯救计划。[⑤]

然而，该方案的优势也显而易见：第一，该方案完全符合现行程序，对《雇佣条例》或《公司（清盘及杂项条文）条例》（第32章）的其他条文都没有影响，因为有意申请的职工仍可循正常途径，送达法定要求偿债书。第二，这个方案没有很多程序性要求（比如下述方案B的情况），实际执行成

① The Financial Services and the Treasury Bureau, *Review of Corporate Rescue Procedure Legislative Proposals*, *Consultation Paper*, published in October 2009, para. 4. 5.

② The Financial Services and the Treasury Bureau, *Review of Corporate Rescue Procedure Legislative Proposals*, *Consultation Paper*, published in October 2009, para. 4. 6.

③ The Financial Services and the Treasury Bureau, *Review of Corporate Rescue Procedure Legislative Proposals*, *Consultation Paper*, published in October 2009, para. 4. 7.

④ The Financial Services and the Treasury Bureau, *Review of Corporate Rescue Procedure Legislative Proposals*, *Consultation Paper*, published in October 2009, para. 4. 6.

⑤ Charles D. Booth & Trevor N. Lain, "Rescuing Hong Kong Companies with Provisional Supervision: Proposals that Workers and Management Can Support", 24 May 2010, p. 6.

本不高。第三，这个简单方案，与须订立大量程序条文及对其他条例作出相应修订的方案相比，日后应较易作出修订。① 此外，虽然该方案并未提供一个符合实际的方案，但可推动公司处理未偿付职工应得款项的问题，以确保临时监管能够顺利进行。②

3. 方案 B

在方案 B 中，公司在临时监管展开前所拖欠的工资或《雇佣条例》下的其他应得款项（以破产欠薪保障基金所发放款项为上限），将被认为是“雇员受保护债项”。③ 公司无须在启动临时监管前清付该等债项。但是，临时监管人在 45 天暂停期内向债权人会议提出的任何方案，都须规定下列条款：（1）公司必须在自愿偿债安排生效时或之前，以现金支付任何尚未偿付的“雇员受保障债项”；（2）公司必须在 12 个月内，偿付余下的雇员债项。④ 如自愿偿债安排方案或延长暂止期的决议遭债权人否决，或临时监管人确认无法达到临时监管的目的，则公司将以债权人自动清盘的方式清盘，因为该方式较法院颁令清盘成本更低。⑤

理论上，该方案的不利影响，是可能会要求破产欠薪保障基金扩大保护范围，以涵盖因上述情况而引起的自动清盘案中职工保护问题。在该方案中，职工在临时监管中并未获得偿付“雇员受保障债项”。但是，职工无须提出公司清盘的呈请，或要求法律援助署协助提出呈请。假如没有临时监管，职工或债权人向法院提出将公司清盘的呈请，在公司资产不足以偿还有关款项时，破产欠薪保障基金也很可能须向雇员支付款项，因此扩大保障范围的实

① The Financial Services and the Treasury Bureau, *Review of Corporate Rescue Procedure Legislative Proposals*, *Consultation Paper*, published in October 2009, para. 4. 8.

② The Financial Services and the Treasury Bureau, *Review of Corporate Rescue Procedure Legislative Proposals*, *Consultation Paper*, published in October 2009, para. 4. 9.

③ The Financial Services and the Treasury Bureau, *Review of Corporate Rescue Procedure Legislative Proposals*, *Consultation Paper*, published in October 2009, para. 4. 10.

④ The Financial Services and the Treasury Bureau, *Review of Corporate Rescue Procedure Legislative Proposals*, *Consultation Paper*, published in October 2009, para. 4. 10.

⑤ The Financial Services and the Treasury Bureau, *Review of Corporate Rescue Procedure Legislative Proposals*, *Consultation Paper*, published in October 2009, para. 4. 11.

际影响可能不大。①

该方案需要立法机关的进一步支持，尤其是修订《破产欠薪保障条例》，让职工可在前述情况下，向破产欠薪保障基金申索特惠款项。这些行为可能会影响破产欠薪保障基金的财务健康。此外，为缩短处理申请的时间，可要求临时监管人在第二次债权人会议后，把“雇员受保障债项”的资料交给破产欠薪保障基金。②

该方案进一步指出，除非公司在获准延长期限后的14天内，能清付所有尚未偿付的“雇员受保障债项”，否则法院可以根据需要把期限延长。该方案还规定，其后达成的任何自愿偿债安排方案，都必须规定：在自愿偿债安排开始当天起计的12个月内，公司必须清付余下的雇员债项。③

该方案的优势，是可以给陷入财务困境的公司约45天的喘息时间；在此期间，公司可以整理财政，以支付雇员的申索。④ 然而也有人担心，这个做法可能影响破产欠薪保障基金的财政状况以及可能会被无良雇主滥用，试图利用该程序，作为掩饰拖延付款的合法借口。同时，这个由临时监管人执行的方案，费用成本可能会较高。⑤

该方案将职工置于非常强势的谈判地位上，但是同样也造成职工与临时监管人之间的内在矛盾。职工想要立即获得所欠款项清付，并及时地对将来服务清付；而临时监管人则想要保护债务人的剩余财产，从而顺利启动重

---

① The Financial Services and the Treasury Bureau, *Review of Corporate Rescue Procedure Legislative Proposals*, *Consultation Paper*, published in October 2009, para. 4. 12.

② The Financial Services and the Treasury Bureau, *Review of Corporate Rescue Procedure Legislative Proposals*, *Consultation Paper*, published in October 2009, para. 4. 13.

③ The Financial Services and the Treasury Bureau, *Review of Corporate Rescue Procedure Legislative Proposals*, *Consultation Paper*, published in October 2009, para. 4. 14.

④ The Financial Services and the Treasury Bureau, *Review of Corporate Rescue Procedure Legislative Proposals*, *Consultation Paper*, published in October 2009, para. 4. 15.

⑤ The Financial Services and the Treasury Bureau, *Review of Corporate Rescue Procedure Legislative Proposals*, *Consultation Paper*, published in October 2009, para. 4. 16.

组。[①] 在这种冲突中，职工们可能不会同意在临时监管程序开始之前或之后，等待45天。[②] 因此，Charles D. Booth 及 Trevor N. Lain 提议方案C。考虑到职工强势谈判地位，方案C比方案B更切合实际，即在重组前清付职工债项，但降低最初的限额。[③]

4. 未清缴的强积金计划雇主供款

未清缴的强积金计划雇主供款，是香港特别行政区公司拯救制度构造过程中另一个受到广泛关注的问题。下述问题同样受到了热烈争议：在将要被选择的方案中，未清缴的强积金计划雇主供款，是否可以同未清付的职工工资和依据《雇佣条例》所欠的应支付的其他债项，受到同等对待。[④]

依据财经事务及库务局咨询文件，在处理未清缴的强积金计划雇主供款的问题上，相关法律制度面临着严峻的困境。该咨询文件指出：

根据2003年建议及方案B，如要计入未清缴的强积金计划雇主供款，信托基金及职工受保障债项的款额便会因未清缴的供款额而相应增加，这样会进一步提高启动临时监管所须符合的款额要求，令有财政困难的公司更难采用该程序。

类似考虑因素也适用于方案A。被拖欠强积金计划雇主供款的职工（无论有否被拖欠工资或《雇佣条例》下的其他法定应付款项），将有权获豁免受暂止所规限，可提出将公司清盘的呈请。正如上文所解释，这样会为雇主提供明确诱因，促使他们在启动临时监管前清缴未付款项，但也会增加进行

① Charles D. Booth & Trevor N. Lain, "Rescuing Hong Kong Companies with Provisional Supervision: Proposals that Workers and Management Can Support", 24 May 2010, p. 6.

② Charles D. Booth & Trevor N. Lain, "Rescuing Hong Kong Companies with Provisional Supervision: Proposals that Workers and Management Can Support", 24 May 2010, p. 6.

③ Charles D. Booth & Trevor N. Lain, "Rescuing Hong Kong Companies with Provisional Supervision: Proposals that Workers and Management Can Support", 24 May 2010, p. 6.

④ The Financial Services and the Treasury Bureau, *Review of Corporate Rescue Procedure Legislative Proposals*, *Consultation Paper*, published in October 2009, para. 4. 21.

拯救程序的不明朗因素。①

甚至有意见认为，未清缴的强积金计划雇主供款，既然构成未偿付职工应得款项的一部分，其处理方法应与其他职工应得款项相同。不过，也有人可能会提出争议，认为计入未清缴的强积金计划雇主供款，会进一步提高启动临时监管所须符合的款额要求，或增加进行拯救程序的不明朗因素，使有财政困难的公司更难采用该程序。②

5. 官方结论

关于暂停期的豁免，财经事务及库务局建议取消《2001 年公司条例草案》所提出，对 12 种合同与协议全面豁免，而某些申索可以得到豁免。这是因为职工一般都亟需援助，理应获得特别对待，让他们可在劳资审裁处提出申索，甚或向法院提出呈请将公司清盘。可以被豁免的申索包括：临时监管开展后出现的欠薪及其他职工应得款项；未清缴的强制性公积金计划或其他职业退休计划中的雇主供款。③

关于职工的到期的应获得清偿的债项，获得业界、商界和银行界支持最多的是方案 B。支持者认为，该方案可以在保障职工的权益与给予公司喘息时间以整理其财政两者之间，取得相对平衡。④ 在方案 B 的支持者看来，前述 2003 年建议及方案 A，都给公司造成过重的负担：2003 年建议要求处于财政困难的公司，必须拨出大笔款项先行支付职工债项；而方案 A 给予职工过大的议价能力，而且让人担心若有一名职工不满，便会令企业拯救无法进

---

① The Financial Services and the Treasury Bureau, *Review of Corporate Rescue Procedure Legislative Proposals*, *Consultation Paper*, published in October 2009, paras. 4. 18, 4. 19.

② The Financial Services and the Treasury Bureau, *Review of Corporate Rescue Procedure Legislative Proposals*, *Consultation Paper*, published in October 2009, para. 4. 20.

③ The Financial Services and the Treasury Bureau, *Review of Corporate Rescue Procedure Legislative Proposals*, *Consultation Conclusions*, published in 2010, para. 24.

④ The Financial Services and the Treasury Bureau, *Review of Corporate Rescue Procedure Legislative Proposals*, *Consultation Conclusions*, published in 2010, para. 54.

行，增加临时监管的不确定因素。①

但方案 B 在劳工界遭到广泛反对。反对者认为，一旦公司清盘，职工获得补偿的时间会受拖延，甚至迟于破产欠薪保障基金发放款项的时间；而且这个方案会因为涵盖债权人自动清盘的个案，而扩大破产欠薪保障基金的保障范围。② 破产欠薪保障基金委员会就此提交书面意见，提出两个原则：一是职工获得的保障，不应低于他们在公司因无力偿债而清盘时，从破产欠薪保障基金所获得的待遇；二是《破产欠薪保障条例》的保障范围应维持不变。③ 依据这些原则，破产欠薪保障基金委员会倾向于支持 2003 年建议。

根据 2003 年建议，雇主在启动临时监管前，必须先开立信托账户，以支付在临时监管前拖欠职工的欠薪及其他补偿，而金额的上限与有关职工从破产欠薪保障基金可获发放的特惠款相同。同时，破产欠薪保障基金委员会认为，方案 A 也是一个可接受的建议。因为职工追讨欠款的权利不受暂停期限制，职工的利益基本上没有损失。但是方案 B 可能导致职工受保障债项受损，并且将深远影响破产欠薪保障基金本身的运作。④

概言之，劳工界自身更支持 2003 年建议或方案 A。他们认为，这两个方案可以较有效保障职工的权益。不过，他们也担心，即使职工可根据方案 A 行使权利，向法院提出清盘呈请，法院也可能会以公司正受临时监管为理由，拒绝颁发清盘令。⑤

---

① The Financial Services and the Treasury Bureau, *Review of Corporate Rescue Procedure Legislative Proposals*, *Consultation Conclusions*, published in 2010, para. 55.

② The Financial Services and the Treasury Bureau, *Review of Corporate Rescue Procedure Legislative Proposals*, *Consultation Conclusions*, published in 2010, para. 54.

③ The Protection of Wages on Insolvency Fund Board, Written Submissions to the Financial Services and the Treasury Bureau regarding Consultation Paper on the Review of Corporate Rescue Procedure Legislative Proposals, submitted on 26 January 2010, p. 1.

④ The Protection of Wages on Insolvency Fund Board, Written Submissions to the Financial Services and the Treasury Bureau regarding Consultation Paper on the Review of Corporate Rescue Procedure Legislative Proposals, submitted on 26 January 2010, pp. 1 – 2.

⑤ The Financial Services and the Treasury Bureau, *Review of Corporate Rescue Procedure Legislative Proposals*, *Consultation Conclusions*, published in 2010, para. 56.

在上述方案之外，也有一些意见书，提出有别于财经事务及库务局三方案之外的其他选项：其一，有提议赞成动用破产欠薪保障基金，或成立新的政府基金，以支付未偿付的职工应得款项，而政府则拥有就支付的款项向公司提出申索的代位权利。[①] 其二，也有建议提出制定分阶段付款的时间表，以订明公司在临时监管过程中的各个关键时间，支付未偿付的职工应得款项的不同项目，但某些项目的付款额设有上限。[②] 其三，还有意见书认为，只应准许职工纯粹为促使破产欠薪保障基金发放特惠款项，而提出将公司清盘的呈请，而其后该项清盘呈请应予搁置。[③] 其四，亦有数份意见书提议，未偿付公司董事和高级管理人员的职工应得款项，应严格处理，或与未偿付予其他职工的应得款项分开采取不同的处理方法。[④]

基于这些意见书，财经事务及库务局承认，扩大破产欠薪保障基金的保障范围有其困难，并注意到劳工顾问委员会、破产欠薪保障基金委员会和一些劳工界代表已表明，他们强烈反对把债权人自动清盘的情形，纳入破产欠薪保障基金的保障范围，原因是恐怕该基金遭滥用，以致其款项迅速耗尽。财经事务及库务局也认为，利用公款来支付陷入财务困境的公司未偿付的职工应得款项，也不是十分合适。[⑤] 尽管大多数意见赞成方案B，但是由于劳工界明确表示反对，财经事务及库务局承诺再审慎考虑。[⑥]

在考虑来自社会各界的意见书之后，财经事务及库务局建议按照下列安

① The Financial Services and the Treasury Bureau, *Review of Corporate Rescue Procedure Legislative Proposals*, *Consultation Conclusions*, published in 2010, para. 57.

② The Financial Services and the Treasury Bureau, *Review of Corporate Rescue Procedure Legislative Proposals*, *Consultation Conclusions*, published in 2010, para. 58.

③ The Financial Services and the Treasury Bureau, *Review of Corporate Rescue Procedure Legislative Proposals*, *Consultation Conclusions*, published in 2010, para. 59.

④ The Financial Services and the Treasury Bureau, *Review of Corporate Rescue Procedure Legislative Proposals*, *Consultation Conclusions*, published in 2010, para. 60.

⑤ The Financial Services and the Treasury Bureau, *Review of Corporate Rescue Procedure Legislative Proposals*, *Consultation Conclusions*, published in 2010, para. 61.

⑥ The Financial Services and the Treasury Bureau, *Review of Corporate Rescue Procedure Legislative Proposals*, *Consultation Conclusions*, published in 2010, para. 62.

排，订出在临时监管展开前，分阶段支付未偿付的职工应得款项的时间表：

（1）公司必须在临时监管展开后第30日或之前支付在监管前的欠薪，最高付款额为破产欠薪保障基金所发放有关款项的上限（每名职工36,000元）；（2）公司必须在：（i）自愿偿债安排获批准后的45日内；或（ii）如基本暂止期获延长，由延长暂止期当日起计的45日内；支付在临时监管展开前被终止雇佣的职工的代通知金及遣散费欠款，最高付款额为破产欠薪保障基金所发放有关款项的上限；（3）公司必须在自愿偿债安排生效后的12个月内，清付其余在监管前的职工应得款项，包括未有按照《强制性公积金计划条例》（第485章）或《职业退休计划条例》（第426章）作出的雇主供款；（4）如公司没有按照上述时间表支付款项，有关职工就不会再受暂止期约束，并可向法院提出将公司清盘的呈请；以及（5）为便利职工在公司没有按照上文第（a）及（b）分段所述的时间表付款时采取法律行动，我们会规定临时监管人须在临时监管展开后的30天内与有关职工核实公司在监管前拖欠他们的款项细节。①

在这次改革中，各界提议的临时监管体系中，职工的待遇问题成为最富争议的话题。② 据迈克尔·巴克尔（Michael Barker）和肖恩·兰霍恩（Shaun Langhorne）的调查，造成这种情况的因素，既有文化的因素，也有历史的因素。这些因素包括：（1）在20世纪80年代后期和90年代早期的倒闭潮中，许多董事和高管从香港跑路，导致职工丢失工作，且未取得应付薪酬；（2）香港职工对其雇主非常忠诚，即使他们不能持续得到偿付，这致使在公司破产时，拖欠职工的应付薪酬数额常常非常巨大；（3）香港并未建立保护破产企业职工权益的社会保障体系，因此在公司拯救程序中，需要优先

---

① The Financial Services and the Treasury Bureau, *Review of Corporate Rescue Procedure Legislative Proposals*, *Consultation Conclusions*, published in 2010, para. 63.

② Michael Barker and Shaun Langhorne, "Corporate Rescue Legislation in Hong Kong: Will it ever Happen? A Report on Recent Developments in Hong Kong", *Bloomberg Law Reports – Bankruptcy Law*, Vol. 4, No. 2, 2010, p. 6.

偿付职工的待付薪酬。[1] 这些因素，导致破产企业职工权益保护问题，成为左右甚至阻止香港特别行政区构建公司拯救制度的主要障碍。

为了进一步明确分阶段安排的流程时序，财经事务及库务局提供了一个资料（见图7）：[2]

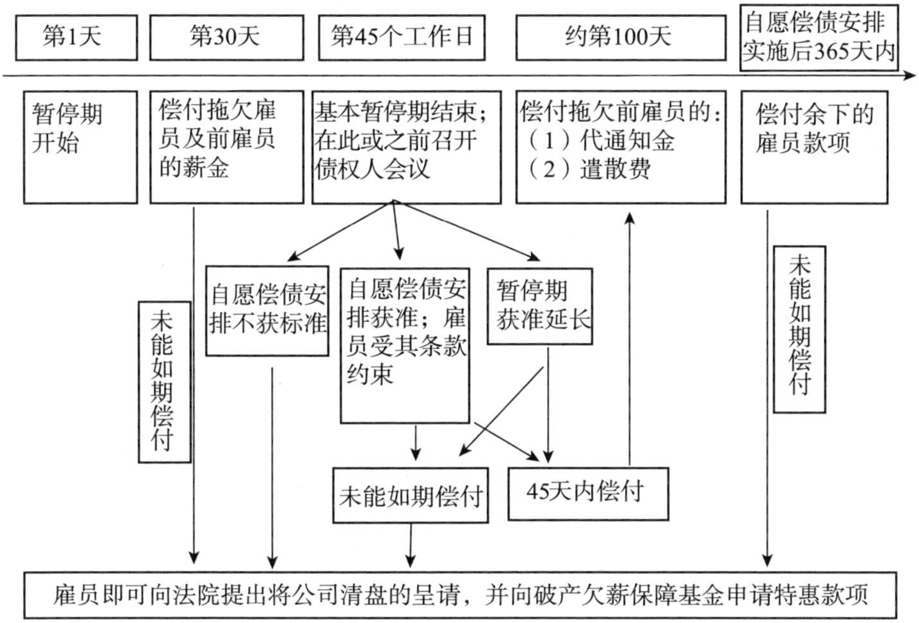

图7　未偿付的职工应得款项修订方案流程时序一览

大多数意见都认为，未清缴的强积金计划雇主供款的处理方法，应与职工被拖欠的工资及其他应得款项的处理方法相同；[3] 但也有意见认为，未清

---

① Michael Barker and Shaun Langhorne, Corporate Rescue Legislation in Hong Kong: Will it ever Happen? A Report on Recent Developments in Hong Kong, *Bloomberg Law Reports – Bankruptcy Law*, Vol. 4, No. 2, 2010, p. 6.

② The Financial Services and the Treasury Bureau, *Review of Corporate Rescue Procedure Legislative Proposals*, *Consultation Conclusions*, published in 2010, Annex Ⅲ, p. 40.

③ The Financial Services and the Treasury Bureau, *Review of Corporate Rescue Procedure Legislative Proposals*, *Consultation Conclusions*, published in 2010, para. 67.

缴的强积金计划雇主供款，不应以任何特别方法处理。①

财经事务及库务局作出结论，打算在法例草案中订明，按照上文第63（c）段所建议的方法处理未清缴的强积金计划雇主供款。② 上文第63（c）段提出："公司必须在自愿偿债安排生效后的12个月内，清付其余在监管前的职工应得款项，包括未有按照《强制性公积金计划条例》（第485章）或《职业退休计划条例》（第426章）作出的雇主供款。"③

四、2014年立法会财务委员会建议

2014年1月，财经事务及库务局向立法会财务委员会提交报告——《公司破产法例优化工作的咨询总结及新法定企业拯救程序的详细建议》。

关于对职工被拖欠到期债项的处理，2009～2010年咨询文件的结论得到继承，分阶段支付时间表中如下3点，基本形成共识：（1）公司必须在临时监管展开后的第30天或之前，支付公司在临时监管前所欠职工的应付薪酬，最高付款额为破产欠薪保障基金所发放有关款项的上限；（2）公司必须在自愿偿债安排获批准后的45日内，或如债务人控制财产的期限获延长，由批准延长暂止期当日起计的45日内，支付在临时监管展开前被终止雇佣的职工的代通知金及遣散费欠款、未放年假薪酬及未放法定假日薪酬，最高付款额为破产欠薪保障基金所发放有关款项的上限；（3）公司必须在自愿偿债安排生效后的12个月内，清付其余在监管前的职工应得款项，包括未按照《强制性公积金计划条例》或《职业退休计划条例》支付的雇主供款。④

该建议还强调，如果没有完成对职工的清偿，或者自公司拯救程序开始

---

① The Financial Services and the Treasury Bureau, *Review of Corporate Rescue Procedure Legislative Proposals*, *Consultation Conclusions*, published in 2010, para. 68.

② The Financial Services and the Treasury Bureau, *Review of Corporate Rescue Procedure Legislative Proposals*, *Consultation Conclusions*, published in 2010, para. 71.

③ The Financial Services and the Treasury Bureau, *Review of Corporate Rescue Procedure Legislative Proposals*, *Consultation Conclusions*, published in 2010, para. 63（c）.

④ Legislative Council Panel on Financial Affairs, *Consultation Conclusions on Corporate Insolvency Law Improvement Exercise and Detailed proposals on a new Statutory Corporate Rescue Procedure*, for discussion, published on 7 July 2014, para. 20.

时产生的债项逾期未还，将不会受到暂停期的限制，而且可以针对该公司提出清盘申请。[①]

五、2020年的最新努力和进展

2020年11月，香港特别行政区起草《公司（企业拯救）条例草案》的消息再度见诸报端。这是停滞并时隔多年后，香港特别行政区再次就构建公司拯救机制所作出的最近的努力。

据散见于律所及媒体的消息，企业拯救程序中职工权益保障问题在目前的草案中依旧受到广泛关注。目前形成的方案是分阶段支付职工欠薪：（1）在临时接管程序启动之日起30日内，债务人企业应该以《破产欠薪保障条例》所规定的上限，结清职工的欠薪；（2）在自愿偿债安排被批准后45日内，债务人企业应该以《破产欠薪保障条例》所载明的上限，结清未支付的代通知金、遣散费、未放年假及法定假期的薪酬；（3）在自愿偿债安排被批准后12个月内，应结清破产企业职工在破产程序启动前未结清的所有款项，其中还包括《强制性公积金计划条例》下的所有款项。[②] 截至本书定稿之日，香港特别行政区行政或立法机构尚未就《公司（企业拯救）条例草案》发布任何信息；坊间乐观预期2021年上半年，香港特别行政区政府将向立法会提交法律草案。

六、未来展望：破产欠薪保障基金应该覆盖公司拯救机制吗?

通过上述年表式的梳理，我们很容易发现，在香港特别行政区公司拯救机制构建过程中，破产企业职工权益保护问题依然是主要障碍。破产企业职工拖欠工资及其他债项问题，仍是改革中的主要难题。如果要求处于财务困

---

① Legislative Council Panel on Financial Affairs, *Consultation Conclusions on Corporate Insolvency Law Improvement Exercise and Detailed Proposals on a new Statutory Corporate Rescue Procedure*, for discussion, published on 7 July 2014, para. 22.

② Ludwig Ng & Ivy Wang:《企业拯救条例草案的最新进展》载ONC Lawyers网，载https://s3.amazonaws.com/documents.lexology.com/e82f6381-fe5e-4209-b948-28297b4a81aa.pdf?AWSAccessKeyId=AKIAVYILUYJ754JTDY6T&Expires=1617240512&Signature=o7CuLw9kx515qIhVwnNxGEEIzMw%3D，最后访问日期：2021年4月1日。

境的企业全额支付职工待付薪酬，不仅拯救无望，同时也会使得债务人企业的财务状况雪上加霜。在一定程度上，这个问题已经形成死结。在当前，香港特别行政区的企业拯救制度并没有更多的进展。

对此问题，扩大破产欠薪保障基金的保障范围可能是值得尝试的道路。如果破产欠薪保障基金的覆盖范围能够扩大到公司拯救程序中，使所有职工在清盘程序和临时监管程序中都能被破产欠薪保障基金所保障。这样的话，将十分有利于临时监管制度的设立，也能够帮助越来越多的困境企业得到拯救。

很明显，破产欠薪保障基金委员会对于扩大破产欠薪保障基金的保障范围持否定态度。在企业拯救制度的立法过程中，破产欠薪保障基金委员会已经反复表明这种态度，强烈反对任何扩大破产欠薪保障基金范围的观点。破产欠薪保障基金委员会反对的主要原因，就是担心破产欠薪保障基金的财务状况。

然而，现有证据可以证明破产欠薪保障基金现在的财务状况能够在企业拯救程序中涵盖所有职工。根据2003年以来破产欠薪保障基金委员会的年度财政报告可以看出来，破产欠薪保障基金的财务状况，比起以前已经有了很大改善。例如，在2013～2014年，破产欠薪保障基金收入44,890万港元，支出4760万港元用于特惠支付。因此破产欠薪保障基金登记该年有42,590万港元的盈余。而且，在2014年3月31日，破产欠薪保障基金累积的盈余已经达到371,310万港元。①

既往经验已经证明，破产欠薪保障基金财务状况的改善，可能成为推动《破产欠薪保障条例》修订的最强大的力量，从而使其可以涵盖“未放年假”及“未放法定假日”。② 2012年4月18日，香港特别行政区立法会通过《破

① PWIF Board, Annual Report of the Protection of Wages on Insolvency Fund Board 2013 - 14, p. 13.

② Bills Committee on PWIO, pp. 1 - 3.

产欠薪保障（修订）条例》。[①] 在《破产欠薪保障条例》最新修订中，金额和期限也有一些变化。破产欠薪保障基金首次在工资、代通知金及遣散费之后规定了“未放法定假日”及“未放年假”，这是不断推进破产欠薪保障基金范围扩大化的最新成果。

而且有必要指出的是，前述修订并不是破产欠薪保障基金第一次扩大其范围。在破产欠薪保障基金设立初期，破产欠薪保障基金只涵盖限额为8000港元的工资；但是后来的四年中，破产欠薪保障基金涵盖的范围逐渐扩大，1987年扩张到代通知金，1989年扩张到遣散费。[②]

查阅《破产欠薪保障条例》的立法史可以获知，扩大破产欠薪保障基金适用范围的倡议一直未停息，其中有一些获得成功。1996年2月，立法委员李卓人（Lee Cheuk Yan）提交了一份提高职工在其企业破产时待遇的提案，从那时起，实质性提高各种诉求的支付上限：拖欠工资的上限翻倍，从1.8万港元提高到3.6万港元，代通知金从6000港元提高到22,500港元，遣散费从2.4万港元加上超过数额的50%提高到22,500港元加超过数额的50%。[③] 此外，在2007年1月10日，李凤英（Hon Li Fung－ying）在立法会提交其关于破产欠薪保障基金的问题，即是否考虑扩大破产欠薪保障基金的范围，以使其涵盖雇主拖欠的强制性公积金，因为破产欠薪保障基金的盈余已达6亿港元。[④] 时任香港特别行政区经济发展及劳工局秘书叶澍堃（Stephen Ip）在立法会对此书面答复：“政府无意扩大破产欠薪保障基金的覆盖范围使其涵盖拖欠的强制性公积金，其不构成《雇佣条例》项下的工资

---

① PWIO Amendment（2012）.

② Ng Shuk－fong，Betty，An Evaluation of the Extent of Protection of Employee's Legal Entitlements in the Event of Insolvency in Hong Kong，Master degree thesis in Public Administration in University of Hong Kong，June 2000，p. 84.

③ Ng Shuk－fong，Betty，An Evaluation of the Extent of Protection of Employee's Legal Entitlements in the Event of Insolvency in Hong Kong，Master degree thesis in Public Administration in University of Hong Kong，June 2000，p. 85.

④《立法会十三题：破产欠薪保障基金》，经济发展及劳工局局长叶澍堃书面答复李凤英议员，2007年1月10日。

或劳动待遇。尽管如此，若破产雇主克扣职工的工资以缴纳职工的强制性公积金，就4个月时限内的拖欠的金额已构成破产欠薪保障基金所覆盖的范围。”①

Philip Smart 和 Charles D. Booth 曾提出扩大破产欠薪保障基金适用范围的三个主要理由：其一，在未来进入临时监管程序的企业数量，远低于进入清盘程序企业的数量。其二，临时监管程序的目的是防止企业清算，而在清算中破产欠薪保障基金将不得不支付拖欠职工的待遇，因此破产欠薪保障基金所需额外承担的来自那些倾向于进入临时监管程序企业财务负担的数量很少。其三，通过行使临时监管程序中的代位权，破产欠薪保障基金所付的款项，将追回一定的比例。由此，两位作者强调，对破产欠薪保障基金财务有利的一面是临时监管将保持已经丧失的就业机会。② 在另一篇文章中，Charles D. Booth 和 Trevor N. Lain 确认，消除将公司强行清算刺激的简单方式，是向劳动诉求提供预付款，及扩大破产欠薪保障基金在临时监管的作用。③ 在他们看来，适用破产欠薪保障基金的资金满足职工的诉求，具有巨大优势，这将释放重整中所需的大量资金，同时消除过往雇佣和现有雇佣对重整程序的损害风险。一个被普遍接受的观点便是，如果重整最终失败，那么破产欠薪保障基金将面临更糟糕的境地，因为其将通过和普通清算程序中一样的代位权，多少追回一部分款项。他们认为，扩大破产欠薪保障基金的适用范围，是“对公司拯救最好的方案”。④

但是，将破产欠薪保障基金的适用范围扩大至公司拯救机制并不容易。一个重要担心是其较低的追回率。在现有清盘案件中，尽管破产欠薪保障基

① 《立法会十三题：破产欠薪保障基金》，经济发展及劳工局局长叶澍堃书面答复李凤英议员，2007年1月10日。

② Philip Smart & Charles D. Booth，“Provisional Supervision and Workers' Wages：An Alternative Proposal”，*Hong Kong Law Journal*，2001，v. 31 n. 2，pp. 195－196.

③ Charles D. Booth & Trevor N. Lain，“Rescuing Hong Kong Companies with Provisional Supervision：Proposals that Workers and Management Can Support”，24 May 2010，p. 7.

④ Charles D. Booth & Trevor N. Lain，“Rescuing Hong Kong Companies with Provisional Supervision：Proposals that Workers and Management Can Support”，24 May 2010，p. 8.

金可以代位进入清盘程序，但整体追回概率很低，在临时监管的拯救程序中概率会不会很高，是个疑问。①

破产欠薪保障基金委员会不愿扩大破产欠薪保障基金适用范围的另一个理由，是这可能鼓励不良雇主滥用破产欠薪保障基金，尽管官方接管人的统计表明，破产欺诈率远低于1%。但是，若不良雇主明知其无法支付到期工资而蓄意用工，此等恶意行为可能面临劳动部门的起诉。②

在这种情况下，设立另一个基金以便保护职工在临时监管程序中的诉求，似乎更为可行。有人建议，若重整成功，该基金应被授予代位权，若重整失败或清算发生，则该基金可向破产欠薪保障基金申请拨款。③ 代位权的行使将减轻人们的顾虑，其功能将很快丧失，且其仅仅是在“资助正在走向失败的公司”，而破产欠薪保障基金是在“资助已经失败的公司”。④ 有人建议为了减少重整失败时向职工提供资金方的损失，该等当事人也应当被授予对破产欠薪保障基金的代位权。⑤

与其他建议相比，笔者更倾向于扩大破产欠薪保障基金的适用范围。很明显，在过去几十年中，破产欠薪保障基金在保护公司清盘时职工的工资、代通知金、遣散费中起到了非常显著的作用。由于经济环境的动态变化，破产欠薪保障基金的财务状况也几经变化，眼下处于一个相当安全的状况中。从财务状况的角度而言，扩大破产欠薪保障基金的作用或职能是可行的。

香港缺乏现代化的公司拯救机制，这与其作为世界经济中心之一的地位很不匹配，一定程度上也成为其发展的瓶颈。香港若能设置拥有具有香港特

---

① Charles D. Booth & Trevor N. Lain, “Rescuing Hong Kong Companies with Provisional Supervision: Proposals that Workers and Management Can Support”, 24 May 2010, p. 8.

② Charles D. Booth & Trevor N. Lain, “Rescuing Hong Kong Companies with Provisional Supervision: Proposals that Workers and Management Can Support”, 24 May 2010, pp. 8 – 9.

③ Charles D. Booth & Trevor N. Lain, “Rescuing Hong Kong Companies with Provisional Supervision: Proposals that Workers and Management Can Support”, 24 May 2010, p. 9.

④ Charles D. Booth & Trevor N. Lain, “Rescuing Hong Kong Companies with Provisional Supervision: Proposals that Workers and Management Can Support”, 24 May 2010, p. 9.

⑤ Charles D. Booth & Trevor N. Lain, “Rescuing Hong Kong Companies with Provisional Supervision: Proposals that Workers and Management Can Support”, 24 May 2010, p. 9.

色的企业拯救程序，社会各界都将受益良多。当前，香港构建公司拯救机制所面临的核心问题，还是职工权益的保障问题。是否扩大破产欠薪保障基金的适用范围，以涵盖受临时监管程序影响的职工，已成为摆在立法者桌面亟待解决的问题，这需要在临时监管程序中的职工权益保护和破产欠薪保障基金财务的良好运行间，达到某种程度的平衡。

第三节　欧盟预防性重组程序中的职工权益保障

一、欧盟预防性重组机制的构建及工会的作用

2019 年 6 月 20 日，欧盟立法机构通过《第 2019/1023 号指令》，聚焦于“预防性重组”制度（preventive restructuring frameworks）的建构。① 按照欧盟法的体系，该指令将在颁布后两年内，由各成员国转化为成员国法，然后在全欧盟范围内推行。

“预防性重组”的提出，是基于这样的背景：破产程序启动一般都较晚，往往会导致债务人错过拯救的良机；而且在不同国家和社会，债务人企业可适用的重组程序千差万别，公众对于破产制度的认知往往存在较大差异，破产程序的启动有可能会让整个企业辛苦积累的良好声誉毁于一旦。因此，“预防性重组”预期通过早期预警机制，尽早发现危困企业，通过及时重组，避免不良债权的攀升，千方百计防止债务人陷入破产境地，进而也避免对有拯救价值的债务人企业破产清算。这种拯救既可以保证债权人获得高于破产清算的清偿，也能保障就业，实现出资人和整个经济体利

① Directive（EU）2019/1023 of the European Parliament and of the Council of 20 June 2019 on preventive restructuring frameworks，on discharge of debt and disqualifications，and on measures to increase the efficiency of procedures concerning restructuring，insolvency and discharge of debt，and amending Directive（EU）2017/1132（Directive on restructuring and insolvency）（Text with EEA relevance.）PE/93/2018/REV/1，*OJ* L 172，26，6，2019，pp. 18 – 55.

益的最大化。作为前置性条件，欧盟《第 2019/1023 号指令》要求每个成员国都应广泛应用现代科技尤其是 IT 技术，设置便捷、可用且用户友好的债务人破产早期预警体系，比如停止支付的提醒机制、政府或社会中介提供的咨询服务、会计税收社保等第三方机构获得的债务人信息等，进而能够及时、尽早启动“预防性重组”程序。从其本质而言，“预防性重组”是一种司法程序，既有庭外重组程序的优点，也有庭内重整程序的优点。“预防性重组”从避免债务人破产这一前提出发，可以通过“预防性重组”的程序和技术，尽早地扭转债务人的颓势，助力其走出财务困境，踏上发展的康庄大道。①

在欧盟“预防性重组”指令构建过程中，欧洲工会联盟（European Trade Union Confederation）发挥了非常重要的作用，推动“预防性重组”框架对职工权益的特别关注。在 2016 年 11 月 22 日，欧盟理事会提出“预防性重组”动议后，欧洲工会联盟就迅速回应，在其 2016 年 12 月 14～15 日的执行委员会会议上，以职工权益保障为核心，形成欧洲工会联盟对欧盟理事会建立“预防性重组”的基本立场：第一，“预防性重组”指令应该聚焦于职工权益保障，而不是银行权益，更不是给银行特殊优先地位；第二，欧盟委员会应利用讨论该指令，与策略性地利用破产机制否决或者伤害职工权益做斗争；第三，该指令应该确保职工退休金的足额保障；第四，欧洲工会联盟拒绝任何直接或间接干预职工权益优先顺位的行为，尤其是该指令规定的通过强制裁定压制异议债权人意见的做法；第五，该指令应该给职工更多保障，尤其是职工必须享有由工会代表的权利，应通过合理方式及时获得相关预防性重组计划的信息，并应征求工会意见，确保工会能够充分参与集体行动谈判；第六，保障《第 98/59/EC 号指令》有关集体裁员和《第 2001/23/EC 号指令》有关破产转让时职工权益保障中规定的权益；第七，董事、企业家和破产执业者等，如果在“预防性重组”程序中有涉及职工权益的不当行

① 陈夏红：《欧盟“预防性重组”，一种新破产理念的崛起》，2020 年 1 月 14 日首发于澎湃财经频道“澎湃商学院”栏目。

为，应该受到更严厉的惩戒。① 在该指令投票表决前夕，欧洲工会联盟专门致函欧洲议会，表达了该机构对指令文本的“极度失望”，认为其在“预防性重组”的职工代表参与方面，给予了各成员国过多的裁量空间；另外，欧洲工会联盟提出的将职工代表纳入债权人委员会的建议也未获得采纳。②

二、欧盟预防性重组机制对职工权益问题的关注

事实上，如果不看欧洲工会联盟的抱怨，单纯看《第 2019/1023 号指令》最终通过的文本本身，不难发现该指令对破产企业职工权益保护问题，已经从程序和实体层面，做了多重保障：

（1）任何重组性操作都需要与利益相关者充分对话，与重组相关的主要举措、替代选择都应该囊括在对话中，而且必须要按照欧盟法和成员国法，通过恰当的方式让职工代表参与对话。③

（2）为提高职工和职工代表对“预防性重组”的支持，成员国应确保职工代表可以及时获得相关且最新的有关预警工具的信息，亦应确保职工代表可获悉债务人的经济状况。④

（3）为促进“预防性重组”的效益，减少推迟和成本，成员国“预防性重组”框架应包含灵活性的程序；如果按照成员国法，允许债权人或职工代表启动“预防性重组”程序，且债务人属于中小企业，成员国应要求把债务

---

① European Trade Union Confederation, *ETUC Position on Protecting Workers in the context of the Commission Proposal for a Directive on Preventive Restructuring, Second Chance, Insolvency and Discharge Procedures*, Adopted at the Executive Committee Meeting of 14 – 15 December 2016, published on Brussels 13 February 2017, see at: https://www.etuc.org/en/document/etuc – position – protecting – workers – context – commission – proposal – directive – preventive, last visited: 12 March 2021.

② European Trade Union Confederation, “No to another missed chance”, press release on 22.01.2019, see at: https://www.etuc.org/en/pressrelease/no – another – missed – chance, last visited: 12 March 2021; European Trade Union Confederation, “Vote on the insolvency directive – No to another missed chance”, published on 22.01.2019, see at: https://www.etuc.org/en/circular/vote – insolvency – directive – no – another – missed – chance#_ftn1, last visited: 12 March 2021.

③ Recital (10), Directive (EU) 2019/1023.

④ Recital (23), Directive (EU) 2019/1023; Art. 3.3, 3.5, Directive (EU) 2019/1023.

人的同意视为启动该程序的前置条件，亦可把该要求扩大到大型企业。①

（4）通过“预防性重组”程序，职工应享有完全的劳动法保护。特别需要强调的是，《第 2019/1023 号指令》不得妨碍其他指令所保障的职工权益，其中包括《第 98/59/EC 号指令》《第 2001/23/EC 号指令》《第 2002/14/EC 号指令》《第 2008/94/EC 号指令》和《第 2009/38/EC 号指令》。经过成员国法律转化的这些指令所要求的信息发布和征求职工意见的义务，包括根据《第 2002/14/EC 号指令》寻求预防性重组框架时，通知和征求职工代表意见，依旧有效。②

（5）为了确保职工及职工代表可以深入评估多种前景，应该按照欧盟法规定，向职工和职工代表提供重组计划草案的信息。另外，为了满足欧盟法规定的征求意见要求，职工和职工代表应该纳入征求意见的范围。为了确保对职工适度水平的保护，成员国应要求从任何中止的个人执行措施中，豁免职工的待付薪酬，而不用考虑该债权产生于中止之前还是中止之后。只有在职工待付薪酬的数额和时间都得到成员国法规定其他形式同等水平的有效保护时，才能允许中止对职工待付薪酬的执行。如果成员国法规定限制破产欠薪保障基金的责任，无论是限定破产欠薪保障基金覆盖的时间还是额度，即便在中止期间，职工也可以向债务人企业执行任何缺额部分。或者，成员国可以在预防性重组框架中排除职工债权，而在成员国法中提供相应保护。③

整体来看，上述程序和实体保障在欧盟传统的以保障基金为核心的保障模式之外，又在“预防性重组”中强化了对职工及职工代表执行权、参与权的保障，与欧盟劳动法体系和重视职工权益保障的劳动政策保持一致。在《第 2019/1023 号指令》通过之后，欧洲工会联盟又针对如何在预防性重组

---

① Recital (29), Directive (EU) 2019/1023; Art. 4. 8, Directive (EU) 2019/1023.

② Recital (60), Directive (EU) 2019/1023; Art. 8. 1. (g). (iii), Directive (EU) 2019/1023; Art. 13. 1. (b), Directive (EU) 2019/1023.

③ Recital (61), Directive (EU) 2019/1023.

程序中妥善保障职工权益，及时跟进发布了相关报告和指南。①

三、部分欧盟成员国重整法律机制及破产企业职工权益保护

在欧盟成员国，转化《第2019/1023号指令》的行动方兴未艾。根据媒体的报道，目前已有部分成员国如西班牙、德国等完成了这一进程。其中德国新通过的法律，在2021年1月1日开始实施。② 2020年4月，国际破产协会（INSOL International）发布了有关欧盟成员国转化《第2019/1023号指令》的报告；根据该报告，截至报告发布时，已有比利时、法国、德国、意大利、波兰、西班牙、荷兰、英国完成相关转化。③ 预计所有成员国都完成转化后，欧盟官方会发布相关报告。

鉴于上述《第2019/1023号指令》尚未全部转化完成，本部分拟简述欧盟主要成员国如法国、德国和荷兰重整程序中职工权益保护机制。

（一）法国

在法国，破产企业职工权益保护机制与困境企业重整立法的历史，紧密结合在一起：

在1967年的改革中，改革的核心并非企业的存续，而是促进债务人对债权人的清偿，职工对困境企业重整程序参与极为有限，“企业员工并不只要求偿付拖欠的工资，他们更希望能够及时得到企业境况的消息，能够参加重整计划的制订，以便尽可能地避免企业裁员。1967年的法律并没有设计债权

---

① European Trade Union Confederation, Strengthening Workers'Voices in case of Insolvencies - ETUC Report and Guidelines, published on 24 June 2020, see at: https://www.etuc.org/sites/default/files/publication/file/2019-10/Brochure%20Insolvency%20report_EN_v3_FINAL.pdf, last visited: 12 March 2021.

② Andreas Lehmann, "Germany Implements New Insolvency Laws and Restructuring Tools", publish on *National Law Review*, Volume XI, Number 7, online published on January 7, 2021, available at: https://www.natlawreview.com/article/germany-implements-new-insolvency-laws-and-restructuring-tools, last visited: 5 April 2021.

③ INSOL International, *Reforms in selected EU Member States in Light of the Directive on Preventiverestructuring Frameworks*, publishend on 29 April 2020 via INSOL International email to its Members, pp. 10-130.

人、司法部门和企业员工之间的商议程序。这些企业员工感觉到被排除在事件解决程序之外，往往会采取一些极端而无效的行动：非法监禁企业负责人、占领工厂、切断铁路、公路交通等。”①

而1985年的改革，则实现由破产法到困境企业法的过渡，保护企业继续生存、维持企业的经营业务与企业员工的就业、清理企业债务成为司法重整程序的三个目标。② 按照1985年法国困境企业重整法的制度设计，特别强调了职工代表对于重整程序的参与权。③ 尤其是在重整观察期的裁员问题处理上，需要一系列极为严苛的控制：就裁员原因而言，必须十分紧迫、不可避免和很有必要；就程序而言，必须获得法官监督人批准；另外，裁员还必须遵守《劳动法》规定，征求企业委员会或者职工代表意见，通知行政机关；管理人也负有义务将其从企业委员会和职工代表中获得的意见，以及职工补偿及重新安排工作所采取措施等问题，向特派法官提交。④

显而易见，法国企业重整程序对于保障职工就业的特别强调，给我们思考重整制度与破产企业职工权益保护提供了很好的素材和视角。至少今天的重整立法中，很少再有类似法国这样在立法宗旨中强调保障就业目标的例证。

（二）德国

德国的重整程序制度设计中，特别注重重整企业职工对债权人委员会的参与。按照《德国支付不能法》规定，债权人委员会成员除了担保债权人代表、最大额普通债权人以及小额债权人之外，还应有职工代表，“雇员作为支付不能债权人，具有非为不显著的债权时，在该委员会应当有一名雇员代表”。⑤

---

① 王玉梅：《法国困境企业重整制度的改革及其启示》，载《法商研究》2004年第5期，第127页。

② 王玉梅：《法国困境企业重整制度的改革及其启示》，载《法商研究》2004年第5期，第127~128页。

③ 转引自贺丹：《破产重整控制权的法律配置》，中国检察出版社2010年版，第107页。

④ 王福强：《破产重整中的营业保护机制研究》，法律出版社2015年版，第245页。

⑤ 《德国支付不能法》，第67条。转引自贺丹：《破产重整控制权的法律配置》，中国检察出版社2010年版，第65页。

（三）荷兰

荷兰重整程序对于劳动合同的影响，雅各布认为："由于破产情形中大多数有关解雇的特殊规则并不适用破产前的程序，这一事实严重强化了破产程序与破产前程序之间的区别。由此导致破产前程序对那些试图重整企业的雇主的吸引力有所下降。"[①] 笔者不太确定的是，这里的"破产前程序"是不是对"预重整"的误译，有求于方家。雅克布还指出，在大规模失业浪潮中，政府往往会通过各种方式为困境企业提供支持，延长招聘补贴，通过政府工程或者增加公务员来保障就业；但20世纪80年代以来，除非特别大型的突发事件，政府的产业政策越来越倾向于宏观经济政策、税收政策等，政府直接补贴企业的情形受制于欧盟规范，发挥作用的空间越来越小：有数据表明，荷兰政府给企业的直接补贴，占GDP的比例只有不到0.9%，与欧盟国家平均水平持平。[②] 这也意味着，对于荷兰困境企业职工权益的保障，政府直接干预的可能性越来越小。

结　　语

本书副标题特别强调了"程序"，笔者的原意是分别考察破产清算程序中破产企业职工权益保护，和破产重整程序中破产企业职工权益保护。因为对于破产重整程序中职工权益保护问题的特别强调，最终这个问题成为独立的一章。

显而易见，重整语境的破产企业职工权益保护问题，与破产清算语境下的破产职工权益保护问题有着较大的不同。在坚持给予职工特别保护这一理

① ［荷］安托内·T. J. M. 雅各布：《荷兰劳动法》，蔡人俊译，商务印书馆2018年版，第138页。

② ［荷］安托内·T. J. M. 雅各布：《荷兰劳动法》，蔡人俊译，商务印书馆2018年版，第152页。

念的同时，由于重整程序的核心目标是企业存续，那么必然意味着以重整计划为核心的机制对职工权益保护的重新安排和调整。在这个十分专业化也十分商业化的过程中，传统的破产优先权模式或者破产欠薪保障基金模式，似乎都只能部分地发挥作用。这种困境，应该说也对我们进一步思考重整语境下破产企业职工权益保护问题，提供了十分广阔的空间。囿于篇幅和时间限制，有关破产企业职工权益保护与重整程序的交互关系，在未来值得进一步探索。

第六章

跨境破产情境下破产企业职工权益保护模式

导　语

如本书导语所示，本书拟分非跨境破产和跨境破产两种情境，分别对以我国内地为代表的破产优先权模式、以香港为代表的破产欠薪保障基金模式和以欧盟为代表的混合模式，展开比较研究。本书第1~3章分别对每种模式做了探索。本章拟特别考察跨境破产情境下，前述3种不同模式对于破产企业职工权益的特殊制度设计。

在跨境破产程序中如果破产程序中涉及劳动合同的管辖问题，国际范围内比较普遍的共识是适用例外规则。联合国国际贸易法委员会的《贸易法委员会破产法立法指南》中，对此有特别论述：

某些法律实行例外是为了维护受本国法律特别保护的某些权利或利益不受外国法院地法破产效力而可能造成的不确定性或不统一性的影响。例如，关于劳动合同，可能从财务安全网的角度给予工人特别（通常是强制性的）保护，或对破产时否定或变更这些合同加以限制。这些规定的基本理由在于保护员工对于其就业合同的合理期望，承认工人与其雇主相比所处的谈判地位可能较弱，以及确保对同一国家内工作的劳动者一视同仁，无论他们是受雇于本国还是外国的雇主。在一些国家，此类保护仅适用于个人就业合同，在另一些国家，这些规定也适用于集体谈判协议。[①]

下文将分别考察我国内地、我国香港特别行政区及欧盟跨境破产情境下，对于破产企业职工权益的保护。当然，作为必要的铺垫，下文将不得不花费一定的篇幅，综述3个法域跨境破产法律机制的发展和制度基础。否则的话，跨境破产情境下破产企业职工权益保护，将是无本之木。

第一节　我国跨境破产机制及破产企业职工权益保障

一、我国的跨境破产法律体系

（一）立法史探源

在我国改革开放的历史性进程中，包括跨境破产立法在内，地方往往先于中央而动，站在改革开放和破产法发展及实务需要的最前沿。

在地方层面，我国关于跨境破产的最早规定，出现在1986年深圳的外商投资相关法律中。[②] 该地方法规采取地域主义的立场，明确宣告境外法院做出的破产宣告，在深圳将不会被自动承认和执行。[③] 该规定在1993年《深圳经济特区企业破产条例》中被废除。[④] 与深圳类似，在中国的很多地方，相关处理跨境破产的法规都出现在有关外商投资企业的文件中。在北京，由北京市人民代表大会常务委员会1993年11月30日通过《北京市外商投资企业清算条例》中规定，在清算程序中，处理一家资不抵债的外商投资企业有3种方式：（1）外国投资者的股份在资不抵债时，可以转移到一个新的外国投

① 联合国国际贸易法委员会：《贸易法委员会破产法立法指南》，联合国2006年版，第65页。

② Xianchu Zhang & Charles D. Booth, "Chinese Bankruptcy Law in an Emerging Market Economy: The Shenzhen Experience", 15 *Colum. J. Asian L.*, (2001－2002), p. 26.

③ 1986年《深圳经济特区涉外公司破产条例》第5条。

④ Xianchu Zhang & Charles D. Booth, "Chinese Bankruptcy Law in an Emerging Market Economy: The Shenzhen Experience", 15 *Colum. J. Asian L.*, (2001－2002), p. 26.

资者，借此避免任何干扰业务运行的负面影响；（2）在资不抵债时，外国投资者的股权可以转移给该合资公司的其他股东；（3）如果没有第三方愿意购买股票，合资企业必须通过清算解散。[①]《北京市外商投资企业清算条例》已于2004年废止。

在中央层面，在《企业破产法》通过之前，我国并没有关于跨境破产的法律。但在涉及外商投资清算的部门规章中，倒可以依稀见到跨境破产处理的基本机制。[②] 比如，1996年7月9日原对外贸易经济合作部发布的《外商投资企业清算办法》，该办法适用于所有在中国的外商投资企业。[③] 该办法设定普通清算程序和特别清算程序。[④] 按照该办法，在普通清算程序启动后，破产的外商投资企业应组成清算委员会，负责与清算相关各项事务，其中包括："（一）清理企业财产，编制资产负债表和财产清单，制定清算方案；（二）公告未知债权人并书面通知已知债权人；（三）处理与清算有关的企业未了结的业务；（四）提出财产评估作价和计算依据；（五）清缴所欠税款；（六）清理债权、债务；（七）处理企业清偿债务后的剩余财产；（八）代表企业参与民事诉讼活动。"[⑤] 这里未进一步明确所清理的财产是否包括境外的资产，债权人中也未明确是否包括境外的债权人。按照原外经贸部《外商投资企业清算办法》（1996）规定："清算财产优先支付清算费用后，按照下列顺序清偿：（一）担保债权；（二）职工的工资、劳动保险费；（三）国家税款；（四）其他债务。"[⑥] 而在特别清算中，将由企业审批机关或其委托的部门，组织中外投资者、有关机关的代表和有关专业人员成立清算委员会，并

① Xianchu Zhang & Charles D. Booth, "Beijing's Initiative on Cross – border Insolvency: Reflections on a Recent Visit of Hong Kong Professionals to Beijing", 10 *Am. Bankr. Inst. L. Rev.*, (2002), pp. 30 – 31.

② Xianchu Zhang & Charles D. Booth, "Beijing's Initiative on Cross – border Insolvency: Reflections on a Recent Visit of Hong Kong Professionals to Beijing", 10 *Am. Bankr. Inst. L. Rev.*, (2002), p. 31.

③ 1996年《外经贸部外商投资企业清算办法》第2条。

④ 1996年《外经贸部外商投资企业清算办法》第3条。

⑤ 1996年《外经贸部外商投资企业清算办法》第11条。

⑥ 1996年《外经贸部外商投资企业清算办法》第25条。

向企业审批机关报告工作。[①]《外商投资企业清算办法》（1996）在2005年《公司法》修改后，也由国务院于2008年废止。

然而，面对法律上的空白，实践中对中国跨境破产机制的迫切需要却从未止息，越来越多的境外投资者试图通过跨境破产机制，为投资的安全性增加保险。[②] 我国立法机构也一直在努力。1994年启动破产法起草程序后，即在1995年的草案中，根据属地原则确定了跨境破产制度的雏形。2001年的破产法草案，第一次提到跨境破产条款。从那时起，它成了所有草案中的常规内容。[③]

另外，早在2002年，最高人民法院发布的1986年《企业破产法（试行)》的司法解释中，也首次提到有关跨境破产的处理原则。该司法解释规定，关于破产财产的回收、处理和实现，"清算组有权收回该国境内外的破产企业的财产"。[④] 显然，这条规定并未针对1986年《企业破产法（试行)》的某条规定解释，而是在原有法律涉及清算组职责的基础上，做出突破性的解释。这是我国司法政策层面首次正式触及跨境破产问题。遗憾的是，该解释未能进一步明确我国清算组在回收境外资产时适用的法律。[⑤]

这一司法解释和前述有关跨境破产的草案，在2002年的破产法草案中得以继承。根据2002年的破产法草案，有关跨境破产的规定出现在第8条：

在外国破产程序的过程中，适用于债务人财产的外国当事人在中华人民共和国境内执行的，人民法院可以裁定批准，但下列情况除外：

（1）如果该国与中华人民共和国之间没有相关的条约或互惠关系；

---

① 1996年《外经贸部外商投资企业清算办法》第36、42条。

② Qingxiu Bu, "China's Enterprise Bankruptcy Law（EBL2006）: Cross – border Perspectives", Vol. 18, *Int. Insolv. Rev.*, 2009, pp. 187 – 188, 189.

③ Charles D. Booth, "The 2006 PRC Enterprise Bankruptcy Law: The Wait is Finally Over", Vol. 20, *S. Ac L. J.*, 2008, p. 312.

④ 最高人民法院《关于审理企业破产案件若干问题的规定》（2002年7月18日最高人民法院审判委员会第1232次会议通过，法释〔2002〕23号）第73条。

⑤ Charles D. Booth, "The 2006 PRC Enterprise Bankruptcy Law: The Wait is Finally Over", Vol. 20, *S. Ac L. J.*, 2008, p. 312.

（2）如申请违反中华人民共和国的公共利益；

（3）如经批准可损害中华人民共和国的合法权益或权利；及

（4）人民法院认为应当考虑的其他因素。①

这一规定对承认外国破产程序的条件规定十分严苛，但与1995年草稿中属地原则相比，仍然是一个明显进步。② 在2004年草稿中，这项规定有2个重要修订：第一，在上述规定中，第4项被删除，因其赋予地方法官过多的自由裁量权；第二，序言中“可能”一词改为“应”。这种修正案明显缩小了地方法院的自由裁量权，旨在促进更大范围内的跨境合作。③

2004年10月的草案中，该文本获得进一步修订，由此直接成为2006年《企业破产法》第5条的重要组成部分。根据最新的文本，国际条约和互惠原则，成为中国处理跨境破产问题的基石。按照该规定，外国的判决书或书面破产令须满足一定条件，如遵循中华人民共和国法律的基本原则，不违反中国的主权、安全和社会公共利益，并没有侵犯中华人民共和国境内债权人的合法权益等，如果这些条件得到满足，我国法院将可能承担合作义务。④

（二）跨境破产法律机制

我国2006年《企业破产法》正式在立法层面，实现了跨境破产“零的突破”。该法规定：

依照本法开始的破产程序，对债务人在中华人民共和国领域外的财产发

① See at: Charles D. Booth, “The 2006 PRC Enterprise Bankruptcy Law: The Wait is Finally Over”, Vol. 20, *S. Ac L. J.*, 2008, pp. 312 – 313; Shi Jingxia, “A Summary of the Position on Cross – border Insolvency in China”, presented at the Second Forum for Asian Insolvency Reform (FAIR), Bangkok, Thailand, 16 & 17 December 2002, p. 3.

② Shi Jingxia, “A Summary of the Position on Cross – border Insolvency in China”, presented at the Second Forum for Asian Insolvency Reform (FAIR), Bangkok, Thailand, 16 &17 December 2002, p. 3.

③ Charles D. Booth, “The 2006 PRC Enterprise Bankruptcy Law: The Wait is Finally Over”, Vol. 20, *S. Ac L. J.*, 2008, p. 313.

④ Charles D. Booth, “The 2006 PRC Enterprise Bankruptcy Law: The Wait is Finally Over”, Vol. 20, *S. Ac L. J.*, 2008, p. 313.

生效力。

对外国法院作出的发生法律效力的破产案件的判决、裁定，涉及债务人在中华人民共和国领域内的财产，申请或者请求人民法院承认和执行的，人民法院依照中华人民共和国缔结或者参加的国际条约，或者按照互惠原则进行审查，认为不违反中华人民共和国法律的基本原则，不损害国家主权、安全和社会公共利益，不损害中华人民共和国领域内债权人的合法权益的，裁定承认和执行。①

这是我国《企业破产法》发展的重大突破之一。② 该条文比2004年10月草案的规定范围要窄，因为它否认从国际条约所产生的合作义务，而公共利益原则已超越主权、安全和社会利益。③ 该条文同时采用了普遍主义理论和修正后的普遍主义方法，④ 但没有采用联合国贸易委员会的《跨境破产示范法》。⑤

这一条可以分为两层：

第一层涉及我国破产裁定的域外效力。我国立法机构在这里采取了普遍主义的立场，明确确认我国法院做出的破产裁定，对债务人在中国境外的财产发生效力。这意味着，按照我国法院的宣示，相关破产裁定在境外应该直接得到承认和执行，而不顾债务人财产所在地的法律和司法主权。在实践中，这显然不容易在债务人财产所在国家得到执行。⑥ 由于其非常模糊和不精确

① 2006年《企业破产法》第5条。

② Mike Falke, "China's New Law on Enterprise Bankruptcy: A Story with a Happy End?", Vol. 16, *Int. Insolv. Rev.*, 2007, p. 73.

③ Charles D. Booth, "The 2006 PRC Enterprise Bankruptcy Law: The Wait is Finally Over", Vol. 20, *S. Ac L. J.*, 2008, p. 313.

④ Steven J. Arsenault, "Leaping over the Great Wall: Examine Cross – border Insolvency in China under the Chinese Corporate Bankruptcy Law", 21 *Ind. Int'l & Comp. L. Rev.*, 1, 2011, p. 20.

⑤ Mike Falke, "China's New Law on Enterprise Bankruptcy: A Story with a Happy End?", Vol. 16, *Int. Insolv. Rev.*, 2007, p. 73.

⑥ Mike Falke, "China's New Law on Enterprise Bankruptcy: A Story with a Happy End?", Vol. 16, *Int. Insolv. Rev.*, 2007, p. 74; Steven J. Arsenault, "Leaping over the Great Wall: Examine Cross – border Insolvency in China under the Chinese Corporate Bankruptcy Law", 21 *Ind. Int'l & Comp. L. Rev.*, 1, 2011, p. 20.

的语言，这种方法饱受批评。①

在本条规定中，“依照本法开始的破产程序，对债务人在中华人民共和国领域外的财产发生效力”需要准确理解。该规定大体符合国际范围内各国破产法立法的惯例，“长臂管辖”是国际范围内破产立法的普遍原则，也为实践层面争取破产司法领域的互利互惠打好基础。② 韩传华指出，中国法院做出破产裁定的效力之所以能及于债务人在境外的财产，主要是基于两个前提：第一，债务人是在中国境内注册的企业法人，其拥有的全部或者部分财产在境外，那么这部分在域外的财产也受中国法院所做破产裁定的约束，应纳入中国破产程序的破产财产；第二，债务人虽然在境外注册，但债务人在中国境内有住所地，正是基于此中国法院拥有了破产案件的管辖权，那么中国法院所做破产裁定的效力，同样基于该债务人在域外的所有财产。③ 这种效力在应然层面，不受中国是否与相关国家签署双边或多边条约或互惠原则审查的影响，也不受债务人财产国法院是否承认和执行中国法院破产裁定的影响；④ 但从实然层面，我国破产裁定能否在域外得到承认和执行，取决于很多因素，是否有双边或多边条约的存在，或者双方是否能够给于对方惠利，对最终的结果影响甚大，缔结双边或者多边条约也成为世界各国解决跨境破产案难题最主流的方式。

第二层涉及境外破产在我国的效力。我国立法机构在这里采取区域主义的立场，确认指导境外破产在中国承认和执行的两个前提，即我国参与缔结或者参加相关国际条约，或者通过互惠原则来审查。王卫国认为，原则上中国法院可以承认和执行域外法院的判决和裁定，但这种承认和执行是附有条

① Steven J. Arsenault, “Westernization of Chinese Bankruptcy: An Examination of China's New Corporate Bankruptcy Law through the Lens of the UNCITRAL Legislative Guide to Insolvency Law”, 27 *Penn St. Int'l L. Rev.* 45 (2008 – 2009), p. 62, p. 86; Steven J. Arsenault, “Leaping over the Great Wall: Examine Cross – border Insolvency in China under the Chinese Corporate Bankruptcy Law”, 21 *Ind. Int'l & Comp. L. Rev.*, 1, 2011, p. 3.

② 韩传华：《企业破产法解析》，人民法院出版社 2007 年版，第 22 ~ 23 页。

③ 韩传华：《企业破产法解析》，人民法院出版社 2007 年版，第 20 页。

④ 韩传华：《企业破产法解析》，人民法院出版社 2007 年版，第 20 页。

件的，而且这些条件必须同时具备：第一，相关判决和执行，必须是域外法院已经发生效力的判决或裁定，或者说是终局性判决或裁定；第二，该判决或裁定涉及债务人在中华人民共和国境内的财产，需要由中国法院协助执行；第三，有关承认和执行该判决或裁定的请求，应由中国法院按照相应国家是否与中国签有多边或双边条约来审查，如果没有条约，按照是否符合互惠原则来审查。[①] 这也就是《企业破产法》第 5 条第 2 款规定的内容所在，中国法院需要“依照中华人民共和国缔结或者参加的国际条约”审查；如果无相关双边或多边条约，那么我国法院则需要“按照互惠原则”审查。这为我国法院承认和执行境外破产提供了巨大的裁量权。这一规定在赋予法院很多自由裁量权的同时，将增加《企业破产法》在跨境破产中的不确定性，这将不可避免地导致外国债权人的清偿率降低，并接近我国债权人的清偿率。[②] 此外，由于我国目前尚未与任何国家或者地区签署与跨境破产有关的专门协议，我国也未加入任何与跨境破产有关的多边条约，这一条款的实际应用，很可能导致对境外债权人不利的解释。[③]

曾有人解释说，我国在处理跨境破产案件时拒绝普遍性原则的原因是，在 2006 年《企业破产法》草拟过程时，中国境内的外国投资比中国的对外投资要多很多，担心直接承认和执行外国破产判决，会对过于依赖外国投资的中国经济，产生不利影响。[④]

截至 2021 年 8 月，我国尚未与外国缔结任何涉及破产的双边或多边国际条约。也就是说，上述条款规定中依据双边或多边条约审查的原则，目前只有理论层面的意义。将来如真与域外国家或地区签署多边或双边条约，那么中国法院就应该按照条约的约定，审查外国破产管理人提出的承认外国破产

① 王卫国：《破产法精义》（第 2 版），法律出版社 2020 年版，第 21 ~ 22 页。

② Qingxiu Bu，“China's Enterprise Bankruptcy Law（EBL2006）：Cross - border Perspectives”，Vol. 18，*Int. Insolv. Rev.*，2009，p. 192，194.

③ Emily Lee & Karen Ho，“China's New Enterprise Bankruptcy Law：A Great Leap Forward，but Just How Far?”，*Int. Insolv. Rev.*，Vol. 19，（2010），p. 172.

④ Emily Lee & Karen Ho，“China's New Enterprise Bankruptcy Law：A Great Leap Forward，but Just How Far?”，*Int. Insolv. Rev.*，Vol. 19，（2010），p. 171.

程序的申请。鉴于《企业破产法》修订已被全国人大常委会法工委纳入2021年重点立法计划，这一条款有望迎来升级。

毋庸置疑的是，《企业破产法》通过处理我国破产程序的域外效力与境外破产在我国的效力，奠定了我国跨国破产法律制度的基石。[①] 这对于外国债权人确认并保障在中国境内的资产进而维护其合法权益，实现了极大的突破。[②] 这一条规定将为中国法院处理跨境破产案件奠定基础，为中国吸收外资和中国资本对外投资，创建一个共同的规则，为所有利益相关者提供更多的合法性，[③] 同时共同打造更好的市场化环境。[④]

2018年3月最高人民法院发布的《全国法院破产审判工作会议纪要》，在《企业破产法》第5条基础上，对其适用问题作出更为积极的引导：

49. 对跨境破产与互惠原则。人民法院在处理跨境破产案件时，要妥善解决跨境破产中的法律冲突与矛盾，合理确定跨境破产案件中的管辖权。在坚持同类债权平等保护的原则下，协调好外国债权人利益与我国债权人利益的平衡，合理保护我国境内职工债权、税收债权等优先权的清偿利益。积极参与、推动跨境破产国际条约的协商与签订，探索互惠原则适用的新方式，加强我国法院和管理人在跨境破产领域的合作，推进国际投资健康有序发展。

50. 跨境破产案件中的权利保护与利益平衡。依照企业破产法第五条的规定，开展跨境破产协作。人民法院认可外国法院作出的破产案件的判决、裁定后，债务人在中华人民共和国境内的财产在全额清偿境内的担保权人、职工债权和社会保险费用、所欠税款等优先权后，剩余财产可以按照该外国

① Qingxiu Bu, "China's Enterprise Bankruptcy Law (EBL2006): Cross – border Perspectives", Vol. 18, *Int. Insolv. Rev.*, 2009, p. 191 – 192; Charles D. Booth, "The 2006 PRC Enterprise Bankruptcy Law: The Wait is Finally Over", Vol. 20, *S. Ac L. J.*, 2008, pp. 313 – 314.

② Rakhi I. Patel, "A Practical Evaluation of The People's Republic of China's 2007 Enterprise Bankruptcy Law", (2009) 10 *U. C. Davis Bus. L. J.*, p. 110.

③ Qingxiu Bu, "China's Enterprise Bankruptcy Law (EBL2006): Cross – border Perspectives", Vol. 18, *Int. Insolv. Rev.*, 2009, p. 205.

④ Li Shuguang, "Bankruptcy Law in China: Lessons of the Past Twelve Years", *Harvard Asia Quarterly*, Vol. 13, No. 27, 23 February 2006, p. 3.

法院的规定进行分配。[①]

上述纪要，尽管没有直接的法律效力，但充分体现出最高人民法院在面对包括韩进破产案等一系列重大跨境破产案件后，有意识重构我国跨境破产规则体系的努力，也为实务中地方司法机构妥善处理跨境破产问题，提供了明确的指导意见。

二、我国跨境破产中的职工权益保障

显而易见，按照中国现行的跨境破产法律机制，涉及职工权益时，我们还是应该分两类跨境破产处理：

（一）我国破产裁定的域外承认

《企业破产法》第5条第1款规定："依照本法开始的破产程序，对债务人在中华人民共和国领域外的财产发生效力。"[②] 那么也就是说，按照我国《企业破产法》的规定，除了在程序层面确保职工全面参与破产程序，通过债权登记、参加债权人会议及遴选代表参加债权人委员会外，更为实质性的举措，则是相关破产程序中的管理人可以采取一切必要措施，来变现破产企业在境外的资产，从而尽可能扩大债务人财产的范围，尽可能提高职工债权的清偿比例。

（二）我国对境外破产程序的承认

面对境外破产裁定的承认和执行的请求，我国《企业破产法》第5条第2款已明确规定相关审查原则："对外国法院作出的发生法律效力的破产案件的判决、裁定，涉及债务人在中华人民共和国领域内的财产，申请或者请求人民法院承认和执行的，人民法院依照中华人民共和国缔结或者参加的国际条约，或者按照互惠原则进行审查，认为不违反中华人民共和国法律的基本原则，不损害国家主权、安全和社会公共利益，不损害中华人民共和国领域

① 2018年《全国法院破产审判工作会议纪要》第49、50条。

② 2006年《企业破产法》第5条。

内债权人的合法权益的，裁定承认和执行。”①

那么我国法院在面临境外破产程序承认和执行请求时，则可以按照中国缔结或参加的国际条约，或者按照互惠原则行使审查权。这个可以分为两种情况：

一方面，如果针对境外破产裁定承认和执行请求涉及的破产财产，在我国境内已经有破产程序启动，而且也涉及包括职工在内各类债权人的权益，对境外破产裁定的承认和执行，会使我国境内债务人财产变少，进而降低包括破产企业职工在内其他债权人的清偿率，我国法院可以以损害社会公共利益为由，拒绝承认和执行境外的破产裁定。

另一方面，如果针对境外破产裁定承认和执行请求涉及的破产财产，在我国境内没有破产程序启动，也不涉及我国机构和个人的权益，那么可以基于条约义务或者互惠原则，承认和执行境外破产裁定。如果我国尚没有国际条约或者互惠关系，我国可以通过先予施惠的方式，尽可能给外国法院破产裁定的承认和执行提供方便。

上述第二种情形，在个案中体现得很明显。2012 年 7 月 30 日，德意志联邦共和国公民 Sascha Rudolf Seehaus 于武汉市中级人民法院提出申请，要求承认德国 Montabaur 地方法院于 2009 年 12 月 1 日作出的卷宗编号为“14 IN 335/09”裁定。该裁定结果是：聘请 Sascha Rudolf Seehaus 担任 SP Management GmbH 管理有限公司的破产管理人；债务人在破产程序执行期间禁止对其目前和将来的财产进行处分而必须移交给破产管理人；授予破产管理人实施的权限；债权人对于尚未偿还的债务可向破产管理人书面申报（截至时间 2010 年 1 月 10 日），债权人必须毫不迟疑地向破产管理人申报有关动产预防风险权或者债务权益；凡与债务人有债务关系的人员不得再向债务人支付款项，而是支付给破产管理人。武汉市中级人民法院审查认为，上述“14 IN 335/09”裁定已于 2009 年 12 月 1 日在德国发生法律效力，该裁定未

① 2006 年《企业破产法》第 5 条。

违反中华人民共和国法律的基本原则、国家主权、安全及社会公共利益。鉴于德国柏林高等法院已于2006年5月18日作出判决，承认中国江苏省无锡高新技术产业开发区人民法院（2004）新民二初字第154号民事裁定，故按照互惠原则，审查德国Montabaur地方法院作出的卷宗编号为“14 IN 335/09”裁定的法律效力。最终，武汉市中院按照《民事诉讼法》第154、282条规定，对德国Montabaur地方法院作出的卷宗编号为“14 IN 335/09”裁定的法律效力予以承认。①

第二节　香港特别行政区跨境破产机制及职工权利保护

一、判例法确立的跨境破产机制

香港作为全球最重要的经济中心之一，尽管缺乏明文的法律，但在实践中，跨境破产却有着非常久远的历史。香港破产的企业可能在其他国家和地区拥有财产，其他国家或地区破产的企业也可能在香港拥有财产，如Charles D. Booth指出的：“无论哪种情形，都会提出重大的跨境破产问题。”②

（一）立法探源

1. 1997年之前

在1997年之前，香港受英国的殖民统治，依据《英国法律应用条例》（第88章，*Appliance of English Law Ordinance*），英格兰议会、大不列颠议会或者联合王国议会制定的法律，包括普通法和衡平法，都在香港有效。③ 简而言之，英国法律在香港完全有效。有学者提出，英国很少行使为香港制定

① 武汉中院承认德国Montabaur地方法院破产裁定案，（2012）鄂武汉中民商外初字第00016号。

② Charles D. Booth，“The Transnational Aspect of Hong Kong Insolvency Law”，（1995）2 *Sw. J. L. & Trade Am.*，pp. 2－3.

③ Charles D. Booth，“The Transnational Aspect of Hong Kong Insolvency Law”，（1995）2 *Sw. J. L. & Trade Am.*，p. 13.

法律的权力，但香港立法机关经常“依据英国法律，塑造香港立法”。[①]

在破产领域，香港《破产条例》（第6章）可以追溯到1931年，是以英国1914年《破产法》为基础制定；当英国1986年《破产法》废除1914年《破产法》时，曾有建议提出将英国1986年《破产法》的规则，纳入香港《破产条例》中。[②] 与此类似，香港《公司（清盘及杂项条文）条例》（第32章）也采纳同样方式：该法可以追溯到1932年，是依据英国1929年《公司法》而制定；在英国制定1948年《公司法》后，香港《公司（清盘及杂项条文）条例》（第32章）也相应于1984年大幅度修改。[③]

这些法律渊源意味着，在1997年7月1日之前，英国与跨境破产相关的规定和制度，可以在香港适用。

2. 1997 香港回归

我国《香港特别行政区基本法》第8条规定：“香港原有法律，即普通法、衡平法、条例、附属立法和习惯法，除同本法相抵触或经香港特别行政区的立法机关作出修改者外，予以保留。”[④] 另外，《香港特别行政区基本法》第160条规定：“香港特别行政区成立时，香港原有法律除由全国人民代表大会常务委员会宣布为同本法抵触者外，采用为香港特别行政区法律，如以后发现有的法律与本法抵触，可依照本法规定的程序修改或停止生效。在香港原有法律下有效的文件、证件、契约和权利义务，在不抵触本法的前提下继续有效，受香港特别行政区的承认和保护。”[⑤] 这也意味着，在香港回归之后，全国人大常委会可以通过宣布的方式，审查香港原有法律；除非全国人大常委会作出特别宣布，香港原有法律仍然有效。

---

① Charles D. Booth，“The Transnational Aspect of Hong Kong Insolvency Law”，（1995）2 *Sw. J. L. & Trade Am.*，pp. 13－14.

② Charles D. Booth，“The Transnational Aspect of Hong Kong Insolvency Law”，（1995）2 *Sw. J. L. & Trade Am.*，p. 14.

③ Charles D. Booth，“The Transnational Aspect of Hong Kong Insolvency Law”，（1995）2 *Sw. J. L. & Trade Am.*，pp. 14－15.

④ 《香港特别行政区基本法》第8条。

⑤ 《香港特别行政区基本法》第160条。

以《香港特别行政区基本法》为基础，1997 年 2 月 23 日第八届全国人民代表大会常务委员会第二十四次会议，通过《关于根据〈中华人民共和国香港特别行政区基本法〉第 160 条处理香港原有法律的决定》。该决定肯定香港大部分原有法律的效力，同时通过附件的形式，宣布一些与基本法相抵触的法律，不采用为香港特别行政区法律。前述《英国法律适用条例》也包括在该决定的附件一当中。因此，自 1997 年 7 月 1 日之后，英国与跨境破产相关的规定，不再适用于香港。

3. 1997 年之后

香港回归前，商业社会有一种隐忧：1997 年香港回归中国后，未来究竟会怎么样？香港主权回归对于破产法尤其是香港既有的破产法律体系会不会有影响？香港法院做出破产裁定能否继续在其他国家和地区得到承认和执行？……显而易见，香港前途与商业社会对香港破产法律体系及其域外效力的信心息息相关。[①] 显然，前述顾虑是多余的。香港回归以来，“一国两制”与时俱进，“港人治港”“高度自治”体系得以延续，《香港特别行政区基本法》第 8 条得到充分执行。在这种情况下，我们对香港跨境破产制度的探析，将从现有法例及司法实践开始。

（二）非注册公司清盘：香港式跨境破产的制度

前文已提及，按照香港特别行政区的法律传统及现行法律体系，其破产法体系主要由两部法律规制：涉及自然人破产的《破产条例》（第 6 章）和涉及公司清盘程序的《公司（清盘及杂项条文）法例》（第 32 章）。[②] 在这种体系下面，并没有任何条文直接涉及香港的跨境破产。那么，在香港是如何处理跨境破产事务呢？答案是在《公司（清盘及杂项条文）条例》（第 32 章）下“非注册公司清盘”条款。

---

① Charles D. Booth, “Living in Uncertain Times: The Need to Strengthen Hong Kong Transnational Insolvency Law”, 34, *Colum. J. Transnat'l L.*, 1996, pp. 441 – 443.

② Footnote 1, Charles D. Booth, “Living in Uncertain Times: The Need to Strengthen Hong Kong Transnational Insolvency Law”, 34, *Colum. J. Transnat'l L.*, 1996, p. 391.

按照香港特别行政区的法律传统，其立法中并没有规范承认境外破产制度的明文规定或者专门法例。在处理跨境破产事宜过程中，根源于普通法传统的礼让制度，发挥着更重要的作用，并通过一系列判例法，得到丰富和巩固。① 尽管在《破产条例》和《公司（清盘及杂项条文）条例》（第 32 章）中，无法找到类似于"境外程序"（foreign proceeding）的机制，但香港司法系统依然通过普通法的方式，解决跨境破产问题。② 这被视为"当前香港成文法的严重不足"。③

关于香港法院做出破产裁定的境外效力，香港司法机构支持普遍主义（universalism）的立场，即明确承认，香港的破产程序在境外适用；另外，在实践中香港法院在决定是否承认境外破产程序时，适用普通法原则，一旦承认境外破产，其代表就对债务人在香港的动产享有权利。而作为例外，如果该破产裁定涉及位于香港的不动产，境外的代理人应在香港提起当地破产接收程序，以便获得对该财产的控制权。作为香港破产程序中的一部分，即使该企业在其注册地并没有提起破产程序，香港的破产制度同样也允许在香港拥有财产的境外企业，将其位于香港的财产在香港清盘。这一机制能否成功，取决于两个标准：一方面，香港与债务人之间有"充分密切联系"，另一方面，具有使债权人可从位于香港的财产清盘中获益的"合理可能性"。这种情形 1994 年曾发生在我国内地的企业，即中国天津国际经济技术合作公司身上。④

前述《公司（清盘及杂项条文）条例》（第 32 章）第 X 部，规定了"非注册公司"的清盘。按照《公司（清盘及杂项条文）条例》（第 32 章），

---

① Richard Fisher & Michael Sloan, "Why Asia Needs a Regional Insolvency Pact?", *Int'l Fin. L. Rev.*, Vol. 23, 2004, p. 45.

② Charles D. Booth, "The Transnational Aspect of Hong Kong Insolvency Law", (1995) 2 *Sw. J. L. & Trade Am.*, p. 17.

③ Charles D. Booth, "The Transnational Aspect of Hong Kong Insolvency Law", (1995) 2 *Sw. J. L. & Trade Am.*, p. 22.

④ Leslie Burton, "An Overview of Insolvency Proceedings in Asia", Vol. 6, No. 1, *Ann. Surv. Int'l & Comp. L.*, 2000, pp. 115 – 116.

除部分限制外，香港的“非注册公司”一般包括“任何有限责任或非有限责任的合伙、任何社团及任何公司”。[①] 这里的“非注册公司”，包括注册非香港公司。[②]

按照《公司（清盘及杂项条文）条例》（第32章）规定，该条例适用于任何非注册公司的清盘。[③] 然而需要强调的是，非注册公司的自动清盘被明确排除在该条例之外。[④]

在如下情况下，非注册公司可被清盘：第一，公司已解散或已停业；第二，公司不能支付其到期债务；第三，法院认为将公司清盘是公正公平的。[⑤] 对于非注册公司来说，其有无能力偿付到期债务，通过《公司（清盘及杂项条文）条例》（第32章）第327条第4款规定的标准测试。[⑥] 按照该法律的精神，凡在香港以外成立为法团，并曾在香港经营业务的公司在香港停业，可作为非注册公司而清盘。[⑦]

关于法院和清盘人在非注册公司清盘过程中的权力，《公司（清盘及杂项条文）条例》（第32章）明确，他们可行使在其他正常的公司清盘时能够行使的任何权力。[⑧] 就非注册公司而言，这里唯一的限制是非注册公司除在清盘时，不属于《公司（清盘及杂项条文）条例》（第32章）所规定的公司。[⑨]

在2013年关于完善清盘程序的咨询中，香港特别行政区财经事务及库务局提出改革香港跨境破产制度的基本考虑：尽管香港商人已很习惯通过境外公司展开经营，但由于香港缺乏明确的跨境破产法律机制，境外清盘人在处理涉港事务时，常常不得不按照香港的法律，在香港提起额外的清盘程序；

---

① 《公司（清盘及杂项条文）条例》（第32章）第326（1）条。
② 《公司（清盘及杂项条文）条例》（第32章）第326（2）条。
③ 《公司（清盘及杂项条文）条例》（第32章）第327（1）条。
④ 《公司（清盘及杂项条文）条例》（第32章）第327（2）条。
⑤ 《公司（清盘及杂项条文）条例》（第32章）第327（3）条。
⑥ 《公司（清盘及杂项条文）条例》（第32章）第327（4）条。
⑦ 《公司（清盘及杂项条文）条例》（第32章）第327A条。
⑧ 《公司（清盘及杂项条文）条例》（第32章）第331条。
⑨ 《公司（清盘及杂项条文）条例》（第32章）第331条。

这种做法成本很高，效率极低。香港财经事务及库务局因此建议立法机构，对特定法域中清盘令的承认、临时清盘人和清盘人的委任等，从法律角度做出安排。香港财经事务及库务局提出，这种情形在香港公司在我国内地设立分支机构的情形中，尤其重要，如果没有防范机制，香港公司很容易在清盘之前，将财产转移到他们在我国内地的关联企业中。然而，香港特别行政区政府对这一改革方案并不积极，只是表示他们将密切关注国际发展，并考虑推进该问题的解决。在亚洲诸多国家和地区，包括我国内地在内，大都依据国内法来处理跨境破产事务；而世界范围内其他国家和地区，已大都采纳联合国国际贸易法委员会推荐的《跨境破产示范法》（UNCITRAL Model Law on Cross – border Insolvency）。① 这份报告发布后近六年间，亚洲地区已有新加坡、缅甸等国，先后改革破产法，采纳联合国国际贸易法委员会《跨境破产示范法》。②

事实上，早在1995年学者Charles D. Booth就建议，香港应就跨境破产问题专门立法，取代以判例法为主的普通法。在这个过程中，第一步就是要将“境外委托代理人”和“境外程序”纳入相应的条例中，解决下列问题，即法院是否适用涉及境外破产的承认相关规则或境外清盘的承认的相关规则。而且与境外清盘人关系的相关标准需要界定清楚。③ 此外，Charles D. Booth还建议修订《破产条例》，明确授予境外委托代理人，针对自然人或合伙启动破产程序的权利，他认为这将使财产充分满足管辖权要求，从而促进申请

---

① The Financial Services and the Treasury Bureau, *Improvement of Corporate Insolvency Law Legislative Proposals*, *Consultation Conclusions*, published on 28 May 2014, Annex Ⅲ, p. 65.

② 截至2021年3月10日，全世界已经有49个国家共53个司法区采纳联合国国际贸易法委员会的《跨境破产示范法》。其中亚洲的国家和地区有：日本（2000）、韩国（2006）、菲律宾（2010）、阿联酋阿布达比全球市场（2015）、新加坡（2017）、巴林（2018）、以色列（2018）、阿联酋迪拜国际金融中心（2019）、缅甸（2020）等。参见联合国国际贸易法委员会网，https：//uncitral. un. org/en/texts/insolvency/modellaw/cross – border_insolvency/status，最后访问日期：2021年3月10日。

③ Charles D. Booth, “The Transnational Aspect of Hong Kong Insolvency Law”, （1995） 2 *Sw. J. L. & Trade Am.*, p. 22.

的顺利进行。①

二、香港境外破产的司法实践

即便上述《公司（清盘及杂项条文）条例》（第32章）中没有涉及跨境破产的成文规定，但在香港，司法机构对于跨境破产机制的发展，扮演了非常积极的角色。② 许多与跨境破产相关的问题，例如境外债务人与境外管辖权之间的联系、境外债务人与香港之间的联系以及境外委托代理人在香港启动破产程序的资格等等，在香港都通过案例法解释和发展。③

作为基本框架，香港司法系统依据其法律架构，对境外破产的承认与境外清盘的承认，做了泾渭分明的区分。④ 1997年香港特别行政区的成立，对此框架并无太大的影响。

（一）香港法院对境外破产的承认

按照香港的司法实践，如果境外破产程序由债务人在其住所地法院启动，并且债务人自愿受该境外法院管辖，那么该境外破产，可以依据香港法获得承认。这被称为“两层法”（Two - stage approach）。⑤

关于香港对境外破产的承认，“现代货箱码头有限公司诉国家轮船公司案”［Modern Terminals（Berth 5）Ltd. V. States S. S. Co.［1979］H. K. L. R，以下简称“现代货箱码头有限公司案（1979）”］可以被认为是一个里

---

① Charles D. Booth, “The Transnational Aspect of Hong Kong Insolvency Law”, （1995） 2 *Sw. J. L. & Trade Am.*, p. 55.

② See at: Charles D. Booth, “The Transnational Aspect of Hong Kong Insolvency Law”, （1995） 2 *Sw. J. L. & Trade Am.*, pp. 7 – 74; Charles D. Booth, “Living in Uncertain Times: The Need to Strengthen Hong Kong Transnational Insolvency Law”, 34, *Colum. J. Transnat'l L.*, 1996, pp. 396 – 435.

③ Charles D. Booth, “Recent Development in Corporate and Cross – border Insolvency Law in Hong Kong”, presented in the Global Forum on Insolvency Risk Management sponsored by World Bank in Washington DC in 2003, p. 9.

④ Charles D. Booth, “The Transnational Aspect of Hong Kong Insolvency Law”, （1995） 2 *Sw. J. L. & Trade Am.*, p. 17.

⑤ Charles D. Booth, “The Transnational Aspect of Hong Kong Insolvency Law”, （1995） 2 *Sw. J. L. & Trade Am.*, pp. 17 – 18.

程碑。[①]

在该案中，原告是在香港成立的有限责任公司，被告是一家美国公司。原告依据合同，向被告提供了一些服务。依据该合同，双方同意适用香港法，接受香港法院的排他性管辖。由于被告未能支付服务报酬，原告发出令状，要求被告支付416, 708港元。当原告依据香港法提起诉讼时，被告提议中止该程序，理由是被告已在北加利福尼亚州法院，依据美国破产法，提起债务人占有申请，因此，北加利福尼亚州法院对被告及其财产，拥有排他性管辖权。香港高等法院认为，无论债务人的财产位于何处，只要其住所地在境外且自愿接受境外法院管辖，那么香港法院将承认该境外破产裁定。[②] 香港高等法院以英国案例为依据，裁定境外破产程序在以下两种情形下，可以在香港得到承认：（1）该破产程序由债务人住所地所在法院进行；（2）债务人自愿接受该境外法院的管辖。[③]

在香港高等法院对该案的推理过程中，国际法上国家间的礼让原则起到了决定性的作用。[④] 依据该判决，在香港进行的破产程序被依据国家的礼让原则暂停。[⑤] 现代货箱码头案（1979）后，“两层法”被广泛应用于香港其他的案例中。例如，在2004年发生的“香港教育学院案”中（Hong Kong Institute of Education & Another v Aoki Copr & Another ［2004］ 2 HKLRD 760），香港教育学院向一个日本公司主张违约赔偿金，而该日本公司正依据日本《民事再生法》（Civil Rehabilitation Law）重组，因此将被告其从相关

---

① Charles D. Booth, “The Transnational Aspect of Hong Kong Insolvency Law”, （1995） 2 *Sw. J. L. & Trade Am.*, p. 17.

② *Modern Terminals* （1979）, p. 512.

③ Charles D. Booth, “The Transnational Aspect of Hong Kong Insolvency Law”, （1995） 2 *Sw. J. L. & Trade Am.*, pp. 17 – 18; *Modern Terminals* （1979）, pp. 512 – 513.

④ 按照香港高等法院在该判决中提供的信息，该原则的依据，是1910年英国案例加尔布雷思诉格雷姆肖案（Galbraith v. Grimshaw ［1910］ AC 508，以下简称为“加尔布雷思诉格雷姆肖案”）。该案判决中声明，“如果法院发现已经有一个对破产人财产的普遍性分配的程序正在进行，则不能再允许可能影响该普遍性破产分配的程序进行”。参见 *Modern Terminals* （1979）, pp. 513, 517.

⑤ *Modern Terminals* （1979）, p. 512.

的债务中解除。[①] 在该判决中，香港法院表达了其对“两层法”的肯定性态度：

当且仅当该解除所适用的法律适用于该合同，依据境外破产法对债务或责任的免除，也可在香港得到免除。因此，如果境外解除并不是依据合同中所规定的适当法律，那么原告的主张不能被否认。这是其一。其二，如果该境外判决涉及到债务人位于香港的财产，例如要将债务人在香港的动产交予境外破产管理人，执行判决时香港法院有自由裁量权。“两层法”符合跨境破产中对礼让的需求……[②]

在该判决中，香港法院进一步回顾现代货箱码头案（1979）和 CCIC 案（1999），[③] 法院肯定其推理过程中使用“两层法”的有效性，并因此驳回被告的质疑。[④] 法院裁定，不予考虑日本债务重组计划，作出有利于原告的判决，支持其违约赔偿。[⑤]

中芝兴业财务有限公司案（2005）［CCIC Finance Ltd. v. Guangdong International Trust & Investment Corp and Guangdong International Trust & Investment Corp Hong Kong（Holdings）Ltd.（Garnishee）［2005］HKEC 1180］是一起涉及我国内地和香港之间的跨境破产案。在该案中，香港法院同样采用了发源于“现代货箱码头案”（1979）中的“两层法”。[⑥]

之后，在传奇国际度假村有限公司案中［Re Legend International Resorts Ltd［2005］3 HKLRD 16，以下简称为“传奇国际案”（2005）］，申请人引用现代货箱码头案（1979），来证明香港法院本来准备承认涉及非香港注册公司的境外破产程序，但是被香港法院驳回：

---

① *HKIE*（2004），pp. 760 – 761.
② *HKIE*（2004），pp. 762 – 763.
③ *HKIE*（2004），pp. 807 – 812.
④ *HKIE*（2004），pp. 812 – 816.
⑤ *HKIE*（2004），p. 761.
⑥ *CCIC Finance*（2005），paras. 56 – 58.

如果债权人反对，希望在注册地香港另行启动一个破产程序的话，当前香港审判中，并没有意见说香港法院准备承认与香港注册企业相关的境外破产程序。在当前背景下，法院无法直接依据礼让原则，作出决定处理该问题，即在这样的情形下是否可以委任临时清盘人。此外，对在香港进行的程序，也应当给予适当的尊重。因为香港是注册地，而且债权人有权诉诸香港法院要求清盘。同时也应当注意，在冻结令（stay order）中并没有对境外情形的明确引用。①

法官进一步声明，

可能在不止一个法域内，法院有权为一个无力偿债企业指定管理人。在现代商业中，非常常见的情形，是企业在一个地方注册，而在另一个地方展开全部或部分经营。当这样的一家企业破产时，可能不只一家法院有兴趣处理其破产事务。除了明目张胆且不公正的法院选择，或在缺乏能力的情况下，一个有管辖权的法院，通常不认为他们是唯一能够处理破产案件的法院。作为菲律宾程序的一部分，企业再生接管人的存在，在适当的情况下，并不妨碍香港法院委任其自己的人员，去处理在香港注册的无力偿债的企业的相关事务。经验还表明，来自不同法域的法院委任的人员，只有遵守其各自法院的命令，尽其最大的努力来合作，才能实现其相关法院的最佳利益。②

同样在 Legend International（2005）案中，香港法院在 HKIE（2004）案中对英国判例法的解释被被告引用，他们认为，应当重视司法礼让原则，建议香港法院行使其自由裁量权。③

在稍晚的 Tan Kah Eng v. Tan Eng Khiam［2010］4 HKLRD 526 案［以下简称“Tan Kah Eng”（2010）］中，涉及对新加坡的破产程序的承认。在该

① *Legend International*（2005）, pp. 52 – 53.

② *Legend International*（2005）, p. 53.

③ *Legend International*（2005）, pp. 54 – 57.

案中，香港法院依据现代货箱码头有限公司（1979）案中确定的方法，决定承认新加坡的破产程序，因此原告没有资格依据新加坡法律，进行香港破产程序。[①] 在法院的推理中，现代货箱码头有限公司（1979）案件再次被引用，香港法院裁定将遵循该判决的逻辑。[②]

在 Skillsoft Asia Pacific（2014）案（Skillsoft Asia Pacific Pty Ltd. v. Ambow Education Holding Ltd. ［2014］1 HKLRD 520）中，涉及对开曼群岛破产程序的承认。法院肯定应适用前述“两层法”，裁定如下：（1）如果依据一般原则，原告有权获得简易判决，则应当作出判决；（2）然而，参考现代货箱码头有限公司（1979）和 HKIE（2004）案，关于境外程序和判决，法院拥有自由裁量权决定是否执行该判决。[③]

然而需要注意的是，如果该判决源于一个未独立国家，香港司法机构对境外破产程序的承认会变得十分严格。（Chen Li Hung v. Ting Lei Miao ［2000］1 HKLRD 252）案非常有代表性。

Chen Li Hung（2000）案自 1991 年以来，涉及对我国台湾地区破产程序的承认，最后诉到香港终审法院。该案中争议问题之一，是应否承认我国台湾地区法院的判决。按照香港法院的观点，从法律上来说，台湾应受中华人民共和国主权管辖。[④] 在该判决中，终审法院引用普通法原则提出，只要“与私人权利、日常行为或敷衍了事的管理行为相关，在不违背公共利益的情况下，法院可以秉持公正，并依据常识，承认该争议地区所存在的实际情况”。[⑤] 考虑到我国内地最高人民法院于 1998 年 1 月 15 日通过的《关于人民法院认可台湾地区有关法院民事判决的规定》，[⑥] 香港终审法院判决：“香港法院可以在满足下列条件的情形下，承认‘不被认可的’法院判决：（1）这

① *Tan Kah Eng*（2010），p. 527；pp. 530 – 531

② *Tan Kah Eng*（2010），p. 530.

③ *Skillsoft Asia Pacific*（2014），p. 521；pp. 525 – 526.

④ *Chen Li Hung*（2000），p. 252.

⑤ *Chen Li Hung*（2000），p. 253；pp. 259 – 260.

⑥ *Chen Li Hung*（2000），pp. 260 – 261.

些判决所涉及的权利是私权；（2）承认该判决符合公正、普通常识，也符合法律和秩序的需要；（3）承认该判决，不会使主权受到损害，也不违反公共利益。"[①] 香港终审法院认识道："公共利益原则要求对中华人民共和国主权给予特别重视。台湾和香港都是中国商业发展程度较高的组成部分。在其中一个地区作出的破产判决在另一个地区承认和执行，符合中华人民共和国的利益；而且依据常识和公正原则看来，这也是必要的。"[②]

（二）香港法院对境外清盘的承认

与香港对境外破产的承认类似，香港法院在下列情形下，通常会承认来自境外的清盘程序，即该清盘程序是依据企业成立地法律进行的，债务人在该境外法院的管辖范围内营业，并且自愿接受该境外法院的管辖。[③]

该规则可以在 Irish Shipping（1985）（Re Irish Shipping Ltd . [1985] HKLR 437）案中找到依据。在该案中，爱尔兰法院针对一家在爱尔兰成立的企业，作出清盘令。遵照该清盘令，清盘人申请在香港对该企业清盘，从而使其可以控制和出售一艘属于该公司但位于香港的船舶。该清盘人提出的理由是，该公司已经无力清偿其债务，该判决是公正公平的；[④] 爱尔兰船运有限公司在爱尔兰成立，在香港没有经营行为，也没有在香港建立营业地，因此可以适用《公司（清盘及杂项条文）条例》（第 32 章）第 327 条对非注册公司的清盘。[⑤] 该清盘申请在香港清盘的原因，是爱尔兰船舶（Irish Rowan）即将来到香港，其中一艘船直接由清盘企业拥有并且按照一个定期租船契约驶向我国台湾地区。实际上，该船于 1984 年 12 月 3 日到达我国台湾地区，并于 1984 年 12 月 7 日羁押；当事人希望解除羁押，从而使船舶能够从我国

---

① *Chen Li Hung*（2000），pp. 253 – 254；pp. 262 – 263.

② *Chen Li Hung*（2000），p. 254；pp. 266 – 267.

③ Charles D. Booth，"The Transnational Aspect of Hong Kong Insolvency Law"，（1995）2 *Sw. J. L. & Trade Am.*，pp. 18 – 19.

④ *Irish Shipping*（1985），p. 437.

⑤ *Irish Shipping*（1985），p. 439.

台湾地区开到香港。[①]

在该判决中，香港法院首先肯定，为实现各方的利益，该船应当到达香港，因为在香港该船舶可以通过比在我国台湾地区更高的价格，更迅速地出售。[②] 在考虑包括无担保债权人的利益、公共利益以及国家间的礼让等因素后，法院没有采纳异议债权人的观点，批准在香港对该公司清盘的申请。[③]

有必要指出的是，英国案件 Re Real Estate Development Co. [1991] BCLC 210 [以下简称为“Real Estate”（1991）] 案中创建的“三要素法”，在确定是否承认境外清盘程序时，适用越来越普遍。香港特别行政区通过“三要素法”分析，以决定是否将一个非注册的境外公司清盘。按照“三要素法”，该案主要考虑以下因素：（1）必须与香港有充分联系，但并不必需在香港境内拥有财产；（2）必须存在清盘令对申请人有利的合理可能性；（3）法院有能力向对公司财产分配感兴趣的人们行使管辖权。[④] 该方法被 Information Security（2007）（Re Information Security One Ltd. [2007] 3 HKLRD 780）案延用，当境外公司在其成立地有主清盘程序时，可以在香港启动附清盘程序。[⑤]

在便利集装箱公司案（2007）（The Convenience Container [2007] 3 HKLRD 575）中，“三要素法”再次得到响应。在该案中，便利集装箱公司（Convenience Container）在新加坡启动自动清盘，因此债权人在香港扣押了

---

① *Irish Shipping*（1985）, pp. 439 – 440.

② *Irish Shipping*（1985）, p. 440.

③ *Irish Shipping*（1985）, pp. 444 – 446.

④ See at：*Information Security*（2007）, p. 780.

It is necessary to pointed out that the wording of the three principles is a little bit different. For example, in the case of*Yung Kee*（2014）, it reads that：（1） there must be a sufficient connection with Hong Kong, but this does not necessarily have to consist in the presence of assets within the jurisdiction；（2） there must be a reasonable possibility that the winding – up order would benefit those applying for it； and （3） one or more persons interested in the distribution of the company's assets must be persons over whom the court is able to exercise jurisdiction. see at：*Yung Kee*（2014）, p. 328.

⑤ *Information Security*（2007）, p. 780； pp. 782 – 783.

属于该公司的四艘船。[①] 在判决中法院认为，便利集装箱公司案（2007）不同于爱尔兰船运有限公司案（1985），申诉人没有在香港提起平行的破产程序，相反，争议船只在新加坡清盘程序启动后，还在继续交易。[②] 在其推理中，这是“承认”的问题，而非“治外法权”的问题，因而否定对英国先例的适用。[③] 法院认为，

> 由于争议船只在香港，因此未受到新加坡临时清盘人的管理，而且，显而易见他们不易或不可能受到对伯维克（Powick）全球资产清盘的影响。因此，如果到目前为止，这只是由原告提出的主张，我无法同意。
>
> 在我看来，更信服的主张是在香港没有辅清盘程序的情况下，伯维克公司在新加坡清盘的单纯事实本身，并不能影响香港债权人正当行使其对伯维克的对物管辖权。
>
> 这是很简短的一个观点。在这种情况下，该有趣的附属性问题悬而未决，即是否……其中船只已被羁押并在诉讼期间出售，它可以恰当地说，凭借这种逮捕和销售，构成“成功扣押”。对于执行债权人而言，已经“完成执行过程”。因此，无论如何，新加坡的临时清盘人已经没有可能对这些船只再施加任何影响。[④]

因此，法院撤销了诉讼，支持了原告的请求。[⑤]

妍华控股有限公司案（2009）（Re Beauty China Holdings Limited [2009] 6 HKC 351），是香港承认非注册离岸公司境外清盘程序的另一个里程碑。该案首次明确指出，法院在依据《公司（清盘及杂项条文）条例》（第 32 章）第 327 条，对非注册离岸公司的清盘程序行使自由裁量权时，应当满足三个要求：（1）与香港有充分的联系，但不在香港拥有财产；（2）存在清盘令对

① *Convenience Container* (2007), pp. 578 – 579.
② *Convenience Container* (2007), p. 602.
③ *Convenience Container* (2007), p. 605.
④ *Convenience Container* (2007), pp. 605 – 606.
⑤ *Convenience Container* (2007), p. 606.

申请人有利的合理可能性；以及（3）法院应当有能力向对公司财产分配感兴趣的一人或者多人行使管辖权。[1]

在镛记集团有限公司案（2014）（Re Yung Kee Holdings Ltd.［2014］2 HKLRD 313）案件中，前引“三要素”再次被引用。[2] 在该案中，法官进一步解释前引三个要求：第一，香港法院认为，应当依据公司的住所地（公司成立地）法律，处理与公司法人资格、状态以及存续状态方面相关的重大问题，在公司成立地管辖范围的清盘程序，违反了该准则，因此不适用第327条所授予的管辖权。第二，第一个要求的目的是为确保法院拒绝行使管辖权，在其为合适的法院的情况下除外。第三，如果法院认为将公司清盘是公正公平的，则可将非注册公司清盘。第四，几乎所有对境外公司清盘的当局，都重视债权人提出的清盘呈请。第五，要区分债权人以无力偿债为依据提出的清盘呈请以及债权人以公正公平为理由提出的呈请，从而使法院在受理境外公司清盘案件时，面对后者能适用更严格的标准。[3]

在中国医疗技术公司案（2014）（Re China Medical Technologies Inc.［2014］2 HKLRD 997）中，判决的大部分篇幅，都在论述前述第三个要求。[4] 在该案中，法官创造性地将第三个核心标准解释为：除申请人或愿受该院管辖、服从清盘令且提交了关于债务证据的债权人外，还有人与管辖权有充分联系，而且与公司清盘有充分的经济利益，从而使香港清盘令的发出具有正当性。[5] 通过界定第三个核心要求及评估其是否满足，[6] 法官作出结论，不予理会该申请，并驳回对临时清盘人的指定。[7]

同样也有必要指出，在对境外公司清盘的承认中，也存在例外情形，即在该境外公司的成立地不可能清盘。该例外源于俄亚银行案（1934）（Re

---

① *Beauty China*（2009），para. 23；see at：*Pioneer Iron*（2013），para. 27.

② *Yung Kee*（2014），para. 38.

③ *Yung Kee*（2014），paras. 41 – 45.

④ *China Medical*（2014），paras. 29 – 61.

⑤ *China Medical*（2014），para. 48.

⑥ *China Medical*（2014），paras. 49 – 55.

⑦ *China Medical*（2014），para. 62.

Russo – Asiatic Bank［1934］Ch 720）。[①] 在该案中，俄亚银行在俄罗斯成立，并且在伦敦、上海和香港有分支机构。在俄罗斯解体之后，俄亚银行的香港分支被清盘，而且所有香港债权人都得到全额清偿，剩余部分由官方清盘人管理。[②] 上海清盘人想要得到香港清盘人掌握的盈余，故提出主张，认为由于俄亚银行在圣彼得堡的总部已被苏联政府解散，上海分支随之承担总部的角色，因此香港分支的清盘，应被视为上海分支清盘的辅助程序。[③] 同时，伦敦分支机构清盘人，想要代理伦敦债权人，参与香港的清盘程序。[④] 香港法院认为，在俄罗斯并没有明文规定的情况下，银行总部并没有解散；并且香港分支机构的清盘，可以视为总部清盘的附属程序，而不是上海分支机构清盘的附属程序，因此法院判决，不会将香港分支机构的清盘视为任何俄罗斯程序的附属程序，[⑤] 但是伦敦分支机构的清盘人代表伦敦债权人，有权在香港分支机构清盘的过程中提交证据。[⑥]

正如学者评论，即使一个境外债务人满足上述境外破产或清盘程序中承认的标准，也仍然存在被香港法院借口违反公共利益、欺诈性破产、违反自然正义原则或试图执行境外刑法或税收法等，而加以拒绝。[⑦]

（三）境外代理人可用的选项

在承认境外破产程序在香港的效力之后，另一个问题随之而来，即为了在香港保护境外债务人的财产并确保从香港法院获得跨境司法协助，境外代理人应当作出何种选择。[⑧] 依据 Charles D. Booth 的总结，境外代理人至少有

---

① Charles D. Booth，“The Transnational Aspect of Hong Kong Insolvency Law”，（1995）2 *Sw. J. L. & Trade Am.*，p. 19.

② *Russo – Asiantic*（1934），p. 16；p. 17.

③ *Russo – Asiantic*（1934），p. 16；pp. 17 – 18.

④ *Russo – Asiantic*（1934），p. 16；p. 18.

⑤ *Russo – Asiantic*（1934），p. 16；pp. 19 – 21.

⑥ *Russo – Asiantic*（1934），p. 16；p. 21.

⑦ Charles D. Booth，“The Transnational Aspect of Hong Kong Insolvency Law”，（1995）2 *Sw. J. L. & Trade Am.*，p. 22.

⑧ Charles D. Booth，“The Transnational Aspect of Hong Kong Insolvency Law”，（1995）2 *Sw. J. L. & Trade Am.*，p. 23.

四个选择：不进行破产程序、清盘、重组以及破产。[①]

1. 不进行破产程序

有学者研究发现，在香港，如果一个境外代理人能够证明境外法律允许其在香港启动相关程序，该代理人就可以启动相关民事程序，追偿债务。这些程序包括：债务人财产的临时扣押、执行令、扣押、财产扣押令或停止令、对债务人判决的审查，以及多种收回债务法律手段。[②]

此外，境外代理人也可证明在香港的分支处于资不抵债状态，即使这要求该境外代理人遵守香港的法律。九龙集装箱仓库有限公司案（1981）（Re Kowloon Container Warehouse Co. Ltd. ［1981］ HKLR 210）为此提供了依据。[③]

在该案中，九龙集装箱仓库有限公司依据《公司（清盘及杂项条文）条例》（第32章）于1970年7月10日成立，是一家私立股份有限责任公司。由于其无法践行对一家香港银行的承诺，1975年8月18日该银行委任共同清盘人，作为九龙集装箱仓库有限公司业务、房地产和资产的共同接收人和经理人（receivers and managers）。1976年2月，共同接收人和经理人安排出售九龙集装箱仓库有限公司所有主要的业务和财产，因此，公司成员认为公司应当被清盘。1976年3月23日，九龙集装箱仓库有限公司决定启动自愿清盘，共同接收人和经理人成为共同清盘人。[④]

共同清盘人决定将1040个股东分为三类：10个持有345股的股东为甲类，4个持有658股的股东为乙类，1个持有28股的股东为丙类。1977年3月18日，他们有能力向甲类股东支付第一笔期中股息。[⑤]

---

① Charles D. Booth, "The Transnational Aspect of Hong Kong Insolvency Law", （1995） 2 *Sw. J. L. & Trade Am.*, pp. 23 – 58.

② Charles D. Booth, "The Transnational Aspect of Hong Kong Insolvency Law", （1995） 2 *Sw. J. L. & Trade Am.*, p. 26.

③ Charles D. Booth, "The Transnational Aspect of Hong Kong Insolvency Law", （1995） 2 *Sw. J. L. & Trade Am.*, p. 26.

④ *Kowloon Container*（1981）, pp. 211 – 212.

⑤ *Kowloon Container*（1981）, p. 212.

在乙类中，欧亚马航运有限公司（Oyama Shipping Co. Ltd.）有40股。该公司1963年依据日本法律成立，是一家私立股份有限责任公司，于1975年陷入经济困境，并于1975年8月21日依据日本破产法宣告破产。日本法院为其委任一个破产管理人。在1977年2月8日，依据欧亚马航运有限公司的呈请，我国香港法院作出清盘令，破产管理署署长成为欧亚马航运有限公司在香港的清盘人。① 最后，由于1978年3月20日至1980年1月14日在香港高级法院一系列的诉讼，欧亚马航运有限公司成为经法院判决确定的九龙集装箱仓库有限公司的债务人，债务总额为4700万港元。② 然后，共同清盘人现在可以使用接近1500万港元，在九龙集装箱仓库有限公司股东间分配。③

在这样的情况下，香港法院面临的问题是：欧亚马航运有限公司在没有清偿其对公司的债务之前，是否有权主张对该公司剩余资产的分配？④ 换句话来说，"既然依据香港法律，九龙集装箱仓库有限公司是欧亚马航运有限公司判决确定的债权人，由此而引出的问题，是香港法院是否应当适用'公平原则'"。⑤

在处理这个问题的过程中，公平原则是否可适用于该案中成为争议焦点。一方引用了如下原则，"如果某人对一信托财产负债，同时也对该信托财产拥有公平权益，则在其清偿其债务之前，不得主张其对该财产分配应当享有的份额"，⑥ 主张将该原则适用到清盘企业财产的分配中。但这种做法受到另一方挑战，即对清盘企业拥有可分配利益的同时又对该清盘企业有负债的情形。⑦ 为了解决该问题，法院依据《公司（清盘及杂项条文）条例》（第32

---

① *Kowloon Container* (1981), p. 212.

② *Kowloon Container* (1981), p. 212.

③ *Kowloon Container* (1981), p. 213.

④ *Kowloon Container* (1981), p. 213.

⑤ Charles D. Booth, "The Transnational Aspect of Hong Kong Insolvency Law", (1995) 2 *Sw. J. L. & Trade Am.*, pp. 26 – 27.

⑥ *Kowloon Container* (1981), p. 213.

⑦ *Kowloon Container* (1981), pp. 213 – 214.

章）第31条，肯定该规定赋予九龙集装箱仓库有限公司可以行使留置权，但并不强制其行使。① 通过审查双方代理人提交的来自英联邦既有案例,② 法院作出结论，支持公平原则的适用,③ 宣布欧亚马航运有限公司在清偿其对九龙集装箱仓库有限公司的欠款前，不得向九龙集装箱仓库有限公司主张剩余财产的分配，此举“一方面为了确保A类股东免受由于欧亚马航运有限公司无力清偿全部债务而带来的歧视，另一方面确保欧亚马航运有限公司，既无法从清盘中获得全额分配，又无法清偿其全部或大部分债务”。④

境外委托代理人也可以依据香港法律，寻求禁令性拯救，包括对香港程序或执行的冻结，或者申请玛瑞瓦禁令（Mareva injunction）。该禁令是一个中间禁令，目的是防止处理其财产，或者将其财产转移出法院管辖范围以外时当事人离开财产所在辖区。但是被玛瑞瓦禁令控制的财产，一般可以被债权人所使用，对于申请人而言，并不保险。⑤

香港法院就是否批准由境外委托代理人申请的冻结程序，并协助在美国进行的重组程序，得出一个相对立的结论。该结论在前引“现代货箱码头有限公司案（1979）”和另一个案件美孚销售和供应公司案（1979）（Mobil Sales and Supply Corporation v. The Owners of the Ship or Vessel “Pacific Bear” [1979] HKLR 125）中有相应的支持。⑥

在后一个案件中，被告太平洋远东航线公司（Pacific Far East Lines Incorporated）于美国成立，并拥有在美国注册登记的船舶。该公司经营远东和美国之间的货运服务。该公司在北加利福尼亚地区法院申请通过“重整计

① *Kowloon Container* (1981), pp. 214 - 215.

② *Kowloon Container* (1981), pp. 215 - 226.

③ Charles D. Booth, “The Transnational Aspect of Hong Kong Insolvency Law”, (1995) 2 *Sw. J. L. & Trade Am.*, p. 27.

④ *Kowloon Container* (1981), p. 226.

⑤ Charles D. Booth, “The Transnational Aspect of Hong Kong Insolvency Law”, (1995) 2 *Sw. J. L. & Trade Am.*, p. 27.

⑥ Charles D. Booth, The Transnational Aspect of Hong Kong Insolvency Law, (1995) 2 *Sw. J. L. & Trade Am.*, pp. 27 - 28.

划”（Plan of Arrangement）重整，从而保证债权人的主张可以被最终满足。这个程序需要获得法院的批准，并且要得到大多数债权人的同意。但是在程序启动之后，就产生自由冻结的效果，在美国所有针对债务人进行的程序都要暂停。然而，8 个债权人包括原告在内，发起针对被告的程序，并且就四只船舶中的一只或两只，发布对物诉讼令状。在谈判中，其中两个令状得到执行。接着，被告向法院申请撤销令状，并取消所有后续程序。理由是香港法院缺少管辖权，或者是依据美国破产程序的需要冻结，或者是暂停直到原告可以纠正程序瑕疵。[①]

在美孚销售和供应公司案（1979）的判决中，法院首次解释对物法律程序的特殊方面是，原告有权在一开始获得对其主张的担保，这是一个非常有利的优势。因此原告有权扣押被告航线中的一只船舶。[②] 关于 1956 年《审判管理法》（Administration of Justice Act 1956）的措辞解释的主张延伸至香港，法官指出，“海上留置权对于肇事船舶而言，一直可强制执行，不用理会所有权的后续变化。因此，通过参考对所有权人限制的方法，对持有人在行为冒犯的时候进行限制，将使其失去其权利中重要的部分”。[③]

法官试图依据这个方法解释“海上留置权”。如果原告依据的权利源于境外法律，一个英国法院将考查境外法律，以确定原告是否拥有权利行使拯救。[④] 然后，在分析被告提出的建议后，法官发现，该公司仍然是 1956 年《审判管理法》意义中四只船舶的实益拥有人，因此，美国法院批准程序暂停对该公司是有益的。而且，“我认为该公司假以信托的名义，实际上对船舶感兴趣，以避免船舶被扣押”。[⑤] 此外，法官得出结论，

被告还没有破产。现在看来，将要发生的并非普遍性破产的分配程序，

① *Mobil Sales*（1979），pp. 125 – 127.

② *Mobil Sales*（1979），p. 128.

③ *Mobil Sales*（1979），p. 129.

④ *Mobil Sales*（1979），pp. 130 – 131.

⑤ *Mobil Sales*（1979），p. 133.

而是一个带有明确目的且有优先级别的分配。大量款项已经用来赔偿其他债权人。如果现在批准暂停程序，被告在最终破产的情况下，这些债权人相对于当前的原告而言，会拥有实质上的优势。我同情这些想要让企业继续存活下去的人，但是他并没有足够理由说服我，暂停原告在本庭中的程序。①

有学者评论这个案件说，“从法院的判决中，并不能明显看出为什么该分配是‘有明确目的且有优先级别区分的’。但是可以非常明显地看出，法院采纳了一个以地域为基础的分析路径，非常关注处于低优先级的原告，依据美国法，可以获得的利益”。② 相反，在前述现代货箱码头有限公司（1979）案中，法官采纳了更有普遍性的方法，并且拒绝遵循美孚销售和供应公司案（1979）中的路径，③ 主张占有中的债务人，并不是财产的受益所有人，只是以债权人的名义，以信托的形式持有；如果与债权人约定的协议安排条件都满足，债权人可以再赋予其受益所有人的权利。④ Charles D. Booth 进一步评论到，

在做出该决定时候，现代货箱码头有限公司案的审理法院，适用境外破产承认的规则，主要关注财产的兑现。如上所述，对于法院而言，更好的不是依据对境外清盘的承认而批准承认。同样地，通过承认境外清盘人在香港处理财产的权力，本来法院依据这个方法，可以批准暂停程序。无论如何，现代货箱码头有限公司案的基本前提，是考虑到境外破产宣告的事实，香港债权人不得在有害于债务人其他地方债权人权利的情况下，获取境外债务人在香港的财产。因此，现代货箱码头有限公司案证明了一个比美孚销售和供

---

① *Mobil Sales* (1979), p. 133.

② Charles D. Booth, “The Transnational Aspect of Hong Kong Insolvency Law”, (1995) 2 *Sw. J. L. & Trade Am.*, p. 28.

③ Charles D. Booth, “The Transnational Aspect of Hong Kong Insolvency Law”, (1995) 2 *Sw. J. L. & Trade Am.*, p. 29.

④ *Mobil Sales* (1979), p. 524.

应公司案中的方法，更具有合作性的方法。[①]

2. 清盘

Charles D. Booth 发现，《公司（清盘及杂项条文）条例》（第 32 章）第 176 条规定只要该公司是香港公司，香港高等法院就具有任何“公司”清盘的司法管辖权；并可以在香港将非注册的或境外注册的公司清盘。这可以成为境外委托代理人另一个选项。该选项包括：（1）清盘人可以避免未完成的扣押或者强制执行；（2）清盘人可以避免与浮动抵押和欺诈性的优先权相关的其他规避权力；（3）在清盘中任何人故意继续经营企业业务，可能被要求承担所有与公司相关的任何或全部债务；（4）一旦清盘令作出或者早在临时清盘人被委任的时候，程序就被冻结。[②]

前述选择权可以在两岸公司案（1994）（Bicoastal Corporation v. Shinwa Company Limited［1994］1 HKLR 65）案中找到依据。[③] 在该案中，两岸公司和信华精机有限公司（Shinwa Company Limited）是“Singer”商标许可合同的许可方和被许可方。在美国法院经历系列诉讼后，1992 年 12 月 4 日，佛罗里达破产法院最终判决两岸公司向信华公司支付 45,179,000 美元。但是，信华公司于 1993 年 1 月 29 日提供担保，案件等待上诉，执行被暂停。后来，香港法院发现判决确定的债务不再到期或者应当支付，他们要求修改申请书，将他们的索赔理由修改为，通过主张使用“Singer”商标所产生的专利费的形式拯救未获得清偿的款项进行。[④]

在判决中，法院首先澄清，两岸公司所主张的是要求法院作出撤销令，并且按照他们申请中的方式，允许他们修改申请书。[⑤] 本案的复杂性在于，

---

① Charles D. Booth，“The Transnational Aspect of Hong Kong Insolvency Law”，（1995）2 *Sw. J. L. & Trade Am.*，p. 30.

② Charles D. Booth，“The Transnational Aspect of Hong Kong Insolvency Law”，（1995）2 *Sw. J. L. & Trade Am.*，pp. 31 – 32.

③ Charles D. Booth，“The Transnational Aspect of Hong Kong Insolvency Law”，（1995）2 *Sw. J. L. & Trade Am.*，p. 33.

④ *Bicoastal Corporation*（1994），pp. 66 – 67.

⑤ *Bicoastal Corporation*（1994），p. 67.

已经累积的和应当累积的金钱主张于1991年5月1日到期。两岸公司的依据是在佛罗里达地方法院正进行的诉讼，最终取决于早期判决的上诉，即信华公司是否受到这些判决中禁止反言规则所限制。如果他们依据美国法不受到限制，则也不能因此受到香港方面的限制。① 在这样的情形下，法院重新审视《公司（清盘及杂项条文）条例》（第32章）第179条第1款并发现，

信华并非贸易公司。或者依据《公司（清盘及杂项条文）条例》（第32章）第184条第2款的规定，在“向前追溯”（relation back）的背景下，信华公司的令状是否可能对两岸公司不公平，而且使该令状过早到来。在这样的前提下，另外也得承认，我们并不了解双方关系的所有方面，我将批准该上诉，撤销1993年3月10日作出的令状，并且采取不同寻常的途径命令清盘程序暂停，包括申请修改请愿书，直到在佛罗里达作出了针对信华公司的上诉决定、正式起诉、或者进一步的令状为止。②

有学者提出，由于《公司（清盘及杂项条文）条例》（第32章）并未有授权境外委托代理人在香港就境外公司启动清盘程序的规定，该委托代理人要么说服该境外公司的债权人提出申请，或者以该境外公司的名义提出申请，唯有这样，才能符合《公司（清盘及杂项条文）条例》（第32章）的范围。③

香港法院经常依据《公司（清盘及杂项条文）条例》（第32章）第10章第326、327条的规定，将境外公司作为“非注册公司”清盘。基于该事实，英国和香港的案例法都进一步发展相关规则，特别是前面提到的香港爱尔兰船运有限公司案（1985）。④ 在我国香港，清盘程序性质是“附属的”还

---

① *Bicoastal Corporation*（1994）, p. 67.

② *Bicoastal Corporation*（1994）, p. 68.

③ Charles D. Booth, “The Transnational Aspect of Hong Kong Insolvency Law”,（1995）2 *Sw. J. L. & Trade Am.*, p. 35.

④ Charles D. Booth, “The Transnational Aspect of Hong Kong Insolvency Law”,（1995）2 *Sw. J. L. & Trade Am.*, pp. 35 – 42.

是“并行的”，曾引发广受关注的讨论。[①]

3. 重组

虽然依据《公司（清盘及杂项条文）条例》（第32章）的规定，在香港重组是可能的；但由于制度性缺陷，香港的重组案件非常少。[②] 因此，在跨境破产中，由于境外法院拒绝承认第166条规定的程序，试图修改或者解除适用非香港法律的合同可能会带来更多问题。[③] 未公开的香港商业信贷银行有限公司（Bank of Credit and Commerce Hong Kong Limited）关闭，就是一个很好的例子。[④]

4. 破产

鉴于香港法院并不承认“统一破产”（unity of bankruptcy）原则，依据《破产条例》即使该债务人已在境外宣告破产，香港法院对在香港的债务人拥有管辖权。[⑤]

（四）香港受托人的可用选项

1. 受托人

依据香港破产法律，在香港的破产程序中，界定委托给受托人的财产的时候，采取“普遍性破产”模式。在《破产条例》中，相关的规定可见第43B条及第58条，分别涉及将某些具有超额价值的项目归属受托人及财产的归属及转让。[⑥]

---

① Charles D. Booth, “The Transnational Aspect of Hong Kong Insolvency Law”, (1995) 2 *Sw. J. L. & Trade Am.*, pp. 42–47.

② Charles D. Booth, “The Transnational Aspect of Hong Kong Insolvency Law”, (1995) 2 *Sw. J. L. & Trade Am.*, p. 48.

③ Charles D. Booth, “The Transnational Aspect of Hong Kong Insolvency Law”, (1995) 2 *Sw. J. L. & Trade Am.*, p. 49.

④ Charles D. Booth, “The Transnational Aspect of Hong Kong Insolvency Law”, (1995) 2 *Sw. J. L. & Trade Am.*, p. 49.

⑤ Charles D. Booth, “The Transnational Aspect of Hong Kong Insolvency Law”, (1995) 2 *Sw. J. L. & Trade Am.*, p. 50.

⑥ 《破产条例》（第6章）第43B &58条。

按照《破产条例》，财产“包括金钱、货品、据法权产、土地及各类财产，不论是土地财产或非土地财产，亦不论是位于香港或位于其他地方，亦包括上文界定的财产所产生或附带的义务、地役权及各类产业、权益及利润，不论是现有的或将来的、或有的或既得的”，① 这将使我们得出结论，认为香港的破产法试图将境外的不动产也委托给香港受托人，即使香港并不会承认境外法院将位于香港的不动产委托给其受托人。② 然而，我们必须认识到，这些财产是否可以传递到香港受托人控制下，完全取决于物之所在地法（lex situs）。③

2. 清盘

《公司（清盘及杂项条文）条例》（第32章）并未规定香港清盘公司的境外财产管辖权。但通过案例法，我们可以很容易发现，香港清盘人可以通过在境外提起破产程序，进而在境外寻求保护在香港清盘公司的境外财产。④ 该前述方法在美国捷运国际银行公司案（1984）（American Express International Banking Corporation and Others v Michael J. Johnson and Another [1984] HKLR 372）中得到了证明。⑤ 在该案中，美国捷运是艾克桑那国际信用商业有限公司（Axona International Credit and Commerce Ltd.，以下简称为艾克桑那公司）非正式债权人委员会的成员。艾克桑那公司已处于无力清偿状态，1983年2月2日在香港法院被申请强制清盘。与此同时，因为在纽约一个银行账户中，艾克桑那公司还有380万美元，原告同样在纽约提出清算申请，并通过判决获得这笔钱。该案的被告是艾克桑那公司的临时清盘人。

---

① 《破产条例》（第6章）第2条。

② Charles D. Booth，“The Transnational Aspect of Hong Kong Insolvency Law”，（1995）2 *Sw. J. L. & Trade Am.*，p. 58.

③ Charles D. Booth，“The Transnational Aspect of Hong Kong Insolvency Law”，（1995）2 *Sw. J. L. & Trade Am.*，pp. 58–59.

④ Charles D. Booth，“The Transnational Aspect of Hong Kong Insolvency Law”，（1995）2 *Sw. J. L. & Trade Am.*，p. 59.

⑤ Charles D. Booth，“The Transnational Aspect of Hong Kong Insolvency Law”，（1995）2 *Sw. J. L. & Trade Am.*，pp. 59–61.

在香港和纽约律师的共同建议下，他们成功地依据《美国破产法》第303条，向美国法院提出申请，保护他们所代表的利益。纽约法院收到呈请，并且作出决定并委任受托人。接着，受托人在纽约启动诉讼，从而撤销三名原告已经获得的赔偿。① 作为回应，原告发起4个独立的程序：（1）向香港法院申请救济，认为纽约法律与此并不相关，原告有权保留相关利益。（2）提议暂停或者撤销在纽约的诉讼。（3）提议撤销在纽约的破产程序。（4）在香港程序中传唤被告清盘人撤回其纽约程序。②

在判决中，法院驳回了其申请。法院指出，境外清盘人作为境外委托代理人参加美国破产程序，有两个选择：依据《美国破产法》第303条，可委任受托人，并且可以在受托人和美国法院的控制下，创设独立财产；或者依据《美国破产法》第304条，将在美国法院进行的程序，视为境外清盘程序的附属程序，并且寻求美国法院对该程序的协助。事实证明，第一个选项优势明显。③ 然后，法官对纽约法院之前的判决提出抨击：一是该情形适用《公司（清盘及杂项条文）条例》（第32章）第269条只是一个防护，是原来的令状所想要实现的目的；二是依据第303条规定的程序在美国设立第二个财产完全错误；三是规范美国破产的规则和对限制美国法院的规则，将导致共同清盘人和其对立面之间的纠纷。④ 法官意识到该案中至关重要的问题是法律冲突。⑤ 依据前述分析，法官开始从三个方面阐述了他的结论：关于物之所在地法、解释方法问题及依职权的问题。⑥ 通过长篇论述，法官决定驳回在香港的呈请，其认为："在当前，问题处于美国法院的控制之下。美国法院起着支配作用。我非常相信美国法院会依据美国的法律处理该问题，而且不会给我们任何抱怨的理由。我因此拒绝清盘程序中的传唤。""我批准

① *American Express* (1984), pp. 372 – 373; pp. 374 – 376.
② *American Express* (1984), p. 373.
③ *American Express* (1984), p. 377.
④ *American Express* (1984), p. 380.
⑤ *American Express* (1984), p. 381.
⑥ *American Express* (1984), pp. 381 – 385.

了冻结程序的申请，我不能再进行下一步程序……这样至少我可以确保，清盘人没有为该诉讼而再浪费更多金钱。”①

三、香港的跨境破产与雇员权利保护

按照本论文第 2 章对香港破产欠薪保障机制的评述，在我国香港地区破产或者清盘程序中，破产企业职工权益主要是通过破产欠薪保障基金来保护，然后由破产欠薪保障基金在破产或者清算程序中行使代位权。

那么在跨境破产案中，香港职工的实体权利应该如何保障？这个问题我们也应该分为两层，即香港破产、清盘程序的域外效力中涉及职工权益问题，和境外破产、清盘乃至重整程序中涉及香港职工权益保护问题。

（一）香港破产的域外承认所涉及职工权益保护

如前所述，鉴于破产欠薪保障基金在香港破产或者清盘企业的职工权益保护中发挥着极为重要的作用，所有涉及破产或者清盘企业的雇员权利保护，都通过这个系统处理。破产欠薪保障基金的设立本身，又是通过企业每年缴纳的年度注册费。鉴于破产欠薪保障基金委员会所做决定不受司法监督制约，这方面的案例也几近于无。职是之故，我们也只能推测，香港破产或者清盘裁定涉及在境外财产时，还是通过原有的法律安排进行；而一旦待分配财产得到巩固，破产欠薪保障基金委员会则通过代位求偿权，来实现其自身经济的健康。

（二）境外破产案件中香港职工权益保护

由于前述香港破产法律体系，在实践中，香港司法系统只能通过《公司（清盘及杂项条文）条例》（第 32 章）下的“非注册公司”，来处理境外跨境破产事宜。而且，这也是典型的普通法传统。

就香港特别行政区的判例来说，同时具备涉及职工权益保护又具有域外破产裁定这样的案例极为少见，只有下述先锋钢铁公司案（2013）（Pioneer Iron and Steel Group Co. Ltd. ［2013］ HKEC 317），涉及的一方当事人作为维

① *American Express*（1984），p. 388.

京群岛企业的股东，在香港有住所，而在法院裁定中，法院直接提及被告“除在香港有个工作人员之外，与香港没有什么联系”。

在裁定中，先锋钢铁公司案（2013）延用了“爱尔兰船运有限公司案（1985）”中确定的方法。在该案中，先锋钢铁集团有限公司于2003年10月16日在英属维京群岛成立，其中一位股东陈某宁女士（Ms. Chen Ningning）来自我国内地，但住在香港且拥有办公室。在2010年6月25日，受金融危机影响，陈某宁和董事达成协议，决定将公司自愿清盘，Roderick Sutton和William Tacon被任命为英属维京群岛清盘人。由于与陈某宁冲突，2010年8月3日，英属维京群岛清盘人为获得他们作为香港清盘人的调查权力，在香港向香港法院提出清盘申请。接下来，陈某宁于2010年9月4日申请临时中止英属维京群岛的清盘程序，但是失败。双方在香港几番论争后，2012年5月21日英属维京群岛清盘人发出传票，重新修改申请书，随后又于2012年12月21日提出撤销申请。①

在该案判决中，陈女士的代理人引用爱尔兰船运有限公司案（1985）中对国家间礼让原则的适用，但是没有被法院采纳。② 相反，妍华控股有限公司案（2009）中提到的要求再次被法院引用，即法院在依据《公司（清盘及杂项条文）条例》（第32章）第327条对非注册离岸公司的清盘程序行使自由裁量权时所应满足前述三个要求。③ 法院进一步评论爱尔兰船运有限公司案（1985）说：

我认为下述做法违反前面提到的原则。（被告）除在香港有个工作人员之外，与香港没有什么联系。而就在这样的情况下，为使境外清盘人通过调查程序来获得公司信息，从而启动公司清盘程序。香港没有制定与英国1986年《破产法》第426条相应的规范，也不是国际贸易法委员会《跨境

① *Pioneer Iron*（2013）, para. 1 – 9.

② *Pioneer Iron*（2013）, para. 14 – 15.

③ *Pioneer Iron*（2013）, para. 27 – 29.

破产示范法》的签署方。依据《破产法》和国际贸易法委员会《跨境破产示范法》的相关规范，为协助非注册公司清盘人在香港调查与其事务相关的信息，（香港法院）可以作出相关命令，而不用理会前述三个标准是否已经达到。①

据此，香港法院作出结论："在成立地法院清盘的非注册公司提出申请的情况下，我们认为没有依据降低标准，来评估在案件中是否已经证明与香港有充分联系。"②

第三节　欧盟跨境破产机制及职工权益保护

一、欧盟新跨境破产机制概说

欧洲对跨境破产制度的追求源远流长，尤其是第二次世界大战之后几十年间，随着欧洲一体化的进程，好几代学者和实务人员投身于欧洲跨境破产制度的建设中。在这个过程中，除了数不清的双边条约外，至少从 20 世纪 60 年代开始，就有人开始为多边条约而努力。

然而，在 2000 年 5 月 29 日之前，签署多边条约的努力始终未能成功，多少次努力都功亏一篑。正因为这个过程如此艰辛，欧盟在 2000 年 5 月 20 日通过并颁布的《欧盟跨境破产规章（第 1346/2000 号）》是欧洲历史上、也是世界版图上，跨境破产法发展的一个基石，这在欧盟、欧洲乃至在世界范围内，都有着十分重要的意义。在过去十年间，有关《欧盟跨境破产规章（第 1346/2000 号）》的文献汗牛充栋，学者们所概括的《欧盟跨境破产规章（第 1346/2000 号）》的主要特色基本上大同小异，虽然他们使用的词语可能

① *Pioneer Iron*（2013），para. 44.
② *Pioneer Iron*（2013），para. 46.

有所不同。①

这一《欧盟跨境破产规章（第 1346/2000 号）》，已在 2015 年 5 月 29 日被大幅度修改为《欧盟跨境破产规章（第 2015/848 号）》。故这里不再赘言《欧盟跨境破产规章（第 1346/2000 号）》的机制，直接介绍《欧盟跨境破产规章（第 2015/848 号）》的最新制度设计。

2015 年 5 月 20 日，欧盟立法机构颁布了修订后的《欧盟跨境破产规章（第 2015/848 号）》，从而为这一历时多年的修订《欧盟跨境破产规章（第 1346/2000 号）》画上一个圆满的句号。新修订后的《欧盟跨境破产规章（第 2015/848 号）》成为正式的法律文本，除个别条款稍晚生效外，其整体将对 2017 年 6 月 26 日之后开始的跨境破产正式生效。②

从形式上来看，与欧盟其他法律文本类似，《欧盟跨境破产规章（第 2015/848 号）》也分为序言、主体和附件三部分。序言共有 89 条，分别涉及《欧盟跨境破产规章（第 2015/848 号）》的立法进程、基本目标、价值追求、基本制度设计以及与其他欧盟法律之间的协调等等。主体分为 7 章，分别涉及一般条款、破产程序的承认、辅破产程序、债权人申报债权信息、集团公

---

① 例如，Jully Pae 将《欧盟跨境破产规章（第 1346/2000 号）》的特色总结为：（1）确定了主要破产程序的管辖地；（2）法律选择规则；（3）确保了判决的承认和执行；（4）规定了次要程序的可能性；（5）规定了清算人在多个程序中的沟通和配合义务；以及（6）确保债权人有权获取信息以及有权申报债权。参见：Jully Pae，"The EU Regulation on Insolvency Proceedings：the Need for a Modified Universal Approach"，27 *Hastings Int'l & Comp. L. Rev.*，2003 – 2004，pp. 568 – 573. 根据 Paul Omar 的观点，它包括：（1）管辖问题：（i）主要管辖地；（ii）次要管辖地；（2）平行程序的协调：（i）协调程序；（ii）债权人的地位；（3）承认规则：（i）法院和清算人；（ii）判决的公布与登记；（4）法律的冲突：（i）默认规则；（ii）特殊规则的案件：（a）破产组织，资产与担保；（b）特别交易；（c）特别参与人。参见：Paul J. Omar，"The European Insolvency Regulation 2000：A Paradigm of International Insolvency Cooperation"，*Bond Law Review*，Vol. 15，2003，Issue 1，Special Issue：Comparative Corporate Governance，pp. 224 – 239. Roy Goode 还在他的书中写到，《欧盟跨境破产规章（第 1346/2000 号）》有六个主要特色，包括：（1）填补了两个规则之间的空白；（2）国际管辖规则中基于"主要利益中心"（下文中简称"COMI"）的合格统一原则；（3）主要程序的合格普遍性原则；（4）多数情形中的破产法院地法原则；（5）启动程序的任何判决的直接承认原则；（6）清算人在任何其他成员国的主要程序中的普遍权力原则。参见 Roy Goode，*Principles of Corporate Insolvency Law*，Sweet & Maxwell；4th Revised edition，August 1，2011，pp. 709 – 710。

② Art. 84，92，Regulation No. 2015/848.

司分支的破产、数据保护、过渡及最终条款。《欧盟跨境破产规章（第2015/848号）》的附件共有4个，分别涉及《欧盟跨境破产规章（第2015/848号）》认可的欧盟各成员国破产程序、破产执业人、[1]包括《欧盟跨境破产规章（第1346/2000号）》在内，已被《欧盟跨境破产规章（第2015/848号）》废除的相关欧盟法律规章以及《欧盟跨境破产规章（第1346/2000号）》和《欧盟跨境破产规章（第2015/848号）》之间的对照。

相比较而言，在附件部分，《欧盟跨境破产规章（第2015/848号）》删除了原《欧盟跨境破产规章（第1346/2000号）》附件二中，有关《欧盟跨境破产规章（第1346/2000号）》认可的欧盟各成员国的清算程序，而新增加了已被《欧盟跨境破产规章（第2015/848号）》废除的相关欧盟成员国间的跨境破产双边或多边协议以及《欧盟跨境破产规章（第1346/2000号）》和《欧盟跨境破产规章（第2015/848号）》之间对照的两个附件。

那么，修订后的《欧盟跨境破产规章（第2015/848号）》又有什么样的新机制？和《欧盟跨境破产规章（第1346/2000号）》相比，修订后的《欧盟跨境破产规章（第2015/848号）》在哪些方面取得了突破？……这些问题，便是本节试图回答的问题。

在本节，将结合序言条款及主体条文，对《欧盟跨境破产规章（第2015/848号）》做一简要的阐释并择要点评下《欧盟跨境破产规章（第2015/848号）》的新框架；并且，将针对《欧盟跨境破产规章（第2015/848号）》新增加的诸如集团公司分支的跨境破产、数据保护等问题，分几部分详细介绍其法律机制。最后是简要的结论，提炼可能为我国内地和香港特别行政区之间构建跨境破产制度借鉴的元素。

《欧盟跨境破产规章（第2015/848号）》第一章为一般条款，共有7条，

[1] 《欧盟跨境破产规章（第2015/848号）》在这里用了“insolvency practitioners”一词。而在先前的《欧盟跨境破产规章（第1346/2000号）》中，对应的语词则是liquidators。显然，前者具有更广泛的包容性，将会使除清算人在外的其他《欧盟跨境破产规章（第2015/848号）》附件二列明的破产实务人员，都能在欧盟范围内得到相互承认。

涉及范围、定义、国际管辖权、管辖权的核验、对启动主破产程序的司法审查、与破产相关程序的管辖权、准据法、第三方请求权、抵销、所有权保留、不动产相关契约、支付系统及金融市场、劳动合同、对登记物权利的效力、欧洲专利的统一效果及欧盟商标、有害行为、对第三方购买人的保护、破产程序对未决诉讼或仲裁程序的影响。

（一）范围及定义

较之《欧盟跨境破产规章（第 1346/2000 号）》，《欧盟跨境破产规章（第 2015/848 号）》的范围在如下几个方面有明显扩大：第一，后者特别强调了集体破产程序的公开性；第二，后者加入了基于破产法且旨在拯救、调整、重整或者清算的临时性破产程序；第三，后者在第 1（1）（c）条特别强调，该法的范围包括法庭基于允许债权人、债务人间的谈判而许可的个人执行程序中的临时中止。① 而在其排除的范围中，《欧盟跨境破产规章（第 2015/848 号）》排除了保险公司、金融机构等《第 2001/24/EC 号指令》覆盖的公司及集体投资企业。②

在定义部分，《欧盟跨境破产规章（第 2015/848 号）》分别涉及集体程序、集体投资企业、债务人占有（DIP）、破产程序、破产执业人、法院、启动主破产程序的裁定、程序启动的时间、财产所在成员国、营业机构（establishments）、当地债权人、境外债权人、集团公司、专利企业等。③ 较之《欧盟跨境破产规章（第 1346/2000 号）》，集体程序、集体投资企业、债务人占有（DIP）、当地债权人、境外债权人、集团公司、专利企业等概念都是新加的，而对破产执业人的界定本身，也超越了《欧盟跨境破产规章（第 1346/2000 号）》下的破产清算人。

（二）国际管辖权

《欧盟跨境破产规章（第 2015/848 号）》第 3 条规范该法的国际管辖权，

① Art. 1（1），Regulation No. 2015/848.
② Art. 1（2），Regulation No. 2015/848.
③ Art. 2，Regulation No. 2015/848.

涉及主破产程序与辅破产程序的管辖权。

1. 基本原则

欧洲跨境破产机制的核心内容即是主、辅破产程序并行的所谓平行结构。按照《欧盟跨境破产规章（第 2015/848 号)》序言第 23 条的解释，该规章在债务人主要利益中心所在地启动主破产程序，该程序在欧盟范围内普遍有效，旨在收集债务人所有的财产；而为了保护利益的多样化（diversity of interests)，该规章也允许辅破产程序与主破产程序平行运行，但只在债务人有产业的成员国启动，而且其效力也仅限定在其成员国。①

《欧盟跨境破产规章（第 2015/848 号)》第 3（1）条规定了主破产程序的管辖权：

债务人主要利益中心所在地成员国法院享有启动主破产程序的管辖权。主要利益中心所在地为债务人实施常规管理且为第三方所确信的地方。

对于公司及法人来说，若无相反证据，应假定公司注册办公室所在地为其主要利益中心所在地。该假定仅适用于启动主破产程序的请求发出前三个月内，注册办公室未被移往其他成员国。

对于经营独立产业或者职业活动的个体，若无相反证据，应假定该个体的主业所在地为其主要利益中心。该假定仅适用于启动主破产程序的请求发出前三个月内，主业所在地未被移往其他成员国。

对于其他个人来说，若无相反证据，应假定该个人的住所地为其主要利益中心。该假定仅适用于启动主破产程序的请求发出前三个月内，住所地未被移往其他成员国。②

显而易见，发端于《欧盟跨境破产规章（第 1346/2000 号)》的“主要利益中心”概念被新修订的法律完整继承下来，并在公司和法人之外，将其适用情形细化到对于经营独立产业或职业活动的个体和其他个人。

① Rec.（23）, Regulation No. 2015/848.

② Art. 3（1）, Regulation No. 2015/848.

对于辅破产程序的管辖权，《欧盟跨境破产规章（第2015/848号）》是这样规定的："如果主要利益中心位于一个成员国辖区内，那么当且仅当债务人在其他成员国拥有产业，其他成员国法院才对启动破产程序有管辖权。相关破产程序的效力，仅限于相关成员国境内债务人的财产。"①

《欧盟跨境破产规章（第2015/848号）》第3条紧接着规定："如果主破产程序已经启动，其他之后启动的所有破产程序均为辅破产程序。"② 作为例外，只有在如下特殊情况下，辅破产程序才可以先于主破产程序启动：第一，由于债务人主要利益中心所在地成员国法所设定的条件，主破产程序无法启动；第二，与债务人在辅破产程序请求国营业机构运行有关的债权人，或者债务人产业所在地法规定的有权请求启动破产程序的公务部门，请求启动破产程序。③

根据《欧盟跨境破产规章（第2015/848号）》，收到启动破产程序请求的法院，将拥有对其自身是否拥有管辖权的核验权；相关破产裁定中也应指出该法院是基于何种理由拥有管辖权，及确认该管辖权是基于主破产程序还是辅破产程序。④ 如果破产程序的启动是基于国内法且没有相关裁定，那么破产程序中的破产执业者可以受命核验相关法院是否有管辖权，及确认该管辖权是针对主破产程序还是辅破产程序。⑤

2. 对启动主破产程序的司法审查

作为一项原则，《欧盟跨境破产规章（第2015/848号）》规定，债务人或者任何债权人可以基于国际管辖权，质疑任何法院做出的启动主破产程序的裁定。其他人亦可基于国内法规定缺乏国际管辖权，向法院提出质疑。⑥

---

① Rec. (23) & Art. 3 (2), Regulation No. 2015/848.

② Art. 3 (3), Regulation No. 2015/848.

③ Art. 3 (4), Regulation No. 2015/848.

④ Art. 4 (1), Regulation No. 2015/848.

⑤ Art. 4 (2), Regulation No. 2015/848.

⑥ Art. 5, Regulation No. 2015/848.

3. 与破产程序紧密相关的其他诉讼

根据《欧盟跨境破产规章（第 2015/848 号）》，破产程序所处国法院有权管辖任何与这些程序紧密相关的其他诉讼。[①]

如果前述诉讼是针对同一被告的民商事诉讼，破产程序中的执业人可以在被告人所在地成员国法院，同时提起破产申请和民商事诉讼；如果该诉讼涉及多位被告人，如果相关法院依据《第 1215/2012 号规章》享有管辖权，那么破产执业人可以在前述任何一个被告所在的成员国法院发起诉讼。[②] 如果相关成员国法律允许经管债务人代表破产财团发起诉讼，那么前述条款亦可适用于债务人占有。[③] 在这种情况下，“紧密相关”的判定标准为：相关诉讼联系紧密，为了规避不同程序中判决不可调和的风险，将它们一起裁定更为便利。[④]

（三）准据法

《欧盟跨境破产规章（第 2015/848 号）》规定的准据法规则为，适用于本规章下所有破产程序及其效果的法律，均为这些程序启动时所处的成员国法；这可简单概括为“程序所在国法”原则。[⑤] 除该原则外，《欧盟跨境破产规章（第 2015/848 号）》第 7（2）条还特别列举了 13 类特别需要依据“程序所在国法”原则裁定的情形。[⑥]

除此之外，《欧盟跨境破产规章（第 2015/848 号）》还特别规定涉及部分事项时，相关财产所处地成员国法将自动适用，破产程序启动国法律对其没有影响。这些事项包括：第三方请求权、抵销、所有权保留、不动产相关契约、支付系统及金融市场、劳动合同、对登记物权利的效力等。[⑦]

---

① Art. 6（1）, Regulation No. 2015/848.

② Art. 6（2）, Regulation No. 2015/848.

③ Art. 6（2）, Regulation No. 2015/848.

④ Art. 6（3）, Regulation No. 2015/848.

⑤ Art. 7（1）, Regulation No. 2015/848.

⑥ Art. 7（2）, Regulation No. 2015/848.

⑦ Art. 8－14, Regulation No. 2015/848.

作为例外，《欧盟跨境破产规章（第2015/848号）》规定，凡是涉及具有统一效果的欧洲专利、欧共体商标以及其他基于欧盟法的类似权利，仅可包含在主破产程序中。[①]

另外，作为修正，《欧盟跨境破产规章（第2015/848号）》规定，如果有人从一项对所有债权人有害的行为中获益，如果他有证据证明：第一，相关行为是成员国法规制的对象，而非破产程序启动国法规制的对象；第二，成员国法不允许任何在相关案件中质疑相关行为，那么第7（2）（m）条可以不予适用。[②] 这也就是说，这类行为将受相关行为发生地成员国法的规制，而非破产程序启动国法规制。

涉及对第三方购买人的保护，《欧盟跨境破产规章（第2015/848号）》规定，如果一个债务人在破产程序结束后，处置不动产、船舶、航空器或证券等需要登记的客体，相关行为的法律效力将取决于不动产或登记机构所在地成员国法。[③]

如果未决诉讼或仲裁程序中涉及部分属于债务人部分财产和权利，那么相关未决诉讼或仲裁程序仍适用这些程序所在地成员国法规制。[④]

二、破产程序的承认

《欧盟跨境破产规章（第2015/848号）》第二章为破产程序的承认，这部分共有11个条文，分别涉及原则、承认的效果、破产执业者的权力、破产执业者任命的证明、返还与归责、破产登记系统的设立、破产登记系统的内部联网、设立及破产登记系统内部联网的成本、通过内部联网获取破产登记系统信息的条件、在另一个成员国的公告、在另一个成员国公共登记系统的登记、公告及登记成本、债务人的履行义务、其他裁定的承认和执行以及公共政策。

① Art. 15, Regulation No. 2015/848.
② Art. 16, Regulation No. 2015/848.
③ Art. 17, Regulation No. 2015/848.
④ Art. 18, Regulation No. 2015/848.

（一）承认的原则及效果

作为基本原则，《欧盟跨境破产规章（第2015/848号）》规定，任何拥有管辖权的成员国法院依照该法第3条在本国做出的破产裁定，自其生效之日起，在其他欧盟成员国都应该得到承认；基于此，一旦有成员国已启动针对特定债务人的主破产程序，其他成员国法院只可以启动针对同一债务人的辅破产程序。①

前述承认的效果为：除非《欧盟跨境破产规章（第2015/848号）》有相反规定且其他成员国未启动辅破产程序，无须任何进一步的手续，前述主破产程序将在其他成员国，产生与其本国一样的效果。此外，任何成员国法院都无权审查辅破产程序对债权人权利的限制措施，诸如中止或豁免，只有在相关债权人同意的前提下，才能对位于其他成员国境内的财产生效。②

（二）破产执业者的权力

关于破产执业者的权力，《欧盟跨境破产规章（第2015/848号）》赋予主破产程序的执业人员普遍的权力——在没有其他破产程序启动，也没有任何相反保全措施以请求启动破产程序的前提下，他们可以依照任命他们的法院地法，在其他欧盟成员国行使包括转移资产在内的各种权力。③

而辅破产程序中管辖法院任命的破产执业人，可以在其他任一成员国法院或者法院之外，声明动产已在辅破产程序开始后，被从辅破产程序开始国转移到其他任一成员国境内。为保护债权人利益，辅破产程序的破产执业人亦可提起任何中止之诉。④

作为基本原则，无论是在主破产程序还是辅破产程序任命的破产执业人，在行使其权力时，都应遵守其意欲提起诉讼的成员国法律，尤其是涉及诸如财产变现之类事宜时。但是需要强调的是，除非有法院指令或者基于法律程

① Art. 19，Regulation No. 2015/848.

② Art. 20，Regulation No. 2015/848.

③ Art. 21（1），Regulation No. 2015/848.

④ Art. 21（2），Regulation No. 2015/848.

序或争议中裁定所产生的权利，破产执业人的这些权力，一般不包括采取强制措施的权力。①

作为基本原则，《欧盟跨境破产规章（第 2015/848 号）》规定破产执业人的任命必须要有某种有管辖权法院签发的证明。如果必要，这种任命材料应可以翻译成意欲行使权力的成员国官方语言；如果其官方语言有一种以上，那么翻译成其中之一即可。除此之外，这种任命材料不需要其他任何形式的公证或类似手段，即直接有效，对方国家法院应无条件承认并予以配合。②

（三）返还与归责

按《欧盟跨境破产规章（第 2015/848 号）》规定，在主破产程序启动后，债权人通过包括执行在内各种方式，全部或者部分地从债务人在位于另一个成员国的财产中满足自己的债权，尤其是涉及第三方对物权和所有权保留，应该将其所得全部返还给破产执业人。③

为确保债权人权利平等，债权人在破产程序期间基于其请求获得的红利，在分配中应与其他破产程序中同一位阶的债权人，享有平等的红利权。④

（四）债务人受益

按照《欧盟跨境破产规章（第 2015/848 号）》的规定，如果另一个成员国启动的破产程序中债务人在某项给付中受益，而实际上应有破产实务人员受益，如果完成此义务的给付人未意识到破产程序的启动，他将豁免进一步给付的义务。⑤ 如果相关给付在破产程序启动的通知公告之前完成，在缺乏相反证据的情况下，相关给付人将假定其未意识到破产程序的启动；如果相关给付在破产程序启动的通知公告之后完成，除非有相反证据，将假定相关给付人已意识到破产程序的启动。⑥

---

① Art. 21（3），Regulation No. 2015/848.

② Art. 22，Regulation No. 2015/848.

③ Art. 23（1），Regulation No. 2015/848.

④ Art. 23（2），Regulation No. 2015/848.

⑤ Art. 31（1），Regulation No. 2015/848.

⑥ Art. 31（2），Regulation No. 2015/848.

（五）其他裁定的承认及执行

按照《欧盟跨境破产规章（第2015/848号）》的规定，如果一个成员国法院启动破产程序的裁定基于该法第19条得到承认，那么该法院做出的其他涉及破产程序的过程和结束、法庭批准的和解等裁定，将在其他成员国直接得到承认，而无需任何其他手续；这些裁定将通过《第1215/2012号规章》第39～44、47～57条得以执行。① 这一点，也适用于直接源于破产程序且与之紧密联系的其他裁定，即便相关裁定由其他法院做出。② 而除前述条款之外的其他所有民商事判决的承认和执行，将通过《第1215/2012号规章》实施。③

（六）公共利益

对破产程序的直接承认是《欧盟跨境破产规章（第2015/848号）》规定的基本原则。有原则必然有例外。按照《欧盟跨境破产规章（第2015/848号）》，如果对其他成员国法院启动的破产程序的承认和执行，明显有悖于该国公共政策，尤其是涉及其基本原则或者个体的宪法性权利与自由，那么任何一个成员国都可以拒绝承认或执行其他成员国做出的破产裁定。④

三、辅破产程序

按照《欧盟跨境破产规章（第2015/848号）》的机制，辅破产程序的制度设计基本上继承《欧盟跨境破产规章（第1346/2000号）》的规定。

（一）辅破产程序的启动及准据法

依照《欧盟跨境破产规章（第2015/848号）》的规定，只有在主破产程序已经在某一成员国启动且为其他各成员国承认，那么其他成员国有管辖权的法院才可以启动辅破产程序；在这种情况下，如果债务人在主破产程序中

---

① Art. 32（1），Regulation No. 2015/848.
② Art. 32（1），Regulation No. 2015/848.
③ Art. 32（2），Regulation No. 2015/848.
④ Art. 33，Regulation No. 2015/848.

已被宣告资不抵债，那么此宣告在辅破产程序中无须再行核验；辅破产程序的效力仅限于债务人在辅破产程序启动国的财产。①

作为欧盟跨境破产体系“平行程序”最基本的原则之一，辅破产程序所适用的准据法为在辅破产程序启动国的法律制度。②

（二）为规避辅破产程序所做承诺

在某些特定情况下，实践中可能会有规避辅破产程序的需求。在这种情况下，为规避辅破产程序的启动，主破产程序中的破产执业者可以针对辅破产程序拟启动国的财产，做出单边承诺（unilateral undertaking），即对财产或变现所得分配时，将遵守辅破产程序拟启动国法律下债权人享有的分配和优先权。③ 该单边承诺应该明确其依据的事实假设（factual assumption），尤其是位于相关国家的资产价值和变现这些资产可以使用的选项。④

按照《欧盟跨境破产规章（第 2015/848 号）》的制度设计，在主破产程序的破产执业者做出单边承诺的情况下，规制上述变现资产分配、决定债权人顺位以及规范债权人与相关财产关系的法律，将是辅破产程序拟启动国的法律；而相关的时间点则是单边承诺做出的时刻。⑤

从技术层面来说，《欧盟跨境破产规章（第 2015/848 号）》对单边承诺也提出了很多规范。就语言和形式来说，相关单边承诺必须用书面方式，至少用一种辅破产程序拟启动国的官方语言写出，而且还得满足该国在形式上的其他要求。⑥

当地已知债权人的同意，是前述单边承诺有效的必要条件。而当地已知债权人对单边承诺的同意，则适用辅破产程序拟启动国法律关于通过重组计

---

① Art. 34，Regulation No. 2015/848.

② Art. 35，Regulation No. 2015/848.

③ Art. 36（1），Regulation No. 2015/848.

④ Art. 36（1），Regulation No. 2015/848.

⑤ Art. 36（2），Regulation No. 2015/848.

⑥ Art. 36（3）&（4），Regulation No. 2015/848.

划的数量和投票规则。[①]

（三）辅破产程序的启动

按照《欧盟跨境破产规章（第2015/848号）》规定，主破产程序的破产执业人和任何辅破产程序启动国法律授权的个人和机构，可以请求启动辅破产程序。[②] 法院在收到启动辅破产程序的请求后，应当立即通知主破产程序中的破产执业人或者占有债务人。[③]

（四）不予启动辅破产程序

如果按照前述第36条所做的单边承诺生效，那么启动辅破产程序的请求应当在收到承诺许可通知30日之内提出。[④]

在这种情况下，如果破产执业人他们认为单边承诺已对当地债权人的基本利益提供了适当保护，他们还可以请求法院，不要启动辅破产程序。[⑤]

另外，根据《欧盟跨境破产规章（第2015/848号）》，如果法院为保障债权人和债务人的谈判，已发出个人执行程序的临时中止令，那么在破产执业人或占有债务人的请求下，法院可以在采取适当措施保护当地债权人利益的前提下，中止辅破产程序不超过3个月。[⑥] 这种适当措施包括，除正常的商业往来，债务人不转移或处置任何产业所在地成员国的资产；在当地民事诉讼规则允许的前提下，法院亦可采取其他适当措施。[⑦]

在中止期间，前述谈判结束，或者包括谈判破裂或谈判明显达不成协议而中止令已损及债权人利益，或者破产执业人或占有债务人违反不处置、转移财产的禁令，法院可以依据自己的裁量，或者基于债权人的请求，撤销辅破产程序的中止令。[⑧]

---

① Art. 36（5）, Regulation No. 2015/848.
② Art. 37（1）, Regulation No. 2015/848.
③ Art. 38（1）, Regulation No. 2015/848.
④ Art. 37（2）, Regulation No. 2015/848.
⑤ Art. 38（2）, Regulation No. 2015/848.
⑥ Art. 38（3）, Regulation No. 2015/848.
⑦ Art. 38（3）, Regulation No. 2015/848.
⑧ Art. 38（3）, Regulation No. 2015/848.

（五）合作与交流

强调合作与交流以及协调，是《欧盟跨境破产规章（第 2015/848 号）》的重头戏之一。这一合作与交流是全方位的，不同程序中涉及的破产执业人之间、法院之间以及破产执业人与法院之间，都有义务依照该规章规定的框架，展开合作与交流，进而推动不同程序间的协调。特别需要强调的是，除不同破产执业人之间的交流合作外，不同法院之间以及不同破产执业人与法院之间的交流与合作都是免费的。①

1. 不同破产程序执业人们的合作与交流

关于不同破产清算人间的合作与交流，《欧盟跨境破产规章（第 1346/2000 号）》已有基本规定。② 在《欧盟跨境破产规章（第 2015/848 号）》中，该条规定有了更进一步的要求。按照其法律框架，涉及同一债务人的主破产程序和辅破产程序的破产执业人们，应该在不违反相关程序规则的前提下，彼此开展包括达成协议或者议定书在内任何形式的合作。③

为实施这种合作，不同程序间的破产执业人们，可以从如下诸多方面展开交流：第一，彼此尽快交换与其他程序相关的任何信息，尤其诸如提交、核实债权，旨在对债务人实施拯救或者重组的措施以及程序的终止；为保障这些交流，各方应为保护机密信息做出适当的安排。第二，探索对债务人重组的可能性；如果该可能性存在，在敲定并执行重组计划方面展开合作。第三，协调债务人资产变现和利用管理及其他事宜；辅破产程序的破产执业人，应当尽早向主破产程序的破产执业人提供辅破产程序资产变现和利用的方案。④

《欧盟跨境破产规章（第 2015/848 号）》还规定，前述关于不同破产程序间破产执业人的合作条款，准用于主、辅破产程序或者其他区域性破产程

① Art. 44，Regulation No. 2015/848.
② Art. 31，Regulation No. 1346/2000.
③ Art. 41（1），Regulation No. 2015/848.
④ Art. 41（2），Regulation No. 2015/848.

序中，涉及同一债务人且同时启动的债务人占有。①

2. 不同法院间的合作与交流

围绕跨境破产，不同破产程序中法院之间的合作与交流，是《欧盟跨境破产规章（第2015/848号）》新增加的内容之一。

作为基本原则，按照《欧盟跨境破产规章（第2015/848号）》规定，为促进涉及同一债务人的主破产程序、辅破产程序及区域性破产程序之间的协调，拟启动或已启动相关程序的法院，应在相关国家程序规则允许的前提下，与其他任何法院在拟启动或已启动程序前展开合作；为促进合作，相关法院可以在相关国家程序规则允许的前提下，任命独立人士或机构，根据其指示展开合作。② 基于此原则，相关法院、任命独立人士或机构可以在尊重相关各方程序性权利和保密信息的前提下，以他们自己的名义，互相直接展开交流、索要信息或协助。③

具体而言，不同法院、所任命独立人士或机构之间的合作，可以通过如下方面实现：第一，在破产执业人的任命上互相协调；第二，通过法院认为合适的任何方式交换信息；第三，在债务人的财产及其他事务管理和监督方面互相协调；第四，在庭审进展方面互相协调；第五，必要情况下，在议定书的批准方面互相协调。④

3. 破产执业人和法院之间的合作与交流

加强不同破产程序间，破产执业人和法院之间的合作与交流，也是《欧盟跨境破产规章（第2015/848号）》的新机制之一。

该机制要求，为促进针对同一债务人的主破产程序、辅破产程序和地区性破产程序之间的协调，主破产程序的破产执业人，应该与拟启动或已启动辅破产程序的任何法院合作与交流。同时，辅破产程序或者地区性破产程序

① Art. 41（3），Regulation No. 2015/848.

② Art. 42（1），Regulation No. 2015/848.

③ Art. 42（2），Regulation No. 2015/848.

④ Art. 42（3），Regulation No. 2015/848.

的破产执业人，应该与拟启动或已启动主破产程序的法院合作与交流。另外，辅破产程序或地区性破产程序的破产执业人，在不涉及利益冲突且不违反详规程序规则的前提下，应该与拟启动或已启动辅破产程序的法院展开合作与交流。① 而从技术的角度，这些合作与交流可以采用前述第42（3）条列举的方式实现。②

作为一项基本原则，《欧盟跨境破产规章（第2015/848号）》规定，任何债权人都可以在主破产程序和辅破产程序中，申报其债权。③ 主破产程序和辅破产程序的破产执业人，如果认为债权人的权利在其他程序中更能得到维护，也可以在其他程序中，申报已在其主管的破产程序中申报的债权。④ 另外，主破产程序和辅破产程序的破产执业人，应被授权以债权人身份参与其他程序，尤其是出席债权人会议。⑤

另外，如果主破产程序中的破产执业人发出请求，启动辅破产程序的法院应在三个月时间内（可以延长），整体或部分中止财产变现；在这种情况下，该法院可以要求该破产执业人采取适当措施，确保辅破产程序中债权人的利益；这种请求只有在其明显无益于主破产程序中的债权人时，才可以驳回。⑥ 作为平衡措施，启动辅破产程序的法院也可以基于主破产程序破产执业人的申请，或者基于债权人或辅破产程序破产执业人根据债权人的利益做出的申请，结合自身判断，终止对财产变现的中止。⑦

显然，这一规定为主破产程序、辅破产程序和地区性破产程序中破产执业人，与不同法院之间的交流与合作，奠定了制度性基础。

（六）辅破产程序的结束

如果辅破产程序启动国的法律允许相关程序通过重组计划、和解或类似

① Art. 43（1），Regulation No. 2015/848.
② Art. 43（2），Regulation No. 2015/848.
③ Art. 45（1），Regulation No. 2015/848.
④ Art. 45（2），Regulation No. 2015/848.
⑤ Art. 45（3），Regulation No. 2015/848.
⑥ Art. 46（1），Regulation No. 2015/848.
⑦ Art. 46（2），Regulation No. 2015/848.

措施，而非清算方式而结束，那么主破产程序的破产执业人应被授权遵照相关国家的法律程序，提议重组计划。① 在这种情况下，任何基于辅破产程序中重组计划、和解或类似措施而对债权人权利产生的限制，比如中止给付或者债务豁免，如果没有所有牵涉其利益的债权人的同意，那么对重组、和解或类似程序的债务人资产无效。②

对于破产程序结束的影响，《欧盟跨境破产规章（第 2015/848 号）》是这样规定的：任何破产程序的结束，都不会阻止针对同一债务人的其他依然进行的破产程序的继续。③ 如果破产程序涉及一个成员国的法人或公司，而带来相关法人或者公司的解散，那么该法人或公司在其他针对同一债务人的破产程序终结前，或者其他针对同一债务人的破产程序中的破产执业人已同意该解散，那么相关法人或公司依然继续存在。④

（七）涉及辅破产程序的其他技术性问题

根据《欧盟跨境破产规章（第 2015/848 号）》的规定，如果裁定启动辅破产程序的法院未遵守第 38 条提出的条件和要求，主破产程序的破产执业人可以在相关法院对该启动辅破产程序的裁定表达异议。⑤

按照辅破产程序启动成员国的法律，如果债务人的财产足够全额或者部分覆盖辅破产程序的开支，那么相关法院在收到请求后，可以要求申请人预先缴纳相关费用或提供适当担保。⑥

另外，通过对辅破产程序财产的清算，如果能够满足辅破产程序中的所有债权，那么该辅破产程序的破产执业人，应该立即将剩余资产转接主破产程序的破产执业人。⑦

---

① Art. 47（1）, Regulation No. 2015/848.
② Art. 47（2）, Regulation No. 2015/848.
③ Art. 48（1）, Regulation No. 2015/848.
④ Art. 48（2）, Regulation No. 2015/848.
⑤ Art. 39, Regulation No. 2015/848.
⑥ Art. 40, Regulation No. 2015/848.
⑦ Art. 49, Regulation No. 2015/848.

还需要强调的是，如果主破产程序的启动晚于辅破产程序，那么在这些辅破产程序进度允许的前提下，前述《欧盟跨境破产规章（第 2015/848 号）》第 41、45、46、47 条和第 49 条的规定，适用于先启动的辅破产程序。①

按照主破产程序破产执业人的申请，管辖辅破产程序的成员国法院可以遵照其本国法，并充分考虑主破产程序对于保护当地债权人的合适与否，可以裁定辅破产程序转化为主破产程序。② 如果有必要，相关法院可以向不同程序中的破产执业人索要相关信息。③

对主破产程序享有管辖权的成员国法院，可以为了保全债务人的资产，任命临时管理人；该临时管理人应有权依据相关成员国的法律，采取必要的措施，在破产申请与破产裁定之间，保全债务人在另一个成员国的财产。④

四、债权人申报债权信息

整体而言，《欧盟跨境破产规章（第 2015/848 号）》关于债权人申报债权的机制，基本上接续了《欧盟跨境破产规章（第 1346/2000 号）》的制度框架。

关于外国债权人的债权申报权，《欧盟跨境破产规章（第 2015/848 号）》规定，任何境外债权人都可以通过任何程序启动国法律允许的方式，在破产程序中申报其债权；由律师或者其他职业人士代理并非申报债权的必要条件。⑤

对于境外债权人的债权申报，法庭和破产执业人在《欧盟跨境破产规章（第 2015/848 号）》下承担了通知的义务。按照规定，一旦破产程序在某一个成员国启动，那么有管辖权的法院或该法院任命的破产执业人应立即通知已知的境外债权人。⑥ 相关通知必须针对个人做出，应该包含债权申报的时

① Art. 50, Regulation No. 2015/848.
② Art. 51 (1), Regulation No. 2015/848.
③ Art. 51 (2), Regulation No. 2015/848.
④ Art. 52, Regulation No. 2015/848.
⑤ Art. 53, Regulation No. 2015/848.
⑥ Art. 54 (1), Regulation No. 2015/848.

限、受理申报的机构及其他措施；此外，相关通知应暗示该债权人是否有优先权或者对物担保权；如果有相关债权申报表格，该表格应与通知一起发给债权人。[①] 作为《欧盟跨境破产规章（第2015/848号）》下的新规定，前述通知信息应该采用该规章第88条规定的标准通知，[②] 并在欧洲电子司法门户以“破产程序通知”的标题发布；该通知的语言，应考虑欧盟各成员国语言的丰富性，应用双方成员国各自至少一种官方语言。[③]

关于境外债权人申报债权的程序，《欧盟跨境破产规章（第2015/848号）》设计如下：任何境外债权人都可以用本规章第88条规范的标准申报表格，以欧盟相关机构官方语言“债权申报”的抬头提交。[④] 在用官方语言提交申请的前提下，鉴于欧盟各成员都有权选择是否接受除本国官方语言外的其他成员国官方语言，法院、破产执业人或者占有债务人，可以要求债权人将申报表格翻译成至少一种破产程序启动国的官方语言。[⑤]

标准申报表格至少应包括如下信息：（1）境外债权人的姓名、通信地址、电子邮箱地址、个人身份号码、任何银行细节；（2）申报债权的数额（包括本金和利息）、债务发生的日期及债务到期日期；（3）如果申报利息，应提及利率是否是法定还是双方约定、利息计算期间以及利息总额；（4）与申报相关且在破产程序启动前发生的费用及其细节；（5）债权的性质；（6）该债权是否享有优先权及相关凭据；（7）该债权是否涉及对物担保权或者保留所有权，如涉及，哪些资产涉及担保债权及担保日期、担保登记机构及登记号码；（8）是否申请抵销，如果是，破产程序启动时双方债务的数额、债务发生的日期及抵销的债务净额。[⑥] 境外债权人申报债权时，除应提

---

① Art. 54（2），Regulation No. 2015/848.

② 《欧盟跨境破产规章（第2015/848号）》第88条规定，欧盟委员会应通过第89（2）条规定的咨询程序，采取行动制订本规章第27（4）条、第54条、第55条及第64（2）条规定的表格，并在必要的情况下对其修订更新。参见Art. 88，Regulation No. 2015/848。

③ Art. 54（3），Regulation No. 2015/848.

④ Art. 55（1），Regulation No. 2015/848.

⑤ Art. 55（5），Regulation No. 2015/848.

⑥ Art. 55（2）&（3），Regulation No. 2015/848.

交前述标准申报表外，还应附带相关证明材料。[①] 如果境外债权人采用标准申报表之外的其他方式，前述各项信息仍应完备。[②] 境外债权人申报债权的期限取决于破产程序启动国的法律，但原则上，不应少于破产程序启动的通告在程序启动国登记系统发布后30日。[③]

接到境外债权人的申报后，如果法院、破产执业人或者占有债务人对相关申报有质疑，债权人有权补充额外证据证明其相应债权。[④]

五、集团公司成员的破产

缺失处理跨境破产中集团公司分支破产的机制，长期以来一直被视为是《欧盟跨境破产规章（第1346/2000号）》最大的缺陷之一，饱受学术界和实务界的批评。2015年对该条例的修订中，总算填补空白。鉴于这部分为《欧盟跨境破产规章（第2015/848号）》新增加，而且其内容极为重要，笔者将在下文分节详述其内容及基本框架。

（一）合作与交流

1. 破产执业人间的合作与交流

作为《欧盟跨境破产规章（第2015/848号）》树立的一项基本原则，如果破产程序涉及两个以上集团公司的成员，为了促进对这些程序的有效管理，其中一个成员破产程序中任命的破产执业人，应该在不违反相关程序规则且不构成任何利益冲突的前提下，与其他集团公司成员破产程序中任命的破产执业人彼此开展包括达成协议或者议定书在内任何形式的合作。[⑤]

为实施这种合作，不同程序间的破产执业人们，可以从如下诸多方面展开交流：第一，尽快彼此交换与其他程序相关的任何信息；为保障这些交流，各方应为保护机密信息做出适当的安排。第二，探索协调对破产程序所涉及

---

① Art. 55（2），Regulation No. 2015/848.

② Art. 55（4），Regulation No. 2015/848.

③ Art. 55（6），Regulation No. 2015/848.

④ Art. 55（7），Regulation No. 2015/848.

⑤ Art. 56（1），Regulation No. 2015/848.

集团公司成员管理与监督的可能性；如果该可能性存在，协调相关管理与监督事宜。第三，探索对破产程序所涉及集团公司成员重组的可能性；如果该可能性存在，在敲定并执行重组计划方面展开合作。① 为实现前述第二、第三种合作，前述所有或部分破产执业人应在不同程序规则允许的前提下，同意授权其中一个破产程序的破产管理人额外的权力，并同意在他们之间分配不同任务。②

2. 法院间的合作与交流

按照《欧盟跨境破产规章（第 2015/848 号）》规定，如果破产程序涉及两个或两个以上集团公司成员，为了促进对这些程序的有效管理，在不违反相关程序规则且不构成任何利益冲突的前提下，已启动相关程序的法院，应与其他已启动或待启动集团公司成员破产程序的任何法院合作；③ 基于此目的，相关法院可以在不违反相关法院程序规则且保密的前提下，任命独立人士或机构，代表相关法院，互相直接展开交流、索要信息或协助。④

具体而言，不同法院间的合作，可以通过如下方面实现：第一，在破产执业人的任命上互相协调；第二，通过法院认为合适的任何方式交换信息；第三，在破产集团公司成员的财产及其他事务管理和监督方面，互相协调；第四，在庭审进展方面互相协调；第五，必要情况下，在议定书的批准方面互相协调。⑤

3. 破产执业人和法院之间的合作与交流

按照《欧盟跨境破产规章（第 2015/848 号）》的制度设计，一个涉及集团公司成员破产程序中任命的破产执业人，为了促进对这些程序的有效管理，应该在不违反相关程序规则且不构成任何利益冲突的前提下，与拟启动或已启动集团公司成员破产程序的任何法院合作与交流。另外，该破产执业人亦

---

① Art. 56（2），Regulation No. 2015/848.

② Art. 56（2），Regulation No. 2015/848.

③ Art. 57（1），Regulation No. 2015/848.

④ Art. 57（2），Regulation No. 2015/848.

⑤ Art. 57（3），Regulation No. 2015/848.

可向其他涉及集团公司成员破产的法院，索取信息或者请求协助。[①]

无论是破产执业人间、法院间还是破产执业人和法院间的合作与交流，其所产生的各种成本，都应视为相关程序中产生的成本与开支。[②]

按照《欧盟跨境破产规章（第 2015/848 号）》，集团公司成员破产中的破产执业人，为了促进对这些程序的有效管理，可以行使如下权力：第一，获悉其他任何涉及同一集团公司成员破产的程序。第二，针对任何其他涉及同一集团公司成员破产的程序，在满足如下四个前提的情况下，可以申请任何资产变现措施的中止。第三，根据《欧盟跨境破产规章（第 2015/848 号）》第 61 条规定的条件申请集团公司破产程序的协调。[③]

这里有必要详细阐释的是申请其他集团公司成员破产程序中资产变现措施的中止。集团公司成员破产中的破产执业人提交这一申请的前提条件包括：（1）针对集团公司全部或者部分成员破产程序的重组计划已提出，而且成功概率明显；（2）相关中止对于恰当执行重组计划十分必要；（3）该重组计划能够使中止程序中的债权人受益；（4）集团公司成员破产程序中的破产执业人未在辅破产程序中任命。[④]

在接到该申请后，主审法院如认为该申请符合上述四个条件，应在听取中止所涉破产程序中破产执业人的意见后，部分或者全部中止任何与资产变现相关的措施。如果该法院决定做出支持中止的裁定，它可以要求提交申请的破产实务人采取国内法允许的适当措施，保障相关程序中债权人的利益。如果法院认为合适并且不违反相关程序规则，这一中止期限原则上不应超过 3 个月；但在满足前述前提（2）和（4）的情况下，如果法院认为合适并且不违反相关程序规则，中止期限可以适当延长，但总中止期限不能超过 6 个月。[⑤]

---

① Art. 58，Regulation No. 2015/848.

② Art. 59，Regulation No. 2015/848.

③ Art. 60（1），Regulation No. 2015/848.

④ Art. 60（1），Regulation No. 2015/848.

⑤ Art. 60（2），Regulation No. 2015/848.

（二）协调

1. 程序

根据《欧盟跨境破产规章（第2015/848号）》，集团协调程序可以由一位集团公司成员破产案中任命的破产执业人，按照其任命法院所在成员国法律，[①] 向任何对集团公司成员破产案拥有管辖权的法院提出。[②]

该申请应包括如下材料：（1）拟提名的集团协调人（group coordinator）人选建议，其细节应包括相关人选的资格、执照及书面的同意函；（2）拟提议的集团协调大纲，尤其应说明为何已满足第63（1）条的条件；（3）集团公司成员破产案中任命的破产执业人清单，以及相关法院或其他涉及这些程序的机构；（4）预估的拟提议集团协调方案的成本及每个集团成员承担的费用大纲。[③]

在不违反《欧盟跨境破产规章（第2015/848号）》第66条的前提下，如果管辖集团公司成员破产案的不同成员国法院都收到了启动协调程序的申请，那么最早收到相关申请的法院，对协调程序有管辖权。[④]

收到集团协调申请的法院，应就集团协调程序的启动和拟任协调人事宜，在满足下列条件的前提下，向集团成员破产案中的所有破产执业人发出通知。这些条件包括：（1）协调程序的启动有利于对不同集团成员破产案的有效管理；（2）没有任何集团成员的债权人，愿意参与通过列入集团成员而使财务上处于不利境地的程序；（3）拟任的协调人符合《欧盟跨境破产规章（第2015/848号）》第71条列出的要求。[⑤] 该通知应该列上第61（3）条对申请内容的要求，通过挂号信邮寄并要求收件回执。[⑥] 收到集团协调申请的法院，

---

① Art. 61（2），Regulation No. 2015/848.

② Art. 61（1），Regulation No. 2015/848.

③ Art. 61（3），Regulation No. 2015/848.

④ Art. 62，Regulation No. 2015/848.

⑤ Art. 63（1），Regulation No. 2015/848.

⑥ Art. 63（2）&（3），Regulation No. 2015/848.

应保障所有破产执业人参与庭审的机会。①

2. 异议权

为保障集团成员破产案中的不同利益诉求，《欧盟跨境破产规章（第2015/848号）》的制度设计亦包含了必要的反对程序。作为基本原则或权利，任何集团成员破产案中的破产执业人以及协调人本身，都可以就其主持的集团成员破产案或被包括在集团成员破产协调中，表达异议。② 上述异议应在收到通知30天内，按照第88条规定的标准格式，提交给管辖集团破产协调事宜的法院。③ 在该破产执业人对其主持的集团成员破产案是否应列入协调程序采取决定前，他应根据该程序所在国法律，向法院申请必要的批准。④

上述异议可产生如下法律后果：第一，一旦破产执业人提出异议，该程序将自动退出集团协调程序；第二，协调程序的主管法院或者协调人所做所有决定，都对该程序无效，该集团成员破产程序亦无须承担任何协调费用。⑤

在上述异议权之外，《欧盟跨境破产规章（第2015/848号）》的制度设计还进一步赋予不同集团成员破产案中破产执业人一定的自主权。在集团成员破产案中，如果有2/3以上的破产执业人同意另外一个成员国有管辖权的法院，是最适合启动协调程序的法院，那么该法院将享有排他性的管辖权。⑥ 从形式上来说，该同意案应通过书面的联合协议或其他证据来证明。⑦ 在这种情况下，原来拥有集团破产协调管辖权的法院不再享有管辖权，因而启动集团协调程序的申请应向协议中同意的新法院提交。⑧

如果破产执业人只对拟任协调人表示异议，而不反对将其主持的程序纳入集团破产协调程序中，那么管辖集团破产协调程序的法院应避免任命该协

① Art. 63（4），Regulation No. 2015/848.
② Art. 64（1），Regulation No. 2015/848.
③ Art. 64（2），Regulation No. 2015/848.
④ Art. 64（3），Regulation No. 2015/848.
⑤ Art. 65，Regulation No. 2015/848.
⑥ Art. 66（1），Regulation No. 2015/848.
⑦ Art. 66（2），Regulation No. 2015/848.
⑧ Art. 66（3）&（4），Regulation No. 2015/848.

调人，转而请提出异议的破产执业人根据第61（3）条设置的程序，提出新的拟任协调人。[①]

3. 集团协调程序的启动

对集团协调程序有管辖权的法院，在第64（2）条规定的异议期届满后，如果其认为相关申请已符合第63（1）条提出的条件，那么则应裁定启动集团协调程序，并任命一位协调人、裁定协调大纲，并裁定预估成本及每个集团成员的份额。[②] 该裁定应通知参与协调程序的破产执业人和协调人。[③]

破产协调程序启动后，任何破产执业人都可以在主管法院启动集团破产协调程序后，根据相关国内法，申请其主持的破产程序在满足如下条件的前提下，加入集团破产协调，这些条件包括：（1）对相关程序加入集团破产协调曾有异议；或（2）集团公司成员破产程序在协调程序开始后启动。[④] 对于该申请，如果协调人认为集团协调程序在收到申请时的进展符合第63（1）条规定的要求，或者所有破产执业人全体根据其国内法同意，那么协调人可以同意。[⑤] 在这种情况下，协调人应该通知法院和其他参与的破产执业人，告知其决定及理由。[⑥] 任何已参与的破产执业人和其申请被拒绝加入集团协调程序的破产执业人，可以根据集团协调程序启动国法律，提交其异议。[⑦]

在进行破产程序时，破产执业人应考虑协调人推荐的方案及根据第72（1）条确定的集团协调计划内容。[⑧] 但是，任何破产执业人，都没有义务完全或部分遵守协调人推荐的方案及根据第72（1）条确定的集团协调计划内容；但在这种情况下，该破产执业人应向其国内法授权的个人或者机构和协

① Art. 67, Regulation No. 2015/848.
② Art. 68（1）, Regulation No. 2015/848.
③ Art. 68（2）, Regulation No. 2015/848.
④ Art. 69（1）, Regulation No. 2015/848.
⑤ Art. 69（2）, Regulation No. 2015/848.
⑥ Art. 69（3）, Regulation No. 2015/848.
⑦ Art. 69（4）, Regulation No. 2015/848.
⑧ Art. 70（1）, Regulation No. 2015/848.

调人报告其理由。①

4. 协调人

作为基本原则，《欧盟跨境破产规章（第 2015/848 号）》第 71 条规定，协调人应具备该国法律允许出任破产执业人的资格。② 但是，为保证协调程序的公平进行，协调人不能由集团成员破产案中的破产执业人出任，亦不能与任何集团成员、债权人及其他破产执业人有利益冲突。③

集团协调程序中，协调人的职责和权利如下：第一，协调人应界定并略述破产程序中的协调行为。第二，提交集团协调计划，其中应界定、描述并推荐一个综合性方案；具体而言，该集团协调计划应该包括如下方案：为恢复集团整体或部分成员的经济表现和财务稳健而采取的措施；包括集团内部交易与回避行为在内的集团内部纠纷解决方案；破产集团成员中破产执业人间的协议。④

除此之外，协调人还有权参与如下事宜：第一，旁听或参与任意集团成员破产程序，尤其是出席债权人会议；第二，调解集团成员破产案中不同破产执业人之间的争议；第三，根据其国内法，向相关机构或个人提交并解释其集团协调计划；第四，如果相关信息，对制定或调整协调计划的策略有用，要求任何破产执业人提供涉及任何集团成员破产案的信息；第五，如果中止集团成员破产程序，可以保证恰当实施协调计划，且对债权人有利，可以申请任何集团成员破产程序最长 6 个月的中止；与之相应，基于同样目的，亦可申请撤销中止令。⑤

作为基本原则，上述协调人的职责和权利，对未参与集团协调程序的集团成员破产案无效。⑥ 协调人在履职时，应该尽心尽责，公平无私。⑦ 如果协

---

① Art. 70（2），Regulation No. 2015/848.

② Art. 71（1），Regulation No. 2015/848.

③ Art. 71（2），Regulation No. 2015/848.

④ Art. 72（1），Regulation No. 2015/848.

⑤ Art. 72（2），Regulation No. 2015/848.

⑥ Art. 72（4），Regulation No. 2015/848.

⑦ Art. 72（5），Regulation No. 2015/848.

调人认为行使其职权会明显增加协调程序的成本，尤其是如果增加的成本超过预估成本的10%，协调人应该立即通知所有参与的破产执业人，并向主管集团协调程序的法院申请事先批准。[①]

关于语言问题，根据《欧盟跨境破产规章（第2015/848号）》规定，协调人应与其他集团成员破产案的破产执业人用大家一致同意的语言交流；如果没有相关协议，则应用欧盟尤其是集团成员所在国的任意一种官方语言。[②]而协调人与主审法院交流时，则应用该法院所在成员国的官方语言展开。[③]

在合作不违反相关程序规则的前提下，破产执业人与协调人之间应该展开合作。[④] 对于该合作，协调人在履行其职责时，破产执业人有义务与协调人互相交流。[⑤]

关于协调人的解除，根据《欧盟跨境破产规章（第2015/848号）》规定，如果协调人实施了有损于集团成员破产案中债权人的权益，或不能履行其职责，在如下情况下，主审法院可以依据其裁量权或依照集团成员破产案中破产执业人的申请，解除协调人的职责。[⑥]

按照《欧盟跨境破产规章（第2015/848号）》，关于集团成员破产案中所有关于破产执业人的规定，如果合适，都适用于债务人占有。[⑦]

关于协调人的薪酬，《欧盟跨境破产规章（第2015/848号）》规定，相关薪酬应该与协调人的职责成比例，并反映其合理的支出。[⑧]

另外，协调人完成其任务后，应完成关于协调程序开支及每个集团成员分担比例的最终声明，并提交每一个破产执业人及协调程序主审法院。[⑨] 如

---

① Art. 72（6），Regulation No. 2015/848.

② Art. 73（1），Regulation No. 2015/848.

③ Art. 73（2），Regulation No. 2015/848.

④ Art. 74（1），Regulation No. 2015/848.

⑤ Art. 74（2），Regulation No. 2015/848.

⑥ Art. 75，Regulation No. 2015/848.

⑦ Art. 76，Regulation No. 2015/848.

⑧ Art. 77（1），Regulation No. 2015/848.

⑨ Art. 77（2），Regulation No. 2015/848.

果该声明提交 30 天内，协调人未收到破产执业人的反对，该协调程序开支及每个集团成员分担的比例，将被视为一致同意，并随后提交协调程序主审法院确认。① 如有异议提出，协调程序的主审法院应依照协调人或者破产执业人的申请，在考虑协调人薪酬及预估开支的基础上，裁定协调程序开支及每个集团成员分担的比例。② 任何破产执业人都可依据集团协调程序启动国的法院，对主审法院裁定的开支及每个集团成员分担的比例提出质疑。③

（三）破产登记系统及数据安全

1. 破产登记系统

破产登记系统的建立，是《欧盟跨境破产规章（第 2015/848 号）》的亮点之一。该系统的建立将极大地解决旧《欧盟跨境破产规章（第 1346/2000 号）》下面破产实务人员之间交流不畅通的痼疾。

作为一项原则，《欧盟跨境破产规章（第 2015/848 号）》规定，为了在破产程序启动后尽快发布破产程序相关信息，成员国应在其国界范围内，设立并维护一个或多个破产登记系统。④ 按照设想，这一登记系统将对外开放，而且强制性公开如下信息：破产程序启动的日期，管辖法院及案例编号，破产程序的类型，主破产程序还是辅破产程序，法人或公司类债务人名称及登记号、登记地址或者通讯地址，个体类债务人的姓名、登记号、通信地址、住址及出生年月日，破产实务人员的姓名、地址及电子邮件地址，申报债权的期限及计算方式，主破产程序结束日期、对管辖权的异议期等。⑤ 在这些强制性信息之外，《欧盟跨境破产规章（第 2015/848 号）》未限制成员国破产登记系统公开其他信息或附加相关文件的权限，但也未强制要求成员国破产登记系统公开未独立经商的个人信息。⑥ 破产登记系统公告后的法律效果，

---

① Art. 77（3），Regulation No. 2015/848.

② Art. 77（4），Regulation No. 2015/848.

③ Art. 77（5），Regulation No. 2015/848.

④ Art. 24（1），Regulation No. 2015/848.

⑤ Art. 24（2），Regulation No. 2015/848.

⑥ Art. 24（3）&（4），Regulation No. 2015/848.

取决于成员国法律。[①]

根据《欧盟跨境破产规章（第 2015/848 号）》，针对破产登记系统的内部联系，欧盟将会建立分散体系；按照预想，该体系将由破产登记系统和欧洲电子司法门户（European e – Justice Portal）通过内部连接共同构成；该体系将通过各种官方语言的检索服务，使得前述所有破产登记系统中的强制性公开的信息和相关文件，都能通过欧洲电子司法门户直接检索。[②]《欧盟跨境破产规章（第 2015/848 号）》明文规定，这一系统将在 2019 年 6 月 26 日之前建成。[③]

根据《欧盟跨境破产规章（第 2015/848 号）》规定，建立、维护及未来升级破产登记系统及与欧洲电子司法门户互联的成本，将从欧盟总预算中支出；而每个成员国将承担建设本国破产登记系统与欧洲电子司法门户互联的成本，尽管这并未限制成员国从欧盟申请相关资助。[④]

作为一项基本原则，《欧盟跨境破产规章（第 2015/848 号）》规定，成员国应保证所有破产登记系统中的强制性信息，都可以在破产登记系统中免费获得；但如这些信息附带相关文档，成员国可以酌情收取费用。[⑤]

《欧盟跨境破产规章（第 2015/848 号）》规定，破产实务人员或者占有债务人（Debtor in Possession）可以请求法院，对启动破产程序裁定及任命破产实务人员裁定的通知，根据成员国法律规定的公布程序，在其他债务人具有产业的任何成员国发布。[⑥] 相关通知发布时，应明确所做任命及管辖规则，是属于主破产程序还是辅破产程序。[⑦] 如果破产实务人员或者占有债务人认为有必要，亦可请求上述通知在任何其他成员国发布。[⑧]

---

① Art. 24（5）, Regulation No. 2015/848.

② Art. 25（1）, Regulation No. 2015/848.

③ Art. 25（2）, Regulation No. 2015/848.

④ Art. 26, Regulation No. 2015/848.

⑤ Art. 27（1）&（2）, Regulation No. 2015/848.

⑥ Art. 28（1）, Regulation No. 2015/848.

⑦ Art. 28（1）, Regulation No. 2015/848.

⑧ Art. 28（2）, Regulation No. 2015/848.

根据《欧盟跨境破产规章（第 2015/848 号）》，如果债务人产业所在地成员国法规定且相关产业已在所在地成员国公共登记系统登记，或者债务人所有的不动产所在地成员国法要求前述启动破产程序的信息，在土地登记、公司登记或其他公共登记系统公布，破产实务人员或者占有债务人应采取一切必要措施，完成此登记程序。① 如果登记所在地成员国法允许，破产实务人员或者占有债务人可以请求在其他任何成员国完成类似登记程序。②

前述两条规定的诸如在其他债务人具有产业的任何成员国，发布启动破产程序裁定及任命破产实务人员裁定的通知，以及在产业所在地公共登记系统登记的费用，可以视为破产程序开销的一部分。③

2. 数据保护

针对该破产登记系统个人数据的安全问题，《欧盟跨境破产规章（第 2015/848 号）》新增加了一章。尽管篇幅不长，只有 6 条，但其重要性不言而喻。笔者在这里将简略介绍其内容及基本框架。

作为一项基本原则，《欧盟跨境破产规章（第 2015/848 号）》首先规定，执行《第 95/46/EC 号指令》的国内法规则，除非不涉及《第 95/46/EC 号指令》第 3（2）条，否则适用于根据本规章获取的个人信息。④ 另外，《第 45/2001 号规章》适用于涉及欧盟委员会根据《欧盟跨境破产规章（第 2015/848 号）》而获取的个人信息。⑤

作为基本原则，每个成员国都应采取技术措施，保障依据《欧盟跨境破产规章（第 2015/848 号）》第 24 条所建各国破产登记系统内个人数据的安全。⑥

而对于在国内破产登记系统中获取的个人信息，每个成员国都应向欧盟

① Art. 29（1），Regulation No. 2015/848.
② Art. 29（2），Regulation No. 2015/848.
③ Art. 30，Regulation No. 2015/848.
④ Art. 78（1），Regulation No. 2015/848.
⑤ Art. 78（2），Regulation No. 2015/848.
⑥ Art. 79（2），Regulation No. 2015/848.

委员会传达该自然人或法人的姓名、依据国内法而依据《第95/46/EC号指令》第2（d）条而行使“控制人”（controller）的公共机关、代理机构或其他组织，并提供其在欧洲电子司法门户上发布的信息。[①] 另外，成员国有责任核查“控制人”对数据质量原则的遵守，尤其在涉及其精确性及储存在各国破产登记系统内数据的更新方面。[②] 而根据《第95/46/EC号指令》，成员国将负责其国内数据库数据的收集和存储，并做出适当决定，使这些数据能够在内部连接的登记系统中可用，亦可通过欧洲电子司法门户查询。[③] 鉴于部分信息应提供给数据对象，以便他们能够行使其权利，尤其是删除数据的权利，成员国应该通知数据对象，储存在破产登记系统内个人相关数据的可接触期限。[④]

欧盟委员会行使根据《第45/2001号规章》第2（d）条件建立的“控制人”之权。[⑤] 基于此，欧盟委员会应该界定必要的政策，并采取适当的技术措施来行使其“控制人”之权。[⑥] 在这种情况下，欧盟委员会可以执行相关技术措施，保障个人数据在传输中的安全，尤其是其保密性和与欧洲电子司法门户之间传输的完整性。[⑦] 在这种情况下，欧盟委员会的义务，并不影响成员国及其他机构在其内部联系的国内数据库方面的责任。[⑧] 在不违反根据《第45/2001号规章》第11、12条而提供给数据对象的信息的前提下，欧盟委员会有义务通知数据对象，其在数据处理中的角色以及这些数据处理的目的。[⑨]

按照《欧盟跨境破产规章（第2015/848号）》的规定，涉及任何内部联

① Art. 79（1），Regulation No. 2015/848.
② Art. 79（3），Regulation No. 2015/848.
③ Art. 79（4），Regulation No. 2015/848.
④ Art. 79（5），Regulation No. 2015/848.
⑤ Art. 80（1），Regulation No. 2015/848.
⑥ Art. 80（2），Regulation No. 2015/848.
⑦ Art. 80（3），Regulation No. 2015/848.
⑧ Art. 80（4），Regulation No. 2015/848.
⑨ Art. 81，Regulation No. 2015/848.

系的国内数据库中的信息，与数据对象有关的任何个人信息，都不会存储在欧洲电子司法门户中，而只存储在成员国或其他机构操作的国内数据库里。[①]而存储在成员国破产登记系统中的个人信息，应与其国内法规定的期限一样，可以通过欧洲电子司法门户访问。[②]

还需要特别提及的是，《欧盟跨境破产规章（第2015/848号）》要求欧盟委员会采取必要的实施措施来建立破产登记系统之间的内部联系。[③]

（四）其他信息

根据《欧盟跨境破产规章（第2015/848号）》第84条的规定，该规章将适用于2017年6月26日之后启动的破产程序；也就是说，在此日期之前债务人的破产行为，将继续在《欧盟跨境破产规章（第1346/2000号）》的框架下，按照其国内法的原则来处理。[④]

由《欧盟跨境破产规章（第2015/848号）》取代的30个涉及欧洲范围内跨境破产的双边或者多边协议，清楚地列举在第85（1）条中。[⑤]显而易见，较之被《欧盟跨境破产规章（第1346/2000号）》取代的11个涉及欧洲范围内跨境破产的多边协议，[⑥]新通过的《欧盟跨境破产规章（第2015/848号）》使一些双边协议归于失效。

六、欧盟跨境破产中的职工权益保护

在上一小节里，我提纲挈领地介绍了《欧盟跨境破产规章（第2015/848号）》的新机制，既涉及其主破产程序、辅破产程序的安排，也涉及其集团公司成员破产协调机制的制度设计。显然，欧盟立法机构已根据《欧盟跨境破产规章（第1346/2000号）》在过去十多年实施中出现的问题，尤其是结合欧洲法院的判例和实务界、学术界的讨论，在尊重各成员国差异性、多样

① Art. 82，Regulation No. 2015/848.
② Art. 83，Regulation No. 2015/848.
③ Art. 87，Regulation No. 2015/848.
④ Art. 84 &92，Regulation No. 2015/848.
⑤ Art. 85（1），Regulation No. 2015/848.
⑥ Art. 44（1），Regulation No. 1346/2000.

性的前提下，在欧盟层面对跨境破产程序做了最大限度地协调。

那么，我们现在面临的一个问题是，如果欧盟境内，涉及企业的跨境破产，那么其劳工权利又该如何保护？

（一）法律机制

如前所述，我们已经提及，按照欧盟现行法律框架，企业破产时雇员权利保护，在欧盟主要是通过《第2008/94/EC号指令》（包括其前身《第80/987/EEC号指令》、《第87/164/EC号指令》以及《第2002/74/EC号指令》）来规范。

《第2008/94/EC号指令》序言（6）要求成员国“为成员国的行政当局之间的合作做好准备，以便确保适当地执行这些安排”。[①] 此外，“在跨境情形中”，所有的欧盟成员国均应当将“由于破产欠薪保障基金的介入引起的破产程序的类型”，通知欧盟委员会和其他成员国。[②]

在《第2008/94/EC号指令》的主体部分，明确规定关于跨国情形的条款。原则上，根据《第2008/94/EC号指令》第9条的规定，雇员工作地或者惯常工作地的成员国法律，或者对适格破产欠薪保障基金适用的法律，受到普遍尊重：

1. 如果在至少两个国家的领土上从事经营活动的企业，处于第2（1）条中规定的破产状态，则负责清偿职工的未清偿债权的机构，应当为职工工作或者惯常工作地成员国的机构。

2. 职工权益的范围，应当由对适格破产欠薪保障基金有管辖权的法律确定。

3. 成员国应当采取必要的措施，确保在第1段提及的案件中，在确定本指令规定的雇主的破产状态时已经考虑到第2（1）条提及的已经在另一个成员国要求启动的破产程序中作出的决定。[③]

---

① Recital（6），Directive 2008/94/EC.

② Recital（8），Directive 2008/94/EC.

③ Art. 9，Directive 2008/94/EC.

此外，为进一步实施上述条款，成员国还被要求“为各成员国的行政当局和/或第3条第1段提及的破产欠薪保障基金之间，分享有关信息做好准备，特别是允许向负责履行职工的未受清偿债权的破产欠薪保障基金提供信息”。[①] 成员国还应当和欧洲委员会及其他成员国分享“其有权的行政当局和/或破产欠薪保障基金的联系信息”，并且欧洲委员会将会“向公众公开该信息”。[②]

关于跨境破产案件，报告仅在附件4中提到2006年至2008年的数据。在这段时期内，总共有239起跨境破产案件，其中有1158名职工从另一个国家的破产欠薪保障基金获益，支付的总款项为10,828,924欧元。奥地利在所有国家中排首位（59起案件），还有许多国家在过去三年中没有跨境破产案件。瑞典的工人人数（总计259人）在欧盟是最大的，因此付款总金额也排在第一（合计3,415,180欧元）。[③]

（二）实践操作

Case C-117/96是欧洲法院裁定的第一个涉及《第80/987/EEC号指令》的跨境案件。欧洲法院面对的问题是，“如果雇主设立地所在的成员国与职工居住地或者被雇佣地的成员国不同，在企业破产时，应由哪个破产欠薪保障基金承担指令第3条对职工债权的付款义务？”[④]

在推理中，欧洲法院首先强调下面的事实：即使《第80/987/EEC号指令》没有关于跨境破产情形的明确规定，“不能据此推断，如果职工的居住

① Art. 10（1），Directive 2008/94/EC.

② Art. 10（2），Directive 2008/94/EC.

③ Commission of the European Communities, Report from the Commission to the European Parliament and the Council on the implementation and application of certain provisions of Directive 2008/94/EC on the protection of employees in the event of the insolvency of their employer, Brussels, 28. 2. 2011, *COM*（2011）84 *final*, p. 6; Annex 4, Commission of the European Communities, Report from the Commission to the European Parliament and the Council on the implementation and application of certain provisions of Directive 2008/94/EC on the protection of employees in the event of the insolvency of their employer, Brussels, 28. 2. 2011, *COM*（2011）84 *final*, p. 12.

④ Para. 15, Case C-117/96.

地和被雇佣地，或者曾经的被雇佣地与雇主设立地，不在同一个成员国，该指令不适用于该职工的债权”。[①] 下一段中，欧洲法院进一步强调该立场。[②] 接着，欧洲法院强调了指令序言（2）对“减少成员国之间的现存分歧”的初衷。[③] 欧洲法院得出的结论，“如果雇主是在职工住所地或者雇佣地之外的另一个成员国设立的，需要确定负责支付债权的破产欠薪保障基金”。[④] 另外，欧洲法院强调：“从指令的安排可以明显看出，该机构应当是根据指令第2（1）条，决定启动集中清偿债权的成员国，或者已经确定雇主的营业或者业务已经确实关闭的成员国的破产欠薪保障基金。”[⑤]

对于第一个破产欠薪保障基金，欧洲法院引用第 C－94/95 号与第 C－95/95 号合并案件及 Case C－373/95 中确定的“两步法”,[⑥] 并确定“指令设立的保障体系的运行以及对破产欠薪保障基金的干预，首先并且最重要的，是取决于要求启动集中清偿债权人债权的请求，从而要求考虑到有关的工资债权”。[⑦] 它进一步指出，在实务层面，“这类程序通常是在雇主设立地的成员国启动的”，即 1995 年“破产公约”（草案）（EU Convention on Insolvency Proceedings）下的“主要利益中心”（COMI，center of main interest）已经成为一种普遍趋势。[⑧]

对于第二种情形，欧洲法院再次检视了《第 80/987/EEC 号指令》第 5（b）条的措辞，提出“除非其资金完全由公共机构承担，雇主必须向该机构缴费”,[⑨] 进而确认：

……指令第 5（b）条规定，除非其资金完全由公共机构承担，拟设立的

---

① Para. 16，Case C－117/96.
② Para. 17，Case C－117/96.
③ Para. 18，Case C－117/96.
④ Para. 19，Case C－117/96.
⑤ Para. 20，Case C－117/96.
⑥ Para. 21，Case C－117/96.
⑦ Para. 22，Case C－117/96.
⑧ Para. 23，Case C－117/96.
⑨ Art. 5（2），Directive 80/987/EEC.

保障系统应由雇主缴纳费用。根据指令的安排，如果没有相反的规定，负责支付职工的未清偿债权的破产欠薪保障基金，应当是向破产的雇主收取费用，或者之前应当向破产的雇主收取费用的破产欠薪保障基金。除非雇主在职工住所地或者雇佣地拥有商业设施或者商业机构，否则不可能由职工住所地或者雇佣地的破产欠薪保障基金提供保障。

因此，指令第5（b）条确认了破产欠薪保障基金的付款义务与雇主的营业机构地点之间的联系。根据一般规则，雇主向机构提供资金。正如本判决第23段已经强调的，雇主营业机构所在的成员国，常常也是提出启动程序的请求的成员国。[①]

在此基础上，欧洲法院进一步强调：

……指令没有规定不同成员国的破产欠薪保障基金之间设立抵销或者报销的制度，似乎确认，欧共体的立法机构有意在企业破产时，仅允许一个成员国的破产欠薪保障基金卷入进来，以避免国内系统之间不必要的复杂关系，特别是一个工人可能在多个成员国享受指令利益的情形。[②]

最后，欧洲法院总结，如果雇主位于一个成员国，而职工居住在另一个成员国，在这种情形下，《第80/987/EEC号指令》下的破产欠薪保障基金："是指决定启动集中清偿债权人债权，或者已经确认雇主的营业或者业务已经确定性地关闭……的成员国的破产欠薪保障基金。"[③] 该解释明确地说明在跨境破产中，雇主注册地或者被宣告破产地的破产欠薪保障基金将发挥核心作用。

在Case C－198/98中，欧洲法院面临另一个涉及跨境保障的问题："如果职工被一个公司在某个成员国设立的分公司所雇佣，但公司在另一个成员国注册，并在该成员国清算，则应由哪一个破产欠薪保障基金……保证未清

① Para. 24 &25，Case C－117/96.

② Para. 26，Case C－117/96.

③ Para. 27，Case C－117/96.

偿的工资债权的支付?”[①] 在推理中，欧洲法院注意到，“雇主在几个不同的成员国拥有不同的营业机构”，因此“有必要……提到……职工被雇佣的地点”，因为“在大多数案件中，它是与他们所熟悉的社会和语言环境相一致的”。[②] 欧洲法院特别强调，该案件的事实与 Case C－117/96 是不同的，“在该案中，破产企业在职工工作的成员国没有任何设施，雇主是在英国境内设立的，因为它在埃文茅斯有一个雇佣 200 多人的分公司，其中包括主要程序的申请人。在这种案件中，应当清偿任何未清偿债权的破产欠薪保障基金，是该分公司设立地成员国的破产欠薪保障基金”。[③] 因此，欧洲法院进一步总结：“……如果受到企业破产的不利影响的职工，在某个成员国内是由依据另一个成员国法律设立的公司在该成员国设立的分公司雇佣的，公司在其设立地成员国拥有注册办公地址，且在该成员国清算，则指令第 3 条下为职工的未被清偿债权提供付款保障的机构，应当是他们的雇佣地成员国的破产欠薪保障基金。”[④]

Case C－310/07 是另一个涉及《第 2002/74/EC 号指令》的跨境案件。欧洲法院需要确认《第 2002/74/EC 号指令》第 8a 条能否被解释为：“一个企业是否需要在某个成员国拥有分支机构，或者永久性营业场所，才能被视为在该特定成员国境内从事活动？如果不是，一个企业被视为在几个成员国从事活动的条件是什么?”[⑤] 欧洲法院指出，确定一个公司能够被视为从事《第 2002/74/EC 号指令》第 8a 条所述的跨境活动的条件，是非常必要的。[⑥] 在检视该指令的第 8a 条和序言（7）后，[⑦] 欧洲法院认为，首先“只有对‘至少两个成员国境内的活动’的概念作广义解释，才能实现”《第 2002/74/

① Para. 17，Case C－198/98.
② Para. 22，Case C－198/98.
③ Para. 23，Case C－198/98.
④ Para. 24，Case C－198/98.
⑤ Para. 17，Case C－310/07.
⑥ Para. 18，Case C－310/07.
⑦ Para. 19－21，Case C－310/07.

EC 号指令》的目标；[①]“它对于确保在涉外案件中因为企业破产受到伤害的职工获得最低水平的权利保护是必要的，即将最大多数的与工资有关的跨国案件包括在《第2002/74/EC 号指令》第8a 条范围内。”[②] 其次，欧洲法院认为，序言（7）已经确认：《第2002/74/EC 号指令》通过之前的判例法，仍然指导《第80/987/EEC 号指令》的某些条款的解释。”[③]

但是，除了这些原则之外，欧洲法院认为，在解释“至少两个成员国境内的活动”时，区分 Case C－117/96 和 Case C－198/98 等判例法中“营业机构”（establishment）的含义，对于回答所提出的问题至关重要。[④] 为进一步澄清，欧洲法院试图找到委员会关于修订《第80/987/EEC 号指令》的最初建议，其中“营业机构”被解释为“债务人通过人力方式和商品，从事非临时性经济活动的任何营业场所”，在该指令的最终版本中，“营业机构”被建议替换为“活动”（activity），而上述关于“营业机构”的解释，并未出现在《第2002/74/EC 号指令》中。[⑤] 欧洲法院指出：“……如果对‘活动’的解释要求企业拥有分公司或者营业机构之类的存在，将会导致在雇主设立地之外的另一个成员国履行雇主的活动的职工……无法主张《第2002/74/EC 号指令》第8a 条提供的保护。”[⑥]

基于上述考虑，欧洲法院认定，根据《第2002/74/EC 号指令》第8a 条，企业在另一个成员国不需要拥有分公司或者固定营业机构。[⑦] 欧洲法院确认：“在理解《第2002/74/EC 号指令》第8a 条中‘活动’的概念时，必须……参考在一个成员国领土内的持续程度等因素。……持续表现为长期在该领土内雇佣一名或者多名工人。”[⑧] 在结论中，欧洲法院强调：“一个企业

① Para. 22，Case C－310/07.
② Para. 23，Case C－310/07.
③ Para. 24，Case C－310/07.
④ Para. 25，Case C－310/07.
⑤ Para. 26，Case C－310/07.
⑥ Para. 27，Case C－310/07.
⑦ Para. 28，Case C－310/07.
⑧ Para. 30，Case C－310/07.

必须在住所地之外的成员国雇用大量工人，并且能够在该成员国从事大量经济活动，但不需要在该成员国拥有有形建筑或办公场地。"① 欧洲法院进一步指出，对于在一个成员国设立的企业，如果它"在另一个成员国的领土内被视为从事活动"，它"在后一个成员国必须有适当的商业存在，即能够在该成员国为其履行活动的人力资源"。② 关于运输企业的特殊特点，欧洲法院特别强调，"……一个企业在该成员国雇用一名工人，跨过其他成员国在该成员国和另一个成员国之间派送商品，单独这一个事实，不能证明符合本判决前一段中规定的标准，也不足以按照《第 2002/74/EC 号指令》第 8a 条的要求，将该企业视为在其设立地成员国之外的其他地方从事活动"。③

在 Case C－477/09 中，欧洲法院在被要求再次对《第 2002/74/EC 号指令》第 8a 条作出解释："第 8a 条……是否应当解释为，指定当局并排除任何其他机构，或者就指令的目的而言，强化工人行使迁徙自由的权利，以及指令第 9 条第一款……是否应当解释为不会剥夺职工利用……根据国内法向其雇主提供保障，并且由雇主进行缴费的机构提供的更优惠的保障?"④ 基于上述判例的支持，⑤ 欧洲法院强调了下面的原则：

如果企业在职工被雇佣地成员国没有营业机构，并且企业以雇主的身份在其设立地所在的成员国为该职工缴纳社会保险，则根据指令第 3 条，在企业破产应当为支付职工债权提供保障的机构，是该雇主被命令解散地所在的成员国的破产欠薪保障基金。

另外，虽然指令并没有规定职工有权选择不同的破产欠薪保障基金，但是，如果对于职工是有利的并且国内法已经规定，该指令并不阻止职工主张适用该指令确定的机构之外的其他机构提供的保障。⑥

---

① Para. 33，Case C－310/07.
② Para. 34，Case C－310/07.
③ Para. 35，Case C－310/07.
④ Para. 17，Case C－477/09.
⑤ Para. 19，20，22，24－27，29，32，Case C－477/09.
⑥ Para. 30 &31，Case C－477/09.

在这种情形中，欧洲法院确认《第 80/987/EEC 号指令》“并不禁止成员国的法律规定，职工根据该法律享受该成员国的机构提供的工资保障，无论是作为指令下指定的机构提供的保障的补充，还是替代保障，但是，该保障必须提供更高水平的保护”。[①] 欧洲法院进一步陈述：“……对于习惯性雇佣地在雇主设立地之外的其他成员国的职工，如果雇主是在 2005 年 10 月 8 日之后宣告破产，并且该雇主不是在该其他成员国设立，且是在其设立地所在国履行向破产欠薪保障基金缴费的义务，那么对于工人的未受清偿债权，应该由该条定义的负责履行义务的机构支付。”[②]

结　　语

本章在跨境破产情境下，针对 3 种模式下的破产企业职工权益保护问题，从历史、制度、判例等较多方面，做了全方位的分析。

显而易见，由于我国内地并没有发达的跨境破产规范，一条原则性的宣示显然失之于简单，我国的跨境破产机制在未来还需要完善，而在涉及跨境破产情境时破产企业职工权益保护机制，也需要取决于跨境破产机制和破产企业职工权益保护机制的改进。在我国香港特别行政区，跨境破产规则更多基于判例法规则，所有跨境破产案件都是以《公司法例》下的“非注册公司”为前提而规定的；在这种情况下，跨境破产中的职工权益保护，也只能勉强参照既有的破产欠薪保障机制来进行，但具体能否适用还需要进一步探索。而在欧盟，按照最新的跨境破产机制，对于跨境破产案件的程序性规则有了更为全面的规范，尤其是加入集团成员破产的协调，对于促进欧盟体制下跨境破产体系的有效运行大有裨益。另外，按照《第 2008/94/EC 号指令》的规定，欧盟各成员国的破产欠薪保障基金，对于职工权益保护发挥着很稳

① Para. 33，Case C－477/09.

② Para. 34，Case C－477/09.

定的作用。

在任何时候，跨境破产情境下问题都会更为复杂。在跨境破产情境下，不仅冲突关系超越基本的债务人与债权人之间的矛盾，本国债权人和外国债权人之间在利益层面也会产生重大矛盾。这种情况下，讨论破产企业职工权益保护问题，不仅要考虑本国债权人和本国职工之间可能的冲突，也要考虑涉及职工问题时不同法域的公共政策问题。

结论及建议

本书主标题是《破产企业职工权益保护》，而副标题为“模式、情境和程序”。这里的“模式”，指的是以我国内地为代表的破产优先权模式、以香港特别行政区为代表的破产欠薪保障基金模式和以欧盟为代表的混合模式；这里的“情境”，是指非跨境破产情境和跨境破产情境；这里的“程序”，指的是破产清算程序和重整程序。3 种模式、2 个情境和 2 种程序之间的比较、交织，构成了本书的基本框架和内容。

作为结论及建议，兹将各章重点简述如下：

第一章，笔者使用历史研究的方法，重述了破产法中职工权益保护的发展脉络。笔者详细考察了过去 30 多年来，我国破产法进化过程中职工权益保障因素所发挥的影响。显而易见，过去 30 多年我国破产法的发展表明，职工权益保护始终是影响我国破产法立法的重要因素。在本章中，笔者首先在第一节简明扼要地概括了 1986 年《企业破产法（试行）》起草过程中，相关各方关于职工债权产生的争议。显而易见，职工债权问题成为 1986 年《企业破产法（试行）》起草中的焦点问题。这个问题如果得不到圆满解决，反对、阻挠我国破产法的力量就不会撤退，《企业破产法》的通过和颁布就遥遥无期。为此，我国政府用行政法规的方式，在《企业破产法》颁布之前，一口气颁布了四部与劳工权益有关的行政法规，进而将职工权益保护问题和 1986 年《企业破产法（试行）》的颁布问题剥离开来。在第二节，笔者聚焦于对中国破产制度和劳工权益有着深远影响的“政策性破产”，分析了其来龙去脉和实质，并对其实施状况做了基本评估。“政策性破产”一反传统破产理论和实践中担保债权绝对优先的做法，而将职工安置置于前所未有的优先地位。这相当于是一种反破产的破产。在第三节，笔者则着重讨论了《企业破产法》在通过之前，中国立法界、学术界围绕劳工权利和担保债权孰优孰先问题展开的争论，同时也详细介绍了《企业破产法》中职工权益保障机制。整体而言，本章详细展示了在过去三十年中，职工保护问题对我国破产法制度设计的影响及我国破产法对这一重要问题的回应。很显然，至少在目前为止，职工权益保护问题已经成为我国破产法制发展进化的“元问题”，这一问题解决不好，其他问题的解决则无从谈起。

第二章，笔者主要侧重研究香港特别行政区的破产欠薪保障机制。在第一节，笔者首先考察了香港破产欠薪保障基金设立的历史进程。在第二节，笔者以香港《破产欠薪保障条例》为载体，重点介绍了香港破产欠薪保障机制的法律框架。在第三节，笔者主要关注的是香港破产欠薪保障基金自1985年至今的运行情况，该研究阐明了破产欠薪保障基金如何适用和分配，同时揭示了该基金的财务状况。上述研究表明，破产欠薪保障基金在香港过去的30多年中运行良好，有效保护了企业破产或清算时被欠薪职工的权益。这一点确实值得我国内地借鉴。

第三章，笔者首先对国际劳工组织在企业破产情形下对职工保护的政策，以及欧洲劳动法在过去四十年中的变迁，做了基本的历史研究，从而为我们探讨欧盟在企业破产时保护职工权益方面的制度设计及司法实践，提供基本的坐标。接下来，笔者着重探讨了《第2008/94/EC号指令》的历史、基本机制和欧洲法院对其的解释，从而明白欧盟在企业破产时的职工权益保护问题上的基本制度设计、实践中的问题及欧洲法院的解释。在第三节，鉴于破产程序中有时会涉及关于继受权利的《第2001/23/EC号指令》和关于集中裁员的《第98/59/EC号指令》，笔者特意简单介绍这两个指令的基本机制，尤其是详细介绍了其中牵涉破产程序的部分内容，在此基础上，笔者也专门研究了欧洲法院的判例法。现在，我们需要总结一下这三个指令中，关于企业破产情形下职工权益保护的几个要点：首先，关于破产保护的《第2008/84/EC号指令》，很明显针对企业破产时，为职工的未受清偿债权，提供最低程度地保护。它可以被看作欧盟关于保护破产企业职工的最重要的法律框架。随着立法文本的进化以及欧洲法院的司法解释的发展，该指令在此领域发挥着基础性的作用。其次，关于继受权利的《第 2001/23/EC 号指令》涉及企业、营业或者营业的一部分被转让时，提供对职工权益的保护，由于其很可能涉及破产中企业的转让，这个对职工保护的法律框架亦不能忽视。最后，关于集中裁员的《第 98/59/EC 号指令》向职工及国内相关机构当局规定了必要的知情权和参与权；从涉及破产因素的集中裁员角度看，它是对职工的法律权利的进一步保护，虽然欧洲法院在欧洲层面尚未对它作出进一步解释。

第四章，笔者在前文详细评述我国内地、我国香港特别行政区和欧盟等司法辖区企业破产时职工权益的保护机制的基础上，从破产程序与劳动合同、职工债权的范围以及职工对破产程序的参与及其清偿顺位等角度，对我国内地、我国香港特别行政区和欧盟等司法辖区的破产企业员工保护机制做了比较研究。通过上述比较研究，我们不难发现，在我国内地，破产中的职工的权利主要通过破产程序中的参与权和优先权来实现；而在我国香港和欧盟，除了职工在破产过程中的程序性权利外，在这两个地方，职工实体权利的维护主要是通过破产欠薪保障基金或者其他类似的破产欠薪保障基金来实现。但这种表面相似的背后，我国香港和欧盟又有很大的差距。从程序性权利的角度来说，我国香港的职工在破产和清算制度中，程序性权利和实体性权利都有明确规定，破产欠薪保障基金主要负责实体性权利的给付。而在欧盟，以《第 2008/94/EC 号指令》为核心，在欧盟范围内设定了最低限度的破产欠薪保障基金体系，而破产企业职工权益实体权利，则有赖于各个成员国的破产欠薪保障基金和破产法、劳动法以及社会保障法的保护。

第五章，笔者重点比较了前述 3 种模式在公司拯救程序中对破产企业职工权益的保护。第一节主要分析的是我国《企业破产法》框架下重整制度与破产企业职工权益保护。第二节中，笔者从职工权益保护的角度，详细考察了过去十多年来我国香港构建公司拯救机制的进程，并详细论证了职工权益保护问题，如何成为香港构建公司拯救机制的主要障碍。从另一个角度，我们也发现，香港缺乏现代化的公司拯救机制，这与其作为世界经济中心之一的地位很不匹配，一定程度上也成为其发展的“瓶颈”。香港若能设置具有香港特色的企业拯救程序，社会各界都将受益良多。现在，香港构建公司拯救机制所面临的核心问题，还是职工权益的保障问题。换言之，是否扩大破产欠薪保障基金的适用范围，以涵盖受临时监管程序影响的职工，已成为摆在立法者桌面亟待解决的问题，这需要在临时监管程序中的职工权益保护和破产欠薪保障基金财务的良好运行间，达到微妙的平衡。在第三节中，笔者重点评介了欧盟预防性重组指令及其对破产企业职工权益的特殊关注。作为欧盟范围内一种新的破产理念，其在未来可能会对破产企业职工权益保护产生更深的影响。当然，在本节中，笔者也考察了部分欧盟成员国重整制度中对破产企业职工权益保护问题的制度设计。

第六章，笔者重点研究了跨境破产情境下，不同法域破产企业职工权益保护问题的特殊性。由于我国《企业破产法》第 5 条对于跨境破产的简单规范，未来还需要完善；唯其如此，跨境破产案件中涉及职工因素才有法可依。而在香港特别行政区，由于没有明确的跨境破产法律条文，所有跨境破产案件都是以《公司法例》下的“非注册公司”为前提而规定的；在这种情况下，跨境破产中的职工权益保护，也只能勉强参照既有的破产欠薪保障机制来进行，还需要进一步探索。而在欧盟，《欧盟跨境破产规章（第 2015/848 号)》和《第 2008/94/EC 号指令》，均只为跨境破产案件的管辖和跨境破产中职工权益保护，提供了程序性的指引；按照欧盟法律的框架，在欧盟的企业破产中职工所享有的实体性权利和程序性权利以及职工在破产欠薪保障基金所能领取的应付薪酬，都是由各成员国法律来规定。而且，按照新更新的跨境破产机制，对于跨境破产案件的程序性规则有了更为全面的规范，尤其是加入了集团成员破产的协调，对于促进欧盟体制下跨境破产体系的有效运行大有裨益。另外，按照《第 2008/94/EC 号指令》的规定，欧盟各成员国的破产欠薪保障基金，对于职工权益保护发挥着很稳定的作用。

通过上述这些研究，我们至少可以达成如下共识：

第一，中国应该不失时机地推进破产欠薪保障机制筹设。显而易见，通过破产欠薪保障基金来支付破产企业职工的待付薪酬，已经成为更为现代、主流的保障破产企业中职工权益的方式。较之传统破产程序中优先权安排，破产欠薪保障基金的方式能够更有效、更有可预期性，而时间、经济成本也更低。作为破产中的弱势群体，职工在维护自身合法权益方面，较之其他债权人可能更为困难；破产欠薪保障基金的设置，毫无疑问将解弱势职工的燃眉之急。欧盟各国及我国香港特别行政区的经验已经证明了这一点。最近几年，我国内地部分城市如深圳、上海等已有了设立破产欠薪保障基金的地方性尝试，积累了一些可以参考的经验。当然，中国在筹设破产欠薪保障基金的具体制度设计，尤其是基金费用的来源，则需要更进一步探索和权衡。2018 年最高人民法院发布的《全国法院破产审判工作会议纪要》中，对破产企业职工权益保障问题，也提出方向性的建议，即探索破产欠薪保障基金，该纪要特别提及："破产程序中要依法妥善处理劳动关系，推动完善职工欠薪保障机制，依法保护职工生存权。由第三方垫付的职工债权，原则上按照垫付的职工债权性质进行清偿；由欠薪保障基金垫付的，应按照企业破产法第一百一十三条第一款第二项的顺序清偿。债务人欠缴的住房公积金，按照债务人拖欠的职工工资性质清偿。"2020 年 12 月 21 日，全国人大常委会法工委召开发言人记者会，把《企业破产法》的修订纳入 2021 年度的重点立法计划。在未来《企业破产法》修订中，我国可以在部分地方试点经验的基础上，考虑设立破产欠薪保障基金的选项。

第二，应该不失时机地推动我国内地和香港之间构建跨境破产制度。香港回归祖国已经二十多年。多年来，内地和香港之间已签署了一些深化经贸合作的协议，尤其是 2003 年 9 月 29 日，中央政府商务部与香港特别行政区行政司签署的《内地与香港关于建立更紧密经贸关系的安排》。而从法律层面，内地与香港之间亦分别由内地的最高人民法院和香港特别行政区律政司签署了多个有关司法协助的安排。这些安排的签署以及内地和香港司法机构为执行这些安排而做出的一系列决定，已扫清了内地与香港司法互助的基本障碍，也为未来的合作树立了基本的框架。多年来，学界和实务界一直在呼吁尽早构建我国内地与香港特别行政区之间的跨境破产机制。2020 年 6 月，香港特别行政区律政司已向立法会就是否需要与内地订立关于公司清盘（企业破产）及重组（重整）事宜的合作机制、内地承认香港清盘程序的拟议框架主要建议内容及继续依循香港普通法机制处理内地破产程序的建议等事项展开咨询，或许可以视为积极的信号。2021 年 5 月 14 日，最高人民法院与香港特别行政区政府签署了《关于内地与香港特别行政区法院相互认可和协助破产程序的会谈纪要》，在内地选择上海，深圳，厦门 3 个城市开展与香港跨境破产相互认可和协助的试点工作。在未来，内地与香港之间跨境破产制度的构建，亦可以参照这种“安排”的模式而往下推进。

第三，在我国未来《企业破产法》修订过程中，我国应该不失时机地采纳联合国国际贸易法委员会《跨界破产示范法》，提升我国自身的跨境破产机制，同时在全球性跨境破产体系的改革中发挥引领作用。近年来，随着供给侧结构性改革的推进以及举国上下对营商环境改善的高度重视，“办理破产”能力成为提升营商环境的核心指标之一。近年来，全球范围内重要经济体无不以采纳联合国国际贸易法委员会《跨界破产示范法》，作为打造国际商务中心的和新举措之一。截至 2021 年 3 月 10 日，全世界已经有 49 个国家共 53 个司法区采纳联合国国际贸易法委员会的《跨境破产示范法》。其中亚洲的国家和地区有：日本（2000）、韩国（2006）、菲律宾（2010）、阿联酋阿布达比全球市场（2015）、新加坡（2017）、巴林（2018）、以色列（2018）、阿联酋迪拜国际金融中心（2019）、缅甸（2020）等。我国作为全球经济格局的核心力量之一，不仅应该补上历史缺憾，而更应该在“一带一路”经济体等领域的跨境破产规则体系构建方面，发挥引领作用。未来世界格局的竞争中，当然要看综合国力，但包括破产法在内的软实力，尤其是破产法的国际化程度，势必将成为重要的参考指标。

参考文献

一、中文文献

（一）专著

1. 曹思源：《谈谈企业破产法》，中国经济出版社 1986 年版。

2. 曹思源：《企业破产法指南》，经济管理出版社 1988 年版。

3. 曹思源：《破产风云》，中央编译出版社 1996 年版。

4. 陈夏红编：《中国破产法的现代化：从〈大清破产律〉到〈企业破产法〉（1906－2006）》，谢琳、涂晟等译，中国大百科全书出版社 2018 年版。

5. 韩传华：《企业破产法解析》，人民法院出版社 2007 年版。

6. 贺丹：《破产重整控制权的法律配置》，中国检察出版社 2010 年版。

7. 何旺翔：《德国联邦最高法院典型判例研究：破产法篇》，法律出版社 2019 年版。

8. 何旺翔：《破产重整制度改革研究》，中国政法大学出版社 2020 年版。

9. 黄圆圆：《跨界破产承认与救济制度研究》，对外经济贸易大学出版社 2020 年版。

10. 李飞主编：《当代外国破产法》，中国法制出版社 2006 年版。

11. 李曙光：《转型法律学：市场经济的法律解释》，中国政法大学出版社 2004 年版。

12. 李曙光：《破产法的转型：李曙光破产法文选》，法律出版社 2013 年版。

13. 李曙光、郑志斌主编：《公司重整法律评论》（第 1 辑），法律出版社 2011 年版。

14. 李曙光、郑志斌主编：《公司重整法律评论》（第 2 辑），法律出版社 2012 年版。

15. 李曙光、郑志斌主编：《公司重整法律评论》（第 3 辑），法律出版社 2013 年版。

16. 李曙光、郑志斌主编：《公司重整法律评论》（第 4 辑），法律出版社 2015 年版。

17. 李曙光、郑志斌主编：《公司重整法律评论：上市公司重整专辑》（第 5 辑），法律出版社 2019 年版。

18. 联合国国际贸易法委员会：《贸易法委员会破产法立法指南》，联合国 2006 年版。

19. 陆晓燕：《“市场化破产”的法治内蕴》，法律出版社 2020 年版。

20. 齐砺杰：《破产重整制度的比较研究——英美视野与中国图景》，中国社会科学出版社 2016 年版。

21. 钱叶芳：《欠薪保障法律问题研究》，法律出版社 2020 年版。

22. 王福强：《破产重整中的营业保护机制研究》，法律出版社 2015 年版。

23. 王卫国：《破产法精义》（第 2 版），法律出版社 2020 年版。

24. 王欣新：《破产法》（第 3 版），中国人民大学出版社 2011 年版。

25. 许德风：《破产法论：解释与功能比较的视角》，北京大学出版社 2015 年版。

26. 阎天：《美国劳动法学的诞生》，中国民主法制出版社 2018 年版。

27. 郑志斌、张婷：《东北大型企业重整案例报告》，人民日报出版社 2020 年版。

28. 郑功成：《社会保障学：理念、制度、实践与思辨》，商务印书馆 2020 年版。

（二）译著

1.《法国商法典》，罗结珍译，北京大学出版社 2015 年版。

2. ［比］丹尼·皮斯特斯：《社会保障基本原理》，蒋月、王铀镱译，商务印书馆2014年版。

3. ［比］罗杰·布兰潘：《欧洲劳动法》（第1册），付欣、张蕊楠、高一波、陈洁译，商务印书馆2016年版。

4. ［比］罗杰·布兰潘：《欧洲劳动法》（第2册），付欣马庆林、黄文军等译，商务印书馆2017年版。

5. ［比］罗杰·布兰潘：《欧洲劳动法》（第3册），付欣、高一波、张蕊楠译，商务印书馆2018年版。

6. ［德］曼弗雷德·魏斯、马琳·施米特：《德国劳动法与劳资关系》，倪斐译，商务印书馆2012年版。

7. ［德］雷蒙德·瓦尔特曼：《德国劳动法》，沈建峰译，法律出版社2014年版。

8. ［德］莱因哈德·波克：《德国破产法导论》（第6版），王艳柯译，北京大学出版社2014年版。

9. ［德］乌维·维瑟尔：《欧洲法律史：从古希腊到〈里斯本条约〉》，刘国良译，中央编译出版社2016年版。

10. ［德］沃尔夫冈·多伊普勒：《德国雇员权益的维护》，唐伦亿、谢立斌译，中国工人出版社2009年版。

11. ［德］沃尔夫冈·多伊普勒：《德国劳动法》（第11版），王倩译，上海人民出版社2016年版。

12. ［法］奥利维耶·科斯塔、娜塔莉·布拉克：《欧盟是怎么运作的》，潘革平译，社会科学文献出版社2016年版。

13. ［荷］费迪南德·B. J. 格拉佩豪斯、莱昂哈德·G. 费尔堡：《荷兰雇佣法与企业委员会制度》，蔡人俊译，商务印书馆2011年版。

14. ［荷］安托内·T. J. M. 雅各布：《荷兰劳动法》，蔡人俊译，商务印书馆2018年版。

15. ［美］美国破产法协会：《美国破产重整制度改革调研报告》，何欢、韩长印译，中国政法大学出版社 2016 年版。

16. ［美］贝弗利·J. 西尔弗：《劳工的力量：1870 年代以来的工人运动与全球化》，张璐译，社会科学文献出版社 2016 年版。

17. ［美］查尔斯·泰步：《美国破产法新论》，韩长印、何欢、王之洲译，中国政法大学出版社 2017 年版。

18. ［美］杰伊·劳伦斯·韦斯特布鲁克、［美］查尔斯·布斯等：《商事破产：全球视野下的比较分析》，王之洲译，中国政法大学出版社 2018 年版。

19. ［美］莫妮卡·普拉萨德：《过剩之地：美式富足与贫困悖论》，余晖译，上海人民出版社 2019 年版。

20. ［美］费雷尔、约翰·弗雷德里克、琳达·费雷尔：《企业伦理学：诚信道德、职业操守与案例》（第 10 版），李文浩、卢超群等译，中国人民大学出版社 2016 年版。

21. ［意］T. 特雷乌：《意大利劳动法与劳资关系》，刘艺工、刘吉明译，商务印书馆 2012 年版。

22. ［英］史蒂芬·哈迪：《英国劳动法与劳资关系》，陈融译，商务印书馆 2012 年版。

23. ［英］E. P. 汤普森：《英国工人阶级的形成》，钱乘旦等译，译林出版社 2013 年版。

（三）中文论文

1. 陈夏红：《近代中国的破产法制及其命运》，载《政法论坛》2010 年第 2 期，第 57～68 页。

2. 陈夏红：《从核心到边缘：中国破产法进化中的职工问题（1986－2016）》，载《甘肃政法学院学报》2016 年第 4 期，第 92～117 页。

3. 陈夏红：《香港破产机制中的雇员权利及其保障》，载《中国劳动关系学院学报》2016 年第 4 期，第 22～29 页。

4. 陈夏红：《美国宪法“破产条款”入宪考》，载《中国政法大学学报》

2019年第5期，第116～139页。

5. 董涛：《破产程序中知识产权许可协议“法律待遇”问题研究——美国的经验及对中国的启示》，载《政治与法律》2008年第10期，第154～161页。

6. 邓瑾：《论欧盟破产法中“主要利益中心地”的确定及其对我国的启示》，载《法律适用》2010年第4期，第58～62页。

7. 丁燕：《破产免责制度的合宪性考察》，载《中国法律评论》2020年第6期，第34～44页。

8. 侯玲玲等：《从民法到社会保障的工资债权保护：以德、法两国工资保障为视角》，载《法学杂志》2013年第7期，第84～90页。

9. 侯玲玲：《比较法视野下倒闭企业工资风险分担机制研究》，载《法商研究》2015年第2期，第184～192页。

10. 高和荣、廖小航：《我国失业保险制度的实施与普遍整合》，载《西北人口》2012年第1期，第94～98页。

11. 郭军：《新〈破产法〉关于职工权益保护的制度设计评析》，载《中国工运》2006年第12期，第26～28页。

12. 韩长印：《破产优先权的公共政策基础》，载《中国法学》2002年第3期，第26～40页。

13. 韩长印：《企业破产立法目标的争论及其评价》，载《中国法学》2004年第5期，第80～87页。

14. 韩长印：《破产法视角下的商业银行债转股问题——兼与王欣新教授商榷》，载《法学》2017年第11期，第52～65页。

15. 黄少安、赵海怡：《破产企业劳动债权是否应该法定为优于有担保债权受偿：一个法经济学视角的分析》，载《经济科学》2005年第4期，第29～39页。

16. 马腾、胡健：《论内地与香港跨境破产中的法律冲突及协调机制》，载《安徽大学法律评论》2009年第1期，第31～46页。

17. 李立坤：《国有企业破产案件中职工安置实务探析》，载《晟典律师评论》2005 年第 2 期，第 57 ~ 72 页。

18. 李曙光：《新企业破产法的意义、突破与影响》，载《华东政法学院学报》2006 年第 6 期，第 110 ~ 113 页。

19. 李曙光：《新〈企业破产法〉与金融机构破产的制度设计》，载《中国金融》2007 年第 3 期，第 65 ~ 68 页。

20. 李曙光等：《破产法立法若干重大问题的国际比较》，载《政法论坛》2004 年第 5 期，第 59 ~ 71 页。

21. 李曙光等：《中国〈破产法〉实施三年的实证分析——立法预期与司法实践的差距及其解决路径》，载《中国政法大学学报》2011 年第 2 期，第 58 ~ 79 页。

22. 李曙光：《破产法的宪法性及市场经济价值》，载《北京大学学报》（哲学社会科学版）2019 年第 1 期，第 149 ~ 157 页。

23. 李曙光：《宪法中的"破产观"与破产法的"宪法性"》，载《中国法律评论》2020 年第 6 期，卷首，第 1 ~ 8 页。

24. 李永军：《论破产管理人合同解除权的限制》，载《中国政法大学学报》2012 年第 6 期，第 69 ~ 77 页。

25. 李云鹏：《论劳动债权在我国破产分配中的位置》，载《天津市政法管理干部学院学报》2007 年第 1 期，第 55 ~ 59 页。

26. 刘存宽：《英国重占香港与中英受降之争》，载《抗日战争研究》1992 年第 2 期，第 154 ~ 172 页。

27. 龙光伟等：《"一带一路"背景下中国跨境破产的发展路径选择——新加坡跨境破产发展历程的经验与启示》，载《人民司法》2020 年第 1 期，第 70 ~ 74 页。

28. 马腾等：《论内地与香港跨境破产中的法律冲突及协调机制》，载《安徽大学法律评论》2009 年第 1 期，第 31 ~ 46 页。

29. 齐砺杰：《当公平成为更大的效率——新破产法中劳动债权特别优先

合理性之探讨》，载《特区经济》2007 年第 12 期，第 17～21 页。

30. 任一民：《期房交易合同在破产法上的效力研究》，载《法律适用》2016 年第 5 期，第 93～100 页。

31. 石静霞、黄圆圆：《论内地与香港的跨界破产合作——基于案例的实证分析及建议》，载《现代法学》2018 年第 5 期，第 170～181 页。

32. 石静霞：《香港法院对内地破产程序的承认与协助——以华信破产案裁决为视角》，载《环球法律评论》2020 年第 3 期，第 162～176 页。

33. 宋姜美：《所有权保留在跨国破产中的效力——以 2000 年〈欧盟理事会破产程序规则〉为视角》，载《学术探索》2015 年第 7 期，第 63～69 页。

34. 宋锡祥：《论欧盟跨国破产法》，载《法学评论》2007 年第 4 期，第 84～89 页。

35. 魏蜀明：《香港欠薪保障制度》，载《企业改革与管理》2007 年第 11 期，第 65 页。

36. 韦忠语：《论破产重整中职工劳动权益的保护》，载《中国劳动》2017 年第 5 期，第 19～24 页。

37. 王芳：《香港与内地跨境破产的法律框架研究》，载《政法论坛》2009 年第 5 期，第 75～83 页。

38. 王斐民：《个人破产法的宪法维度》，载《中国法律评论》2020 年第 6 期，第 25～33 页。

39. 王华：《论破产程序中商标使用许可合同的处理——以管理人为主要视角》，载《中国石油大学学报》（社会科学版）2012 年第 6 期，第 64～68 页。

40. 王利明：《关于劳动债权与担保物权的关系》，载《法学家》2005 年第 2 期，第 1～5 页。

41. 王利明：《破产立法中的若干疑难问题探讨》，载《法学》2005 年第 3 期，第 3～15 页。

42. 王欣新：《新破产立法与国企政策性破产的关系》，载《人民法院报》2004 年 7 月 9 日。

43. 王欣新：《论破产立法中的经济法理念》，载《北京市政法管理干部学院学报》2004 年第 2 期，第 10 ~ 15 页。

44. 王欣新、杨涛：《破产企业职工债权保障制度研究：改革社会成本的包容与分担》，载《法治研究》2013 年第 1 期，第 23 ~ 29 页。

45. 王欣新：《企业重整中的商业银行债转股》，载《中国人民大学学报》2017 年第 2 期，第 2 ~ 11 页。

46. 王欣新：《再论破产重整程序中的债转股问题——兼对韩长印教授文章的回应》，载《法学》2018 年第 12 期，第 119 ~ 129 页。

47. 王玉梅：《法国困境企业重整制度的改革及其启示》，载《法商研究》2004 年第 5 期，第 125 ~ 134 页。

48. 席涛：《我们所知道的法律和不知道的法律：法律经济学的一个分析框架》，载《政法论坛》2010 年第 1 期，第 3 ~ 18 页。

49. 许德风：《论担保物权的经济意义及我国破产法的缺失》，载《清华法学》2007 年第 3 期，第 60 ~ 77 页。

50. 徐家力：《企业破产中的知识产权许可合同处理方法研究》，载《中州学刊》2017 年第 5 期，第 48 ~ 56 页。

51. 阎天：《破产法上劳动者形象的变迁及其宪法根源》，载《中国法律评论》2020 年第 6 期，第 2 ~ 13 页。

52. 杨晓楠：《美国宪法破产条款下法院管辖权的诠释：一种联邦主义的视角》，载《中国法律评论》2020 年第 6 期，第 14 ~ 24 页。

53. 翟玉娟：《深港两地欠薪保障法律制度比较研究》，载《天津市政法管理干部学院学报》2004 年第 3 期，第 47 ~ 53 页。

54. 张玲：《破产法律适用立法的新突破——欧盟破产法律适用规范的注释与评析》，载《比较法研究》2006 年第 21 期，第 125 ~ 133 页。

55. 张玲：《欧盟跨界破产管辖权制度的创新与发展——“主要利益中

心”标准在欧盟适用的判例研究》，载《政法论坛》2009 年第 2 期，第 113 ~ 119 页。

56. 张玲：《亚太经济一体化背景下跨境破产的区域合作》，载《政法论坛》2021 年第 1 期，第 141 ~ 151 页。

57. 张茂林：《企业破产工资优先权主体范围研究》，载《中国劳动》2014 年第 5 期，第 22 ~ 24 页。

58. 张钦昱：《论融资租赁中的破产》，载《政法论坛》2013 年第 5 期，第 59 ~ 68 页。

59. 张钦昱：《论非经营性资产在企业破产时的处理》，载《东北师大学报》（哲学社会科学版）2014 年第 2 期，第 41 ~ 45 页。

60. 张烁：《从“广信案”到“华信案”：香港对内地公司跨境破产清算承认与协助的新发展》，载《法律适用》2020 年第 14 期，第 41 ~ 49 页。

61. 章恒筑：《“一带一路”倡议推进背景下国际海事司法中心建设与海事破产法制的完善》，载《法律适用》2018 年第 23 期，第 97 ~ 105 页。

62. 周贤日：《我国港台地区欠薪保障基金制度比较研究》，载《比较法研究》2010 年第 6 期，第 64 ~ 80 页。

二、外文文献

（一）英文专著

1. Andrew Keay & Peter Walton, *Insolvency Law: Corporate and Personal*, second edition, Jordan Publishing, 2008.

2. Arturo Bronstein, *International and Comparative Labor Law: Current Challenges*, Palgrave, 2009.

3. Barbara Weiss, *The Hell of the English: Bankruptcy and the Victorian Novel*, Bucknel University Press, 1986.

4. Barry E. Adler, *Foundations of Bankruptcy Law*, Foundation Press, 2005.

5. Ben S. Branch, Hugh M. Ray & Robin Russell, *Last Rights: Liquidating a Company*, Oxford University Press, 2007.

6. Bob Wessels, *Cross-border Insolvency Law: International Instrument and Commentary, Kluwer Law International*, 2007.

7. Bob Wessels, *International Insolvency Law Part I: Global Perspectives on Cross-border Insolvency Law*, 4th edition, Kluwer, 2015.

8. Bob Wessels, Bruce A. Markell & Jason J. Kilborn, *International Cooperation in Bankruptcy and Insolvency Matters*, Oxford University Press, 2009.

9. Brian A. Blum, *Bankruptcy and Debtor/Creditor*, fifth edition, Wolters Kluwer, 2010.

10. Carsten A. Holz, *China's Industrial State-owned Enterprises: Between Profitability and Bankruptcy*, World Scientific Publishing, 2003.

11. Charles Ross, *Elizabethan Literature and the Law of Fraudulent Conveyance: Sydney, Spenser and Shakespeare*, Ashgate, 2003.

12. Christopher F. Symes, *Statutory Priorities in Corporate Insolvency Law: An Analysis of Preferred Creditor Status*, Ashgate, 2008.

13. Christopher Berry, Edward Bailey & Stephen Schaw Miller, *Personal Insolvency: Law and Practice*, third edition, Butterworths, 2001.

14. Christopher Maselli, *The New Debtor's Prison: Why All Americans Are in Danger Of Losing Their Freedom*, Skyhorse Publishing, 2019.

15. David G. Epstein, Steve H. Nickles, *Principles of Bankruptcy Law*, Thomson West, 2007.

16. David Pollard, *Corporate Insolvency: Employment and Pension Rights*, fifth edition, Bloomsbury Professional, 2013.

17. Dennis Faber, Niels Vermunt, Jason Kilborn and Tomas Richter, edit, *Commencement of Insolvency Proceedings*, Oxford University Press, 2012.

18. Dennis Baber, Niels Vermunt, Jason Kilborn and Kathleen van der Linde, edit., *Treatment of Contracts in Insolvency*, Oxford University Press, 2013.

19. Edward I. Altman, edit, *Bankruptcy & Distressed Restructurings: Analyti-*

cal Issues and Investment Opportunities, Beard Books, 1999.

20. Edward Yemin & Arturo S. Bronstein, *The Protection of Workers' Claims in the Event of the Employer's Insolvency*, Labour-Management Relation Series No. 76, International Labour Office, 1991.

21. Elizabeth Warren & Jay Lawrence Westbrook, *The Law of Debtors and Creditors: Text, Case and Problems*, sixth edition, Wolters Kluwer: Law and Business, 2009.

22. Francis Rose, edit, *Restitution and Insolvency*, Mansfield Press, 2000.

23. Gabriel Moss & Bob Wessels, *EU Banking and Insurance Insolvency*, Oxford University Press, 2006.

24. G. Moss, I. Fletcher & S. Isaacs, *The EC Regulation on Insolvency Proceedings: A Commentary and Annotated Guide*, second edition, Oxford University Press, 2009.

25. Gareth Miller, *The Family, Creditors and Insolvency*, Oxford University Press 2004.

26. Geogre M. Treister, J. Ronal Trost, Leon S. Forman, Kenneth N. Klee and Richard B. Levin, *Fundamentals of Bankruptcy Law*, fourth edition, ALI & AMA, 1996.

27. Gerard McCormack, *Corporate Rescue Law: An Anglo-American Perspective*, Edward Elgar Publishing Ltd., 2008.

28. Grant W. Newton & Robert Liquerman, *Bankruptcy & Insolvency Taxation*, third edition, John Wiley & Sons, Inc., 2005.

29. Grant W. Newton, *Corporate Bankruptcy: Tools, Strategies and Alternatives*, John Wiley & Sons, Inc., 2003.

30. Gunter H. Roth & Peter Kindler, *The Spirit of Corporate Law: Core Principles of Corporate Law in Continental Europe*, Verlag C. H. Beck Ohg, 2013.

31. Henry Peter, Nicolas Jeandin & Jason Kilborn, *The Challenges of Insolven-*

cy Law Reform in the 21st Century: Facilitating Investment and Recovery to Enhance Economic Growth, Schulthess Juristiche Medien AG, 2006.

32. Hon. William Houston Brown & Lawrence R. Ahren III, 2005 *Bankruptcy Reform Legislation with Analysis*, second version, Thomson/West, 2006.

33. Horst Eidenmuller & Wolfgang Schon, (edit), *The Law and Economics of Creditor Protection: A Transatlantic Perspective*, T M C A seer Press, 2008.

34. Hugh Collins, K. D. Ewing, Aileen McColgan, *Labor Law*, Cambridge University Press, 2012.

35. Ian P. H. Duffy, *Bankruptcy and Insolvency in London During the Industrial Revolution*, Garland Publishing, Inc., 1985.

36. Ian Fletcher, *Insolvency in Private International law: National and Internatioanal Approaches*, Oxford University Press, 2005.

37. INSOL Europe, *The Intersection of Insolvency and Company Laws*, INSOL Europe Academic Forum Annual Conference, 2008.

38. INSOL Europe, *Crossing (Dutch) Borders in Insolvency*, papers for the INSOL Europe Academic Forum and Meijers Institute of the Leiden Law School joint Insolvency Conference, Leiden, The Netherlands, 5 – 6 June 2008.

39. INSOL Europe, *The European Insolvency Regulation: An Update*, INSOL Europe Academic Forum Annual Conference, 2009.

40. INSOL Europe, *Insolvency Law in the United Kingdom: the CORK Report at 30 years*, INSOL Europe Academic Forum Annual conference, 2009.

41. INSOL Europe, *The Reform of International Rules at European and National Level*, papers from the INSOL Europe Academic Forum/ Milan Law School Joint Insolvency Conference, Milan 31 March – 1 April 2011.

42. International Labour Office, *Protection of workers' claims in the event of the insolvency of their employer*, Report Ⅴ(1), fith item on the agenda, International Labour Conference 78th Session, 1991.

43. International Labour Office, *Protection of workers' claims in the event of the insolvency of their employer*, Report V (2), fith item on the agenda, International Labour Conference 78th Session, 1991.

44. I. T. Smith Ma & Aaron Baker Ba Jd, *Smith & Wood's Employment Law*, tenth edition, Oxford University Press, 2010.

45. Irit Mevorach, *Insolvency within Multinational Enterprise Groups*, Oxford University Press, 2009.

46. Jagdeep S. Bhandari & Lawrence A. Weiss, edit, *Corporate Bankruptcy: Economic and Legal Perspectives*, Cambridge University Press, 1996.

47. Jan C. van Apeldoorn, *Human Rights in Insolvency Proceedings*, Kluwer, 2012.

48. Janis Sarra, *Employee and Pension Claims During Company Insolvency: A Comparative Study of* 62 *Jurisdiction*, Thomson Canada Limited, 2008.

49. Jason Kilborn, *Expert Recommendations and the Evolution of European Best Practices for the Treatment of Overindebtedness*: 1984 – 2010, Kluwer Legal Publishers, 2011.

50. Jay Lawrence Westbrook, Charles Booth, Christoph G. Paulus & Harry Rajak, *A Global View of Business Insolvency System*, World Bank and Brill, 2010.

51. Jens Lowitzsch, edit, *The Insolvency Law of Central and Eastern Europe: Twelve country Screenings of the New Member and Candidate countries of the European Union: An Comparative Analysis*, INSOL Europe, 2007.

52. Jie Huang, *Interregional Recognition and Enforcement of Civil and Commerical Judgments: Lessons for China from US and EU law*, Hart Publishing, 2014.

53. Johanna Niemi, Iain Ramsay and William C Whitford, edited, *Consumer Credit, Debt and Bankruptcy: Comparative and International Perspectives*, Hart Publishing, 2009.

54. Johannes Adriaanse, *Restructing in the Shadow of the Law: Informal Reorganization in the Netherlands*, Kluwer, 2005.

55. John Amour & Howard Bennett, *Vulnerable Transactions in Corporate Insolvency*, Hart Publishing, 2003.

56. J. William Boone, Alston & Bird LLP, edit, *International Insolvency*, third edition 2012, Thomason Reuters, 2012.

57. Katarzyna Gromek Broc & Rebecca Parry, edit, *Corporate Rescue: An Overview of Recent Developments*, second edition, Kluwer Law International, 2006.

58. Karl Gartzer and Dieter Stiefel, edit, *History of Insolvency and Bankruptcy: From an International Perspective*, Sodertorns Hogskola, 2008.

59. Karl Riesenhuber, *European Employment Law: An Systematic Exposition*, Intersentia, 2012.

60. Loes Lennarts & Francisco Garcimartin, *The Review of the EU Insolvency Regulation: Some Proposals for Amendment*, IUS, 2011.

61. Look Chan Ho, edit, *Cross-border insolvency: A Commentary on the UNCITRAL Model Law*, second edition, Globe Law and Business, 2009.

62. Louise Gullifer, eds., *Goode on Legal Problems of Credit and Security*, fourth edition, Sweet & Maxwell, 2008.

63. Margot C. Finn, *The Character of Credit: Personal Debt in English Culture*, 1740 – 1914, Cambridge University Press, 2003.

64. Mark J. Roe, *Bankruptcy and Corporate Reorganization: Legal and Financial Matters*, second edition, Foundation Press, 2007.

65. Martin A Frey, Phyllis Hurley Frey and Sidney K. Swinson, *An Introduction to Bankruptcy Law*, fifth edition, Thomson Delmar Learning, 2007.

66. Mia Ronnmar, edit, *Labor Law, Fundamental Rights and Social Europe*, Hart Publishing, 2011.

67. Michael Murray, *Keay's Insolvency: Personal and Corporate Law and*

Practice, sixth edition, Lawbook Co. ,2008.

68. Michael Tomz, *Reputation and International Cooperation: Sovereign Debt across Three Centuries*, Princeton University Press, 2007.

69. Oscar Couwenberg, *Resolving Financial Distress in the Netherlands: A Case Study Approach*, 1997.

70. Otto Eduardo Fonseca Lobo, *World Insolvency System: A Comparative Study*, Carswell, Thomson Reuters Canada Ltd. ,2009.

71. Paul L C Torremans, *Cross-border Insolvencies in EU, English and Belgian Law*, Kluwer Law International, 2002.

72. Peter J. Coleman, *Debtors and Creditors in America: Insolvency, Imprisonment for debt and Bankruptcy*, 1607 – 1900, The State Historical Society of Wisconsin, 1974.

73. Peter J. M. Declercq, *Netherlands Insolvency Law: The Netherlands Bankruptcy Act and the Most Important Leagal Concept*, Springer, 2012.

74. Philippa Watson, *EU Social and Employment Law: Policy and Practice in an Enlarged Europe*, Oxford University Press, 2009.

75. Rebecca Parry & James Ayliffe, *Transaction Avoidance in Insolvencies*, second edition, Oxford University Press, 2001.

76. Rebecca Parry, *Corporate Rescue*, first edition, Thomson, Sweet and Maxwell, 2008.

77. Rebecca Parry, Yongqian Xu & Haizheng Zhang, *China's New Enterprise Bankruptcy Law: Context, Interpretation and Application*, Ashgate, 2010.

78. Reinhard Bork & Renato Mangano, edit, *European Insolvency Law*, Texts and Cases, Luchterhand, 2012.

79. Richard Calnan, *Prioprietary rights and Insolvency*, Oxford University Press, 2010.

80. Ronald C. Brown, *Understanding Labor and Employment Law in China*,

Cambridge University Press,2010.

81. Roy Goode, *Principles of Corporate Insolvency Law*, fourth edition, Sweeet and Maxwell,2011.

82. Roger Blanpain & A. T. J. M. Jacobs, *Employee Rights in Bankruptcy: A Comparative-Law Assessment*, Kluwer Law International,2002.

83. Samuel L. Bufford, *United States International Insolvency Law* 2008 – 2009, Oxford University Press,2009.

84. Siofra O' Leary, *Employment Law at the European Court of Justice: Judicial structures, Policies and Process*, Hart Publishing,2002.

85. Steve H. Nickles & David G. Epstein, Debtor-Creditor: *Creditor Remedies and Debtor Rights under Non-bankruptcy Federal Law*, West,2009.

86. Stephen Hardy and Mark Butler, *European Employment Laws: A Comparative Guide*, second edition, Spiramus Press,2011.

87. Terence C. Halliday and Bruce G. Caruthers, *Bankrupt: Global Lawmaking and Systemic Financial Crisis*, Stanforn University Press,2009.

88. Thomas Jackon, *The Logic and Limits of Bankruptcy Law*, Beardbooks 2001.

89. Thoma Mitrano, *The Chinese Bankruptcy Law of* 1906 – 1907: *A Legislative Case History*, Reprinted from Monumenta Serica, Vol. XXX, 1972 – 1973.

90. Vanessa Finch, *Corporation Insolvency Law: Perspectives and Principles*, Cambridge University Press,2009.

91. V. Markham Lester, *Victorian Insolvency: Bankruptcy, Imprisonment for Debt, and Company Winding up in* 19th *Century England*, Clarendon Press,1995.

92. W W. Mcbryde & A Flessner, *Principles of European Insolvency Law and General Commentary*, Kluwer Legal Publishers,2003.

(二)英文论文

1. Aaron M. Kaufman, "The European Union Goes COMI-Tose: Hazards of

Harmonizing Corporate Insolvency Laws in the Global Economy", *Houston Journal of International Law*, Vol. 29, Issue. 3, 2007, pp. 625 – 662.

2. Andre J. Berends, "The *Eurofood* Case: One Company, Two Main Insolvency Proceedings: Which One is the Real One?", *Netherlands International Law Review*, V l. 53, Issue 02, August 2006, pp. 331 – 361.

3. Andre J. Berends, "the EU Insolvency Regulation: Some *Capita Selecta*", *Netherlands International Law Review*, LVII: 423 – 442, 2010.

4. Andrew Godwin, "A Lengthy Stay? The Impact of the PRC Enterprise Bankruptcy Law on the Rights of Secured Creditors", *UNSW Law Journal*, Vol. 30, Issue 3, 2007.

5. Anneli Loubser, "The Interaction between Corporate Rescue and Labour Legislation: Lessons to be drawn from the South African Experience", *International Insolvency Review*, Volume 14, Issue 1, Spring 2005, pp. 57 – 69.

6. Annika Wolf, "Success and Failure in Cross-border Insolvency Proceedings of Multinational Corporations—Parmalat: A European and American Perspective", which was submission for the International Insolvency Institute Prize in International Insolvency Studies 2006, and presented at the Sixth Annual International Insolvency Conference, Fordham University Law School, New York, June 12 – 13, 2006, see at: http://www.iiiglobal.org/component/jdownloads/finish/337/4050.html, last visited: 11th June 2014.

7. Antonio Ojeda Aviles, "The 'externalization' of Labor Law", 148 *Int'l Lab Rev.* 47 2009, pp. 47 – 67.

8. Arturo S. Bronstein, "The Protection of Workers' Claims in the Event of the Insolvency of Their Employer: From Civil Law to Social Security", 126 *Int'l Lab. Rev.* 715(1987), pp. 715 – 732.

9. Bai Nansheng & Li Jing, "Migrant Workers in China: a general survey", *Social Sciences in China*, 29:3, 85 – 103.

10. Bob Hepple, "The Crisis in EEC Labor Law", 16*Indus. L. J.*, 1987, pp. 77 – 87.

11. Bob Wessels, "The Place of the Registered Office of a Company: A Cornerstone in the Application of the EC Insolvency Regulation", *European Company Law*, Vol. 3, Issue 4, August 2006, pp. 183 – 190.

12. Burkhard Hess, Paul Oberhammer& Thomas Pfeiffer, "External Evaluation of Regulation No. 1346/2000/EC on Insolvency Proceedings", *JUST/*2011*/JCIV/PR/*0049*/A*4, see at: http://ec. europa. eu/justice/civil/files/evaluation_insolvency_en. pdf, last visited: 28th May 2014.

13. Carl Hugo Parment, "The Nordic Bankruptcy Convention: An Introduction", Which is a Paper Presented in the Course International Insolvency Law, taught by Professor Dr. Bob Wessels, at the LL. M. (Finance) program at the Institute for Law and Finance, Johann Wolfgang Goethe University Frankfurt, Germany, see at: http://test. iiiglobal. org/downloads/country% 20resources/Denmark/Articles/1 ~ _Nordic_Bankruptcy. pdf, last visited: 29th August 2013.

14. Carl Tjur, "An Analysis of the 1980 Draft EEC Bankruptcy Convention", *International Business Lawyer*, Vol. 10(i), 1982, pp. 22 – 24.

15. Christian J. Tams & Antonios Tzanakopoulos, "Barcelona Traction at 40: The ICJ as Agent of Legal Development", *Leiden Journal of International Law*, 23 (4)., pp. 781 – 800.

16. Charles D. Booth, "Transnational Insolvency: Cross-border Co-operation between the United States and Hong Kong", (1993) 23, *Hong Kong L. J.* pp. 131 – 140.

17. Charles D. Booth, "The Transnational Aspect of Hong Kong Insolvency Law", (1995) 2*Sw. J. L. & Trade* Am., pp. 1 – 80.

18. Charles D. Booth, "Living in Uncertain Times: The Need to Strengthen Hong Kong Transnational Insolvency Law", 34, *Colum. J. Transnat'l L.*, 1996,

pp. 389 – 447.

19. Charles D. Booth & Philip St J Smart, "Retroactive or Prospective? Determining the Scope of Hong Kong's New Insolvency Law", *Int. Insolv. Rev.*, Vol. 8, 1999, pp. 27 – 37.

20. Charles D. Booth & Philip St J Smart, "The New Avoidance Powers under Hong Kong Insolvency Law: A Move from Territoriality to Extraterritoriality", 34*Int'l.* 255, 2000, pp. 255 – 265.

21. Charles D Booth, "Rights, Powers and Duties of the Debtor and Creditors in Insolvency Proceedings in Hong Kong", *The ICFAI Journal of International Business Law*, Vol. 2, No. 1, January 2003.

22. Charles D. Booth, "Recent Development in Corporate and Cross-border Insolvency Law in Hong Kong", presented in the Global Forum on Insolvency Risk Management sponsored by World Bank in Washington DC in 2003, available at: http://siteresources. worldbank. org/GILD/ConferenceMaterial/20157940/Booth% 20(only)% 20 – % 20Hong% 20Kong% 20 – % 20FINAL. pdf, last visited: 3 December 2014.

23. Charles D. Booth, "Drafting Bankruptcy Laws in Socialist Market Economies: Recent Developments in China and Vietnam", Vol. 18, Colum. J. Asian. L., 2004, pp. 93 – 148.

24. Charles D. Booth & Robert E. McBain, "Trends and Developments in Insolvency System and Risk Management: the Experience of Hong Kong", presented at the Forum on Asian Insolvency Reform 2004, which was held in New Delhi of India on 3 – 5 November 2004, see at: http://www. oecd. org/dataoecd/1/56/33929417. pdf, last visited: 4 November 2014.

25. Charles D Booth, "Corporate Reorganization in Hong Kong: Can Provisional Liquidation Come to the Rescue?", *Journal of Restructuring Finance*, Vol. 2, No. 2(2005), pp. 183 – 188.

26. Charles D. Booth, "The 2006 PRC Enterprise Bankruptcy Law: The Wait is Finally Over", Vol. 20, *S. Ac L. J.*, 2008, pp. 275 – 315.

27. Charles D. Booth and Trevor N. Lain, "Rescuing Hong Kong Companies with Provisional Supervision: Proposals that Workers and Management Can Support", 24 May2010, available at SSRN: http://ssrn.com/abstract = 1615155, or http://dx.doi.org/10.2139/ssrn.1615155, last visited: 25 July 2012.

28. Charles Z. Qu, "Towards an Effective Scheme-Based Corporate Rescue System for Hong Kong", *Journal of Corporate Law Studies*, Vol. 12, Issue 1, 2012, pp. 85 – 128. Due to inaccessibility, the unpublished version of this thesis is cited at: http://www98.griffith.edu.au/dspace/bitstream/handle/10072/47182/78706_1.pdf; jsessionid = 0DD65B5F89A2281EE0B13E469DAA5F3E? sequence = 1, last visited: 20 February 2015, pp. 1 – 61.

29. Chrispas Nyombi, "Employees' Rights during Insolvency", *International Journal of Law and Management*, Vol. 55, No. 6, 2013, pp. 417 – 428.

30. Donald J. Lewis & Charles D. Booth, "Case Digest: Liwan District Construction Company v. Euro-America China Property Limited", Vol. 4, *China Law and Practice*, No. 6, (1990), pp. 27 – 34.

31. Deborah Kay Johns, "Reforming the State-enterprise Property Relationship in the People's Republic of China: The Corporatization of State-owned Enterprises", 16*Mich. J. Int'l L.* 1994 – 1995, pp. 911 – 940.

32. David Pollard, "Pensions and Tupe", *Industrial Law Journal*, Vol. 34, No. 2, June 2005, pp. 127 – 157.

33. Deland Chan, "How Migrant Workers Find Housing in Beijing: The role of individual agency in differential housing access and outcomes", Program in Urban Studies in Stanford University, available at: http://urbanstudies.stanford.edu/programs/documents/ChanThesis.pdf, last visited: 20th October 2014.

34. Donna McKenzie, "The EC Convention on Insolvency Proceedings", *Eu-*

ropean Review of Private Law,4:181 – 200,1996.

35. Donald R. Korobkin, "Employee Interests in Bankruptcy", 4*Am. Bankr. Inst. L. Rev.* 5,1996,pp. 5 – 34.

36. Donald C. Dowling, Jr., "The Intersection Between U. S. Bankruptcy and Employment Law", *The Labor Lawyer*, Winter 1994, Vol. 10, No. 1 (Winter 1994), pp. 57 – 72.

37. Eberhard Schollmeyer, "The New European Convention on International Insolvency", 13*Bankr. Dev. J.* 421,1996 – 1997, pp. 421 – 442.

38. Erik Stam, David Audretsch & Joris Meijaard, "Renascent Entrepreneurship", *J Evol Econ* (2008) 18:493 – 507.

39. Emily Lee, "The Reorganization Process under China's Corporate Bankruptcy System", 45*Int'l Law.*, 939, 2011, pp. 939 – 974.

40. Emily Lee & Karen Ho, "China's New Enterprise Bankruptcy Law: A Great Leap Forward, but Just How Far?", *Int. Insolv. Rev.*, Vol. 19, (2010), pp. 145 – 177.

41. Federico M. Mucciarelli, "Not Just Efficiency: Insolvency Law in the EU and Its Political Dimension", *European Business Organization Law Review*, Vol. 14, 2013, pp. 175 – 200.

42. Federico M. Mucciarelli, "The Unavoidable Persistence of Forum Shopping in European Insolvency Law", November 2013, available at SSRN: http://ssrn.com/abstract = 2375654 or http://dx.doi.org/10.2139/ssrn.2375654, last visited: 23nd July 2014.

43. Gabriel Moss QC, "Group Insolvency—Choice of Forum and Law: The European Experience under the Influence of English Pragmatism", 32*Brook. J. Int'l L.*, 2006 – 2007, pp. 1005 – 1018.

44. Gary H. Jefferson and Thomas G. Rawski, "Enterprise Reform in Chinese Industry", *Journal of Economic Perspectives*, Vol. 8, No. 2, Spring 1994, pp.

47 - 70.

45. Gerard McCormack, "Jurisdictional Competition and Forum Shopping in Insolvency Proceedings", *Cambridge Law Journal*, 68 (1), March 2009, pp. 169 - 197.

46. Gordon W. Johnson, "The European Union Convention on Insolvency Proceedings: a Critique of the Convention's Corporate Rescue Paradigm", *International Insolvency Review*, Volume 5, Issue 1, pp. 80 - 107, 1996.

47. Gordon W. Johnson, "Insolvency and Social Protection: Employee Entitlements in the Event of Employer Insolvency", a report by Mr. Gordon W. Johnson written after the Fifth Forum for Asian Insolvency Reform (FAIR) which was held on 27 - 28 April 2006 in Beijing, China, see at: http://www.oecd.org/daf/ca/corporategovernanceprinciples/38184691.pdf, last visited: 6 March 2021.

48. Harry Rajak, "The Harmonization of Insolvency Proceedings in the European Union, presented in the Global Forum on Insolvency Risk Management", by World Bank, (Washington DC, 2003), see at: http://siteresources.worldbank.org/GILD/ConferenceMaterial/20158481/Rajak% 20 -% 20EU% 20 -% 20FINAL.pdf, last visited: 29th July 2014.

49. Henry R. Zheng, "Bankruptcy Law of the People's Republic of China: Principle, Procedure and Practice", Vol. 19, Vand. J. Transnat'l L., (1986), pp. 683 - 732.

50. Hilary K. Josephs, "Labor Reform in the Worker's State: The Chinese Experience", 2*J. Chinese L.* 201 - 284, 1988.

51. Horst Eidenmüller, "Abuse of Law in the Context of European Insolvency Law", *European Company and Financial Law Review*, ISSN 1613 - 2548, 2009, Volume 6, Issue 1, pp. 1 - 28.

52. Hugh Collins, "Dismissals on Transfer of a Business", 15*Indus. L. J.*, 1986, pp. 244 - 255.

53. Hugh Collins, "Transfer of Undertakings and Insolvency", 18*Indus. L. J.*, 1989, pp. 144 – 158.

54. Ian De Wit, "Overview of Insolvency Law in Hong Kong", see at: http://www. tannerdewitt. com/media/publications/pdf/Overview% 20of% 20Insolvency% 20Law% 20in% 20Hong% 20Kong. pdf, last visit: 11 July 2012.

55. Ian F. Fletcher, "The European Union Convention on Insolvency Proceedings: An Overview and Comment, with U. S. Interest in Mind", 23*Brook. J. Int'l L.* 25, 1997 – 1998, pp. 25 – 55.

56. Ian F. Fletcher, "The European Union Convention on Insolvency Proceedings: Choice-of-law Provisions", 33*Tex. Int'l. J.* 119, 1998, pp. 119 – 140.

57. James W. Giddens, "Attempting to Protect Employee Retirement Income within Bankruptcy Reorganization: PBGC Efforts to Obtain Priority Status", 12*Ann. Rev. Banking L.* 397, 1993, pp. 397 – 428.

58. Jan Hellner, "Unification of Law in Scandinavia", *The American Journal of Comparative Law*, Vol. 16, No. 1/2, *The International Unification of Law: A Symposium* (Winter-Spring, 1968), pp. 88 – 106.

59. Jay L. Westbrook, "Choice of Avoidance Law in Global Insolvencies", 17*Brook. J. Int'l L.*, 499, 1991.

60. Joe C. B. Leung, "Social Security Reforms in China: Issues and Prospects", *International Journal of Social Welfare*, Volume 12, Issue 2, April 2003, pp. 73 – 85.

61. John A. E. Pottow, "The Myth (and Realities) of Forum Shopping in Transnational Insolvency", *Brook. J. Int'l L.*, 32, no. (2007): 785 – 817.

62. John A. E. Pottow, "A New Role for Secondary Proceedings in International Bankruptcies", *Tex. Int'l L. J.* 46, No. 3 (2011), pp. 579 – 599.

63. John Benson &Ying Zhu, Markets, Firms and Workers in Chinese State-owned Enterprises, *Human Resource Management Journal*, 11/1999, Volume 9, Is-

sue 4,pp. 58 –74.

64. John R. Graham,Hyunseob Kim,Si Li & Jiaping Qiu,"Employee Costs of Corporate Bankruptcy", *Working Paper* No. 25922 *of National Bureau of Econimic Research*,March 2019,see at:https://www. nber. org/papers/w25922, last visited:5 March 2021.

65. Joseph A. McCahery,"Creditor Protection in a Cross-Border Context", *European Business Organization Law Review*,7,2006,pp. 455 –459.

66. Jully Pae,"The EU Regulation on Insolvency Proceedings:the Need for a Modified Universal Approach",27*Hastings Int'l & Comp. L. Rev.*,2003 –2004, pp. 555 –580.

67. John Armour & Simon Deakin,"Insolvency and Employment Protection: The Mixed Effects of the Acquired Rights Directive",*International Review of Law and Economics*,Vol. 22,2003,pp. 443 –463.

68. John McMullen,"An Analysis of the Transfer of Undertakings(Protection of Employment) Regulations 2006",*Industrial Law Journal*,Vol. 35,No. 2,June 2006,pp. 113 –139.

69. John Kong Shan Ho & Raymond Siu Yeung Chan,"Is Debtor-in-Possession Viable in Hong Kong?",*Common Law World Review*,Vol. 39,(2010),pp. 204 –218.

70. John Kong Shan Ho & Rohan Price,"Bringing Corporate Rescue Laws to Hong Kong:a Reform Too Big to Fail?",12*Bus. L. Int'l* 71,2011,pp. 71 –92.

71. Jose Alejandro Carballo Leyda,"A Uniform,Internationally Oriented Legal Framework for the Recognition and Enforcement of Foreign Arbitral Awards in Mainland China,Hong Kong and Taiwan?",*Chinese Journal of International Law* (2007),Vol. 6,No. 2,pp. 345 –361.

72. Jose M. Garrido,"Some Reflections on the EU Bankruptcy Convention and its Implications for Secured and Preferential Creditors",*Int. Insol. Rev.*,Vol.

7,1998,pp. 79 – 94.

73. Joseph D. Becker, "International Insolvency: The Case of Herstatt", 62*A. B. A. J.* 1290(1976), pp. 1290 – 1296.

74. Kathy Stones, "Eurofood Leaves much Unaswered", *International Financial Law Review*, August 2006, Vol. 25, Issue8, p. 10.

75. Kingsley T. W. Ong & Mark W. H. Hsiao, "From ISDA to NAFMII: Insolvency stalemate and PRC bankruptcy jurisprudence", *Capital Markets Law Journal*(2013)8(1):77 – 89.

76. Kurt H. Nadelmann, "*Solomons v. Ross* and International Bankruptcy Law", *Modern Law Review*, Vol. 9, July 1946, pp. 154 – 168.

77. Kurt H. Nadelmann, "An International Bankruptcy Code: New Thoughts on an Old Idea", *The International and Comparative Law Quarterly*, Vol. 10, No. 1 (Jan., 1961), pp. 70 – 82.

78. Kurt H. Nadelmann, "Rehabilitating International Bankruptcy Law: Lessons taught by Herstatt and Company", *New York University Law Review*, Vol. 52, April 1977, No. 1, pp. 1 – 35.

79. Kurt H. Nadelmann, "A Reflection on Bankruptcy Jurisdiction: News from the European Common Market, the United States and Canada", *McGill Law Journal*, Vol. 27, 1982, pp. 541 – 555.

80. K. C. Fung, Hitomi Iizaka, Sarah Tong, "Foreign Direct Investment in China: Policy, Trend and Impact", paper prepared for an international conference on China's Economy in the 21st Century on June 24 – 25 2002 in Hong Kong, pp. 1 – 34, see at: http://www.hiebs.hku.hk/working_paper_updates/pdf/wp1049.pdf, last visited: 17th October 2014.

81. Ken Davies, "China Investment Policy: An Update", OECD Working Papers on International Investment, 2013/01, OECD Publishing, available at: http://dx.doi.org/10.1787/5k46911hmvbt-en, last visited: 17th October 2014.

82. Kevin Honglin Zhang, "Why Does So Much FDI from Hong Kong and Taiwan go to Mainland China?", *China Economic Review*, 16 (2005), pp. 293 - 307.

83. Leslie Burton, "An Overview of Insolvency Proceedings in Asia", Vol. 6, No. 1, *Ann. Surv. Int'l & Comp. L.*, 2000, pp. 113 - 127.

84. Li Shuguang, "Bankruptcy Law in China: Lessons of the Past Twelve Years", *Harvard Asia Quarterly*, Vol. 13, No. 27, 23 February 2006, pp. 1 - 5.

85. Li Shuguang & Wang Zuofa, "Review of the PRC Bankruptcy Law in 2009", INSOL International Technical Series Issue No. 11, published in March 2010, available at:

86. http://www.borrelliwalsh.com/files/publications/209/209News2010031101.pdf, last visited: 7 Janauary 2015.

87. Li Shi, "Rural Migrant Workers in China: Scenario, Challenges and Public Policy", Working Paper No. 89, June 2008, Policy Integration and Statistics Department, International Labor Office, see at: http://www.ilo.org/wcmsp5/groups/public/---dgreports/---integration/documents/publication/wcms_097744.pdf, last visited: 20th October 2014.

88. Lijie Qi, "The Corporate Reorganization Regime under China's New Enterprise Bankruptcy Law", Vol. 17, *Int. Insolv. Rev.*, 2008, pp. 13 - 32.

89. Look Chan Ho, A Teleological Application of the EC Insolvency Regulation: European Commission v AMI Semiconductor Belgium, (November 22, 2005). Available at SSRN: http://ssrn.com/abstract=854525. or at: http://dx.doi.org/10.2139/ssrn.854525, last visited: 31st July 2014.

90. Lars-Olof Svensson, "Inter-Nordic Insolvency Convention", 24*Int's Bus. Law.* 1996, pp. 226 - 228.

91. Leslie A. Burton, "Toward an International Bankruptcy Policy in Europe: Four Decades in Search of a Treaty", 5*Ann. Surv. Int'l & Comp. L.*, 205, 1999,

pp. 205 – 237.

92. Lucius C. Caflisch, "The Protection of Corporate Investments Abroad in the Light of the Barcelona Traction Case", published by the Max-Planck-Institut für ausländisches öffentliches Recht und Völkerrecht, available at: http://www.zaoerv.de/31_1971/31_1971_1_2_a_162_196.pdf, last visited: 14th March 2014, pp. 162 – 196.

93. Malcolm Sargeant, "Protecting Employees with Insolvent Employers", *Industrial Law Journal*, Vol. 32, No. 1, March 2003, pp. 53 – 59.

94. Manfred Lowisch, "Labor Law in Europe", *Ritsumeikan Law Review*, No. 20, 2003, pp. 101 – 115.

95. Mark E. Monfort, "Reform of the State-Owned Enterprise and the Bankruptcy Law in the People's Republic of China", 22*Okla. City. U. L. Rev*, 1997, pp. 1067 – 1123.

96. Marek Szydlo, "Prevention of Forum Shopping in European Insolvency Law", *European Business Organization Law Review*, issue 11, 2010, pp. 253 – 272.

97. Mark Jeffery, "European Labor Laws relating to Business Restructuring", 24*Comp. Lab. L & Pol'y. J.*, 2002 – 2003, pp. 669 – 695.

98. Melissa Kaye Pang, "Hong Kong as a Base for Doing Business in Mainland China", *Business Law Today*, 2013, Issue 6, pp. 1 – 3.

99. Matteo M. Winkler, "From Whipped Cream to Multibillion Euro Financial Collapse: The European Regulation on Transnational Insolvency in Action", *Berkeley Journal of International Law*, Vol. 26, Issue 1, 2008, pp. 352 – 371.

100. Mauricio J. Claver-Carone, "Post-handover Recognition and Enforcement of Arbitral Awards between Mainland China and Hong Kong SAR: 1999 Agreement vs. New York Convention", 33*Law & Pol'y Int'l Bus*, 2001 – 2002, pp. 369 – 403.

101. Mike Falke,"China's New Law on Enterprise Bankruptcy:A Story with a Happy End?",Vol. 16,*Int. Insolv. Rev*,2007,pp. 63 –74.

102. Michael Barker and Shaun Langhorne,"Corporate Rescue Legislation in Hong Kong: Will it ever Happen? A Report on Recent Developments in Hong Kong", Bloomberg Law Reports-Bankruptcy Law, Vol. 4, No. 2, 2010, see at: http://www. herbertsmith. com/NR/rdonlyres/1D8FA904 – 1704 – 4429 – B592 – 7365EB21B2CA/0/BloombergBankruptcy1209_MBSL_CorporateRescueLegislationinHongKongWillItEverHappen. pdf,last visited:23 July 2012.

103. Michael Bogdan, "International Bankruptcy Law in Scandinavia", *The International and Comparative Law Quarterly*, Vol. 34, No. 1, (Jan. ,1985), pp. 49 –86.

104. Michel Menjucq & Reinhard Dammann, "Regulation No 1346/2000 on Insolvency Proceedings:Facing the Companies Group Phenomenon",*Business Law International*,Vol. 9,No. 2,May 2008,pp. 145 –158.

105. Miguel Virgos & Etienne Schmit, "Report on the Convention of Insolvency Proceedings",Brussels,3 May 1996,6500/96,see at:http://aei. pitt. edu/952/1/insolvency_report_schmidt_1988. pdf,last visited:30th July 2014.

106. Ming Qi,"Evolution of Bankruptcy Legislation and Judicial Supplements in China: Guest Editor's Introduction", *Chinese Law and Government*, [0009 – 4609],2009,Vol. 42,iss:1,pp. 3 –8.

107. Muir Hunter,"The Draft Bankruptcy Convention of the European Economic Communities",*The International and Comparative Law Quarterly*,Vol. 21, No. 4(Oct. 1972),pp. 682 –298.

108. Muir Hunter,"The Draft EEC Bankruptcy Convention:A Further Examination",25*Int'l & Comp. L. Q.* 310 1976,pp. 310 –328.

109. Ng Shuk-fong, Betty, *An Evaluation of the Extent of Protection of Employee's Legal Entitlements in the Event of Insolvency in Hong Kong*, Master

degree thesis in Public Administration in University of Hong Kong, June 2000, available at: http://hub. hku. hk/handle/10722/27070, last visited: 15 January 2015.

110. Nick Segal, "The Choice of Law Provisions in the European Union Convention on Insolvency Proceedings", 23 Brook. J. Int'l L. 57., 1997 – 1998, pp. 57 – 74.

111. P. Jenard, "Report on the Convention on Jurisdiction and the Enforcement of Judgments in Civil and Commercial Matters", signed at Brussels, 27 September 1968, published in *Official Journal of the European Communities*, 5. 3. 79., No. C 59/1 – 65, see at: http://aei. pitt. edu/1465/1/commercial_report_jenard_C59_79. pdf, last visited: 27th August 2013.

112. Paul J. Omar, "The Insolvency Exception in the Brussels Convention and the Definition of 'Analogous Proceedings'", *International Company and Commercial Law Review*, Issue 5, 2011, pp. 172 – 177.

113. Paul J. Omar, "Genesis of the European Initiative in Insolvency Law", *Int. Insolv. Rev.*, Vol. 12: 147 – 170 (2003).

114. Paul J. Omar, "The European Insolvency Regulation 2000: A Paradigm of International Insolvency Cooperation", *Bond Law Review*, Vol. 15, 2003, Issue 1, *Special Issue: Comparative Corporate Governance*, pp. 215 – 243.

115. Paul Davies, "Amendments to the Acquired Rights Directive", *Industrial Law Journal*, Vol. 27, No. 4, December 1998, pp. 365 – 373.

116. Paul M. Secunda, "An Analysis of the Treatment of Employee Pension and Wage Claims in Insolvency and Under Guarantee Schemes in OECD Countries: Comparative Law Lessons for Detroit and the United States", 41 *Fordham Urb. L. J.* 867 (2014)., pp. 867 – 997.

117. Paul S. F. Yip, Kris C. T. Yang, Brian Y. T. Ip, Y. W. Law & Ray Watson, "Financial Debt and Suicide in Hong Kong SAR", *Journal of Applied So-*

cial Psychology, Volume 37, Issue 12, December 2007, pp. 2788 – 2799.

118. Pauline McAradle, "TUPE-The Legal Issues", *Facilities*, Vol. 14, No. 12/13, December 1996, pp. 47 – 51.

119. Peter Curwen, "The Acquired Rights Directive: The European Union Renders ineffective the UK's 'Opt-out'", *European Business Journal*, 1995, pp. 38 – 44.

120. Peter Chiu Y. W., "CEPA: A Milestone in the Economic Integration between Hong Kong and Mainland China", *Journal of Contemporary China*, (2006), 15(47), May, pp. 275 – 295.

121. Philip Smart & Charles D. Booth, "Provisional Supervision and Workers' Wages: an Alternative Proposal", *Hong Kong Law Journal*, 2001, v. 31 n. 2, pp. 188 – 199.

122. Philip Smart & Charles D. Booth, "Corporate Rescue: Hong Kong Developments", 10*Am. Bankr. Inst. L. Rev.* 41 2002, pp. 41 – 45.

123. Philip St. John Smart, "Finality and the Enforcement of Foreign Judgments under the Common Law in Hong Kong", 5*Oxford U. Commw. L. J.* 301, winter 2005, pp. 301 – 315.

124. Philip Smart, Stephen Briscoe and Charles D. Booth, "Insolvent Liquidation in Hong Kong: A Crisis of Confidence", *International Corporate Rescue*, Vol. 4, No. 5, p. 263, 2007.

125. Philip Smart, "Rights in rem, Art. 5 and the EC Insolvency Regulation: An English Perspective", *Int. Insolv. Rev.*, Vol. 15, 2006, pp. 17 – 55.

126. Qingjiang Kong, "Enforcement of Hong Kong SAR Court Judgments in the People's Republic of China", *International and Comparative Law Quarterly*, Vol. 49, Issue 04, October 2000, pp. 867 – 875.

127. Qingxiu Bu, "China's Enterprise Bankruptcy Law (EBL2006): Cross-border Perspectives", Vol. 18, *Int. Insolv. Rev*, 2009, pp. 187 – 207.

128. Rakhi I. Patel, "A Practical Evaluation of The People's Republic of China's 2007 Enterprise Bankruptcy Law", (2009) 10*U. C. Davis Bus. L . J.* , pp. 110 – 122.

129. Richard Fisher & Michael Sloan, "Why Asia Needs a Regional Insolvency Pact?", *Int'l Fin. L. Rev.* , Vol. 23, 2004, pp. 44 – 46.

130. Richard S. Soble, John H. Eggertsen & Stanley B. Bernstein, "Pension-related Claims in Bankruptcy", 56*Am. Bankr. L. J.* , 155 1982, pp. 155 – 179.

131. Robin Ellison, "Book Review on *Corporate Insolvency: Employment and Pension Rights*, David Pollard, Bloomsbury Professional, 4th Edn. , 2009, 715 pp. , £ 140, ISBN: 978 – 1847663078", *Pensions*, 2010, Vol. 15, pp. 305 – 306.

132. Roland Lechner, "Waking from the Jurisdictional Nightmare of Multinational Default: the European Council Regulation on Insolvency Proceedings", 19*Ariz. J. Int'l & Comp. L.* , 2002, pp. 975 – 1024.

133. Ronald Winston Harmer, "Insolvency Law and Reform in the People's Republic of China", 64*Fordham L. Rev.* 1996, pp. 2563 – 2589.

134. Roman Tomasic and Bahrin Kamarul, "The Rule of Law and Corporate Insolvency in Six Asian Legal Systems", Vol. 7, *Canterbury L. Rev.* , (1998 – 2000), pp. 140 – 155.

135. Ruixue Bai, "The Role of the All-China Federation of Trade Unions: Implications for Chinese Workers Today", *Working USA: The Journal of Labor and Society*, 1089 – 7011, Vol. 14, March 2011, pp. 19 – 39.

136. Rupert H. Chartrand, "Labor and Insolvency in the 1990s", 24*Can. Bus. L. J.* , 1994 – 1995, pp. 193 – 228.

137. Samuel L. Bufford, "International Insolvency Case Venue in the European Union: The Parmalat and Daisytek Controversies", *Columbia Journal of European Law*, Vol. 12, No. 2, spring 2006, pp. 429 – 486.

138. Samuel L. Bufford, "The New Chinese Bankruptcy Law: Text and Lim-

ited Comparative Analysis", *Norton Journal of Bankruptcy Law & Practice*, (2007).

139. Samuel L. Bufford, "The*Eurofood* Decision of the European Court of Justice", available at: http://www. iiiglobal. org/component/jdownloads/finish/39/4048. html, last visited: 10th June 2014.

140. Samuel L. Bufford, "Center of Main Interests, International Insolvency Case Venue, and Equality of Arms: The Eurofood Decision of the European Court of Justice", *Northwest Journal of International Law & Business*, Vol. 27, Issue 2, 2007, pp. 351 –419.

141. Jingxia Shi, "Chinese Cross-border Insolvency: Current Issues and Future Developments", 10 *Int. Insolv. Rev.*, (2001), pp. 40 –48.

142. Shi Jingxia, "A Summary of the Position on Cross-border Insolvency in China", presented at the Second Forum for Asian Insolvency Reform (FAIR), Bangkok, Thailand, 16 &17 December 2002, available at: http://siteresources. worldbank. org/GILD/Resources/Shi. pdf, last visited: 3 December 2014.

143. Shirley S Cho, "Continuing economic reform in the People's Republic of China: Bankruptcy Legislation Leads the Way", *Hastings International and Comparative Law Review*, 06/1996, Volume 19, Issue 4, pp. 739 –762.

144. Shirley Quo, "Insolvency Law: A Comparative Analysis of the Preference Tests in the Hong Kong Special Administrative Region (HKSAR)", *Int. Insolv. Rev.*, Vol. 16 (2007), pp. 123 –143.

145. Stefania Bariatti, "Recent Case-law Concerning Jurisdiction and the Recognition of Judgments under the European Insolvency Regulation", *RabelsZ Bd.*, 73 (2009), S., pp. 629 –659.

146. Steven J. Arsenault, "Westernization of Chinese Bankruptcy: An Examination of China's New Corporate Bankruptcy Law through the Lens of the UNCITRAL Legislative Guide to Insolvency Law", 27*Penn St. Int'l L. Rev.* 45

(2008 - 2009), pp. 45 - 88.

147. Steven J. Arsenault, "Leaping over the Great Wall: Examine Cross-border Insolvency in China under the Chinese Corporate Bankruptcy Law", 21*Ind. Int'l & Comp. L. Rev.*, 1, 2011, pp. 1 - 23.

148. Steven L. Toronto, "Bankruptcy of Foreign Enterprises in the PRC: An Interpretation of the 'Rules Concerning Bankruptcy of Foreign Related Companies in the Shenzhen Special Economic Zone'", 4 *J. Chinese. L.*, 77, 1990, pp. 277 - 296.

149. Susan Block-Lieb, "The UK and EU Cross-Border Insolvency Recognition: From Empire to Europe to 'Going It Alone'", *Fordham International Law Journal*, Volume 40, Issue 5, 2017, Article 3, pp. 1373 - 1412.

150. Ta-kuang Chang, "The Making of the Chinese Bankruptcy Law: A Study in the Chinese Legislative Process", 28 *Harv. Int'l.* L. J. 333 - 372, 1987.

151. Thomas Bachner, "The Battle over Jurisdiction in European Insolvency Law: ECJ 2. 5. 2006, c - 341/04 (Eurofood)", 3*ECFR* 310, 2006.

152. Titia M. Bos, "The European Insolvency Regulation and the Harmonization of Private International Law in Europe", *Netherlands International Law Review*, Vol. 50, Issue 01, May 2003, pp. 31 - 57.

153. Tse Sau-Kuen, *Labor Policy and the Protection of the Legal Entitlements of Private Sector Employees*, Master degree thesis in Public Administration in University of Hong Kong, June 1992. Full text is available at: http://hub.hku.hk/bitstream/10722/28612/1/FullText.pdf? accept = 1, last visited: 15 January 2015.

154. Vincent A. Pace, "The Bankruptcy of the Zhu Kuan Group: A Case Study of the Cross-border Insolvency Litigation Against a Chinese State-owned Enterprise", Vol. 27, *U. Pa. J. Int'l Econ. L.*, 2006, pp. 517 - 599.

155. Wei Chuyi, "Proposals to Establish a Partnership Bankruptcy Regime in China: With Lessons from the UK and USA", *International Insolvency Review*,

Volume 23, Issue 2, Summer 2014, pp. 122 – 143.

156. Wang Huaiyu, "An International Comparision of Insolvency Laws", OECD fifth Forum for Asian Insolvency Reform, 27 – 28 April 2006, see at: http://www.oecd.org/china/38182541.pdf, last visited: 22 March 2021.

157. Weixia Gu & Xianchu Zhang, "The Keeneye Case: Rethinking the Content of Public Policy in Cross-border Arbitration between Hong Kong and Mainland China", *Hong Kong Law Journal*, Vo. 42, 2012, pp. 1001 – 1029.

158. Wolf-Georg Ringe, "Forum Shopping under the EU Insolvency Regulation", *European Business Organization Law Review*, issue 9, 2008, pp. 579 – 620.

159. Xianchu Zhang, "The Agreement between Mainland China and the Hong Kong SAR on Mutual Enforcement of Arbitral Awards: Problems and Prospects", 29*Hong Kong L. J.*, 463, 1999, pp. 463 – 485.

160. Xianchu Zhang & Charles D. Booth, "Chinese Bankruptcy Law in an Emerging Market Economy: The Shenzhen Experience", 15 *Colum. J. Asian L.*, (2001 – 2002), pp. 1 – 33.

161. Xianchu Zhang & Charles D. Booth, "Beijing's Initiative on Cross-border Insolvency: Reflections on a Recent Visit of Hong Kong Professionals to Beijing", 10 *Am. Bankr. Inst. L. Rev.*, (2002), pp. 29 – 39.

162. Xianchu Zhang and Philip Smart, "Development of Regional Conflict of Laws: on the Arrangement of Mutual Recognition and Enforcement of Judgments in Civil and Commercial Matters between Mainland China and Hong Kong SAR", (2006) 36*Hong Kong L. J.*, pp. 554 – 584.

163. Xianchu Zhang, "Too Big to Fail with Chinese Characteristics", first published at: Rebecca Parry edit, *Too Big to Fail? Large National and International Failures under the Spotlights*, INSOL Europe 2013, pp. 133 – 150.

164. Xinyi Gong, "When Hong Kong Becomes SAR, Is the Mainland Ready?", Vol. 20 *Int. Insolv. Rev.*, (2011) pp. 58 – 60.

165. Yuk-shing Cheng, Weiguo Lu & Christopher Findlay, "Hong Kong's economic relationship with China", *Journal of the Asia Pacific Economy*, 3:1, pp. 104 – 130.

166. Yun Zhao, "Liberation of Legal Service under the CEPA Framework between Mainland China and Hong Kong", *Legal Issues of Economic Integration*, Vol. 38, No. 4, 2011, pp. 321 – 339.

167. Zhao Zhong, "Mirgation, Labour Market Flexibility and Wage Determination in China: a review", *The Developing Economies*, XLIII – 2, June 2005, pp. 285 – 312.

后记与致谢

本书是在笔者 2015 年在中国政法大学答辩的博士论文基础上修订而成。

毫无疑问，博士论文是耗费我心力最多的写作。从 2009 年 9 月考入中国政法大学中欧法学院攻读博士学位，到 2015 年 12 月通过答辩，再到今年修订出版，一晃十多年过去了。读博时我还在二十多岁的末尾徜徉，等博士论文出版我已然迎来四十岁的生日。单纯从正常的时间成本和预期产出算，这本书应该是我的最高学术成果。

然而，恰恰不是这样。从 2007 年师从李曙光教授学习破产法开始，我断断续续研究破产法已经近 15 年了。按说应该越学学明白，从不懂到懂，但我却越来越觉得“四十有惑”，既有的问题还没有找到清晰的答案，新的问题又让我痴迷忘归了。可能是因为破产法的世界太博大精深，也可能是因为我天资愚钝后天又不肯用功，更可能是因为我常心有旁骛。总之，越学越觉得不懂。遥想当年开始筹划博士论文的蓝图时，雄心勃勃，志向远大，一心想写出千古名篇；但写来写去，心理的预期与现实中研究能力、驾驭能力，终究还是有落差，最终沦落到但求能过的境地。作为进入学术殿堂的基本训练，这一过程可谓九死一生。即便今天要付梓出版，内心依然充满三分自信、七分惶恐。有个英文词汇叫“PhD survivor”，即“博士幸存者”。如果说“理想很丰满，现实很骨感”，莫此为甚。走笔至此，我确实常常有“大难不死”的幸存之感。如果您在阅读本书过程中发现种种可能的不足与讹误，敬请赐教，多谢宽容。

破产法是集体清理债务的艺术。但这本书的写作过程，却是一个不断

“债务”如雪球般越滚越大的过程。在英文著作中，致谢词常常用“我亏欠某某甚多”之类的表达方式，这种表达绝非矫情。这种感情之债，除了无尽的感激和继续努力之外，没有任何法定的清理手段。

能够读完博士，必须要感谢很多人的帮助和支持——

特别感谢导师李曙光教授。我与李老师结缘于2001年10月17日中国政法大学破产法与企业重组研究中心成立仪式。当时我刚上大二，以《中国政法大学校报》学生记者身份与会。这是一种冥冥之中的缘分。2007年秋，我以高校教师序列研究生的身份，蒙李曙光教授接纳，荣幸地成为“曙光名门”一员。十几年来，李老师在做人、做事、做学问诸多方面，教益良多；“曙光名门”自由、宽容、多元、上进的学术氛围，足以使我视为家园，永不毕业。

感谢博士论文评阅人及答辩委员会各位老师对这篇论文的认可及修改建议。他们是北京大学法学院甘培忠教授、中国人民大学朱大旗教授、中国政法大学王涌教授、刘继峰教授和李爱君教授。他们的肯定使我颇受鼓舞，他们的修改建议更使我感激不尽。部分建议已体现在现在这份最新的修订稿中，还有部分建议将是我未来努力的方向。

感谢中国政法大学中欧法学院的培养。2011年9月，我怀着对学术的敬畏和向往，作为中欧法学院第一级的博士。在博士论文通过答辩前六年多时间里，方流芳教授、高美莲（Ninon Colneric）教授、刘飞教授、Thomas Bruha教授等历任中、欧方院长，为我的博士项目顺利进行出力甚多。

作为中欧法学院第一级博士，我们有幸获得在欧方合作院校学习一年的机会；在这个基础之上，我又有幸获得荷兰马斯特里赫特大学（Maastricht University）的接纳，有机会攻读荷兰的博士学位。2011年4月，中国政法大学与马斯特里赫特大学费尽九牛二虎之力，最终围绕我的博士项目达成校际协议，为我在马斯特里赫特大学法学院学习奠定法律基础。感谢为我顺利成行付出心血的各位前辈。

荷兰四年求学机会，不仅圆了我的出国梦，更重要的是通过真正的沉浸式英文阅读与学习，极大地拓宽了我的学术眼界与想象力。我对荷兰乃至欧洲社会的切身体验与近距离观察，也使我逐渐具备更为理性、中立、客观的思考习惯，而不再简单迷信任何一种体制或者价值观。另外，在这四年期间，我以荷兰为圆心在欧洲的深度旅行，正如古人所谓“读千卷书，走万里路”，也使我真正学会开眼看欧洲。更重要的是，大女儿陈斯荷也是在我旅居荷兰马斯特里赫特期间，来到我们的身边，这无疑是世界上最美丽的礼物。感谢荷兰马斯特里赫特大学法学院对我的接纳，以及我在荷兰的前任导师 Karin Luttikhuis 教授近三年的培养。略感遗憾的是，随着 Karin Luttikhuis 教授聘期结束，我在荷兰的博士项目在后期也陷入各种变故，时至今日依旧未能画上一个完美的句号。不确定未来是否有机会成为马斯特里赫特大学的校友，但我对这所大学的感激与尊崇，一如我刚刚抵达那里。

我 2015 年 12 月在中国政法大学答辩的博士论文，是在英文初稿的基础上翻译成中文。英文初稿拉拉杂杂，写了 600 多页。囿于时间因素，尤其是要千方百计赶上中国政法大学最长六年的博士周期，最终只能挑选了英文初稿的部分章节翻译。在翻译过程中，硕博士同门李少华、谢琳、王玉治、罗丹、姜沅伯等在他们忙碌的工作和学习中，抽出大量时间，帮忙完成了本论文部分章节的初译。中欧法学院校友黄俊亚和他的法渊阁翻译公司，也为部分章节提供翻译服务。另外，中国政法大学本科生肖昀泽、郭珍珠协助完成部分校对任务。在这里，除声明与本论文内容有关的所有责任都由我个人承担外，向上述各位致以谢意。

本书此次修订，是在上述中文博士论文的基础上润色而成。这次修订，与其说是修改，不如说是补充，尤其是补充了 2015 年之后出版的部分中英文文献。尽管在修订中费尽力气，但囿于时间和学力限制，并未能够全部消除原文中既有的材料有余、分析不足的缺憾，即便在文字表述上很多地方已经重新组织语言，但毕竟不是重写，依然有翻译体的痕迹。

本书中的部分内容，曾在修订后以论文方式，过去几年间陆续在部分期刊上发表过。在这里，特别向《中国劳动关系学院学报》《中国政法大学学报》《学术交流》等期刊编辑部和相关责任编辑致谢。

本书修订过程中，南京师范大学梁君老师曾协助搜集部分资料，谨致谢忱。

感谢《中国政法大学学报》编辑部领导和同事们，十多年来对我读博大业的鼎力支持。

本书系中国政法大学青年教师学术创新团队支持计划（19CXTD07）的阶段性成果。另外，中国政法大学李曙光教授名下的“预研基金”（项目编号：1021/20317017），也为本书出版提供了部分资助。这里得特别感谢这两份含金量十足的资助。没有这些资助，我甚至没有勇气和压力静下心来重新修订书稿，这本书的出版肯定会遥遥无期。

感谢法律出版社法商分社薛晗社长、田浩编辑等在本书出版过程中所付出的努力和精细编辑。

感谢我甘肃岷县和陕西咸阳的家人们支持。先父在2007年一病沉疴，驾鹤西归，多年来别梦依稀，让我真正体验到“没人分享，再多的成就都不圆满”的遗憾。获得博士学位，于社会算不上大成就，于国家更不值得一提，但于个人而言，毕竟耕耘多年，梦想成真，敝帚自珍，也算是小小的里程碑。这也为什么很多博士论文的后记，往往最有泪点和看点。就我而言，时隔多年，喜悦渐淡，但这份感激首先应该献给家人。

感谢李海艳女士和陈看看、陈笑笑小朋友多年来的牺牲与支持。学术研究是时间高度密集型的行业，而且是个吞噬时间的无底洞，有多少时间都不够。在这个时间的零和游戏里，在学术研究上花得时间多，陪伴家人的时间必然就会少。多年来，博士论文写作和本书修订，吞噬很多本该跟她们在一起的时间，我常常一面码字，一面感激，一面惭愧。

拉拉杂杂这么多，但还有一点应该声明：尽管这本书靠举“债”方得完成，但在付梓之际，旧“债”未清，又添新“债”——我与读者之间的“债”务。作为学术上的债务人，读者在我的债权人名单中永远居于最优先顺位。但是，与世俗之债不一样的是，从内心来讲，我也希望和读者们的这种债权债务关系永远持续下去，我们永远“债”在一起。

作品如孩子，总希望得到别人最温柔的对待。在此，提前感谢各位读者，也期待与您在前方重逢！

2021 年 4 月 5 日京郊昌平慕风斋